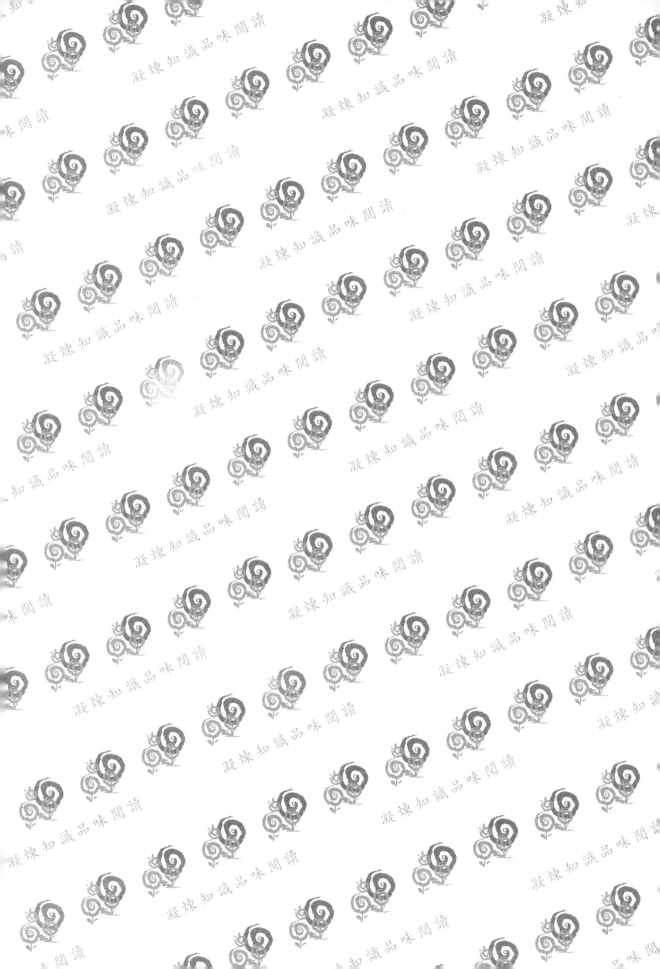

邏 輯 要 義
Essentials of Logic

歐文·M·柯匹 (Irving M. Copi Late)、
卡爾·科恩 (Carl Cohen)、
丹尼爾·E·佛萊格 (Daniel Flage Ph.D.) ◎著
胡澤洪、趙藝◎譯

五南圖書出版股份有限公司

定言三段論的有效式（在布林型解釋下）

第一格	第二格	第三格	第四格
AAA-1	AEE-2	AII-3	AEE-4
EAE-1	EAE-2	IAI-3	IAI-4
AII-1	AOO-2	EIO-3	EIO-4
EIO-1	EIO-2	OAO-3	

周延性

如果定言命題中的詞指涉的是一個類的全部，那麼它就是周延的。下面的表格總結了周延情況如下（D＝周延；U＝不周延）：

所有S^D是P^U。

沒有S^D是P^D。

有些S^U是P^U。

有些S^U不是P^D。

定言三段論的規則（在布林型解釋下）

1. 三段論必須恰好包含三個詞，且每一個詞都有相同的意義。
2. 中詞必須至少周延一次。
3. 如果一個詞在結論中周延，那麼它在相應的前提中也必須周延。
4. 兩個前提不能都是否定的。
5. 如果有一個前提是否定的，則結論也一定是否定的。
6. 從兩個全稱的前提不能得出特稱的結論。

連接詞的真值表定義

p	$\sim p$		p	q	$p \cdot q$	$p \vee q$	$p \supset q$	$p \equiv q$
T	F		T	T	T	T	T	T
F	T		T	F	F	T	F	F
			F	T	F	T	T	F
			F	F	F	F	T	T

定言三段論

每一個標準形式的定言三段論恰好有三個詞：

大詞：結論的謂詞（P）。
小詞：結論的主詞（S）。
中詞：在兩個前提中出現而結論中不出現的詞（M）。

包含大詞的前提叫大前提。
包含小詞的前提叫小前提。
如果一個三段論的前提與結論都是以標準形式出現，且其順序依次為大前提、小前提、結論，則此三段論為標準形式的三段論。

定言三段論中的每一個命題都必定是下列四種類型之一：

A — 全稱肯定命題　例如：所有柯利狗都是狗。
E — 全稱否定命題　例如：沒有狗是貓。
I — 特稱肯定命題　例如：有些狗是柯利狗。
O — 特稱否定命題　例如：有些狗不是柯利狗。

三段論的式是由其前提與結論的類型決定的，比如AAA、EIO，等等。其排列順序為：大前提、小前提、結論。

標準形式的三段論的格是由其中詞的位置決定的：

第一格	第二格	第三格	第四格
M—P	P—M	M—P	P—M
S—M	S—M	M—S	M—S
∴S—P	∴S—P	∴S—P	∴S—P

第一格：中詞是大前提的主詞與小前提的謂詞。
第二格：中詞是大前提和小前提的謂詞。
第三格：中詞是大前提和小前提的主詞。
第四格：中詞是大前提的謂詞、小前提的主詞。

推理規則和等值式

推理規則和歸屬替換規則的等值式

基本的有效論證形式

1. 肯定前件式（M.P.）：

   $p \supset q，p，\therefore q$

2. 否定後件式（M.T.）：

   $p \supset q，\sim q，\therefore \sim p$

3. 假言三段論（H.S.）：

   $p \supset q，q \supset r，\therefore p \supset r$

4. 選言三段論（D.S.）：

   $p \vee q，\sim p，\therefore q$

5. 建設性兩難規則（C.D.）：

   $(p \supset q) \cdot (r \supset s)，p \vee r，\therefore q \vee s$

6. 吸收律（Abs.）：

   $p \supset q，\therefore p \supset (p \cdot q)$

7. 簡化律（Simp.）：

   $p \cdot q，\therefore p$

8. 連言律（Conj.）：

   $p，q，\therefore p \cdot q$

9. 添加律（Add.）：

   $p，\therefore p \vee q$

邏輯等值運算式

10. 德摩根律（De M.）：

    $\sim (p \cdot q) \mathrel{\underline{\underline{T}}} (\sim p \vee \sim q)$

    $\sim (p \vee q) \mathrel{\underline{\underline{T}}} (\sim p \cdot \sim q)$

11. 交換律（Com.）：

    $(p \vee q) \mathrel{\underline{\underline{T}}} (q \vee p)$

    $(p \cdot q) \mathrel{\underline{\underline{T}}} (q \cdot p)$

12. 結合律（Assoc.）：

    $[p \vee (q \vee r)] \mathrel{\underline{\underline{T}}} [(p \vee q) \vee r]$

    $[p \cdot (q \cdot r)] \mathrel{\underline{\underline{T}}} [(p \cdot q) \cdot r]$

13. 分配律（Dist.）：

    $[p \cdot (q \vee r)] \mathrel{\underline{\underline{T}}} [(p \cdot q) \vee (p \cdot r)]$

    $[p \vee (q \cdot r)] \mathrel{\underline{\underline{T}}} [(p \vee q) \cdot (p \vee r)]$

14. 雙重否定律（D.N.）：

    $p \mathrel{\underline{\underline{T}}} \sim\sim p$

15. 換位律（Trans.）：

    $(p \supset q) \mathrel{\underline{\underline{T}}} (\sim q \supset \sim p)$

16. 實質蘊涵律（Impl.）：

    $(p \supset q) \mathrel{\underline{\underline{T}}} (\sim p \vee q)$

17. 實質等值律（Equiv.）：

    $(p \equiv q) \mathrel{\underline{\underline{T}}} [(p \supset q) \cdot (q \supset p)]$

    $(p \equiv q) \mathrel{\underline{\underline{T}}} [(p \cdot q) \vee (\sim p \cdot \sim q)]$

18. 移出律（Exp.）：

    $[p \supset (q \supset r)] \mathrel{\underline{\underline{T}}} [(p \cdot q) \supset r]$

19. 套套句（Taut.）：

    $p \mathrel{\underline{\underline{T}}} (p \vee p)$

    $p \mathrel{\underline{\underline{T}}} (p \cdot p)$

推理規則：量詞

名稱	簡寫	形式	作用
全稱示例	U.I.	$(x)\ \Phi x$ $\therefore \Phi v$ （v爲常元） 或者 $(x)\ \Phi x$ $\therefore \Phi y$ （y爲個體變元）	這條規則消去全稱量詞，並把那個變元替換成一個常元或一個變元。
全稱概括	U.G.	Φy $\therefore (x)\ \Phi x$ （y爲個體變元）	這條規則引入一個全稱量詞。只能從命題函數出發進行全稱概括。
存在示例	E.I.	$(\exists x)\ \Phi x$ $\therefore \Phi v$ （v爲當前證明中的新常元）	這條規則消去存在量詞，並把那個變元替換成一個常元。
存在概括	E.G.	Φv $\therefore (\exists x)\ \Phi x$ （v爲常元）	這條規則引入一個存在量詞。只能從借助常元給出的陳述出發進行存在概括。

量詞等值式

下列陳述在證明中可以互相替換：

$$[\sim (x)\ \Phi x] \underset{\equiv}{\mathrm{T}} [\ (\exists x) \sim \Phi x]$$

$$[\ (x) \sim \Phi x] \underset{\equiv}{\mathrm{T}} [\sim (\exists x)\ \Phi x]$$

$$[\ (x)\ \Phi x] \underset{\equiv}{\mathrm{T}} [\sim (\exists x) \sim \Phi x]$$

$$[\ (\exists x)\ \Phi x] \underset{\equiv}{\mathrm{T}} [\sim (x) \sim \Phi x]$$

致讀者

《邏輯要義》能翻譯出版是爲發展國際文化邁出的美好一步。國際文化不依賴於區域環境和語言，而是能夠以統一、客觀、公平的標準來評價各類智力活動。我爲能夠推進國際文化的發展而感到驕傲。

邏輯原理的應用是超越時間和國界的，因此邏輯學是最有用的學問之一。好的推理具有不可替代的價值，並被各個研究領域所推崇。區分好的推理和壞的推理是有一些已爲人知的標準，本書爲讀者們提供了一個清晰簡明的、具有普遍性的邏輯標準，因而能夠讓不同語言背景的學生受益。

在這裡，我想針對關於邏輯學學習的兩個錯誤觀點進行回應。

第一個觀點認爲，邏輯學有時被認爲是過於抽象的。如果一門學問是有用的，那麼它必須涉及現實世界，處理社會和人們面對的具體問題。然而邏輯學研究的原理並不直接處理人類事務，因此邏輯學僅僅是一種與日常生活無關的、無足輕重的智力遊戲。

這個觀點是非常錯誤的。邏輯學家確實不解決科學或道德領域的具體問題。抽象性是邏輯原理具有普遍性的必然結果。處理具體問題時，得到滿意方案所用到的論證必須是好的和邏輯上健全的論證。邏輯學確實是抽象的，因爲它研究的是脫離於具體事物物件的推理標準。邏輯學必須是抽象的，因爲只有高度抽象的邏輯原理才能保有我們所崇尚和珍視的普遍性。說邏輯學是抽象的，並不意味著邏輯學不涉及任何實際問題。邏輯學確實是抽象的，因爲它處理人類面臨的各類問題，這也正是邏輯學的獨特之處和價值所在。

第二個觀點與第一個有關，認爲邏輯學和日常生活中要解決的重要問題無關。因此，邏輯學是教授、學者感興趣的研究物件，但是不值得關心、學習，諸如人們日常生活問題的商品生產和法律的公正應用等。

這個觀點同樣是非常錯誤的，其錯誤在於它假定相關聯的研究必須明顯地處理當前的具體問題，而這一假定是不正確的。邏輯學確實是與具體問題有關聯的，因爲它研究關於各種事物間的推理。假如我們論證經濟領域的革新，如改進產品；論證法律界的變革，如完善刑事審判系統，這些論證以及其他領域的論證都必須是好的推理和邏輯上健全的。邏輯學本身並不能爲我們提供推理中的真前提，但如果想從健全的前提推出結論，我們就必須嚴格遵守推理規則。任何領域的好判斷和可靠結論都本質地依賴於我們思維中邏輯的正確性。因此，邏輯學不僅是與具體問題有關聯的研究，而且它與所有問題的研究都非常有關聯，我們要得到健全的判斷就必須運用邏輯學。

　　有鑑於此，學習者應該對《邏輯要義》的重大價值充滿信心，讀者們能通過學習本書掌握正確推理的原理。沒有什麼學問比邏輯學更具有實用性，更與所有具體問題相關聯的了。

　　我堅信中國讀者和世界其他國家的讀者一樣，能通過學習邏輯學得到實用的回報和思考的滿足。

卡爾・科恩

於美國密西根大學

2012年12月

前　言

　　在一個其公民為理性與說服而非暴力所引導的共和國裡，推理的藝術變得最為重
要。
　　　　　　　　　　　　　　　　　　　　　　　　　　　　　　——托瑪斯·傑弗遜

　　自從1953年第1版出版以來，歐文·M·柯匹的《邏輯學導論》一書已經被成千上萬的
教師和學生用於經典邏輯和現代邏輯基礎的教學。《邏輯要義》的第1版是應眾多教師在其
課程中要求有一本簡明的導論性的邏輯教科書之需而寫的。第2版則根據許多教師的建議作
了一些修訂：在保持柯匹半個世紀以來著稱的嚴謹的同時，力圖作更清晰的說明，並擴展了
其範圍，為學生提供更多的幫助。我們相信，這一版的修訂在保留柯匹的邏輯嚴謹性的同
時，將使那些區分更為清楚。

第二版的特色

　　章節的刪減和範圍　在第2版中，節數從62減少為54，但是議題範圍卻擴展了。非形式
謬誤的討論（第2章）被修改為更清晰地說明非形式謬誤是如何與可接受的論證相關聯的。
這反映了新近對非形式謬誤的認識。第4章中，闡述了邏輯等值陳述形式與直接推理之間的
區別。第5章包括了如何在一個省略的定言三段論中發現其省略前提的系統討論。第6章新增
一節論述不完全的和逆向的或「一行的」真值表。第7章新增一節論述命題邏輯的條件證明
和間接證明。第8章新增一節論述量詞邏輯的條件證明和間接證明。論述歸納的一章（第9
章）現在包括關於評價假說和對最佳說明的論證的討論。新的附錄論述如何在命題邏輯和量
詞邏輯中使用真值樹。

　　習題集　本版總共有1200多道練習題，其中幾乎有一半是新的。此外，本書提供了練習
題的答案。

　　增加了圖形、表格和對學生的提示　增加了相當數量的「重要提示」，以便給學生一些
提示、建議和鼓勵。第5章中，有一個用於定言邏輯的非標準量詞的圖表。第6章中，有一個
用於命題邏輯的容量很大的詞典（翻譯指引）。第7、8章中，有一些構造證明的展開的經驗
規則（策略）。第8章中，有一個用於量詞邏輯的容量很大的詞典。

　　學生的補充讀物　對Prentice Hall創辦的邏輯輔導網站eLogic也作了修訂（www.prenhall.
com/elogic）。eLogic這個輔導網站包括供學生在電腦上操作的、《邏輯要義》一書上的500
多道練習題。與課本上的練習題一起，eLogic包含了學生解決邏輯問題所需的各種工具。

學生可以做很多工作——包括對論證進行圖解、創建范恩圖、構造眞值表、構建證明——並且不斷得到反饋，在此引導下自己解決問題。學生可以通過電子郵件或紙質文稿將他們的作業提交給教師，同時通過Log Book得知自己做得如何。

致謝

《邏輯要義》第2版的修訂，極大地獲益於來自下列各位的許多建議，特向他們表示感謝：Norman R. Schulta（Metro State College）、Robert Kimball（University of Louisville）、Andrew Aberdein（Florida Institute of Technology）、A. T. Anchustegui（Boise State Universtity）、Keith W. Krasemann（College of Du Page），和Harlan Miller（Virginia Polytechnic and State University）。

還要感謝Prentice Hall出版公司的Mical Moser和Carla Worner以及GGS圖書服務公司的Emily Autumn，我們的合作非常愉快。我也要感謝我的家人，感謝他們的摯愛和寬容。

目　錄

第1章
基本的邏輯概念

1. 什麼是邏輯？

邏輯是研究論證的性質。廣泛地說，一個論證就是試圖接受某一主張為真提供理由。（我們將在第3節給出一個關於論證的更為精確的定義）一些論證提供好的理由，一些論證並不提供好的理由。本書將教你如何識別和評價以便你能夠區分好的論證和壞的論證。邏輯是屬於自我防衛的，懂點邏輯將有助於你免於上當受騙；邏輯鼓勵你為你的信念去尋找好的理由，懂點邏輯也能使你為自己構造更好的論證。論證有助於我們確定是否相信我們在報紙上讀到的或電視上看到的那些東西，論證幫助我們作出決策。它們是我們閱讀和寫作論文的主要成分，甚至我們在同朋友交談時也會使用論證。本書所教的技巧在日常生活中都是有用的。

2. 命題和語句

所有的論證都是由命題或陳述構成的，因此，我們先從討論命題或陳述入手。**命題就是可以被肯定或否定的東西。**一個命題或者是真的、或者是假的，如果命題與它所描述的事實相一致，則它為真，否則為假。在這一點上，命題不同於問題、請求、命令和感歎，這些都不能被肯定或否定。雖然命題的一個明確特徵就是或者為真、或者為假，但我們可能並不總是知道一個給定的命題究竟是真的還是假的。

命題「大衛‧萊特曼在他21歲生日時打了3次噴嚏」或者是真的，或者是假的，但我們可能從不知道事實真相。

與命題不同，問題、命令、請求和感歎並不產生關於世界的斷定，它們沒有真值，它們本身既不真也不假。

陳述句被用來在書面或口頭上表達命題，語句並不是命題。一個命題是一個陳述句在某一確定的脈絡中所表示的意思，兩個語句可以陳述同樣的命題。命題是獨立於陳述它的語言的。例如「Il pleut」、「Es regnet」和「Est lloviendo」是三個不同的語句，但它們斷定同樣的命題：它們都斷定下雨了。當然，在一個給定的語言中有許多不同的方式來斷定同一個命題。

(1) 喬治‧布希贏得了2004年的美國總統大選；

(2) 2004年美國總統大選的獲勝者是喬治‧布希；

(3) 喬治‧布希在2004年被選為美國總統。

上述三個語句在結構上互不相同，然而，它們有相同的意義，它們在同樣的條件下都是真的。它們斷定了同一個命題。

要注意的是，同一個語句也可以被用在不同的脈絡中來斷定不同的命題。一個語句被說出的時間和地點，就可能影響它所斷定的命題。

> 人類已經在月球上行走。

如果該語句在1969年以前被說出，那麼它將是假的。如果在1969年以後被說出，則是真的。

> 下雨了。

如果該語句被說出的地點和時間在下雨，則它是真的；在其他地點和時間，它是假的。

> 你是賊！

在某一時間和地點，該語句可以是（依賴於事實，或正確或錯誤的）斷定波比是賊；而在另一時間，它可以是（正確或錯誤的）斷定瓊是賊。

在後面的章節，我們將討論命題的性質。一些命題以其他命題作為部分（它們是複合命題），另一些命題則不如此（它們是簡單命題）。有時候，命題的不同結構會在它們顯現於其中的論證裡造成重要的區別。

〔重要提示〕
邏輯學家對命題、陳述、語句進行了區分。命題是被斷定的東西；陳述是在某一特定語言中被一個語句所斷定的命題。命題和陳述的意義非常接近，我們以後將不加區分地使用。

3. 論證、前提和結論

推論是在設定作為出發點的一個或多個命題的基礎上得出並肯定一個命題的心智過程。為了確定一個推論是否正確，邏輯學家要考察這一過程從開始至結束的那些命題以及它們之間的關係，這一命題序列就構成一個論證。

現在，我們準備給論證下一個更精確的定義。一個論證（argument）就是一個命題的彙集，其中某些命題（前提）被給出作為接受另一個命題（結論）為真的理由。看下面的論證：

> 所有人都是會死的。⎫
> 蘇格拉底是人。　　⎬前提
> ────────────
> 蘇格拉底是會死的。　結論

在這個論證中，前兩個命題是前提，它們為相信結論「蘇格拉底是會死的」為真提供理由。

　　日常話語中，我們還在其他義項下使用「argument」一詞，例如在「爭論」的意義上使用。但是，在邏輯中，我們把術語「argument」限於只是指提供前提以支援結論的努力。論證並不必爭論。

　　論證不只是命題的彙集。為了成為論證，那些命題必須具有一種確定的關係。一個論證的前提必須提供相信結論為真的理由。在實踐中，一個論證的前提是在得知結論之前被知道或被假定的。

　　有兩種基本類型的論證：演繹論證與歸納論證。**演繹論證是試圖確然地證明其結論為真的論證**。本書討論的主要是演繹論證的邏輯。**歸納論證是試圖帶有某種程度的或然率來建立其結論的論證**。演繹論證與歸納論證又各有許多種類，而剛才給出的一般性的描述總是適用的。本章的第8節將介紹關於歸納的更多知識，本書的最後一章則會詳細地考察一些日常的歸納論證類型，對歸納論證和演繹論證的評價有非常不同的標準。

　　在開始討論對不同種類的論證進行評價的標準之前，讓我們繼續對論證進行一般性的分析。一個論證總是至少有一個前提，前提的數量沒有上限，但一般是兩個或三個；每個論證總是恰好有一個結論，單獨一個命題本身不能組成一個論證。下面是一些論證的例子：

前提：所有學生都是辛勞的人。
結論：如果卡拉是學生，那麼她就是辛勞的人。

演繹論證

前提：所有蛛形綱動物都是無脊椎的。
前提：所有蜘蛛都是蛛形綱動物。
結論：所有蜘蛛都是無脊椎的。

演繹論證

前提：如果路易士去跳舞，那麼柏拉德就去跳舞。
前提：路易士去跳舞。
結論：柏拉德去跳舞。

演繹論證

前提：約翰是ΔKΦ的成員，並且約翰去跳舞了。
前提：喬治是ΔKΦ的成員，並且喬治去跳舞了。
前提：德米特里是ΔKΦ的成員，並且德米特里去跳舞了。
結論：可能所有ΔKΦ的成員都去跳舞了。

歸納論證

前提：山姆和黛娜很多地方相似，他們都喜歡歷史課、
　　　　科學課和數學課。
前提：山姆喜歡邏輯課。
結論：很可能黛娜也喜歡邏輯課。

歸納論證

這五個範例論證都是按標準形式安排的。在標準形式中，前提先陳述，結論最後陳述，每一行只寫單獨一個命題，前提與結論之間劃一條橫線。通過用標準形式陳述論證，可以顯示出前提與結論之間的關係。但是，在日常的書面和口頭交際中，論證往往不是用標準形式陳述的。例如，非常普遍的一種情況是論證的結論先陳述而前提後給出：

> 食品和藥品管理部門應該馬上停止所有的菸草交易，畢竟，吸菸是導致可預防的死亡的首要原因。

在這個例子中，第一個語句是結論，第二個語句是我們應該接受第一個語句所作斷言為真的理由。

邏輯學家研究出用於評估論證的各種方法都要求我們區分一個論證的前提和結論。如果你從標準形式陳述論證開始，前提和結論的區分就很清楚。當閱讀某一語段時，最好的辦法是先確認結論。你可以問自己：「在閱讀該語段時，我作為結果要相信的是什麼？」無論如何，那很可能就是結論。至於前提，你可以通過這樣問自己來確認：「要我相信結論是真的，給出的理由是什麼呢？」

然而，要注意的是，雖然每一個論證都是一個被構造出的命題序列，但並非每一個被構造出的命題序列都是一個論證。這也就是說，你需要確定一個給定的語段是否包含一個論證——而不是描述、說明或其他什麼。再說一遍，尋找結論通常是確定論證的有效方法：如果沒有結論，那該語段就不包含論證。

> 科學家現在相信存在於我們的銀河系中的無數其他行星上很可能形成過生命。因為，火星在其大氣層和氣候與地球相似的早期非常有可能形成過生命。[1]

這裡的結論是「因為」之前的命題，前提則在「因為」之後。所述論證的標準形式是：

前提：火星在其大氣層和氣候與地球相似的早期非常有可能形成過生命。

結論：所以，科學家現在相信存在於我們的銀河系中無數的其他行星上很可能形成過生命。

下面這段話沒有包含論證，只是一個關於駱駝如何使用其體內的水的說明：

> 駱駝並不是把水儲存在駝峰中。牠們每次喝水都很猛，10分鐘內可以喝28加侖水，並把這些水均勻地分布至全身，而後則非常節約地用水。牠們的尿液黏稠，糞便乾燥。牠們用鼻子呼吸而緊閉其口。非不得已，牠們一般不出汗……牠們在失水達到體內三分

1　Richard Zare, "Big News for Earthlings", *The New York Times*, 8 August, 1996.

之一時仍受得住，然後再一次痛飲並感覺良好。[2]

練習題

確定下列論證的前提和結論：

1. 既然管理得當的民兵組織對於一個自由國家的安全是必要的，人民保存和持有武器的權利不得侵犯。

——*The Constitution of the United States*, Amendment 2

2. 我的粥都沒了，一定有人吃了它。
3. 這不可能是堪薩斯，所有的事物都是有顏色的。
4. 雪是白的，該物是黃的，所以該物一定不是雪。
5. 週一、週三、週五我們都有課，今天是週一，所以我們一定有課。
6. 你的車你從不換油，也從不檢查冷卻劑，這樣，你的發動機不久就會出毛病。
7. 不要去審判別人，因為我們都是罪人。

——William Shakespeare, *Henry VI, Part II*, act 3, scene3

8. 不知道愛就不知道上帝，因為上帝就是愛。

——1 John 4: 8

9. 我們［關於20世紀70年代墮胎的合法化使90年代的犯罪明顯減少了的］論證的理論辯護依託兩個簡單的假設：(1)合法的墮胎導致少生「多餘的」嬰兒；(2)多餘的嬰兒更可能受到虐待和忽視，因此在以後的生活中更容易捲入犯罪。

——Steven Levitt, www.slate.com/dialogues/, 23 August, 1999

10. ［對性騷擾的］起訴是建立在「實施（impact）」而非意圖的基礎上的，因此，如果起訴者相信被告是有罪的，被告就是有罪的。

——Herbert London, New York University Dean, quoted in Alan Kors and Harvey Silverglate, *The Shadow University* (New York: The Free Press, 1998)

4. 論證和說明

　　許多語段看起來好像論證，實際並不是論證而是說明。**說明要回答的是「為什麼？」或「怎麼樣？」的問題。**「為什麼我的汽車發動不起來？」和「你怎樣組裝這輛自行車？」都是需要說明的問題。「你的電池沒有電了，那就是你的汽車發動不起來的原因。」解答了你的機械學問題。所有機械上無能父母都害怕的培訓手冊會說明如何組裝自行車。注意你最先知道的是什麼：你知道你的汽車發動不起來了，你知道你想組裝一輛自行車。這些都是需要說明的現象，你正在尋求為什麼那樣或者怎樣做的解釋。

2　William Langewiesche, *Sahara Unveiled: A Journey across the Desert* (New York: Pantheon Books, 1996).

在一個論證中，前提是在一開始就被知道或被假定為真的，它們據稱是為了相信結論為真提供理由。

所以，在一個論證中，最先被知道的是前提；而在一個說明中，最先被知道的是需要說明的現象。

考慮下面兩段話：

A.我們對該建築物的檢測表明，在其建造中使用了不合格的材料。因為這個，我們相信，它可能會在不久的將來倒塌。

B.該建築物倒塌了，因為它在建造中使用了不合格的材料。

在A中，使用「因為」一詞是指明，該資訊用來預測尚未發生的某事。第一個命題「我們對該建築物的檢測表明，在其建造中使用了不合格的材料」是被提出來作為前提支持「我們相信，它可能會在不久的將來倒塌」這一結論的。

在B中，建築物倒塌已經成為事實，在提出該資訊的同時，「它在建造中使用了不合格的材料」是為這一事實提供一個說明。

下面我們再看另外一個例子。在回答關於類星體（遠離我們的銀河系的一些天體）的顏色這一問題時，一位科學家這樣寫道：

大多數遙遠的類星體看上去都像紅外輻射的濃烈點，這是因為空間散布著吸收藍光的氫原子（大約每立方米2個）。如果我們從看得見的白光中過濾藍光，剩下的就是紅光。在其向地球的數十億年的旅行中，類星體的光線失掉了太多的藍光最後只剩下紅外線了。[3]

這並不是一個論證；它並沒有為相信類星體具有它們那表面的顏色提供理由。它假定類星體表面上具有那種顏色。這段話說明瞭為什麼類星體具有它們那被觀察到的顏色。它試圖告訴你的是，類星體具有其表面上的顏色的原因是什麼。

再來看下面的例子：

如果卡洛斯同瑪麗亞去跳舞，路易基就會嫉妒。卡洛斯同瑪麗亞去跳舞了。所以，路易基嫉妒了。

這是一個論證還是說明呢？你回答不了。你需要把它放在具體的脈絡下考察。

脈絡A：你正在跳舞。你注意到卡洛斯同瑪麗亞在一起，他們很明顯是在約會。你知道路易基已經愛慕瑪麗亞一段時間了。路易基是有名的醋罎子。你知道如果卡洛斯同瑪麗亞去跳舞，那麼路易基將會嫉妒。於是你得出結論：路易基嫉妒了。

3　Jeff Greenwald, "Brightness Visible", *The New York Times Magazine*, 14 May, 2000.

脈絡E：那是跳舞後的第二天。你看到路易基處於嫉妒的激憤中。你納悶那是爲什麼。你碰到索維奇問她爲什麼路易基會這樣。索維奇回答說：「你知道，路易基對瑪麗亞有意思。」瑪麗亞昨天晚上同卡洛斯去跳舞了。這就是路易基嫉妒的原因。

脈絡A是論證的脈絡。你知道如果卡洛斯同瑪麗亞跳舞是眞的，那麼路易基將會嫉妒。你還知道卡洛斯同瑪麗亞去跳舞了。問題是從你所知道的可以得出什麼。

脈絡E則是說明的脈絡。這裡你知道路易基處於嫉妒之中，而你納悶那是爲什麼。索維奇給出了一個說明。

爲了區分說明和論證，你必須視脈絡隨機應變。儘管這樣，還會有其原來目的無法確定的語段。一個未決的語段可以容許作不同的解讀，它可以在一種解釋下被視爲論證，在另一種解釋下被視爲說明。

——練習題——

I.確定下列語段哪些是論證，哪些是說明。

1. 他今天沒有來上課，一定是因爲病了。

2. 許多人最近迷戀超自然的神祕異教，這一定是因爲他們對傳統宗教失望。

3. 家用電腦的價格近年來令人不可思議地大幅下跌。我相信，這是因爲微晶片的製造成本已經直線下降。

4. 我不戴眼鏡閱讀時就頭痛，眼睛疲勞一定是我頭痛的原因。

5. 有時候，來自另一種文化的人們身體語言是很難理解的。在他們的文化中，直視別人或許是不禮貌的。如果你認爲當他們不看著你時他們是在說謊，你可能並不相信他們對你所說的。當你老是看著他們時，他們可能認爲這是不友善的，表示不那麼信任。了解像這樣的文化差異，對於與其他文化背景的人們成功溝通是很重要的。

II.下面一些語段，有的包含說明，有的包含論證，有的可能既可以被解釋爲說明，也可以被解釋爲論證。對下面每一語段的主要功能你是如何判斷的？它們要成爲論證必須是什麼情形？要成爲說明呢？找到論證，請辨明其前提和結論。找到說明，請指出被說明的部分和說明的部分。

6. 在今天的研究中不使用動物將是不道德的和自私的，如果使用動物的研究被阻止，將會對我們的後代造成危害。

　　　　——*Science, Medicine, and Animals* (Washington, DC: National Academy of Sciences, Institute of Medicine, 1991)

7. 列舉事態的原因不是爲了辯解，事情是因其後果而不是因其先行條件而被認爲是正當的或應受譴責的。

　　　　——John Dewey, "The Liberal College and Its Enemies", *The Independent*, 1924

8. 愛不是用眼睛而是用心靈觀察的；所以，長著翅膀的丘比特被描畫爲瞽者。

　　　　——William Shakespeare, *A Midsummer Night's Dream*, act 1, scene 1

9. 不斷增長的監禁率並沒有引起犯罪率的下降，因爲沒有多少罪犯被關押或逮捕。這不是因爲法官對罪犯太軟弱，而是因爲百分之九十的罪行沒有被告發或沒有被判決。

　　　　——Elizabeth Alexander, "Look to More Cost-effective Antidotes than Prison", *The New York Times*, 25 January, 1996

10. 喬治‧馬森，我的一個祖先，他主張在憲法公約中廢除奴隸制，稱它「對人類是不光彩的」。這個嘗試失敗以後，他要求國會將他的「權利宣言」作爲權利法案通過，這也被拒絕了。所以，馬森拒絕簽署該憲法。

　　　　　　　　—— Thomas C. Southerland, Jr., "A Virginia Model", *The New York Times*, 5 July, 1997

5. 論證的辨識

(1) 前提指示詞和結論指示詞

　　用於評價論證的方法依賴於對前提和結論的區分，但是，在日常的口頭和書面語中，一個論證中出現的各命題的排列次序並不能作爲區分前提與結論的依據。一些我們稱之爲「前提指示詞」和「結論指示詞」的詞或短語，有助於我們確認自然語言裡一個論證中那些命題所起的作用。下面所列的是部分結論指示詞：

therefore／所以	I conclude that／我得出結論
hence／因此	ergo／所以
accordingly／故而	*which means that／這意味著
in consequence／結果	*which entails that／這衍涵
consequently／因之	*which implies that／這蘊涵
proves that／證明	*which allows us to infer that／這容許我們推出
as a result／其結果	*which points to the conclusion that／這指向結論
for this reason／因此之故	*is a reason to believe that／是相信……的理由
for these reasons／因此等之故	*is a reason to hold that／是認爲……的理由
it follows that／於是有	*is evidence that／是……的證明
we may infer／可以推出	*implies that／蘊涵
thus／是以	*means that／意味著
so／因而	*which shows that／這表明

　　對上述那些標有星號（＊）的運算式來說，一般有一個或多個前提位於結論指示詞之前。

　　下面所列的是部分前提指示詞：

since／由於	in so far as／只要
because／因爲	†as indicated by／如……所揭示的
for／因爲	†from／來自

〔重要提示〕

如果⋯⋯，那麼⋯⋯

一些學生相信，凡是包含有「如果⋯⋯，那麼⋯⋯」結構的條件陳述，就一定是一個論證。正如我們將在第六章中看到的，許多論證包含條件陳述。但是，一個條件陳述本身並不是一個論證。我可以說「如果我有一百萬美金，那麼我就去愛荷華度假」。這句話並沒有告訴你關於我的財務狀況或度假計劃的任何東西，而只是簡單地描述了一個假設的情境。為了得出「我將去愛荷華度假」這一結論，你還必須有「我有一百萬美金」（這是假的）這一陳述。為了得出「我沒有一百萬美金」這一結論，你還必須有「我將不去愛荷華度假」（這也是假的）這一陳述。條件陳述本身僅只是描述的。在用於計算機程序的指令中，你會發現條件陳述：「如果你想保存你的文件，按control-S鍵」。有時後你想保存你的文件，有時候你不想。在這兩種情況下該陳述都是真的，但是，單從它本身，你並不能得到關於你的行動的結論。

as／由於	† follow from／得來自
given（that）／給定	† may be derived from／可以從⋯⋯推導出
assuming（that）／假定	† may be deduced from／可以從⋯⋯推演出
due to／由於	† may be inferred from／可以從⋯⋯推出
in view of the fact that／鑒於事實	† as shown by／如⋯⋯所表明的
inasmuch as／因⋯⋯之故	† the reason is that／其理由是

對上述那些標有劍號（†）的運算式來說，結論一般位於前提指示詞之前。

要注意的是，前提指示詞和結論指示詞都只是嚮導而不是依據。很多這樣的詞或短語也有其他的用法。例如，前提指示詞「since／由於」也用來表示時間段（「自⋯⋯以來」）：「Airport security has changed since September 11，2001.」（自2001年9月11日以來，機場安全狀況已經改變了。）「because／因為」有時也用來談論原因：「Abby cried because she scratched her finger.」（安貝哭了，因為她抓傷了手指。）這些指示詞很多既被用於論證中，也被用於說明中：「結論指示詞」指示被說明的現象，「前提指示詞」則指示說明該現象的狀態。[4] 如果你還記得前提是為結論之（為）真提供證據的話，你就會意識到這些指示詞都是一種縮寫。作為前提指示詞和結論指示詞，它們的後面應該都跟著「it is true that／這是真的：（或者就說：真的、真的是）」這樣一個短語。

因為（這是真的：）瓊去看了新的《星球大戰》電影，並且因為（這是真的：）新

4　例如，可以看如下讀物：Michael Faraday, *The Chemical History of a Candle*, introduction by L. Pearce Williams (New York: Collier Books, 1962), pp. 24-25. 在該書中，作者說明了在燃燒的蠟燭的頂部為什麼形成一個杯子。在其說明中，作者在as a result（其結果是⋯⋯）的意義上使用therefore（所以）。

的《星球大戰》電影很有趣，所以，我們可以得出結論（這是眞的：）瓊喜歡這部電影。

通過增加設想的短語「這是眞的：」，你就應該能夠將這些詞作爲指示詞的用法與其他的用法區分開。如果你還記得在一個論證中，前提之爲眞是在結論之爲眞之前被知道或被假定的，那麼，你就應該能區分這些指示詞是用於論證還是用於說明之中。

練習題

使用前提和結論指示詞可以幫助你辨認下列論證的前提和結論。試寫出下列論證的標準形式：

1. 基因和蛋白質是被發現而不是被發明的。發明是可以取得專利的，發現則不然。所以，蛋白質的專利權本質上是有缺陷的。

　　　　　　　——Daniel Alroy, "Invention vs. Discovery", *The New York Times*, 29 March, 2000

2. 「在城中心區，基岩接近地表，這就意味著蓄水層也如此。」

　　　　　　　——Jeffrey Deaver, *The Bone Collector* (New York: Signet Books, 1997), p.56

3. 爲什麼要譴責財富差距呢？第一，不平等關係到政治的不穩定。第二，不平等關係到暴力犯罪。第三，經濟的不平等關係到預望壽命的減少。第四個理由呢？很簡單，就是公正。主管的薪酬是普通雇員的幾百倍，這在道義上是不正當的。

　　　　　　　——Richard Hutchinsons, "When the Rich Get Even Richer",
　　　　　　　The New York Times, 26 January, 2000

4. 已婚者比單身者身體更健康，經濟更穩定，並且已婚者的子女在各項指標上都做得更好。所以，婚姻是一種對社會負責任的行爲。應該有某種辦法在稅收法規中貫徹支持婚姻的原則。

　　　　　　　——Anya Bernstein, "Marriage, Fairness and Taxes",
　　　　　　　The New York Times, 15 February, 2000

5. 「關於合同都做了什麼決定？」拉比問道。

　　「我們什麼也沒決定，推遲到下次會議也就是下個星期天了！」華賽曼說。

　　拉比把玩著茶杯，眉毛皺成一團。然後他眼皮不抬，像出聲地思考似地說：「今天晚上是星期四，離下次會議還有三天。如果一定會通過而投票只是形式問題的話，你會一直等到星期天才告訴我。如果很有可能會通過但沒有絕對把握的話，你或許會在下次碰見我時提到它，那將是星期五晚上做禮拜時。但是，如果看起來投票結果很難說甚至很有可能反對我，那麼，你就會因爲怕擾亂安息日而不想在星期五晚上提到它。所以，你今天晚上來只能意味著你有理由相信我不會被重新任命。就是那麼回事，對不？」

　　華賽曼讚賞地搖著頭。然後他轉向拉比的妻子，揮動著食指帶有警告意味地說：「不要想欺騙你的丈夫，斯密爾太太。他馬上就看穿你了。」

　　　　　　　——Harry Kemelman, *Friday the Rabbi Slept Late*
　　　　　　　(New York: Fawcett Crest, 1964) pp.40-41

(2) 脈絡中的論證

　　雖然指示詞經常能作為一個論證的標誌並且用來識別前提和結論，但是，有一些具有論證性質的語段缺乏這些指示詞。這些語段的論證性的功能是通過其脈絡和意義來顯示的——同樣，如果我說「帶只龍蝦回家吃飯」，你不大會懷疑我是想吃它而不是餵養它。包含論證的語段也常常包含一些既不是前提也不是結論的其他東西。這些東西在有些情況下是無關緊要的，但在另外一些情況下則可以提供有助於我們了解該論證的背景知識。

　　　　我不相信我女兒向學校的窗戶投擲石頭。她的朋友宣稱她同他們在一起並且事情發生時他們並沒有靠近該學校。所以，她不可能做這件事。

　　　　詮釋這個論證，揭示出命題之間的關係。

　　　　前提1：她的朋友宣稱事情（有人向學校的窗戶投擲石頭）發生時她同他們在一起。
　　　　前提2：他們當時並沒有靠近該學校。

　　　　結　論：她不可能做這件事。

　　　　一旦澄清該論證，我們可以看出，第一個語句並沒有對結論提供支援，所以，它不是前提。然而，它幫助我們理解該論證是關於什麼的。

(3) 非陳述形式的前提

　　問句本身雖然並不斷定任何東西，但有時它們也可以作為前提而起作用。這類問句就是反詰問句。當作者相信問句中問題的答案顯而易見時，反詰問句就暗示或假定了一個作為前提的命題。其中一個前提是其答案被認為非常明顯的問句的論證是十分普通的。

　　　　吸菸不是令人討厭的嗎？沒有人應該吸菸。

　　　　這裡的問句隱含了一個前提「吸菸是令人討厭的」，它在這裡是當作支持結論「沒有人應該吸菸」的理由。

　　因為問句既不真也不假，所以，只有當它們的答案被認為是顯而易見時它們才能充當前提。如果其答案不是顯而易見的，那麼，該論證就是有缺陷的。為了避免直截了當地肯定一個前提，作者有時候使用一個其答案是可疑的或假的問句。通過暗示所希望的答案，可以增強論證的說服力。

　　　　你還沒有花夠錢去修理那堆破爛嗎？該買輛新車了。

　　　　很明顯，說話者希望聽話者對其問句的回答是同意：他已經花了夠多的錢去修理那輛車。說話者真正要表達的是如下意思：

　　　　前提：你已經花了太多的錢去修理那輛車了

　　　　結論：你該買輛新車了。

　　有時候，一個論證的結論採取祈使句或命令句的形式。給出理由勸導我們去實施某一給

定的行為，指示我們那樣行動。因為命令句像問句一樣不能陳述一個命題，它不能是一個論證的結論。然而，在某些脈絡下，命令句也可以被詮釋為命題，它告訴我們應當按命令句中所列示的方式去行動。

　　打掃好你的房間吧。會有人來，看到這髒亂樣。再說，髒亂的房間也是一個人頭腦迷離混亂的標誌。

　　詮釋這一論證，可以看出，第一個語句中的命令可以被解釋為作為此論證的結論的命題。

前提1：會有人來，看到這髒亂樣。

前提2：髒亂的房間是一個人頭腦迷離混亂的標誌。

結　論：你應當打掃好你的房間。

　　在論證中，我們需要把注意力集中於命題本身。我們要知道的是：(1)它們是真的還是假的；(2)它們蘊涵什麼；(3)它們自身是否被其他命題蘊涵；(4)它們是否充當某論證中的前提或結論。

(4) 未陳述的命題

　　有時候，一個論證的前提和結論並沒有都被陳述出來。這樣的論證我們稱之為省略式。如果你面對一個省略形式的論證，那麼，在分析該論證之前，你必須先把省略的部分補充完整。人們之所以構造省略式論證，至少有如下兩個原因：①省略式有很強的修辭效果，讀者或聽者會因為自己被看成足夠機敏得補充其省略部分而受到「恭維」。②留下一個前提不說出來可以掩蓋論證中的缺陷。在一個有效的演繹論證中，你能看出省略的前提必須是什麼；在一個有效的演繹論證中，不可能所有的前提都真而結論假。

　　如果這是一個省略式論證，那麼你需要找到被省略的前提。所以，如果這是一個省略式，在分析該論證之前你就必須想到它。

陳述出的前提：

1.如果這是一個省略式，那麼你需要找到被省略的前提。

省略的前提：

2.如果你需要找到被省略的前提，那麼，在分析該論證之前，你就必須想到它。

結論是：

3.如果這是一個省略式，那麼，在分析該論證之前你必須想到它。

　　與已經給出的前提一起產生結論的僅有的前提是「如果你需要找到被省略的前提，那麼，在分析該論證之前，你就必須想到它」。一旦你發現了被省略的前提，你應當問它是不是真的。它是的。

沒有兩歲的人是讀者。所以，沒有兩歲的人是廚師。

如果該論證有效，則它必定是如下形式：

陳述出的前提：

1.沒有兩歲的人是讀者。

省略的前提：

2.所有廚師都是讀者。

結論：

3.沒有兩歲的人是廚師。

那個省略的前提是假的。你的遠祖中至少有一個能烹飪但不會閱讀。如果你假定省略的前提是「所有讀者都是廚師」，那該論證就將是無效的（所以這不是最好的選擇），並且該前提將是假的。難道你不知道有的人是讀者但卻不用火燒連水都煮不開嗎？

如果一個有效的演繹論證的結論是沒有陳述出來的，那麼，你能確定它必須是什麼。

我們都從內心懂得正義原則讓我們明白了什麼，就是說，所有的奴隸制制度都是錯誤的和應當被廢除的。可悲的真相是，在蘇丹還存在著活躍的奴隸貿易。

這裡的前提是「所有的奴隸制都是錯誤的和應當被廢除的」和「在蘇丹存在著活躍的奴隸貿易」，就是說，「在蘇丹存在著奴隸制制度」。隨之而來的結論是「蘇丹的奴隸制制度是錯誤的和應當被廢除的」。雖然該結論沒有被明確地陳述，但它大概是論辯者想要我們得出的結論。

沒有辦法確定一個歸納論證省略的前提必須是什麼，因為歸納論證只是表明結論很可能是真的。雖然如此，脈絡通常都給出假定的前提線索。

克利斯從不學習。所以，他的邏輯課可能考不好。

你自問為什麼任何人都會要求基於該前提的結論有其證據。你可能會推斷這個論證該給出如下：

陳述出的前提：

1.克利斯從不學習。

省略的前提：

2.大多數從不學習的人邏輯課都考不好。

結論：

3.克利斯的邏輯課可能考不好。

對省略式的處理可能很棘手。省略的前提應當是真的，它應當為任何知道所討論議題的人欣然接受。一般而言，應當應用「善意解釋原則」。這一原則要求，當有任何問題時，應該給論辯者懷疑的權利。這就是說，作為重建該論證的人，你應該選擇合理的前提。你要這

樣來重建該論證，要爲與其前提之爲眞一致的結論提供最好的證據。[5] 然而，正如我們已經看到的，有時候，形成一個有效論證省略的前提是假的。通常脈絡有助於我們確定被假定的前提是什麼。有時候，你會發現，被假定的前提之爲眞是有問題的。

> **你女兒沒有按時償還她的教育貸款，所以，你必須爲她償還。**

這個論證中隱藏和有爭議的前提是，如果女兒違約則其父母對該貸款負有責任。但是，如果女兒的年齡已經足夠大並且她未經父母署名而以自己名義借了貸款的話，則該前提就是假的。

> **沒有人想被熊襲擊。所以，你不應該用棍棒去打熊。**

在這裡，省略的前提是一個對任何對熊有所知曉的人都很明顯的事實：如果你用棍棒打熊，它們很可能就襲擊你。

練習題

I. 在下面的每一段話中，確定並用數字標出所有的命題，指出其前提和結論，需要的話，補充沒有陳述出的命題，重新塑成反詰問句和命令句。

1. 最高法院鑒於有充分證據表明以往聯邦政府本身曾有歧視行爲，只是認定存在聯邦種族歧視；但是，近20年來，聯邦政府已經特別優待少數族裔承包商而不是反對他們。因此，亦可判定在政府採購上聯邦對少數族裔有所偏愛。

   ——Jeffery Rosen, cited by Ian Ayres, "Remedying Past Discrimination",
   Los Angeles Times, 26 April, 1998

2. 你不知道不繫安全帶駕駛是十分危險的嗎？統計顯示，如果你不繫安全帶，你在交通事故中受傷的可能性是繫安全帶的十倍。此外，在美國，如果你被抓住不繫安全帶駕駛，將被罰款一百美金。即使在很短的距離內駕駛，你也應當繫安全帶。

3. 你聽說過「如果你沒有與你愛的人在一起，那就愛與你在一起的那個人吧」嗎？那是擁有美滿婚姻的方法嗎？如果婚姻是以信任爲基礎的話，那麼，這一說法就不是擁有成功的婚姻所必需的那種態度。相反，你應該想到「小別勝新婚」。

4. 2000年5月30日的《紐約時報》報導，一些科學家正在尋找一種逆時向發送信號的方法。對此，一位持批評態度的讀者回應說：

   > 對我來說似乎很明顯，科學家在未來永遠也不會找到一種逆時向發送信號的方法。如果他們能做到，我們現在不就已經收聽到它們了嗎？

   ——Ken Grunatra, "Reaching Back in Time",
   The New York Times, 6 June, 2000

5. 個人自主和公認的國家權威之間的衝突不會消解。在一個人履行其義務而使自己成爲他的決策的制定者時，他將……否認他有遵守國家法律的義務，僅僅因爲它們是法律。在這個意義上……無政府主義是唯一與自主的美德相一致的政治學說。

   ——Robert Paul Wolff, *In Defense of Anarchism*, 1970

5　原則不只是運用於省略的前提，也可以應用於論證中任何含糊之處。

II. 下面的每一段話都可以被解釋爲包含兩個論證，每一個論證都有一個以上的前提。分析這些論證，如果你認爲有助益，詮釋其前提與結論。

6. 在最近一篇批評市郊擴張的弊端的文章中，作者論辯如下：

市郊擴張的主要特徵是，社區的各個組成部分──住房、購物中心、公園、城市的社會事業機構──被分離。物理上相互分離，這使得市郊的居民要花費大量的時間和費用從一個地方到另一個地方。並且，因爲幾乎每個人都單獨駕車，甚至人口稀少的地區都會產生一個相當大的傳統城鎮才會有的交通流量。[6]

7. 體育運動對高等教育所有的積極貢獻受到一些陳規陋習的威脅，特別是一些重要的項目。這些陳規陋習植根於制度的冷漠、校長的忽視，以及與急於不擇手段地取勝相關聯，不斷增長的體育商業化趨勢。不幸的事實是，太多的校園內獲利豐厚的運動已經失控。

──*Keeping Faith with the Student-Athlete: A New Model for Intercollegiate Athletics*, Knight Foundation Commission on Intercollegiate Athletics, Charlotte, NC, March 1991

8. 認知功能依賴於大腦中受酶影響的神經化學作用，這些酶由基因構成。如果智力功能不受基因的影響，那將是令人不可思議的。

──Dr. Gerald E. McClearn, "Genes a Lifelong Factor in Intelligence", *The New York Times*, 6 June 1997

9. 以前的中間等級的下層，即小工業主、小商人和小食利者、手工業者和農民──所有這些階級都降落到無產階級的隊伍裡來了，有的是因爲他們的小資本不足以經營大工業，經不起較大的資本家的競爭；有的是因爲他們的手藝已經被新的生產方法弄得一錢不值了。無產階級就是這樣從居民的所有階級中得到補充的。

──Karl Marx and Friedrich Engels, *The Communist Manifesto*, 1848

10. 削減學費會減少那些機構來自政府財政資助專案的收入，這些政府財政資助專案在某些情況下是基於整個費用總額的。因此，在降低學費問題上有一個內在的制約因素。

──David Spadafora, "Don't Expect Many Colleges to Lower Tuition", *The New York Times*, 29 January 1996

6. 演繹和有效性

每一個論證都要求其前提爲接受結論爲眞提供理由。但是，依據它們的前提支援結論的方式，論證分爲兩大類──演繹論證和歸納論證。一個演繹論證包含這樣的要求：它的結論是被前提決定性地支援的──換言之，如果前提是眞的，結論就必定是眞的。在解釋一段話時，如果我們斷定作了如此的要求，我們就是把該論證當作演繹的。如果我們斷定沒有作決定性的要求，我們就是把該論證當作歸納的。因爲每個論證都或者做出或者不做出決定性的要求，所以，每個論證都或者是演繹的或者是歸納的。

6　部分地摘自Andres Duany, Elizabeth Plater-Zyberk, and Jeff Speck, Suburban Nation: The Rise of Sprawl and the Decline of the American Dream (North Point Press, 2000)。

　　當作出要求要一個論證的前提（如果是眞的）爲其結論的眞提供無可辯駁的理由，而且這一要求被證明是正確的時候，那個演繹論證就是有效的。如果該要求是不正確的，那麼那個演繹論證就是無效的。對邏輯學家來說，有效性這一概念只適用於演繹論證。**一個演繹論證，如果其前提都爲眞而結論爲假是不可能的，那麼它就是有效的；否則該論證是無效的。**需要注意的是，演繹有效性並不依賴於前提實際上爲眞，而只是依賴於這一事實：如果前提都將是眞的，那麼結論爲假就是不可能的。有效性問的是關於前提與結論的眞假什麼是可能的。如果在前提都爲眞的同時結論爲假是可能的，那麼該論證就是無效的，否則就是有效的。每一個演繹論證都必定是有效的或者無效的。

> 所有哺乳動物都有肺。
> 狗是哺乳動物。
> ───────────
> 所以，狗有肺。

> 這一論證是有效的。如果前提都是眞的，則結論不可能爲假。

> 哺乳動物都是多毛的。
> 猴子是哺乳動物。
> ───────────────────
> 所以，這只猴子身上正好有200,127根毛髮。

> 這一論證是無效的。即使其前提都爲眞，其結論爲假也是可能的。

　　有效性是一個論證形式或結構的性質。一個論證的形式就好像一座房子的設計圖。如同你會發現具有同一設計的許多房子一樣，你也會發現帶有同樣形式或論證模式的許多論證。下面的兩個論證就有同樣的形式：

> 所有哺乳動物都是脊椎動物。
> 所有狗都是哺乳動物。
> ───────────────
> 所有狗都是脊椎動物。
> 所有貓都是哺乳動物。
> 所有暹羅貓都是貓。
> ───────────────
> 所有暹羅貓都是哺乳動物。

我們可以用變元來代替其中的詞，把該論證的形式表示如下：

> 所有 M 都是 P。
> 所有 S 都是 M。
> ───────────
> 所有 S 都是 P。

下面兩個論證也有相同的形式：

> 如果瓊喜歡貓，那麼托雅喜歡狗。
> 托雅不喜歡狗。
> ─────────────────
> 瓊不喜歡貓。

如果太陽是紅的，那麼月亮是藍的。

月亮不是藍的。

太陽不是紅的。

我們可以用變元代替其中的單個命題，把該論證的形式表示如下：

如果 p，那麼 q。

並非 q。

並非 p。

在以後的章節中，我們對演繹論證主要關注的是確定一個論證形式是否有效，以及表明一個結論是如何在有窮步內從一組前提演繹得出的。

7. 有效性和真假

有效性是演繹論證中前提和結論之間的一種特殊關係，它是一種「保真」關係。一個有效的演繹論證其前提都真而結論為假是不可能的，因為有效性是一種命題與命題之間的關係，所以，它決不能用於單個的命題。另一方面，真和假則是單個命題的屬性，因為前提和結論都是單個的命題，所以，它們可以是真的或假的，但絕不能是有效的或無效的。

正如有效性概念不能用於單個的命題一樣，真和假也不能用於論證。演繹論證可以是有效的或無效的，但卻不能是真的或假的。一個演繹論證的有效性只保證如果其前提都真，則結論就真。它並不保證前提事實上是真的。所以，即使其結論和一個或多個前提是假的，該論證也可以是有效的。

演繹有效性概念是本書的關鍵，這是一個人們從純抽象的觀點理解往往有些困難的概念。所以，下面我們來看一些論證的例子以便說明有效性這一概念是如何起作用的。

在有效和無效的論證中，真假前提和結論有許多可能的組合。考察下面這七個例子將使我們可以塑述一些關於命題的真假與論證的有效性之間關係的重要原則。

I. 有些有效論證只包含真命題——真前提和真結論：

所有哺乳動物都有肺。

所有鯨都是哺乳動物。

所以，所有鯨都有肺。

II. 有些有效論證只包含假命題：

所有四條腿的動物都有翅膀。

所有蜘蛛都有四條腿。

所以，所有蜘蛛都有翅膀。

這個論證是有效的，因為，如果它的前提是眞的，其結論就一定也是眞的——哪怕我們知道事實上這個論證的前提和結論都是假的。

Ⅲ.有些無效論證只包含眞命題——所有前提都眞，結論也眞：

如果我擁有諾克斯堡[7]的所有黃金，那麼，我將是富有的。

我並不擁有諾克斯堡的所有黃金。

所以，我不是富有的。

〔重要提示〕
注意：論證Ⅲ和Ⅳ有相同的形式：
如果p，那麼q。
並非p。
所以，並非q。

Ⅳ. 有些無效論證只包含眞前提而有一個假結論。我們可以舉一個其形式與例Ⅲ中的完全相似的論證，但是只作了足以使結論假的改動。

如果比爾·蓋茨擁有諾克斯堡的所有黃金，那麼，比爾·蓋茨將是富有的。

比爾·蓋茨並不擁有諾克斯堡的所有黃金。

所以，比爾·蓋茨不是富有的。

這一論證的前提是眞的，但其結論是假的。這樣的論證不能是有效的，因為一個有效論證的前提爲眞而結論爲假是不可能的。

Ⅴ.有些有效論證可以有假前提和眞結論：

所有魚都是哺乳動物。

所有鯨都是魚。

所以，所有鯨都是哺乳動物。

〔重要提示〕
注意：論證Ⅴ與論證Ⅰ和Ⅱ有相同的形式。

這論證的結論是眞的。而且，該結論是可以從已給出的均爲假的前提有效地推導出來的。這說明，一個論證的有效性，其本身並不足以確立該論證的結論爲眞。只有健全的論證——前提都眞的有效論證——才能保證其結論爲眞。

Ⅵ. 有些無效論證可以有假前提和眞結論：

所有哺乳動物都有翅膀。

所有鯨都有翅膀。

所以，所有鯨都是哺乳動物。

把例Ⅴ和例Ⅵ合起來看，很顯然，我們不能從一個論證有假前提和眞結論這一事實確定

---

7 克斯堡是美國聯邦政府的黃金貯存地。——譯者

該論證是有效的還是無效的。

Ⅶ.有些無效論證包含的全是假命題：

> 所有哺乳動物都有翅膀。
> 所有鯨都有翅膀。
> ──────────────
> 所以，所有哺乳動物都是鯨。

上述七個例子清楚地表明，有效論證可以有假結論（例Ⅱ）而無效論證可以有眞結論（例Ⅲ和Ⅵ）。**所以，一個論證的結論實際上的眞假本身並不能讓你確定該論證有效還是無效**。當然，你可以表明，如果具某一形式的論證有全眞的前提和假的結論，那麼該論證形式就是無效的（例Ⅳ）。只有當論證形式是有效的並且其前提是眞的時，你才能確定其結論爲眞。

下面的兩個表援引了上面七個例子，它們清楚地顯示了眞值與有效性的各種可能的組合。第一個表說明瞭無效論證可以有眞假前提和結論的所有可能的組合：

無效論證		
	眞結論	假結論
眞前提	例Ⅲ	例Ⅳ
假前提	例Ⅵ	例Ⅶ

第二個表則說明瞭有效論證只能有眞假前提和結論組合中的三種：

有效論證		
	眞結論	假結論
眞前提	例Ⅰ	
假前提	例Ⅴ	例Ⅱ

第二個表中的空白處展示了一個基本點：如果一個論證是有效的並且其前提是眞的，我們就可以確定其結論也是眞的。換言之，如果一個論證是有效的並且其結論爲假，那麼，它的前提中至少有一個一定是假的。

知道一個論證有眞前提和假結論，你就曉得該論證一定是無效的。但是，對有效和無效論證二者來說，前提和結論中眞和假的所有其他排列都是可能的。所以，從知道一個論證的諸命題實際的眞假，我們關於它的無效性或有效性並不能確定很多的東西。有效性與命題之間的關係相關。如果命題間的那些連接具有正確的形式（結構），那麼當前提爲眞時結論爲假就是不可能的。目前，我們依靠的是對那種不可能性成立的條件的直觀把握。以後，我們將學習一些技法以發現和證明有效性的條件出現在一個論證中。

當一個論證是有效的並且其所有前提也都事實上是眞的時，我們就稱該論證是健全的。**一個演繹論證，當它既是有效的而前提又都是真的時，它就是健全的**。很重要的是要注意

到，一個可靠論證的結論是一定爲眞的（它不能是假的），正是演繹論證的這一性質使得演繹如此地強有力和吸引人。健全的演繹論證導致完全的確實性，知道如何評估論證的有效性和可靠性是非常重要的技巧。它使你能夠避免被愚弄，在某事並沒有被證明時認爲已經被確實地證明瞭。

如果一個演繹論證是不健全的──就是說，如果該論證不是有效的，或者它雖然有效但並非所有前提都是眞的──那麼，該論證就無法確立其結論的眞，即使結論事實上是眞的。

邏輯學只限於研究一個論證中命題之間的關係。前提是不是眞的，這是歸科學管的問題，這類活動大部分都處於邏輯學的領域之外。在本書中，當我們討論演繹論證時，我們感興趣的主要是其有效性，其次（如果有的話）才是可靠性。但是，當你分析「現實世界」中的演繹論證時，要記住的是，可靠性對所要證明的結論來說是需要的。

注意，如果一個論證是有效的，但是你並不知道它的前提是否爲眞，那麼，你就必須說，你不知道該論證是否可靠。結論是否爲眞也沒有被知道。如果一個論證是無效的──不管前提的眞假如何──並不說明結論是眞的，結論的眞沒有被證明。然而，各種類型的不可靠性都沒有表明結論是假的。「沒有被知道」和「沒有被證明」都不同於「被否證（被證明是假的）」！

在以後的章節中，當我們考察演繹論證時，我們將關注論證的形式或結構，許多論證有相同的形式。我們已經注意到，上述論證有三個具有同樣的形式（Ⅰ、Ⅱ和Ⅴ）。有效性是論證形式的一個特徵。如果一個給定形式的論證是有效的，那麼，具有同樣形式的其他所有論證也就都是有效的。正如我們已經看到的，論證的內容是與有效性問題無關的。如果一個論證形式是無效的，那麼，具有這種形式的任何論證能爲其結論的眞提供都只是歸納的證據。下面我們就來談歸納論證。

8. 歸納與概率

一個健全的演繹論證能確然地確立其結論。相反，即使前提都眞，歸納論證也不聲稱它們的前提確然地確立其結論。歸納論證有一個較弱但重要的要求，那就是：它們的結論是以某種程度的概率確立的。因爲歸納論證並不要求確然性，所以，對歸納論證評價的標準就不同於演繹論證。

對歸納論證進行評估是科學家的主要工作之一，在日常生活中，歸納論證也很普遍。歸納論證的前提爲其結論提供某種支援。歸納論證在強度上各不相同。有些歸納論證爲結論提供很好的證據（它們是強的），其他的則提供很少的證據（它們是弱的）。但是，即使在其前提爲眞而且前提很強地支持它們的結論時，歸納論證的結論也從不是確然的。

因爲一個歸納論證只能證明其結論是很可能的，所以，附加的資訊總是可能加強或削弱支持結論的證據。另一方面，演繹論證則不可能逐漸變得更好或更壞。在達到確然性方面，

它們或者成功或者不成功。有效性不存在程度之分。附加的前提不能加強或削弱一個有效的演繹論證結論的證據。歸納論證則不然，增加新的前提可以加強或削弱一個歸納論證的結論的證據。

你在一個咖啡店停下來打算買一杯蒸汽咖啡。你從沒有來過該店，但你依據你之前在同樣的其他連鎖店的經驗推導這裡的蒸汽咖啡可能味道鮮美。一些新的資訊可能改變你的這一結論的強度。例如，如果一個朋友告訴你該店有很好的工作人員，那麼，你將更加相信你買的蒸汽咖啡味道鮮美。相反，如果排在你前面的某個人抱怨說他的飲品味道很差，那麼，你將不太相信你的飲品會很好。

演繹論證與歸納論證之間的區別可以很好地概述如下。**一般地說，演繹論證的結論不包含前提中不曾包含的資訊。**[8]考慮如下的論證：

如果沙恩去看電影，那麼珍妮也去看電影。
如果珍妮去看電影，那麼梅林就吃爆米花。
所以，如果沙恩去看電影，那麼梅林就吃爆米花。

注意，在這裡，結論中的所有資訊都包含在前提中。所有告訴你的就是沙恩、珍妮和梅林的行動之間的關係。如果前提是真的，則結論一定也是真的。

歸納論證則相反。歸納論證的結論提供了前提中並不包含的資訊。例如我們說，你、卡曼和艾安很相似，你們都喜歡香草精、黃油核桃和石板街霜淇淋，卡曼和艾安也喜歡摩卡奶油霜淇淋，所以有理由相信，你也喜歡摩卡奶油霜淇淋。在這裡，前提沒有提供你對摩卡奶油霜淇淋的看法的資訊。如果前提是真的，結論卻可能是假的。是嗎？

雖然歸納在科學和日常生活中是一種極其重要類型的推理，邏輯學家對於評估歸納論證的標準有一種不完備的說明。這一點與演繹不同，關於演繹，在一種意味深長的意義上，我們已經知道了長期以來所知道的一切。歸納邏輯的一些分支（例如概率論和統計學）比另一些分支（比如科學假說的確證的邏輯）研究得更詳盡。在第九章，我們將討論歸納論證，但是，本書主要關注的是演繹邏輯。

8　正如我們將在第7章中看到的，存在一些場合，演繹論證的結論包含前提中沒有的資訊。然而，這種情況只發生在前提衍涵不一致的命題時，就是說在前提衍涵一個陳述與其否定時。從一對不一致的斷言出發，可以得出任何命題。當然，如果前提衍涵矛盾，該論證是不健全的。

9. 論證的分析

　　許多論證很簡單，另一些論證則十分複雜。一個論證的前提可以以不同的方式支援其結論。論證中前提的數目和命題的順序可以變動。我們需要有分析論證性語段和闡明其中前提和結論關係的方法。有兩種方法是比較常用的：解析和圖解。當你在分析論證時，可以根據具體脈絡選擇其中最適用的一種。

(1) 解析論證

　　構造論證的一個「解析」（顯豁釋義），是用清晰的語言和適當的順序來表達論證的命題，直截了當地列出每個前提，重述結論，並且簡化語言（在適當處）。解析一個論證常常有助於我們更好地理解該論證。可是，要注意的是，你的解析要準確地抓住原來的意思，否則你分析完以後的論證將與你想要分析的論證不同！

　　考慮下面的論證，它有兩個以上的前提，而且先陳述結論：

　　　　包括霸王龍在內的直立行走的獸腳類恐龍不能進化成現代鳥類，主要理由有三個。首先，大多數類鳥的獸腳類恐龍化石發源時間比初始鳥類的化石遺存晚7500萬年。其次，鳥的祖先必定已經適宜飛行──獸腳類恐龍則並非如此。再次，每一個獸腳類恐龍都有鋸狀牙齒，鳥類則沒有。[9]

　　我們可以解析該論證如下：

　　　　1.類鳥的獸腳類恐龍化石發源時間比初始鳥類的化石遺存要晚很久。
　　　　2.鳥的祖先必定已經適宜飛行，但獸腳類恐龍並不適宜飛行。
　　　　3.每一個獸腳類恐龍都有鋸狀牙齒，鳥類則沒有。
　　　　所以，獸腳類恐龍不能進化成現代鳥類。

　　解析常常可以幫助我們理解和分析一個論證，因為它要求我們必須把那些在原來論證中並沒有清晰陳述的假定拿到表面上來。例如：

　　　　當埃斯庫羅斯被遺忘的時候，阿基米德將被記住；因為語言可以消失，而數學觀念不會消亡。[10]

　　為了解析該論證，我們必須詳細地列出該論證視為當然的東西：

　　　　1.語言會消亡。

　　9　改編自 Alan Feduccia, *The Origin and Evolution of Birds* (New Haven, CT: Yale University Press, 1996)。

　　10　G. H. Hardy, *A Mathematicians Apology* (Cambridge University Press, 1940).

2.埃斯庫羅斯的偉大劇作是用語言寫的。

3.所以，埃斯庫羅斯的著作最終會消亡。

4.數學觀念不會消亡。

5.阿基米德的偉大成就是關於數學觀念的。

6.所以，阿基米德的成就不會消亡。

所以，當埃斯庫羅斯被遺忘的時候，阿基米德將被記住。

(2) 圖解論證

我們可以把前提與結論之間的關係表示為代表論證中的命題圍以圓圈的數字之間的關係，來「圖解」一個論證。大致地說，步驟如下：首先，給論證中的每個命題按其出現的次序標上數字。其次，識別結論。然後，確定其餘的命題（前提）之間相互關聯以及與結論關聯的方式，並且用箭頭表示那些關係。

圖解的好處是使論證中命題之間的關係易於直接檢視，從而有助於理解。圖解可以展示前提支援結論的方式，而解析則可能不行。

在一個給定的論證中，前提可以或者獨立的或者非獨立的支援結論。如果前提是獨立的行動的，那麼，每一個前提本身為接受結論提供某個理由，而且，即使沒有其他的前提，它也提供這種支援。在圖解中，每一個獨立的前提都有它自己與結論相聯結的箭頭。

我不買這些鞋子。它們不大合腳，它們的顏色也與我的那些衣服不相配，而且它們都太貴。

首先，按它們出現的次序給命題標上數字：

①我不買這些鞋子。

②它們不大合腳。

③它們的顏色與我的那些衣服不相配。

④它們太貴。

然後，圖解命題之間的關係。在這個例子中，結論①從其他每一個命題得到獨立的支持；就是說，②、③和④每一個其本身都為接受①提供了某個理由。即使去掉這些前提中的某一個，你仍然有理由接受①。

想像一下，一個起訴人寫一個針對某一犯罪嫌疑人的訴狀。每一點證據都對相信嫌疑人有罪給出了某個理由。它們合在一起就為嫌疑人犯有罪行提供了相當強的證據。

①嫌疑人有殺人動機：她正在被勒索。②嫌疑人有實施犯罪的機會：受害人被殺時

他們一起在舞會上。③嫌疑人有殺人武器。④殺人武器上有嫌疑人的指紋。⑤在嫌疑人的衣服上發現了被害人的血跡。所以，⑥嫌疑人犯有罪行。

當前提只是組合在一起共同支援結論時，它們就是非獨立地行動的。在圖解中，非獨立的前提用大括弧連結起來。用單獨一個箭頭將被大括弧連結在一起的前提和結論聯結起來。所有演繹論證和某些歸納論證的諸前提都只是組合在一起支援其結論的。

下面是一個我們稱之為選言三段論的有效的演繹論證：

①或者朱麗亞騎阿拉伯種馬，或者弗羅拉駕駛方程式1號賽車。②弗羅拉沒有駕駛方程式1號賽車，所以，③朱麗亞騎阿拉伯種馬。

下面是一個歸納論證，它是個類比論證：

①約翰、沙恩、艾安、伊萬、喬萬尼和漢斯都喜歡哈里森‧福特的電影。

②約翰、沙恩、艾安、伊萬、喬萬尼也都喜歡羅伯特‧大衛的電影。

所以，③很可能漢斯也喜歡羅伯特‧大衛的電影。

這個論證的圖解完全與上面選言三段論的圖解相像：

(3) 交織的論證

圖解對分析帶有兩個或更多論證和若干其間關係並不明顯命題的複雜語段能給予特別的幫助。任何語段中論證的數目都是由結論的數目決定的。例如，如果一個語段帶有單獨一個前提而那前提支援兩個結論，那麼它就包含兩個論證。

①加利福尼亞的電力危機正損害該州經濟和整個國民經濟。我們可以得出如下結論：

②這場危機要求州政府立即行動，同時

③它也要求來自聯邦政府的立即行動。

━━練習題━━

分析下列語段中的論證，必要時對它們進行解析和圖解。

1. 我們應該起訴那些盜竊有版權的作品的人。無償地使用別人藝術作品的行爲剝奪了藝術家本應得到的作品使用費。沒有合理的作品使用費，藝術家就不能生存。藝術作品是理應得到支援的珍貴商品，我們通過購買藝術家們的作品來支援藝術家。

2. 時間是關鍵。如果我們現在就去，我們就能使舞會準時進行，如果我們使舞會準時進行，我們就可以更早地離開。如果我們去晚了，我們就必須在那裡待得更晚以向主人顯示我們很高興參加這次舞會。如果我們至少能夠準時到達那裡，那麼我們早點離開也不會難堪。於是，我們就能夠準時到達你母親那裡參加她的舞會。所以，抓緊時間穿好衣服，否則你母親就會認爲你不再愛她。

3. 紐約和德克薩斯州在20世紀90年代所走的不同道路說明過分依賴監獄來防治犯罪是沒用的。德克薩斯90年代監獄中新增的人數（98,081）比紐約監獄中的全部人數（73,233）還要多。如果監獄是防治犯罪的辦法，那麼從控制犯罪這一點看，德克薩斯應該比紐約做好得多。但是，從1990—1998年，在犯罪率下降方面，紐約超過德克薩斯26%。

———— Vincent Schiraldi, "Prisons and Crime", *The New York Times*, 6 October, 2000

10. 複雜的論證性語段

　　邏輯學的一個特別的任務就是論證的評價，成功的評價要求對我們面對的論證有一個清晰的把握。在一些語段中，許多論證相互交織在一起。出現不同的命題，有些只充當前提，有些則既是一個論證的結論又是另一個論證的前提，這樣的情況分析起來就很困難。複雜語段可能會經受對它們的邏輯結構作各種合情理的解釋。因此，在許多情況下，（對複雜語段）並不只有一種明顯正確的解釋。到目前爲止我們已經考慮的所有事情——包括未陳述的前提或結論、論證和說明之間的區別、脈絡——當圖解一個擴展的論證時都將開始有用。爲什麼兩個人對一個論證性語段所聲言的可以給出不同但都合理的說明？原因即在於此。

　　爲了分析一個複雜的語段，我們必須辨識單個的論證，看它們是如何配置到一起的。然後，我們才能確定結論是否是從已經被斷定的前提得來的。

　　在一個論證中，個別命題有時以不同詞語表達的語句形式重複出現。這種重複使分析的任務更複雜了。分析論證時還必須考慮到這樣一個事實：前提可以以壓縮的形式出現，有時前提就是一個簡短的名詞性短語。如果碰到這樣的情況，圖解可以幫助我們澄清命題的意義。經過分析，許多複雜的論證性語段，包含許多前提和中間結論，將被看到是融貫和清楚的。

在理想的狀況下，爲了一個複雜的語段能辯正它想辯正的那個結論，該語段的那些部分相互之間以及與結論之間必須有一種清晰的關係。然而，日常生活中的論證往往達不到這個標準。可能包含作用不清楚的陳述，論證中幾個陳述之間的聯繫可能相互糾纏不清或者被錯述。分析，包括圖解，可以揭示這樣的缺陷。通過列示推理過程的結構，我們可以看出它試圖如何去做以及它的長處和不足會是什麼。圖解展示了論證的邏輯結構。我們對它們的「解讀」從圖的「最高處」因而也是流程中最早處開始，沿著幾條推理路線中的每一條，「向下」通向最後的結論。

讓我們看如下論證：

①如果瓊斯寫詩，那麼亞歷山卓就造飛機；並且如果多伊爾開第羅倫車，那麼比阿特麗斯就開別克車。②所以，如果瓊斯寫詩，那麼亞歷山卓就造飛機，③瓊斯寫詩，④所以，亞歷山卓造飛機。⑤所以，如果多伊爾開第羅倫車，那麼比阿特麗斯就開別克車。⑥比阿特麗斯沒有開別克車。⑦所以，多伊爾沒有開第羅倫車。⑧亞歷山卓造飛機並且多伊爾沒有開第羅倫車。⑨如果亞歷山卓造飛機並且多伊爾沒有開第羅倫車，那麼我就吃了我的帽子，⑩我要吃了我的帽子。

我們要注意該語段的各部分是如何組合起來形成單個的論證。要注意的是，命題①是由兩個命題組成的。①中的單個命題則是②和⑤中所陳述的結論。所以，最初的圖解看來如下：

命題②和③衍涵④（這是一個演繹論證），而命題⑤和⑥衍涵⑦。所以，圖解被擴展爲下：

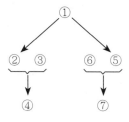

命題④和⑦衍涵⑧：

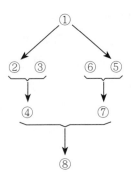

最後，⑧和⑨隱含⑩：

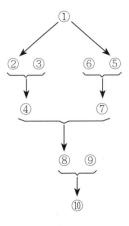

有時候，論證中的前提和結論並沒有特定的順序。（教授們有時寫這樣的論證是看你是否有備而來。）在那種情況下，你需要考察不同的命題，看出它們是如何組合在一起的。考慮下面的論證：

　　①只有蘇珊是ΣΣΨ成員並且她出生於奧斯陸時，瑪蒂才多半在週一做百果餡。②或者艾麗寫電影劇本，或者瑪蒂多半在週一做百果餡。③愛麗賽是ΣΣΨ成員並且她出生於奧斯陸。④艾麗不寫電影劇本。⑤於是，瑪蒂多半在週一做百果餡。⑥故而，蘇珊是ΣΣΨ成員並且她出生於奧斯陸。⑦如果大多數ΣΣΨ成員都出生於奧斯陸，那麼ΣΣΨ就是一個以草原家庭夥伴為特徵的婦女團體。⑧因此，ΣΣΨ是一個以草原家庭夥伴為特徵的婦女團體。⑨所以，ΣΣΨ的大多數成員都出生於奧斯陸。⑩巴貝特和愛麗卡都是ΣΣΨ成員並且都出生於奧斯陸。

　　分析從哪裡下手呢？這裡面有好幾個結論指示詞，你應該能確定作者想要的結論是什麼。只要你找到了結論，你就應該能組合出單個的論證。在演繹論證的情況下，你將發現，或者結論是一個前提的一部分，或者如同⑧那樣，就在前面那個論證中，結論是把早先的前提合在一起得到的。在歸納概括的情況下，單個的前提支援一個一般的結論。所以，你或許

會把單個的論證合在一起如下：

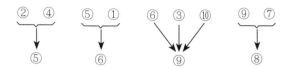

⑤是從一個論證和另一個前提得到的結論，⑥是從一個論證和另一個前提得到的結論，⑨是從一個論證和另一個前提得到的結論。因此，可以把語段中的整個論證合在一起如下：

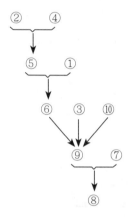

　　我們上面提到的兩種情況多少有點人工設計的痕跡，語段從頭至尾都有結論指示詞，也沒有多餘的命題，沒有一個命題以不同的語句重複。在「現實世界」的論證中，往往要花更多的腦筋來整理挑揀。可能並不總是有作為指示詞的語詞。命題可能通過使用稍微不同的詞語而被重複。前提或結論可能沒有被陳述出來。你往往需要很努力地思考來分析一個論證。

　　考慮下面這個複雜的論證：

　　①邏輯學課程是非常重要的。②研究已經多次表明：哲學專業的學生相對於法學院或醫學院的學生擁有最高程度的接受力。③因為學習邏輯學課程的學生獲得了發展推理技巧的機會。④他們在GRE考試中涉及邏輯推理的部分傾向於比其他學生做得更好。⑤哲學專業的學生學了很多的邏輯學課程。⑥任何一個計畫參加LSAT、MCAT或者GRE考試的人都會通過盡可能地學習邏輯學課程而獲益。⑦許多雇主看好哲學專業的學生，因為這些雇主知道，哲學專業的學生已經學會了在解決問題時應用推理。⑧此外，哲學專業的學生一般都必須寫大量的論證性論文，雇主們知道，這些學生可能有好的寫作與溝通技巧。正如你會看到的；⑨對你來說，學習邏輯學課程是很重要的。

　　注意，這裡的①和⑨斷定同一個命題。所以，我們將忽略⑨。圖解這一複雜的論證性語段的一種方式如下：

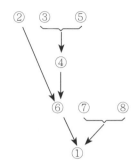

　　這個圖展示了該論證的邏輯結構。為把握該論證，我們可以解讀與每一個前提或中間的結論相對應的命題，從圖中的「最高處」開始，沿著幾條推理路線中的每一條通達最後的結論。

　　你是以同樣的方式圖解上述論證的嗎？如果不是，不用著急。圖解複雜的語段常常是困難的，需要做大量的練習題。當你對論證更熟悉時，圖解複雜的語段也就變得更容易了。

──練習題──■

圖解下列複雜的論證性語段的結構：

1. 由於為了生存你的大部分生活都必須工作，所以，你應該選擇一個你所喜歡的職業。當然，並不總是能夠正確地預測你將會多麼喜歡某一職業。有時候，從外面看某一職業感覺很好，但當你真正做了一段時間以後，它就失去了吸引力。接受廣泛的教育使你能獲得可應用於許多職業的一般技能，有時候，過早的專業化將把你局限在一個你可能日後並不喜歡的領域內，這些都是接受文科教育可能是一個好的決定的理由。

2. 父親的基因和母親的基因會互相對抗。就懷孕來說，在大部分哺乳動物中，母親的身體將不斷長大的胚胎當作入侵者，努力限制胚胎對其體內營養的攝取。當然，父親不生產後代，不必考慮這類問題。其基因的重要性是無疑的：促進胚胎發育，保護其不受母體自我防衛的影響。因此，只有男性才貢獻促進稱為胎盤的胚胎保護器官生長的基因；女性則不然。單獨由母親的基因創造的單性的鼠類卵細胞，也能發育成正常的胚胎，但是這個胚胎沒有胎盤，因此不那麼活躍。

　　　　　　　　　　　　　　——Laurence Marschall, in a review of *Genome*, by Matt Ridley
　　　　　　　　　　　　　　(Harper Collins, 2000), appearing in *The Sciences*, August 2000

3. 想一想為什麼聯邦政府會向學生貸款？這是因為從國家利益考慮需要有一個受過教育的群體。從平均數來看，大學畢業生所掙的年薪幾乎是高中畢業生的兩倍。通過提高生產力和增加國家收入，國家用於學生貸款的教育費用得到許多倍的報償。通過為數以百萬計的美國人提供高等教育，聯邦政府資助的學生貸款為美國國庫和學生們創造了巨大的回報，學生們的收入，和他們所交的稅，隨著他們高等教育學位的提高而大大增加。
　　但是，大多數大學生都不是值得信任的借貸人。典型的學生是沒有什麼金錢，幾乎沒有可供抵押的資產，平常掙錢很少以至貸款信用度不高。如果這樣的借貸人能夠得到一筆貸款的話，那麼往往百分之百會抬高利息——高得足以讓許多學生做出不再繼續受高等教育的決定。這就是為什麼學生貸款需要由聯邦資金支援而對所付利息加以封堵的原因。

——Richard W. Riley, "Should Washington Have a Bigger Share
of the Student-Loan Industry? Yes!", *Insight*, 29 April, 1996

4. 與量子研究相關的最困難的問題之一就是如何在使其不受影響的自然狀態下去觀察亞原子的粒子，可以說，不加破壞地觀察它們。之所以困難，原因有二。第一，原子和亞原子的粒子是物質的最小成分，因為任何用來觀察它們的工具都放射自身具有的能量，那個能量一定會影響被觀察的粒子的能量。第二，在孤立狀況下，原子的組成部分同時以兩種量子狀態存在：粒子和波。它們就好像是一捆捆的統計概率，只有在它們與其他組成部分相互作用時，它們才展示這種或那種表現形式。

——"Skinning Schrodinger's Cat", *Insight*, 15 July, 1996

5. 取消關於婚姻的稅收聽起來像是一個好主意，但是這樣的想法也是合理的：對富人徵收較高的稅並且對全部收入相同的家庭徵收同樣多的稅而不管配偶雙方是如何劃分的。沒有哪一個稅法能夠同時實現上述三個目標。個人收入低至只能被徵收15%的稅的兩個人，按照累進稅制，當他們的收入被合計時，他們就進入稅率為28%的階層。國會可以取消婚姻稅，但只能通過犧牲累進稅制的辦法。

——"Themptations of a Balanced Budget", Editorial
in The New York Times, 31 December, 1997

——章節摘要——

邏輯學研究的是用於評價論證的方法和原則。邏輯學中，技能的價值呈現在無數的情境中：在評價政治候選人所作出的主張中，在理解錯綜複雜的法律檔中，在塑述一個有說服力的商業計畫中，在評估科學實驗中的研究要求中，如此等等。所以，邏輯學中的技能具有巨大的價值，而**提高技能的唯一途徑就是實際練習**——所以，在本書中有大量的例子和練習題。不管老師有沒有要求，你都應該爭取做所有或大部分練習題，以保證你理解那些概念並且能夠快速和可靠地應用所學的技巧。

命題是能夠被肯定或否定的東西（或者為真或者為假的東西），要區別於可以表達它的語句。

論證是一個命題集合，其中一個命題是結論，其他命題（都）是為結論提供支援的前提。論證不同於說明、描述和其他類型的命題集合之處在於它們的功能：論證試圖基於其他一些命題，為接受某一命題為真提供根據。前提和結論指示詞經常有助於我們分析論證的結構。有時候，論證中包含脈絡的資訊、暗藏的前提或者隱蔽的結論，在恰當地評估一個論證前我們必須把它們弄清楚。

演繹論證是旨在確然地建立其結論的論證。

歸納論證是旨在以不同程度的概率建立其結論的論證。

一個論證的**標準形式**是先寫出其前提，並用一條線把前提與結論分開。

一個演繹論證，當它不可能前提（都）為真而結論為假時，就是**有效的**；就是說，**在如下情況下演繹論證是有效的：如果前提為真，就不可能結論為假**。有效性並不依賴於論證的命題實際的真假。它只依賴於在前提為真的假定下結論的可能情況。論證的有效性只依賴於

其形式（論證的命題之間的關係結構），不依賴於其內容。

當一個演繹論證既是有效的並且其前提也事實上爲眞時，該演繹論證就是**健全的**。一個健全的論證的結論是確然的（它不能是假的）。

在分析論證性的語段時有用的兩種技法是解析和圖解。在**解析**中，我們用清晰的語言重寫那個論證，補足該論證中沒有明確陳述的省略或假定的資訊，小心地保留其原來的意義。在**圖解**中，我們按其出現的順序給論證中的所有命題標上數字，用箭頭和括弧表示命題之間的關係。有時論證可能是複雜交織的，圖解論證可以把這些內在聯繫弄得更清楚。同樣，通過圖解，很複雜的論證也可以變得更清楚。

那些術語是如何搭配到一起的：

1. **命題（陳述）**是或者**眞**或者**假**的。只有命題才是眞的或假的。
2. 命題搭配到一起形成**描述**、**說明**和**論證**。
3. 描述回答的是「誰」、「什麼」、「何時」、「何地」，有時還有「如何」（某事物是怎樣的）等問題。
4. 說明回答的是「爲什麼」和「如何」（怎樣做某事或某事結果怎麼樣）的問題。
5. 論證的前提給出相信一個命題（結論）爲眞的理由。一個論證或者是**演繹論證**或者是**歸納論證**。
6. 一個有效的演繹論證的形式或結構保證了前提眞而結論假是不可能的。一個前提爲眞的無效演繹論證只能爲其結論爲眞提供某種但不是決定性的證據。所有歸納論證都是無效的演繹論證。
7. 歸納論證可以有強弱之分。一個強的歸納論證爲其結論很可能爲眞提供好的證據。歸納論證包括**類比**、**歸納概括**和**對最好說明的論證**。
8. 你可以這樣來**分析**一個論證：確定哪些命題是前提、哪些是結論，確定前提爲結論提供的證據的強度，確定前提是眞的還是假的。你可以通過構造論證的**圖解**作爲分析的一部分，圖解就是爲論證畫一幅輪廓圖，它顯示一些前提是否只是相互組合在一起共同支援結論──哪些前提一起放在一個括弧，或者它們是否每一個都獨自支持結論的眞。在這種情況下，有一個箭頭從那單個的命題通向結論。

第 2 章
非形式謬誤

1. 什麼是謬誤？

　　一個謬誤是一個有缺陷的論證，它是推理中的錯誤。正如我們將在第4章、第6章所看到的，論證的缺陷有時體現在演繹論證的形式或結構中。這些論證是無效的論證，這些缺陷被稱爲形式謬誤。例如，以下論證犯了形式謬誤，否定前件：

> 如果喬斯去跳舞，那麼貝林達去跳舞。
>
> 喬斯沒去跳舞。
> _____
>
> 所以，貝林達沒去跳舞。

論證的形式或結構可用變元代替陳述來表達：

> 如果p，那麼q。
>
> 並非p。
> _____
>
> 所以，並非q。

因爲該論證形式是無效的，所以，具有那個形式的論證有可能有眞前提和假結論：

> 如果比爾・蓋茨得到電影《魔戒》的所有收益，那麼他會很富有。
>
> 比爾・蓋茨沒有得到電影《魔戒》的所有收益。
> _____
>
> 所以，比爾・蓋茨不富有。

　　這個論證的問題在於論證形式，而與論證內容，即喬斯、貝林達、比爾・蓋茨、富有無關。

　　如我們在上一章所見，演繹無效不是使一個論證不能建立其結論的唯一途徑。最好的歸納論證也可以有眞前提和假結論，有時歸納論證是很弱的。同樣，假前提不能提供使人相信結論爲眞的理由。

　　本章我們討論的謬誤稱爲非形式謬誤或實質謬誤。在大多數情況下，這類謬誤的問題出在論證內容上，即構成論證的那些陳述中。有時，有了假的前提。有時，前提預設了比字面陳述更多的內容。有時，前提並沒有給使人相信結論爲眞的理由。在所有情況下，這些謬誤與我們日常使用的好論證相似。在許多情況下，我們不得不問爲什麼在一個特例中會出問題，而在另一個中卻不會。

　　有多少種非形式謬誤呢？目前並沒有一致的說法。古希臘哲學家，亞里斯多德（384—322 BCE）辨認了十三種 [1]。其他人則辨認了超過100種 [2]。爲什麼有這麼大的分歧呢？

1　Aristotle, *Sophistical Refutations*.

2　我們知道的最廣博的謬誤目錄出現在大衛・費希爾（David H. Fischer）的《史學家的謬誤》

如果你選擇少量的謬誤名稱，那麼往往有好幾種方式犯同一謬誤。你可以給每一變種一個不同的名稱，這就是為什麼謬誤的列表顯著各異的原因之一。

在本章我們將考察十九種普通的謬誤。這些謬誤分為三類：(1)相干性謬誤；(2)假定性謬誤；(3)含糊性謬誤。我們的分類系統是有些武斷的。會有那種時候，你確切地覺得一個論證可以看成犯了不止一種謬誤。還會有那樣的時候，你覺得一個論證有問題，但不能十分貼切地歸為列表上的任何謬誤。原則上，能夠分析一個有缺陷的論證，說明為什麼從那些前提不能證明結論為真，比能夠隨口說出謬誤的名稱更重要。事實上，由於有些可接受的論證具有與謬誤相同的形式，如果你不假思索地說出謬誤的名稱，那麼有時你就會把可接受的論證當作謬誤。所以，識別謬誤是以細緻的論證分析為前提條件的。

儘管論證分析比學習謬誤的名稱更重要，但仍然有兩個理由要求你學習謬誤的名稱。第一，謬誤的名稱都是公共使用的。因此，學習這些名稱便於你與其他人交流。第二，你的導師希望你知道那些名字。

由於許多謬誤有可接受的形式，我們區分這些論證的可接受使用方式和謬誤的使用方式。一些謬誤有幾個名稱，包括拉丁文名稱。因此，我們指出某些謬誤的不同名稱。

2. 相干性謬誤

論證的前提提供相信結論為真的理由。如果論證是可接受的，那麼前提與結論之間必定有一些聯繫。前提必須是與結論相干的，前提必須表明或試圖表明結論是真的。當前提不能給出相信結論為真的理由時，就出現相干性謬誤。

〔*Historian's Fallacies* (New York: Harper & Row, 1979)〕中。費希爾在該書中討論並命名的謬誤多達112種。在《謬誤：論證的贗品》〔*Fallacy: The Counterfeit of Argument* (Englewood Cliffs, NJ: Prentice-Hall, 1959)〕中，費恩賽德（W. W. Fernside）和霍瑟爾（W. B. Holther）命名並闡述了51種謬誤。漢布林（C. L. Hamblin）在《謬誤》〔*Fallacies* (London: Methuen, 1970)〕中對這個主題進行了歷史和理論探討，而該主題的另一個精彩研究出現在伍茲（John Woods）和沃爾頓（Douglas Walton）的邏輯謬誤〔*The Logic of Fallacies* (Scarborough, Ont.: McGraw-Hill Ryerson, 1982)〕中。沃爾頓已經寫的幾部傑出著作中對謬誤逐個進行了廣泛細緻的研究：*Informal Logic: A Handbook for Critical Argumentation* (Cambridge: Cambridge University Press, 1989); *Arguments from Ignorance* (University Park: Pennsylvania State University Press, 1996); *Appeal to Expert Opinion: Arguments from Authority* (University Park: Pennsylvania State University Press, 1997); *One-Sided Arguments* (Albany: State University of New York Press, 1999); *Appeal to Popular Opinion* (University Park: Pennsylvania State University Press, 1999)。Howard Kahane, "The Nature and Classification of Fallacies", edited by J. A. Blair and R. J. Johnson, *Informal Logic* (Inverness, CA: Edgepress, 1980)。這一論文對謬誤分類的通常方法提出了有洞見的評論意見。所有這些書都是懇切地推薦給想更深入了解謬誤這個主題的讀者。

(1) 訴諸無知（Argument from Ignorance）

你聽到過這樣的論證嗎？

> 我們不知道占星學家的斷言是真的，因此它們是假的。

這個論證所犯的謬誤就被稱爲訴諸無知。有著合理的理由質疑占星學家的斷言，一個理由是，很難解釋星座的位置如何能影響我們的日常生活。另一個理由是，許多占星學家的預言是錯的。但是，我們不知道占星學家的斷言是真的這一事實並不是一個宣稱他們的斷言是假的的充分理由。

令*p*是一個命題，一個訴諸無知論證的典型表現形式如下：

1.我們不知道（或沒有證據顯示，或幾乎沒有理由相信）*p*是真的，因此*p*是假的。
2.我們不知道*p*是假的，因此，*p*是真的。

如許多其他的非形式謬誤一樣，上述論證中有一個缺省的前提，一旦陳述出該前提，你就會質疑是否應該接受其結論。對於第一種情況，完整的論證應該是：

> 如果*p*是真的，那麼我們知道*p*是真的。
> 我們不知道*p*是真的。
> ─────────────────
> 所以，*p*不是真的（*p*是假的）。

如果你不知道一個陳述是真的，那麼謹慎的做法是不把它當作真的：暫緩判斷。但這並不意味著這個陳述是假的。

假定以下論證出現在1850年：

> 如果成功的心臟移植手術是可實施的，那麼我們（目前）知道它們是可實施的。
> 我們（目前）不知道成功的心臟移植手術是可實施的。
> ─────────────────
> 所以，成功的心臟移植手術是不可實施的。

如我們所知，結論爲假。這個論證的問題在於第一個前提在1850年時爲假。**一般而言，你不知道一個陳述是真的（或假的）的事實並不能使你知道這個陳述是真的（或假的）。**

訴諸無知論證與一些完全合法的論證很相似。你的室友問你他的邏輯課本是否在他的桌子上，你回答：「我沒看見它。」於是他推論他的邏輯課本不在他的桌子上。一位科學家論證，如果她的假設是真的，那麼她構造出實驗就能觀察到特定的結果。她進行了實驗但沒有觀察到預期的結果，因此，她推論假設是假的。又如一位歷史學家論證，由於沒有文獻證明喬治·華盛頓年輕時砍了一棵櫻桃樹並說過「我不能撒謊，這是我幹的」，那麼很可能這個廣爲人知的故事是假的。這些事例是訴諸無知嗎？

不是。上述事例（科學家的例子除外）都有一個隱含的條件前提：「如果p是眞的，那麼你將通過特定途徑知道某些東西。」這不是籠統地要求：如果p是眞的，那麼p就是被知道的或者有支持p的證據。而且，如被追問，提出該論證的人必須能夠證明那前提是眞的。舉證責任（the burden of proof），即證明前提爲眞的責任，總是在論證提出者一方。例如，如果歷史學家被要求，那麼她會說，櫻桃樹的故事的唯一所知來源是華盛頓的第一部傳記。由於華盛頓是傳記作者心目中的英雄，傳記作者很可能對事實進行了潤色。由於那個時代的文獻證據是支持歷史考證的唯一基礎，缺乏支持這個故事的、那個時期的書面證據——日記、書信等——是質疑它的理由。

當然，有時候你會需要更多資訊來確定一個看似訴諸無知的論證是否是謬誤。

　　2005年5月27日，新聞報導偉哥和類似的藥物使某些人致盲——更準確地說，視覺區域內某些部分失去清楚的視覺。許多人沒有出現這種情況：該報導援引了2300萬名服用偉哥者中查出的約50個案例。偉哥的製造商，輝瑞集團發表聲明稱「沒有證據」證明偉哥會致盲。

這是一個訴諸無知論證謬誤嗎？很難說。如果，如同公衆會（錯誤地？）認爲的，指控與報告在同日發生，且輝瑞集團馬上給予回復，那麼人們會懷疑輝瑞集團給出了錯誤的訴諸無知論證。當所宣稱的問題隨產品的面世而出現時，廠家否認證據就不是不尋常的。這是一種危機控管策略。如果廠家的回應過快，那麼廠家不大可能有時間來重新檢查臨床試驗資料，看是否有使用偉哥與視力衰退相關的個案。由於所宣稱的效驗數量少，很可能即使存在這樣的相關性，那也從未在臨床試驗中遇見；也很可能數量太少，以致不會懷疑有什麼因果聯繫。

　　另一方面，如果輝瑞集團在事情「曝光」前就知道這個消息，那麼他們就有時間重新檢查臨床試驗資料，那麼他們宣稱「沒有證據」就有更多的合理性了。假設他們在新聞公布幾周前知道，且重新檢查了臨床試驗資料，並發現只是在有其他情況諸如有高膽固醇或糖尿病的患者中出現視覺衰退。這種視覺衰退有時發生在甚至沒有服用偉哥的這些患者中。這並不表明偉哥不是某種情況下服用者致盲的原因或因素之一，如果輝瑞宣稱那就已經證明瞭，那麼他們就犯了訴諸無知的謬誤。但是由於所有出現視覺衰退的個案都是偉哥服用者遭受過其他藥物作用的，那麼就有理由懷疑是否偉哥本身就致盲。如果偉哥本身是其原因，那麼應該有沒有其他藥物作用而致盲的個案。當然，目前賣這個藥時有了可能有副作用的警告。

　　因此，有很多看似訴諸無知謬誤的論證是完全合理的，謬誤只在有前提爲假時出現。

　　在繼續往下討論之前，我們應該考察那些有人認爲是訴諸無知的特例情況。美國的司法制度，被告在被證明有罪之前都被認爲是清白的，這是司法程式規則，「有罪」（guilt）與「清白」（innocence）是法律的專業術語。法律還採取了一個不平常的「證明」（proof）概念。艾德被證明謀殺罪名成立，且僅當12名陪審員一致裁定——他們是怎麼被說服的無關緊要——艾德有罪時。注意這不同於如下說法：「如果艾德殺了賽爾瑪，那麼有充分證據證

明是他殺的。但沒有充分證據證明是艾德幹的，因此，艾德沒有殺賽爾瑪。」艾德是否殺了賽爾瑪是一個獨立於所有證據考慮的事實。第一個前提很可能為假：許多被判有罪的案例並沒有充分證據證明是被告幹的。儘管如此，司法程式要求陪審員把這個條件句當作似乎是真的：「如果艾德殺了賽爾瑪，那麼有充分證據證明是他殺的。」如果陪審員發現證據不能充分證明艾德殺了賽爾瑪，那麼他們就認為艾德無罪。就是說，他們引導法庭把「艾德沒有殺賽爾瑪」當作似乎是真的，而不是把艾德送到刑事法庭等等。與典型的訴諸無知論證不同，在這裡條件句前提之真被當作似乎是沒有問題的。

(2) 訴諸不當權威（Appeal to Illegitimate Authority）

你幾乎相信教授們所說的一切，當他們談論自己的專業時，你有理由這樣做，他們是該領域的權威。但這並不意味著他們總是正確的，每個人都不時地會犯錯，不過有理由相信他們在大多數情況下是正確的。那麼，你應該相信他們在專業領域以外的言論嗎？

如果一個論證錯把某人或某事物當作某領域的權威而實際不是，那麼，該論證就犯了訴諸不當權威謬誤。廣告經常濫用不當權威，許多商業廣告找名人做代言。詹姆斯‧厄爾‧鐘斯是一位出色的演員，他曾在紐約的美國劇院之翼（American Theater Wing）學習表演。如果他讚揚美國劇院之翼，你有理由相信他所說的，他曾是一名談論演員培訓的演員。作為一名校友，他熟悉美國劇院之翼。你或許試圖推論（其實推不出），由於他去了美國劇院之翼，成為優秀演員，如果你去那兒，也會成為優秀演員。其實一個學校每有一位著名校友，通常就有上百位默默無聞的畢業生。但是不管怎樣，由於鐘斯是一名演員，如果他讚揚一所表演學校，那他所談的也是他專業領域之內的。

據我所知，鐘斯並沒有為美國劇院之翼做廣告。他是弗萊森電訊公司的代言人，是位出色的代言人。他有磁性的嗓音，態度友好，善交際。當然，他還是一位受歡迎的優秀演員。所有這些導致「暈輪效應」：你會得出結論，因為鐘斯是出色的，所以弗萊森電訊公司也是出色的。但是，你應該就因為是鐘斯說的而相信他在廣告中所說的嗎？不，沒有理由認為他比你我更了解電訊公司。

高爾夫球運動員老虎伍茲，出現在別克汽車的廣告中；高爾夫球運動員阿諾德‧帕默長年做賓索石油公司的代言人；前著名足球明星約翰‧麥登為Ace電腦公司做廣告；賓州足球教練喬‧派特諾出現在一家食品公司的廣告中。許多運動明星的頭像出現在麥片包裝盒上，許多好萊塢名人參與慈善或政治活動。這些例子中，名人推銷產品，但是這些名人都沒有評價產品所必需的知識。很有理由相信，結論「買我們的產品」是基於訴諸不當權威。

「好了，」你說，「那我們不應該相信從廣告中聽到的一切，這並不意外。但如果是一個科學家談論科學論題，就沒有問題了，是嗎？」錯。1970年，萊納斯·鮑林（Linus Pauling）出版了專著《維他命C與一般感冒》（*Vitamin and the Common Cold*）。[3] 他是一位化學家。他榮獲1954年的諾貝爾化學獎和1962年的諾貝爾和平獎。難道你不應該認真看待他的大劑量維他命C能預防感冒的觀點嗎？不是。化學與醫學分屬不同的領域。鮑林是在他的專業領域以外發表言論。後來的研究發現，維他命C能減輕感冒的症狀，但不能預防感冒。如果你正因爲鮑林說維他命C能防止感冒而服用它，那麼你就陷於訴諸不當權威。

你曾經因爲「他們」說一個斷言是眞的就信以爲眞嗎？「他們」是誰？「他們」憑什麼那麼說？「他們」所說的不過是傳聞，傳聞不應該被當作可信的資訊源。基於傳聞的結論包含訴諸不當權威，傳聞有各種僞裝，你可能會聽到：「許多研究表明……」，而沒有說明所宣稱的研究是誰實施的以及是如何實施的。只要有關於這些研究的資訊，你就能夠評價這些研究的大概的可靠性，沒有這些資訊而訴諸「許多研究」就是一種傳聞。你會聽說「衆所周知……」，捫心自問，你知道嗎？如果你相信你知道，那麼你有什麼樣的證據支持你的信念呢？「衆所周知加拿大有樹」，這大概是眞的。你也許看過加拿大旅遊局印發的旅遊手冊，上面有森林密布的圖片，或者也許你看到過來自加拿大的新聞報導，其背景上有樹，或者也許你在地理課上學過關於加拿大林木業的知識。但是，人們訴諸周知時，往往是訴諸普通但未確證的信念：它們是有另一種僞裝的傳聞。某人說：「衆所周知，當『選擇你喜愛的政黨』執政時，經濟就會好轉」，你應該懷疑。回顧歷史，在過去的一個世紀裡，美國由不同政黨更替執政，每個政黨執政期間都有經濟很好和很壞的時期。

與此緊密相關的是訴諸公衆意見的權威。[4] 幾年前，福特汽車公司的廣告稱福特是美國最流行的中型車，買福特的人比買其他美國品牌的類似汽車的人要多。這能說明什麼呢？受大衆歡迎爲什麼成爲購買福特的理由呢？在這裡，受大衆歡迎並不意味著好品質，也不意味著更安全、更舒適、更經濟，當年的熱銷也不意味著汽車上路幾年後仍然使人滿意，品質、安全、舒適、經濟才是你買車時要考慮的因素。訴諸公衆似乎是帶來暗示：「大衆是不會錯的。」

選擇你喜歡的「壞習慣」吧，許多人都參與其中。很多受歡迎的政治候選人一旦當選，表現並不好，「那許多人」可能是錯的而且往往如此。大衆相信一個陳述是眞的，通常並不提供相信該陳述爲眞的理由。

傳統或習慣可能是一種可疑的權威。爲什麼從某事總是那樣處理的就能推出那樣去處理就是正確的呢？

3　Linus Pauling, *Vitamin C and the Common Cold* (San Francisco: W. H. Freeman, 1970).

4　這是一種從衆論證（bandwagon argument）。它常被認爲總是訴諸情感（ad populum）。如後面所見，訴諸情感總是導致有理由做某事的結論。我們考察的例子就可以這樣理解。在這個例子中我們把訴諸公衆意見看作要求某種品質之類的東西的基礎。

這家人總是投票給民主黨候選人，這是傳統！因此，你也應該支持他們。

傳統是投票給誰的好理由嗎？有些人認為投票給某個政黨比投票給特定的候選人更合理。他們說該政黨堅持某些理念，如果那政黨得到全盤的支援，很有可能那些理念用法律規定下來。即使那是真的，同黨人的政治理念也可能在不同時期有所變化。如果你因為家族傳統而支持某政黨，那麼無法保證政黨的理念與你的想法一致。難道不應該在投票前確定候選人或政黨的政治理念是什麼，而不僅是追隨家族傳統嗎？如果家族傳統的開創者的政見正是你所反對的，會有什麼關係嗎？

許多傳統是好的。你的家族可能有慶祝節日的傳統方式，你可能在休假前參加某些儀式。你的家族可能有傳統的用餐方式：吃飯時坐在餐桌前，而不是站在洗手池邊或邊看電視邊吃。這些傳統沒有問題，有時它們使事情變得有特色，但請考慮：

「我們總是把我們的承諾入夥者扔進深泥潭裡，這是傳統。因此，如果你想加入，你也必須被扔進泥潭裡。」

「蓄有奴隸是這裡的傳統，因此，擁有奴隸是對的！」

如果有要訴諸傳統的情況，你應該問——關於任何一個論證的前提應該做的那樣——這種訴諸傳統是否為相信或去做某事提供了好的理由。如果沒有，那麼這種訴諸傳統就是一種不當的訴諸權威。

(3) 人身攻擊（Argument Against the person）

如果你要批評一個論證，你不是說明它的一個或更多前提是假的，就是說明它的前提無法支援結論，哪怕它們都是真的。上述兩種情況，針對的都是該論證。如果一個論證在回應另一個論證時，攻擊給出論證人的可信性，而不是該論證的可信性，那麼它就是人身攻擊論證。這種類型的論證有幾個變種，沒有一個是原論證的決定性反駁。不過，在有些情況下，這樣的反駁也許是有理由的。

一個誹謗型的人身攻擊論證，通過攻擊論證人的品格而不是所提出的論證來回應一個論證。

瑪爾塔認為避免流浪動物氾濫的最佳方法是給寵物做絕育手術，但是瑪爾塔是個有名的撒謊之徒。因此，我們應該拒絕她的結論。

這個對於瑪爾塔論證的回應並沒有說明其論證前

提爲假或前提不能推出結論。因此,這個回應不能表明瑪爾塔的結論是沒有保證的。但是,它能給出質疑前提的某種理由。

當你評價一個人的證言時,你要問這個人以前的證言是否可靠。[5] 如果這個人有歪曲事實的名聲,那麼你有理由懷疑他的證言。因此,如果瑪爾塔沒有說眞話的好名聲,那麼她應該通過論證其前提爲眞來回應。理想狀態是,那些論證是基於她的批評者承認的前提。

如我們將看到的,那些攻擊個人信譽的論證基於對證言的評價。

儘管上面的人身攻擊論證很弱,它提供了質疑前提及其結論的理由。在有些例子裡,很難看出該「批評」與當下主題是如何關聯的。舉證責任落在批評方,要求她表明其觀點是與主題相關的。如果她做不到,那麼這種人身攻擊就是錯誤的。

誹謗型的人身攻擊在政治領域是司空見慣的,常被稱爲「潑髒水」。

> 幾年前,有兩位政務候選人,就稱之爲A和B吧。A是一位戰鬥英雄。B曾設法逃避了服軍役,而當時他的許多同時代人都無法這樣做。A稱B爲「逃兵」。A對B的任何論證的標準回應都是:「B是一個逃兵,所以我們應該拒絕他的結論。」
>
> 不清楚當年逃避服軍役與國防論題有多大關係,且不說社會議題。A沒有提供根據來宣稱逃避服軍役與這些論題有關係。因此,A的論證犯了人身攻擊謬誤。

不是所有人身攻擊都是誹謗型,有些是情境型的。一個環境性的人身攻擊論證回應一個論證時訴諸某種情境,被攻擊者從那個情境中發現他或她自己成爲其論證不可信的一個理由。

> 墨菲神父論證道:墮胎不應該合法化。墨菲神父是羅馬天主教神父,墮胎有罪是羅馬天主教會的官方立場。因此,我們不應該把他的論證當眞。

當評價一個人的證言時你要問,提供證言的那個人是否有偏見。如果一個人有偏見,那麼,他或她在評價一個斷言時可能不會注意到相關的資訊。因此,上例的論證存在一種可能性:偏頗的斷言並不表明前提爲假或者相關資訊沒有被考慮到,它並不表明墨菲神父的前提是假的或不合理的。這個反駁暗示墨菲神父爲他的立場提出的理由都不過是強詞奪理,這是

---

5 關於證詞評價的討論見Daniel E. Flage, *The Art of Questioning*: *An Introduction to Critical Thinking* (Upper Saddle River, NJ: Prentice Hall, 2004), pp. 109-123。

試圖投毒入井。你會期望墨菲神父回應：「如果你承認我的前提是眞的，那麼你不得不承認我的結論。如果你不承認我的前提是眞的，那麼你就有責任證明它們是假的。不然的話，你就犯了人身攻擊謬誤。」

有時一種對論證的回應，它暗示論辯者的行爲與她的行爲不一致。這稱爲「你也」（*tu quoque, you too*）。

> 拉什·林博論證道：別的不說，如果已婚人士都固守原配，如果人們參加宗教組織活動，那個國家會變得更好。有一天，一位出席林博節目的與會者說：「爲什麼我要相信你？你已經結了6次婚了。你談論參加宗教組織的好處，但你自己從來不參加！」林博回答道：「這與我的論證有什麼關係嗎？」

林博的回答是完全正確的。爲了表明他的論證不成立，你需要證明他的論證有問題。如果他不遵照他自己的忠告做，只能表明他的意志薄弱，但是那與他提出的論證不相干。

(4) 訴諸情感（Appeal to Emotion）

如果我們有合理的根據接受一個結論，那麼這個結論必須是由一個健全的演繹論證或一個強的歸納論證所支持。人不是純理性的，我們有時訴諸情感來說服人接受一個結論。說法不同會有關係。你不會反對政府增加對窮人的資助，對嗎？你也會喜歡提高社會福利資費吧？你知道，這是一回事。[6]

一個犯了訴諸情感謬誤的論證，具有如下形式：

> 如果相信命題 p 是眞的使我「感覺良好」（被喜愛、被接受、重要、與眾不同、有道德，等等），那麼命題 p 就是眞的。
>
> 相信命題 p 是眞的使我「感覺良好」。
> _____
> 命題 p 是眞的。

一般地幾乎沒有理由認爲第一個前提是眞的。也許眞的，如果某名人喜歡或尊敬我，我會感覺良好，但是相信我如此並不蘊涵那個人眞的喜歡或尊敬我。在實踐中，第一個前提是隱含的。事實上，這個論證可能並未被意識到。

訴諸情感在哪些場合出現呢？通常在政治集會、佈道會、銷售會和廣告中。一代德國人相信自己是「優等民族」，「一戰」後被錯誤地對待，因此，他們得到的應該比已有的更多，這使得他們相信自己是與眾不同的。他們得出結論，他們所宣稱的都是眞的。[7] 如果

6　沃爾頓的一項研究發現，63%的調查對象認爲政府應該給予窮人更多的幫助，而只有19%的被調查者認爲政府應該增加福利基金。Walton, *Appeal to Popular Opinion*, pp.5-6.

7　萊尼·里芬斯塔爾（Leni Riefenstahl）的電影《意志的勝利》（*Triumph of the Will*），描繪了納粹德國1934年紐倫堡的街頭集會。它滿是訴諸情感。

相信「傳播自由民主」使你充滿正義感，你可能推出：傳播自由民主是應該做的。如果相信「小人物理應享有均等機會」使你充滿道德感，你可能推出：小人物理應享有均等機會是真的。在有些這樣的例子中，結論不是沒有理由的，但是將結論建基於訴諸情感並不能表明結論是真的。對結論一味地訴諸情感可能導致把結論當作追求目的而不問達到它的手段。例如，如果20世紀30年代初的德國只通過外交手段來改善他們的國運──如果訴諸情感沒有導致第二次世界大戰──訴諸情感的結果不會是災難性的。

　　廣告也利用情感訴求。豪華轎車常被說成是成功人士的象徵，你想表現得很成功，於是你推論你要有一輛豪華轎車，那是買凱迪拉克或賓士的一個好理由嗎？不是。如果它是你唯一考慮的話，你還要考慮是否付得起車款、保險費和保養費。換句話說，炫耀成功值得付出這麼多嗎？啤酒、軟性飲料、咖啡廣告常標榜正在享受美好時光的有魅力人士，你想與那些優美人士有關係，可這是你買那個品牌的飲品的理由嗎？[8]

　　附加情感在日常生活中並不是不重要，也許只有情感因素打動你以某種方式行動──這是心理學問題，不是邏輯學問題。但是僅考慮情感因素，幾乎從來不是承認一個命題為真的充分理由。

(5) 訴諸憐憫（Appeal to Pity）

　　在2004年東南亞海嘯和2005年卡崔娜颶風之後，存在大量的救災訴求，電視影像令人心碎。誰看到那些圖片、聽到那些描述會不為之動容而慷慨解囊呢？

　　訴諸憐憫謬誤是把對不幸情境的情感反應作為以某種方式相信或行動的理由。讓我們分清這意味著什麼和不意味著什麼。這種情感反應不是做任何事的理由，即使它使你以某種方式行動。由於不是行動的理由，一種情感反應不能作為論證的前提。存在為災難救助捐贈的理由嗎？有的。我們有道德義務盡我們所能幫助那些如我們幸運的人，這是道德原則。這個原則適應如下論證：

> 我們應該幫助患難中的人。
> 災難倖存者是患難中的人。
> 因此，我們應該幫助災難倖存者。

　　因此，即使你捐助災難倖存者完全出於一種情感反應──一種憐憫的感情──你也沒有做錯事。[9]

　　8　如果有人爭辯說喝某種品牌的咖啡使你成為一個優美的人，這個論證就是一個錯誤原因的實例了（見後文P2）。

　　9　這不一定意味著你做了什麼道德上值得讚許的事。這裡我們不討論這樣的問題：出於非道德的理由而去做有道德的事對倫理學者來說道德上是否是值得讚許的。不考慮那個問題，你往標有「海嘯救助」的箱子投錢並不能保證你實施了援助。有些機構以某個災難的名義募捐，卻把捐款用於後來災難的救助。另一些機構甚至把很大部分的捐款用於廣告和其他開支。為此，你會想要核查你捐款給它的那個

當然，存在很多明顯的訴諸憐憫的事例，其中沒有對應於憐憫感情的道德義務。你的教授可能在某個時候（通常是臨近學期末）聽過類似的話：

> 這門課你必須至少給我一個B。如果我不至少得個B，下學期就不能在我的專業內選課了（或者我就不能在這個學期畢業了，或我就會延期畢業，或是我就會被開除而且必須開始償還貸款了，又或者⋯⋯）。

> 請你務必接受我的論文，雖然遲交了6周。這個學期我很辛苦：我必須幫助室友戒毒癮、我父母在鬧離婚、我的貓懷孕了。這學期要早早集中精力寫論文是不可能的。因此，請你務必接受這篇遲交的論文。

問題出在哪？教授的授課大綱已經說明瞭課程的要求，包括給分標準和遲交作業的對策。像道德原則那樣，這些要求具有普遍適用性：適用於每一位選課學生。錯誤的訴諸憐憫認為，教授由於引發情感的情境，就有理由對一個學生特殊對待。

一個得到認可道德或程式原則的標誌是它具有普遍適用性，也就是適用於所有同類的情況。錯誤的訴諸憐憫不具有一致的普遍性。

(6) 訴諸暴力（Appeal to Force）

如果一個論證包括隱蔽的但無根據的（不恰當的）威脅，那就犯了訴諸暴力的謬誤。有時威脅是明目張膽的：「如果你想繼續在這裡工作，你應該為綠色和平組織做貢獻。」通常威脅是更巧妙的：「你應該為綠色和平組織做貢獻，畢竟你當下在這裡工作。」這兩個例子的論證如下：

> 如果你想繼續在這裡工作，那麼你應該為綠色和平組織作貢獻。
> 你想繼續在這裡工作。
> _____
> 因此，你應該為綠色和平組織作貢獻。

這個論證是有效的。但是說你要為綠色和平組織作貢獻這個理由屬於錯誤的種類，你的工作狀況與你的政治貢獻之間沒有關聯，論證犯了訴諸暴力謬誤。[10]

有些訴諸暴力是合法的。你以時速117公里的速度駕車穿越州界，而規定的速度限制是時速104公里。突然，警車出現了。你被迫靠邊，一名員警走向你的車：「你超速13公里了。我這次先警告你，讓你走，如果再超速，你等著被罰至少240美元吧。」這是一個威脅，但這是執法者的執法職責。這個威脅是完全合法的，這是沒錯的訴諸暴力。

類似地，有些事例看似訴諸暴力其實是忠告。你的朋友告訴你不要吸菸了，因為吸菸會

機構的實際運作情況，以便有理由確信你的捐贈起到作用。

10　即使這個人為綠色和平組織募捐部門工作，這個論證也是非法的，除非捐款是其工作內容的一部分。

縮短你的壽命，縮小你的朋友圈，使你的牙齒變黑，這些都是吸菸帶來的自然的不良後果。這是一個基於理性預見的忠告：吸菸會馬上縮小你的朋友圈，若干年後，使你的牙齒變黑並縮短你的壽命。

(7) 結論不相干（Irrelevant Conclusion）

如果一個論證得出的結論不是前提所啟發的，它就犯了結論不相干的謬誤。有時它是明顯的：

> 如果你在學校表現好，你就能找到好的工作。如果你找到好的工作，你就有好的生活。所以你應該主修經濟學。

所期待的結論（前提所衍涵的結論）是「如果你在學校表現好，你就有好的生活」，而陳述與所給出的結論之間沒有明顯聯繫。

如果一個論證以關於更大的或不同目標的動人概括來隱晦話題，那就犯了結論不相干的謬誤。這類論證有時通過分散讀者或聽眾對主題的注意力來使他們接受結論。

> 這座城市的所有父母都希望自己的孩子上好學校。我的新稅收提議能籌到足夠資金興建10所新學校，並且完全配備極勝任的師資。我需要你們支援這個新提議。

我們很可能同意需要好學校，但不同意說話者的特別提議和為它付稅。說話者沒有給出為什麼新提議是學校問題唯一可能的解決方案，沒有相關的前提支持這個稅收提議是得到想要結果的最佳途徑。

有一類犯結論不相干謬誤的論證被稱為「紅鯡魚」（red herring），該類論證總是在回應另一個論證時給出。它沒有攻擊原論證的前提，而是討論一個也許與原論證有關的不同話題，用這個話題的結論作為拒絕原論證的理由。

> 近來美國政府的一個委員會提出要關閉一些軍事基地，其理由是這些軍事基地重複了其他基地更有效率所做到的。委員會稱關閉某些基地並加強其他基地的建設，政府每年能節約數以十億計的美元。一位受影響城市的發言人抗議說：「不應該這樣做！如果關閉那個基地，那麼州政府每年要多花二十五億。」話題是關閉基地是否是節約聯邦政府開支的途徑，它並沒有說到關閉軍事基地對當地經濟有明顯影響，但是那與節約聯邦政府開支的話題無關。

另一類犯結論不相干謬誤的論證被稱為「稻草人」（straw person）。與「紅鯡魚」一樣，它是攻擊一個論證的。與「紅鯡魚」不同的是，它歪曲原論證。它或者（不正確地）宣稱原論證假設了一個添加的前提並攻擊那個「假設的前提」，或者宣稱其結論強於或有所不同於所陳述的結論並攻擊那個假定的結論。

　　娜塔莎論證政府應該立法保障沒有公民被徹底剝奪醫療保險。倫尼回答如下：「娜塔莎提倡的是社會醫療，在加拿大和歐洲都試行過，結果是醫療系統基於分類配置健康護理。一種治療如果不是急需的，那麼就會被擱置在輪候名單中。有加拿大人和歐洲人經常來美國治療，那是他們在自己國家長年累月得不到的。因此，我們必須反對娜塔莎的論證。」論證立法不剝奪人的醫療保險是一回事。論證社會醫療即政府經營的醫保系統是另一回事。倫尼的論證歪曲了娜塔莎的結論，這是一個稻草人論證。

相干性謬誤	
訴諸無知	訴諸無知是具有以下兩種形式之一的論證： 1.我們不知道 p 是眞的，因此 p 是假的。 2.我們不知道 p 是假的，因此 p 是眞的。 產生訴諸無知謬誤的兩個條件：第一，該論證的第一前提或第二前提是假的；第二，證明前提是眞的，舉證責任落在提出論證方，而在謬誤的情況下，論證方並沒有提供前提爲眞的證據。
訴諸 不當權威	如果一個論證把相關領域的某人或某事物作爲權威來援引，而他／它實際上不是，那麼該論證就犯了訴諸不當權威謬誤。
人身攻擊	一個人身攻擊的論證在回應一個論證時，攻擊的是論證者的可信性而不是所提出的論證。 　　誹謗型：誹謗型的人身攻擊論證在回應一個論證時攻擊的是論證者的人格而不是所提出的論證。 　　情境型：情境型的人身攻擊論證回應一個論證時訴諸某種情境，被攻擊者從那情境中發現他或她自己成爲其論證不可信的一個理由。 　　「你也是」：「你也是」專注於攻擊論證與論證者行爲的不一致。
訴諸情感	如果一個論證把相信一個陳述爲眞讓你「感覺良好」作爲相信這個陳述爲眞的充分理由，那就犯了訴諸情感謬誤。
訴諸憐憫	訴諸憐憫謬誤把對不幸情境的情感反應作爲以某種方式相信或行動的理由。
訴諸暴力	如果一個論證隱含無根據的或不適當的威脅，那它犯了訴諸暴力謬誤。
結論不相干	一個論證，當它得出並不隱含在前提中的結論時，就犯了結論不相干謬誤。 　　紅鯡魚：回應一個論證時轉移主題。 　　稻草人：回應一個論證時攻擊一個被認爲是未述出的（其實並未採取的）前提，或者歪曲結論並攻擊之。

練習題

Ⅰ.識別下列各段落中的相干性謬誤。

　1. 他失業了。我們不能因爲喝醉酒和撞車而責備他。

　2. 這盒麥片上面有泰格·伍茲的照片。因此，它一定對你有益。

3. 他是美國步槍協會的會員，因此他不應該被邀請參加我們的動物權利研討會。

4. 你們的期末考試成績我還沒有給出來。我想知道你們對這所學校有多少支持度。我希望你們所有人都參加今晚的足球賽。

5. 你得通過測試不然我就揍你。

6. 一個基於文本的社會與一個基於影像的社會思維方式是不同的。當你閱讀時，你的思維是線性的，線性的思維是符合邏輯的思維。使用視覺記憶時你的思維是不同的，所以看電視長大的人不會像讀書長大的人那樣有邏輯。電視使我們的社會變得傻乎乎的。

7. 女人比男人更加容易情緒激動。作為一名總統需要在壓力下保持鎮定和理智，所以女人不能勝任總統職位。

8. 他說他是一個基督徒。他必定不相信進化論。

9. 正義要求對殺人犯處以死刑。他殺了我們的朋友，所以現在他必須死。我們都在這裡等著看正義的實施。

10. 小行星是導致地球上大量種族滅絕的原因。下一次小行星進入地球軌道只是一個時間問題。我們必須建立一個衛星防衛系統來阻止下一次小行星對地球的撞擊。

11. 每年只過一次生日，如果我們慶祝非生日的話，那麼我們就有一整年的非生日聚會。

12. 一張汽車廣告上寫道：「福特是你的大腦；雪佛萊是你吸毒的大腦。」

13. 然而，現在無論英國國王的言行如何都已經於事無補了；他已經邪惡地衝破了所有道德規範和人類責任，踐踏了天性和良知，他憑藉頑固的、與生俱來的厚顏無恥和粗魯殘暴招致普遍的仇恨。

—— Thomas Paine, *Common Sense*

14. 因為這些探險家是不知名的人物而忽視非洲人發現美洲大陸的可能性是不負責任和驕傲自大的。如果我們不知道一件事，那就意味著它從未發生嗎？

—— Andrew J. Perrin, "To Search for Truth", *The New York Times*, 16 November, 1990

15. 在你掌握了亞里斯多德的論斷「所有元素包括空氣都有重量」的確鑿證據時，你還會懷疑空氣有重量，而只有火是沒有重量的嗎？

—— Galileo Galilei, *Dialogues concerning Two New Sciences*

II. 下列各段落，有些人認為包含謬誤，但有些人否定其論證有錯，討論每個論證的是非曲直，並說明你斷定它是否包含相干性謬誤的理由。

16. 通用電器公司的董事長傑克·韋爾奇在近日的一次股東大會上被一位修女質問，她堅持認為通用電氣公司對哈德遜河的汙水治理負有責任，因為來自通用電氣公司工廠的汙染物在這條河中積聚了很多年。韋爾奇斷然否認該公司應負有責任：「修女，不用再談了。你仰仗上帝而在真理一邊。」

—— Elizabeth Kolbert, "The River", *The New Yorker*, 4 December, 2000

17. 想想用遺傳工程改造魚類。科學家希望包含新生長激素的魚可以比一般的魚長得更大更快。另一些科學家正在研發可以在寒冷的北部水域生存的魚，現在它們還不能在那裡生存。他們的目的是提高食用魚的產量。經濟利益是顯而易見的，但風險卻不然。難道這就使種種風險合理了嗎？

—— Edward Bruggemann, "Genetic Engineering Needs Strict Regulation",

The New York Times, 24 March, 1992

18. 在那部憂鬱的著作《幻象的未來》中，歐洲資產階級最後的偉大理論家，佛洛伊德，用簡明的語言闡明瞭當今受教育的人不可能有宗教信仰。

—— John Strachey, *The Coming Struggle for Power*

3. 假定性謬誤

論證很少是憑空產生的。檢查脈絡能幫助你決定什麼樣的論證是能合理地接受的。當一個論證作了不是脈絡所保證的預設時，假定性謬誤就出現。在一些情況下，它假定了論證的結論；在另一些情況下，則假定了所有已表達的相關資訊。

(1) 複合問句（Complex Question）

一個複合問句是一個問題，它假定了另一個問題已被回答。我們經常問複合問句，在許多情況下它們是完全被認可的。有朋友問你：「週六晚上幹什麼去了？」這就是個複合問句，它預設了你週六晚上確實幹了什麼事。你可能會回答：「我在圖書館學習」，或者「我去參加舞會了」。一個相識的人可能會問：「你戒菸了嗎？」假定這個人知道你過去吸菸，因而知道「你曾經吸菸嗎？」的答案是「是」，那麼，這樣提問沒有什麼不妥。比較另一些例子——證人在法庭上被問道：「你戒毒了嗎？」無論證人如何回答，回答「是」還是「不是」，他都承認了預設的問題：「你曾經吸毒嗎？」的答案是「是」。在這個例子中，複合問句是設下圈套的，回答它就自投羅網。無論怎麼回答都爲「你曾經吸毒」這個結論提供根據。

一個錯誤的複合問句爲基於回答那個假定問題的結論提供了根據。該複合問題一定或者是「設下圈套的」。也就是說，對所假定的問題的回答使回答者陷入困境，或者對所假定的問題的回答是假的。注意，複合問句眞正說來是謬誤的根據，其本身不是謬誤，因爲它不是論證。儘管如此，由於它的回答爲一個論證提供了根據，傳統上它也被置於非形式謬誤之列。

> 你停止這門課中的作弊行爲了嗎？

這個問題是要求回答「是」或「不是」。不管你怎麼回答，你都已經承認曾在這門課中作弊。

> 喬治・華盛頓在什麼時候砍了櫻桃樹並且說「我不能說謊」呢？

如果你回答這個問題「在他17歲生日那天的下午3點」，你就已經承認喬治・華盛頓曾經砍了櫻桃樹並說「我不能說謊」這個斷言是真的，而當今大多數歷史學家認爲它是假的。

當你面臨一個會導致推理謬誤的複合問句時怎麼辦？你要把問題分開。「問題『你停止這門課的作弊行爲了嗎？』預設了我已經作弊了，而實際上我沒有。」「在我們確定喬治・華盛頓什麼時候砍了櫻桃樹前，我們要問是否有證據證明他確實砍了櫻桃樹。」

(2) 錯誤原因（**False Cause**）

我們通常要探求世界上的因果關係，當我們這樣做時，我們不僅能解釋事物產生的原因，有時還能阻止不想有的事情發生。**一個論證，當它錯把不是原因的事物認作原因時，它就犯了錯誤原因謬誤。**

> 我打籃球時總是穿13號球衣。那是我成爲球星的原因。
>
> 你球衣上的號碼並不影響你在籃球場上的表現。你打得好，是因為你有天賦，並花了很多時間來砥礪技藝。

事件的原因總是先於該事件或者與該事件同時出現。如果發生地震，往往隨之起火。那或許是因爲地震導致煤氣管線破裂，冒出來的氣體燃燒而生火。然而，並非所有在時間上先後發生的事件之間都具有因果關係。要證明這種因果關係存在需要有一個很普遍的模式。

> **今天早上上班時我從一架梯子下走過。我再也不這麼幹了！今天倒楣透了！！！**
>
> 從一架梯子下走過不是今天倒楣的原因。這只是日子品質對應一種舊迷信的巧合。當然，也可能有某種聯繫。如果你在梯子下走過時被油漆淋了一身，那就很難是一個好日子的開始了。但是即使在那種情況下，從梯子下走過，也不是整天倒楣的原因。

在一些情況下，事件之間並沒有因果聯繫，而錯誤地認爲它們之間有一種聯繫，可能產生所想要的結果。

> 幾年前，有一支意氣消沉的棒球隊。有一天，球隊的經理人衝進球隊的更衣室說：「把你們的球棒給我！」他拿了球棒就跑了。球賽開始前他拿著球棒回來了，說：「鎮上有個宗教復興大會牧師，我讓他爲球棒祈福。現在你們不會輸了！！！」結果球隊以14比0贏了那場比賽。
>
> 為球棒祈福不大會是球隊贏的原因。倒可能是錯誤的因果信念所灌輸的必勝信心對球隊贏球起了作用。

有時原因不是唯一的，而是一個因果鏈條：A導致B，B導致C，最後導致D。在所謂的「滑坡謬誤」（slippery slope argument）的論證中，事情開始是很單純的，但是沿著鏈條前進，事情逐漸變得越來越糟，就像你從斜坡上滑下來那樣。在這種情況下，你同樣需要詢問所宣稱的因果關係是否眞實。以下可能是個好建議：

> 緊跟前車行駛容易導致追尾事故。作爲事故責任人，追尾事故導致你的汽車保險費提高。汽車保險費提高導致你在娛樂上的花費減少。因此，你不應該緊跟前車行駛。

但是，下面至少包含了一個錯誤原因的實例，因此以下論證應該被拒絕。

> 如果你吸菸，它會導致（引起你開始）吸大麻。如果你吸大麻，會導致你吸食烈性

毒品。如果你吸食烈性毒品，那麼你將為支援毒癮而犯罪。如果你犯罪就會坐牢。因此，你不要吸菸了。

吸菸並不導致你吸大麻。成百萬的人吸菸但不吸食其他毒品。因此，至少第一個因果斷言是假的。而且，有理由相信至少一些後續的因果斷言也是假的。

(3) 竊取論題

如果一個論證把它著手證明的結論假定為一個前提，那它就是竊取論題。它可能是極明顯的。看父母們論證：「為什麼『有什麼理由』你應該按照我說的做呢？因為我是這樣說的，這就是為什麼！」通常它們比較隱晦。論證的結論斷定的是與前提相同的命題，只是表述不一樣。以下體現竊取論題謬誤的論證由理查‧惠特利很久之前提出：「言論自由總是對國家有利的，因為人人享有發表意見的自由對社會共同體是有益的。」

一個竊取論題的論證是一個有效的演繹論證。如果它的前提是真的，那麼它也是個健全的論證。問題是一個命題即使是真的也不能為它自身的真提供證據。由於前提和結論斷定同一個命題，前提不能為結論的真提供證據。因此，這是一種謬誤。

> 沒有人比喬更有錢了。因此你必須同意，喬是世界上最富有的人。

> 如果其前提真，那麼結論必定也真。但是只是因為結論重述了前提。

有時問題並不出現在單個論證中。問題是有一個論證鏈條，其中一個論證的前提是鏈條中後來的一個論證的結論。這種情況稱為「循環論證」（arguing in a circle）。

> 由於聖經是上帝的啟示，所以聖經上所說的都是真的。由於聖經上所說的都是真的，所以聖經是上帝的啟示。

> 第一個論證的前提與第二個論證的結論是相同的。可能兩個論證的結論都是真的，但是兩個論證都沒有提供它們的前提為真的理由。

第三種竊取論題是「性質詞語竊取論題」（question-begging epithet）。性質詞語是一個描述性形容詞、名詞或短語。如果論證的前提使用了假設結論中所斷定內容的詞語，那麼該論證就是通過一個性質詞語竊取論題。

> 所有的證據都表明小偷克里布斯偷了車。因此你別無選擇，只能判定他是盜竊犯。

> 論證主題是克里布斯是否犯了偷車罪，把克里布斯叫做小偷就是竊取論題。

(4) 偶性

我們時時從一般真理和一般原則出發進行論證。如果所有人最終都會死是真的，而洛麗塔是人，我們就能正確地推出洛麗塔最終會死。類似的，有些一般原則告訴你，你的義務（一般地）是什麼。例如，你（一般地）有義務說真話；你的律師或心理醫生有義務對你說

的話保密。**偶性的謬誤產生於下列兩種情形：(1)論證所訴求的一般斷言是假的；(2)在大多數情況下成立的一般原則被應用於並不適用的情況。首先考慮情況(2)。**

> 山姆答應克里斯一起吃午飯。山姆遲到了幾分鐘，在路上他看見一輛車駛出馬路撞上一棵樹。他論證：「我答應克里斯一起吃午飯，我要守諾言。因此，我不應該去救助遇難者。」
>
> 這裡有一對衝突的原則：(a)你應該守諾言。(b)你應該幫助遇難者。在這種情況下，第二條原則比第一條原則更重要。他耽誤午飯約會的後果並不嚴重。如果他不去救助遇難者，他們也許會死。山姆的論證犯了偶性的謬誤。

當原則之間出現衝突時，你的主要義務在哪一邊並不明顯。例如，你是個律師，有義務保護你當事人的利益，你同時也有義務維護國家法律，保護公眾利益。假如你的當事人是殺人嫌疑犯，在候審期間他不得保釋。在這期間，又發生兩樁謀殺案，雖然你的當事人一樁也不承認，可是增加了許多證據——只有你知道——指證那些都是你的當事人幹的。在這種情況下你應該怎麼辦呢？

情況(1)的普通型式是以老套子為基礎的。一個「老套子」是一種雖說是普遍做出但是關於一類人假的一般斷言，「紅頭髮的人都是火暴脾氣的」就是一個老套子的例子。表達老套子的前提通常不被陳述出來。

> 丹是紅頭髮的。因此，你等著吧他點火就著。
>
> 這裡隱含的前提是：「所有紅頭髮的人都是火暴脾氣的。」論證是有效的。但是，那個未表達的前提是假的：有些紅頭髮的人易怒，而有些金髮的、黑髮的人也這樣。有些紅頭髮的人是很平和的。因此，這個論證不可靠。

老套子的一個變體是基於個人的來源地，這有時被稱作「來歷謬誤」（genetic fallacy）。

> 布麗姬特是從鄉村地區來的，因此，她不會很聰明。
>
> 這裡的隱含前提是：「所有從邊遠地區來的人都不聰明。」那個前提是假的。你可以從諾貝爾獎得主（包括亞歷山大·弗萊明、諾曼·博洛格、傑米·卡特）或過去美國總統（包括赫伯特·胡佛、傑米·卡特、比爾·克林頓）名單得到證明。[11]

(5) 輕率的普遍化（逆偶發事例）

我們都基於有限數量的資料得出歸納概括。這樣的概括不管是普遍的還是統計的，真假總是不確定。它們可能因得到增補的資料而被修改。在澳洲被發現之前，論斷「所有天鵝都

11　有時原型論證被認為是錯誤原因的例子。說法是紅頭髮引發人易怒，或者來自鄉村地區導致不聰明。如果訴之於這種老套子是作為拒絕一個人的論證理由，那麼這也是一個人身攻擊的論證例子。

是白的」曾是一個合理的概括，因爲到那時爲止所有已知的天鵝都是白的。（澳洲有黑天鵝。）**如果一個論證所得出的一般性斷言 —— 不管是普遍的還是統計的—基於不充分的證據，特別是，當支援這個概括的樣本是非典型的時候，那它就是犯了輕率概括謬誤。**

> 丹是紅頭髮的，丹是火暴脾氣的。因此，所有紅頭髮的人都是火暴脾氣的。

這是從一個例子得到一個一般的結論。只給出一個例子，沒理由相信它具有典型性。

> 第一學期第一周，我調查了宿舍裡的新生，發現2/3的受訪者認爲要獲得好成績，不需要在課外花費很多功夫。因此，2/3的大學生認爲要獲得好成績，不需要在課外花費很多功夫。

第一學期新生並不是典型的大學生。通常他們要到第一學期末才會發現要獲得好成績必須在課外花功夫，而且往往是相當多的功夫。

如我們將在第9章看到的，要提高一個歸納概括的合理性的概率，有幾個因素需要考慮。

> 亞歷杭德拉發現了一種新的化學元素。她只有很少量該元素——遠少於1克。她做了大量實驗並在一個科學刊物上公布了該元素的一系列性質。

關於化學元素的一件令人高興的事是一個樣本的性質與另一個樣本完全一樣。而且，新發現的元素要順應現有的一大堆科學知識。因此，基於它的一些性質，能夠合理預測出它的其他性質，這是瑪麗·居里和皮埃爾·居里能基於一個少於1/10克的樣本描述出鐳的性質的原因。然而，這種情況幾乎是唯一的。因此，你應該總是對從少量實例得到的概括保持懷疑態度。

有些學生感到很難區分偶性的謬誤和輕率概括謬誤，它們的區別在於一般性陳述的地位。如果一個論證犯了偶性的謬誤，那就有一個前提是一般性陳述，問題出在該命題可能是假的或者被誤用；如果一個論證犯了輕率概括謬誤，那麼那個一般性陳述是結論，問題出在前提無法支援結論。

> 同一陳述既能在偶性的謬誤也能在輕率概括謬誤中出現，但是它們的地位不同。
>
> **偶性的謬誤：**
> 所有私立大學的畢業生都是有錢人。（此前提是假的。）
> 唐娜是私立大學的畢業生。
> _____
> 唐娜是有錢人。
>
> **輕率概括謬誤：**
> 唐娜是私立大學的畢業生。
> 唐娜是有錢人。
> _____
> 所有私立大學的畢業生都是有錢人。（此結論是假的。）

(6) 隱藏證據

討論一個主題，總是至少有兩個方面要考慮。但是，通常很難確定問題兩方面的證據是什麼，有時甚至很難確定什麼算證據。此外，沒有一個給出有說服力論證的人有義務討論問題的兩方面，儘管他有義務不隱瞞相關的資訊。如果一個論證忽視它所維護的結論對立面的證據，那它就犯了隱藏證據謬誤。

《商界大亨》中的巨先生論證，你們鎮如果允許他建廠，那會受益不淺。他援引他建過廠的類似鎮的事實：失業率平均降低了7%—10%，地方經濟在五年內平均提高了15%—20%，財富增值了。

這是建廠的充足理由嗎？巨先生知道，卻沒有提：(a)以往情況，大多數的工廠工人是外來人員，這往往會改變鎮的特點。(b)類似的鎮犯罪率在工廠開始運營的頭兩年上升了40%—70%。(c)工廠開始運營的頭五年裡學校和社區服務需求增加使得地方稅收平均提高50%。這些負面證據與決策有關，但卻被隱藏了。

史密斯先生試圖說服你買一款終身壽險。「如果退休時你仍然健在，你可以把保單兌換成現金。如果你去世了，錢可以留給你的家人，而你再也不需要比你今天所支付的多付一分錢。」

雖說這都是真的，但不是整個事實。如果你的首要旨趣是家人的安全，你從定期保險就能得到大部分的保障。但是隨著你年齡增加，保費率會提高，而且有生之年拿不到全部保額。如果你想投資，壽險大概不是最好的選擇：它很安全，但回報通常很低。即使你想要同時具有保險和投資功能的保項，你也要讓史密斯先生告訴你他們公司所賣的幾個保險產品是如何平衡這兩種目的的。

古話有雲：「買者小心！」這是個好建議。無論你購買的是產品、服務或者點子，論證方似乎不會給出反對他們的例證。因此，明智的做法是尋求那些被隱藏的證據。

(7) 錯誤二分法

如將在第7章中見到的，一種普通的演繹論證形式叫做選言三段論。令p和q是可用任意陳述替換的變元，它是具如下形式的論證：

> 或者p真或者q真。
>
> p不真。
> _____
> 因此，q真。

假定性謬誤	
複合問句	一個謬誤的複合問句為基於那個假定問題的回答的一個結論提供基礎。該假定的問題一定或者是「設下圈套的」，就是說，對所假定問題的回答使回答者陷入困境，或者對所假定問題的回答是假的。
錯誤原因	一個論證，當它錯把不是原因的事物當作原因時，它就犯了錯誤原因謬誤。
竊取論題	如果一個論證把它著手證明的結論假定為一個前提，它就是竊取論題。竊取論題謬誤出現的三種情況為： (1)論證的結論只是前提的複述。 (2)在一個論證鏈條中，最後一個論證的結論是第一個論證的前提（循環論證）。 (3)論證的前提中使用了假定結論所斷定內容的詞語（性質詞語竊取論題）。
偶性	偶性的謬誤出現在論證訴之於一個一般性論斷時，而當時或者(1)該論證所訴諸的一般性論斷是假的，或者(2)在大多數情況下成立的一般原理被應用於並不適用的情況。
輕率概括	如果一個論證所得出的一般性斷言——不管是普遍的還是統計的——基於不充分的證據，特別是當支援這個概括的樣本是非典型的時候，就是犯了輕率概括謬誤。
隱藏證據	如果一個論證忽視它所維護結論的對立面證據，它就犯了隱藏證據謬誤。
錯誤二分法	如果一個選言三段論的選言前提是假的，它就犯了錯誤二分法謬誤。

第一個前提被稱作選言前提。如果一個選言三段論的選言前提是假的，那麼它就犯了錯誤二分法謬誤。我們經常面臨在兩個選項之間作選擇，而當時還有其他選擇。

你或者投票給民主黨或者投票給共和黨。你告訴我你不會投票給民主黨，因此你將投票給共和黨。

事實上存在其他黨派，而且你還可以不去投票。因此，該論證犯了錯誤二分法謬誤。

崔斯坦去了芝加哥或丹佛。他沒有去丹佛。因此，他去了芝加哥。

假定崔斯坦去了洛杉磯，而不是芝加哥或丹佛。在這個例子中，選言前提是虛假的，論證犯了錯誤二分法謬誤。

╭─練習題─■

識別下列各段落中的假定性謬誤。
1. 每當氣壓計數值降低時都下雨。所以氣壓計一定不知如何能讓天下雨。
2. 你現在還偷停車計時器裡面的硬幣嗎？
3. 我們應該在阿拉斯加野生動物保護區鑽井取油，因為那裡是油源所在地。
4. 你不是支持我就是反對我。如果你支持我，那麼你將獲救！如果你反對我，那麼你將在地獄的烈焰中喪生。你選擇與我在一起還是下地獄呢？

5. 在美國，人均擁有律師數量要比世界上其他任何地方都要多，所以毫不奇怪在美國什麼事情都做不成。

6. 人生是一種精神狀態。所以不要追問何處是天堂或者天堂何時到來。一切都環繞著你，只是你沒有發現。

7. 首先是有了愛情，然後就有婚姻，再接著就是孩子。

8. 這種電腦遊戲裡面包含了很多戰鬥和冒險的內容。你會喜歡的。

9. 不是支持共和黨，就是支持民主黨。無論支持哪一方，政府都將日益增大，稅收都會日益增多。

10. 每個在職人員都有一種逃避陪審員責任的辦法，僅有留在陪審團的那些人都不顧有什麼指控或證據而任憑罪犯逍遙法外。

11. 統計資料顯示，中學女生開始沒有男生那麼自負。由於女生比男生成熟早，所以那一定是因爲女生的更爲成熟使她們與男生相比，對自己有更加符合實際的看法。

12. 家具很昂貴。你不是花錢買家具，就是花錢買工具和木料自己動手製作家具。無論選擇哪個辦法，都要在家具上花費數千元。

13. 1960年，我們擁有世界上最好的公立學校。在花費了聯邦政府數十億資金的35年之後，我們的公立學校在工業化國家中處於最低水準。到底出了什麼問題？聯邦政府干預公共教育。現在我們在工業化國家中擁有爲數最多的職能白丁。

—— Ross Perot, 14 September, 1996, in a speech to the Christian Coalition in Washing, DC,

during the presidential campaign of 1996

4. 含糊性謬誤

語詞和語句往往具有歧義性和多義性，通常我們不難確定所想表達的含義。如果一個語詞、短語或語句的含義在一個論證過程中游移不定，並且結論的可接受性依賴於這種含義轉移，那麼該論證犯了含糊性謬誤。

(1) 歧義

歧義就是在兩個含義上使用一個語詞。**如果在論證過程中語詞或短語的含義有所轉移，那麼該論證就犯了歧義謬誤。**

> 本田汽車是當今美國top（頂尖）的汽車。Top（陀螺）是一種兒童玩具。因此，本田汽車是兒童玩具。

歧義有時是明顯和荒唐的，一般見於笑話中。路易士·卡羅爾的《愛麗絲鏡中奇遇記》中就充滿了聰明有趣的歧義，例如：

> 「你在路上超過誰了嗎？」國王繼續走，伸手向信使要乾草。
>
> 「nobody（沒有誰）。」信使回答。
>
> 「很好，」國王說，「這位女孩也看見他了。因此，當然，『Nobody』（人名）

比你走得慢」。

歧義在這裡是微妙的：第一個「nobody」簡單地意指「沒有人」，但是後來用了代名詞「他」好似「nobody」是個人名，最後「Nobody」的第一個字母改大寫，直截用作想像的在路上超過的那個人的名字。

歧義的論證總是謬誤的，但歧義並不總是愚蠢、滑稽的。例如：

> 短語「have faith in」（相信）存在歧義。當一個人說他have faith in（相信）總統時，他是假定，顯然而且人人知道有個總統，總統存在；而且他斷然相信總統總體來說將會做好事。但是，如果一個人說他have faith in（相信）心靈感應，則並不是表示他相信心靈感應總體來說將會做好事，而是他相信心靈感應有時眞的出現，心靈感應存在。因此，短語「to have faith in x」有時意指對某人做好事有信心，這個人被認爲存在或人們知道他存在；但是，在其他時候它的意思只是認爲x存在。短語「have faith in God」表達的是哪種含義呢？它模稜地意指兩者：在一種意義上所指者的自明性引發另一種意義上所指者。如果存在一個全能仁慈的上帝，那麼相信他將做好事就是自明地合理的。在這種意義下，「have faith in God」就是一個合理的佈道詞。但是，它也暗示了另一種意義：「無論有無證據，都相信全能仁慈的上帝存在。」這樣，假如上帝存在就信賴上帝的合理性就被用來使相信上帝存在也似乎合理了。[12]

有一類歧義值得一提，那種錯誤來自誤用「相對詞」。例如「tall／高」與「short／矮」，或者「big／大」與「little／小」，它們在不同脈絡下含義不同。例如，一隻大象和一隻大老鼠的大小是不同的。某些形式的論證對非相對詞有效，而把它們換成相對詞時就壞事了。下面這個論證是有效的：「象是動物。因此，灰色的象是灰色的動物。」但是與之相似的下面的論證卻犯了歧義謬誤：「象是動物。因此，小象是小動物。」

(2) 模稜兩可

有時鬆散的語句結構導致語句所表達的命題不清晰。例如，當你讀標題「Man Robs, Then Kills Himself」[13] 時，你可能一時奇怪，怎麼會有人自己搶劫自己？如果在「robs」後面加上類似「bank」、「store」的詞，就會消除模稜兩可。**一個論證，當一個有歧義的陳述充當它的一個帶有使其為真的解釋的前提，而結論是在使那個前提為假的理解下推出的時，就犯了模稜兩可謬誤。**

2001年，我收到一個通知：「我們將紀念朱塞佩‧威爾蒂逝世100周年在詹姆斯‧

12　Richard Robinson, *An Atheist's Values* (Oxford University Press, Oxford, 1964), p.121.

13　引自The Bathroom Reader's Institute, *Uncle John's Biggest Ever Bathroom Reader* (Thunder Bay Press, 2002), p. 410。

麥迪遜大學。」（We are going to commemorate the 100th anniversary of Giuseppe Verdi's death at James Madison University.）我據此馬上推論這位義大利作曲家是在詹姆斯‧麥迪遜大學逝世的。但是，我發現結論是錯的：這個學院在1908年才成立。基於上面的有歧義的語句，我建立了一個模稜兩可論證。他們的真正意思是：「我們將在詹姆斯‧麥迪遜大學紀念朱塞佩‧威爾蒂逝世100周年。」（We at James Madison University are going to commemorate the 100th anniversary of Giuseppe Verdi's death.）

> 牧師史密斯稱他昨天有權結婚6人。因此，牧師史密斯嚴重重婚。（Rev. Smith said it was his privilege to marry six people yesterday. So, Rev. Smith is a bigamist.）

在這裡，如果第一句話理解為牧師史密斯為3對夫婦證婚，它或許是真的。

記住，必須有論證才有謬誤。因此，馬克斯兄弟的電影《瘋狂的動物》（*Animal Crackers*）中的著名台詞不可能出現謬誤：

> 格勞喬說：一天早上，我在睡衣裡射死了一頭大象。它是怎麼跑進我的睡衣的呢？我不知道。（One morning I shot an elephant in my pajamas. How he got into my pajamas, I don't know.）[14]

(3) 重讀

一個論證，當其中的意義隨著它的語詞或部分重音的變化而變換時，它可能是欺騙性的和無效的。一個論證，當其一個前提的表層意義依賴於一種可能的重讀，而從它得出結論則依賴於對相同詞語作不同重讀的意義，它就犯了重讀謬誤。作為例子，考慮下面的陳述，依據重音放在不同語詞上，它的含義有多少種（五種？還是更多？）：「We should not speak ill of our friends」。

> 我晚餐用的調味料的標籤上寫著：「shake well before using.」因此，我決定早餐後就搖晃它。
>
> 原意的重音是「*shake well before using*」，但是說話者卻把重音放在「*shake well before using*」

另一類重讀謬誤源於引語。引語離開脈絡或不完整都會改變它的意思。希瑟論證道：沒

歧義

湯姆‧克魯斯是一個巨星（big star）。天文學家告訴我們行星圍繞巨星（big star）轉。因此，一定有行星圍繞湯姆‧克魯斯轉。在這個例子中我們看到一個三重歧義。第一是star的兩種意義。第二是big的兩種意義，一個是相對意思的大，另一個是非相對意思的廣為知名。第二個歧義引發第三個，即在big的相對意義上，一個天文學意義上的巨大星體在大小上不同於一個大電影明星。

---

14 *Animal Crackers* (Paramount Pictures, 1930).

〔重要提示〕

在理查德・羅帕點名《撒旦之子》為2000年最差影片之後，羅傑・伊伯特評論道：「我對亞當・桑德勒的許多電影並不怎麼喜歡，但你記得我說過我認為《撒旦之子》是他最好的作品，儘管我給了它差評。」很奇怪，在廣告裡他們只援引說：「『亞當・桑德勒最好的電影。』──羅傑・伊伯特。」

羅帕：「你是這樣說的。」

伊伯特：「你知道，它很糟。我無法插話，謝謝你給我一個澄清事實的機會。」

"The Worst Movies of 2000", *Ebert and Roeper and Movies*, January 2001.

有一種情況下，墮胎是被允許的。她論證的一部分是對一種反對意見的回應：「有人認為婦女有控制自己身體以及它所發生的一切的權利，作為王牌打倒了任何反墮胎論證，但這是不合理的，因為……」桑婭針對希瑟的論證回應道：「希瑟說『婦女有控制自己身體以及它所發生的一切的權利，作為王牌打倒了任何反墮胎論證』──這可是她說的。因此，必須拒絕她的反墮胎的論證」。通過脫離脈絡援引那些話，希瑟的意思被曲解了。[15]

上例可看作一個故意歪曲的例子。這種謬誤也會出現於不經心。如果你讀一部哲學或文學著作的釋文，你要好好考核結論所根據的引語的脈絡。例如休謨（1711─1776）在《人性論》中的一處論辯道，依據笛卡兒對實體的定義，所有的感知（心智狀態）都必須看作是實體。[16] 因此，你應該推論休謨認為感知是實體嗎？他隨後一段文字明確說：「實體完全不同於感知」，[17] 這有什麼關係嗎？

類似的歪曲見於圖畫表達。幾年前，我收到一個過敏藥廣告。它有兩幅圖。第一幅圖上畫著兩把空的搖椅，反映服藥前的狀態。第二幅圖畫著兩個在聊天的人，遠景是那兩把空搖椅，反映服藥後的狀態。廣告印得不好，圖片上布滿了模糊的藍線。我推論這兩幅圖是由一幅圖通過不同的裁剪方式得來的。[18]

即使是字面上的真話也能通過重讀來進行欺騙。船長嫌惡他的大副一再在當班時喝醉酒，幾乎每天都在航海日誌裡寫上：「大副今天是醉酒的。」憤懣的大副終於報復了。有一天船長病了，大副掌管航海日誌，他記下「船長今天是清醒的」。

(4) 合稱

如果一個論證不正當地推斷，對一個整體的部分成立的性質適用於該整體，或者對一類成員成立的性質適用於整個類，它就犯了合稱謬誤。

15　假定桑婭認為希瑟的觀點是不一致的──當不是因為那些話引出反駁時──這也可以看作是人身攻擊論證。

16　David Hume, *A Treatise of Human Nature*, edited by L. A. Selby-Bigge, 2nd edition revied by P. H. Nidditch (Oxford: Clarendon Press, 1978), p. 233.

17　Hume, *A Treatise of Human Nature*, p. 234.

18　我夫人過敏，她使用了所說的這種藥，她說藥有效。當然，我問她是否服藥後能用不同方式裁剪圖片。我有犯錯誤原因謬誤之嫌。

這台機器的每個部件都很輕，因此，整部機器都很輕。

這裡的錯誤是明顯的：如果有足夠多的輕部件加在一起，整體將不再是輕的。因此，這個結論是假的，即使前提是真的。

第二類型的合稱謬誤混淆了一個普通詞的「分稱（分散）使用」和「合稱（集合）使用」（the distributive use and the collective use）。一個詞，當它指稱一群或一類物件中每個個體成員的屬性時，是分稱使用的。一個詞，當它指稱當作整體的那個群體（集合）中的成員的屬性時，是合稱使用的。

大巴比小轎車更耗油。

如果詞「大巴」和「小轎車」是分稱的使用的，那麼這個命題是真的。一輛大巴比一輛小轎車更耗油。

小轎車比大巴更耗油。

如果詞「小轎車」和「大巴」是合稱的使用的，那麼這個命題是真的。因為小轎車遠比大巴數量多，合稱地說，小轎車比大巴更耗油。

當推理是從對一個分稱地看的詞成立的什麼推出對一個分稱地看的詞成立的什麼時，就出現這類合稱謬誤。

大巴比小轎車更耗油，因此，如果我們棄用私人小轎車而改乘公交大巴，並不會節能。

這個論證犯了合稱謬誤。分稱地看，一輛大巴比一輛小轎車多耗油。但小轎車遠比大巴數量多。因此，合起來，小轎車總體比大巴總體更耗油。所以，棄用私人小轎車而改乘大巴，幾乎肯定能節能。

你不能每當看到一個從部分到整體或者從類的成員到整個類的論證就不由分說地嚷「合稱！」有時這種推進是合法的，因此，你必須具體情況具體分析。

我的汽車發動機重量超過300磅。因此，我的汽車重量超過300磅。

發動機是汽車的一部分。如果光是發動機重量就超過300磅，那麼加上其他部分——它們都各有某個正重量——肯定超過300磅。

(5) 分稱

分稱是合稱的鏡像。如果一個論證非法地宣稱一個對整體成立的詞對部分也成立，或者一個對一類事物成立的詞對那個類中的一個成員也成立，它就犯了分稱謬誤。

中國人比美國人需要更多的飲用水。因此，中國人比美國人更容易口渴。

前提是合稱地比較中國人民與美國人民。因為中國人合稱地說，數量比美國人多，

他們需要更多的飲用水。但是，這並不能推出分稱地說，一個住在中國的人比一個住在美國的人需要喝更多的水。

另一個分稱謬誤的例子：常規武器比原子武器殺的人更多，因此，常規武器比原子武器更危險。這是第二種類型的分稱謬誤。

與合稱一樣，分稱也有合法的情況。如果我的電腦重量不超過15磅，那麼我能正確地推出我的電腦的任何部分重量不超過15磅。因此，如在合稱例子中一樣，在宣布一個推理犯誤之前，需要動動腦筋。

源於一類歧義的分稱謬誤，與源於不可靠預設偶性的謬誤相似。類似地，合稱謬誤也流於歧義，它與另一種假定性謬誤輕率概括相似。但這種相似是表面的。

我們針對一台大機器推論，因為其中的一兩個部件碰巧是設計精良的，所以，它的許多部件每一個都是設計精良的，那麼我們就犯了輕率概括謬誤。因為確實對一兩個部件成立的未必對所有部件成立。如果我們檢查機器的每一個部件，發現全都製作精細，並從那個發現推斷整台機器製作精細，我們也將推理錯誤。因為無論機器的一個個部件製作得如何精細，仍然可能裝配拙劣馬虎或在機器設計上出錯，而這樣的謬誤是一種合稱謬誤。在輕率概括謬誤中，人們從一類事物中某些非典型成員具有特定的屬性，推論這類事物的所有成員分稱地都具有那個屬性；在合稱謬誤中，人們論證，由於那個類中的每一個成員都具有那個屬性，因此，那個類本身（合稱地）具有那個屬性。這裡的區別很大。在輕率概括中，所有的謂述都是分稱的，而在合稱謬誤中，推理的錯誤在於從分稱的謂述推到合稱的謂述。

類似地，分稱謬誤和偶性的謬誤是兩種不同的謬誤。它們表面上的相似，掩藏著內裡的類似的區別。在分稱謬誤中，我們（錯誤地）論證，由於一整類本身具有一個給定的屬性，所以它的每個成員也具有那個屬性。因此，分稱謬誤在於推論：因為一支軍隊整體差不多是不可戰勝的，所以，它的每個組成單位也多是不可戰勝的。但是在偶性的謬誤中，我們（也是錯誤地）論證，因為有些原則是普遍適用的，所以不存在它會不適用的特殊場合。因此，當我們堅持認為一個人不顧「禁止游泳」標誌跳入水中救溺水的人應該受到指摘時，我們是犯了偶性的謬誤。

偶性和輕率概括是假定性謬誤，其中我們假定了沒有正當理由支援的東西，這包括不恰當地從一般陳述或原理出發的或者達到它們的推理。**合稱和分稱謬誤是含糊性謬誤，它們源自詞的多重用法和意義**。這包括關於整體或部分以及類或成員的不恰當推理。無論在哪裡，所用的語詞或短語在論證的一個部分意指一個事物，而在另一個部分意指另一個事物，而且那些意義有意或無意地被混淆了，我們就可以預期那個論證是不好的。

含糊性謬誤	
歧義	如果在論證過程中語詞或短語的含義有所轉移，那麼該論證就犯了歧義謬誤。
模稜兩可	一個論證，當一個有歧義的陳述充當它一個帶有使其為真的解釋的前提，而結論是在使那個前提為假的理解下推出時，就犯了模稜兩可謬誤。

含糊性謬誤	
重讀	一個論證，當其一個前提的表層意義依賴於一種可能的重讀，而從它得出結論則依賴於對相同詞語作不同重讀的意義，它就犯了重讀謬誤。 一種類型的重讀謬誤出現在引用語不完整或脫離脈絡而其含義改變時。
合稱	如果一個論證不正當地推斷，對一個整體的部分成立的性質適用於該整體，或者對一個類的成員成立的性質適用於整個類，它就犯了合稱謬誤。
分稱	如果一個論證非法地宣稱一個對整體成立的詞對部分也成立，或者一個對一類事物成立的詞對那個類中的一個成員也成立，它就犯了分稱謬誤。

──練習題──■

Ⅰ.識別下列段落中的含糊性謬誤。
1. 顏料的顏色很好看，所以這幅畫像必定很動人。
2. 這輛車是二手車（creampuff）。奶油泡芙（creampuff）浸在咖啡中很好吃，所以這輛車浸在咖啡中會很不錯。
3. 坦白說，你也許應該在誰弄灑了牛奶這件事上說謊。
4. 小鴨子們輕柔地走過來，因為牠們還幾乎（hardly）不能走路。
5. 「在這個盒子裡有一條10英尺長的（10-foot）蛇。」
「老師，你騙人，蛇是沒有足（feet）的。」（feet是foot的複數，意為足，另意為英尺。）

Ⅱ.識別並且解釋出現在下列各段落中的含糊性謬誤。
6. 在所有行業裡推行合理的工資結構對抑制議價競爭來說是首要條件；但這不是進程停止在那裡的理由。對每個行業有利的政策幾乎不會對經濟的總體發展不利。

──Edmond Kelly, *Twentieth Century Socialism*

7. 沒有人願意徵求意見，但是每個人都願意領錢，所以金錢比意見好。

──Jonathan Swift

8. 黑茲爾·米勒在車上發現了一隻食蟲鶯，正沿著樹枝散步，唱著歌，欣賞著美景。（*New Hampshire Audubon Quarterly*）
這就是黑茲爾──腳踏實地，快樂，還有一點愛出風頭。

──The New Yorker, 2 July, 1979

Ⅲ.下列各段落，有些人認為包含謬誤，但有些人認為沒有。討論這些段落中是否包含含糊性謬誤，並說明理由。
9. 司泰思先生說我的著作「極度晦澀」，這是一個問題，對它來說作者是所有可能的審判者中最差勁的一個。因此我必須接受他的意見。因為我確實渴望使我的意思淺顯清楚，我為此感到惋惜。

──Bertrand Russell, "Reply to Criticisms", in P. A. Schilpp, ed., *The Philosophy of Bertrand Russell* (Evanston, IL: The Library of Living Philosophers), p. 707

10.湯瑪斯·卡萊爾談到華特·惠特曼說，他認為他是一位偉大的詩人，因為他來自一個偉大的國家。

──Alfred Kazin, "The Haunted Chamber", *The New Republic*, 23 June 1986, p.39

IV.考慮本章說到的所有謬誤。下列段落哪些犯了非形式謬誤？犯了的，說出謬誤的名稱並說明爲什麼。如果沒有犯謬誤，也說明爲什麼。

11.羅傑・默托：喬治。

喬治：什麼事，先生？

羅傑：到家了。出去。

喬治：但是，先生……

羅傑：喬治，我有槍。

喬治：好的，先生。〔喬治離開了。〕

—— *Lethal Weapon 2* (Burbank: Warner Bros., 1989)

12.「湯瑪斯・傑弗遜當然已經成爲世界登山協會的會員了，此刻他在附近。」

—— Announcer on WMRA-FM, Harrisonburg, VA, July 3, 1998

13.這是一個和平和繁榮的黨派！投票給共和黨吧！

14.一個搭便車的人說：「我在150大道上站了3個小時都沒有搭到便車。一戴上絨線帽，我就搭上了便車，一路到了首都。是那頂帽子讓我搭上了便車，所以現在要搭便車的時候我總是戴上它。」

15.老闆：你們那個愚蠢的策劃會不會危害公司的盈利？

員工：不會，我的研究表明它會提高利潤。

老闆：不管怎麼樣，既然你已經承認了它是一個愚蠢的策劃，我們必須對它做一些改動。

16.內雷爾小姐丟失的是一個獨特的公事包，因爲她的尋物廣告上寫著，「尋：美國旅行者的戴眼鏡的公事包。」

17.我們應該禁止孩子們玩煙花爆竹，因爲軍事爆破隊的頭頭哥倫尼爾・奧克代爾說他們的導火線的引爆是無規律的。

18.老闆對員工說：今年你們需要增加對聯合慈善機構的捐贈。畢竟，你們應該爲通常（currently）處於一個可以做慈善的位置而心存感激。

19.如果政府縮減福利計畫的規模，那將是十分可怕的。想想那些營養不良和忍受嚴寒的兒童吧。

20.艾利西亞堅決主張回收廢紙有益於環境。但是她的論點只有在假設廢紙回收中心遍及全國的城市和鄉鎮的情況下才是合理的。可是居民人口少於2500的鄉鎮是不大能建立獨立的回收中心的。所以我們必須拒絕接受她的觀點。

21.對於聯邦赤字，選擇很明確：不是取消我們的國際援助計畫，就是國債在接下來的四年中翻倍。

22.羅金厄姆參議員曾堅決主張我們應該提高最低工資水準。對於一個競選基金來自工會戰爭資金的議員，你還期待些什麼呢？

23.每個美國公民都有擁有和攜帶武器的權利。所以美利堅合眾國是軍國主義國家。

24.你不要吸菸。吸菸是老派的、過時的。但是這樣的活動是不會被吸煙的人所寬恕的。

25.那個田納西州人的下巴低下來：「但是你要回來。就因爲你跑了，不能表明你感到內疚。所有的男生都跑了，我也是。但是你沒有回來，市長就要向你射擊。老市長喜歡向不想再戰的人開槍。」

—— Donald McCaig, Jacob's Ladder: A Novel of Virginia During the Civil War
(New York: Penguin Books, 1998), p. 230

26.羅馬天主教派宣告性別歧視是罪行。所以，天主教派不反對任命女性牧師。

27.不要讓孩子在雪地裡玩耍。如果他們在雪地裡玩耍，就會想要玩雪橇。如果他們想玩雪橇，他們就會想要滑冰。如果他們滑冰，他們不是會在滑下斜坡的時候撞到樹，就是會想參加奧林匹克運動會。如果他們參加奧林匹克運動會，他們不是得到金牌，就是沒得。如果他們得到金牌，他們就會被榮譽衝昏頭腦，你將無法忍受他們。如果他們沒有獲得金牌，他們就會情緒低落，你同樣不能忍受。所以除非你不想同你的孩子住在一起，否則就不要讓他們在雪地玩耍。

28. 瓊力主支持安樂死運動是不義的。但是人們擁有各種權利，所以毫無疑問，對於他們的運動，遠東地區的年輕人跟其他地區的人享有同樣多的權利。

29. 你是如何設法從那起銀行搶劫案中脫身的？

30. 約翰主張保留強有力的軍隊會為世界和平帶來最美好的前景。如果他的言論是正確的，我們必須承認軍隊的成員都是和平締造者。但是軍隊是由士兵即專為戰鬥而訓練的男女組成。所以，軍隊的成員作為專業戰士，不會是和平締造者，而我們必須拒絕約翰的主張。

31. 參議院與眾議院的大多數成員認為競選獻金應該受到相對較少的限制，所以一定有不限制獻金的充足理由。

32. 從戴夫朋友的品質你該看出戴夫是個道德高尚的人，因為常和戴夫在一起的人必定是道德高尚類型的，否則他們不會跟戴夫交往的。

33. 正統基督教派信奉預定論——這是他們賴以立教的教義之一，所以金傑作為正統基督教派的信眾是相信預定論的。

34. 也許會有人要冒犯我，當他回想起自己處在類似法庭或者其他不那麼莊重的場合，他流著淚水懇求法官：回想起他如何在法庭上，連同諸多親戚朋友，提到他的子女們，那真是一個令人動容的場面；然而我，一個生命垂危的人，上面這些事一件也不會去做。他的頭腦中會產生鮮明的對比，因為這個原因他對我產生不滿，他可能會敵視我、反對我。現在，也許你們之中有這樣一個人——注意，我並沒有說一定有——我可以誠實地回複他：我的朋友，我是一個人，像其他人一樣，是一個有血有肉的生物，就像荷馬所言不是「木石」；我也有家庭、孩子，一共三個，一個幾近成年，另外兩個還年幼；我絕不會為了祈求釋放而把他們帶到這裡來。

—— Socrates, in Plato's *Apology*, translated by Benjamin Jowett

35. 麥庫爾為20世紀60年代後期的反文化起源做出了如下解釋：

「50年代出生的人是呆笨的一代，」麥庫爾說道：「我們忙於模仿F. S. 菲茨傑拉德。我們與父輩之間唯一的區別是我們依然年輕而他們已經青春不再。是什麼促進事情發展的，我的看法是：高中的著裝規定。」

「哦，請不要再說下去了。」

「請聽我講完，我只是想檢驗一種觀點。『披頭士』樂隊是何時出現的？—— 大概1963年？——年輕人開始蓄長髮，校長說不可以。接下來一些年輕人開始在週末參加搖滾樂團並且賺了比校長一周的薪水還要多的錢。他們說蓄長髮是工作需要，而且他們有律師來替他們講話。青年文化誕生了，序幕已經拉開。校長辦公室所制定的著裝規定刻在花崗岩上，年輕人對此不屑一顧：這裡是更長的頭髮，那裡是更短的西裝裙，著裝規定成了廢話。啊哈！權威被公然反抗。」

雷內突然咳嗽發作，震顫著他的胸腔，「貪婪，貪婪。」他講道。

麥庫爾繼續：「這真是對意志力的考驗。年輕人被置於如下境地：一個面紅耳赤的教練對他們大喊大叫，說全美足球隊員如何蓄著短髮，全美足球隊員是整潔的、體面的、勇敢的、有男子氣概的，尤其是有美國風格的。這樣一番話是在蓄著卷髮的喬治‧華盛頓的肖像前面講出來的……」

「你講的也許有些道理。」

「所以年輕一代在學校裡學到了重要的一課：如果權威是愚蠢的、獨斷的、不能自圓其說的，你可以把它告訴……它自己，而且據喬治看，它就是那樣。後來這群年輕人走出了校門參加了越戰，他們試圖在現實中試驗學校裡學到的那一課。接下來的你會猜到，這個體系正在瓦解。」

—— Denison Andrews, *How to Beat the System: The Fiftieth, Last and True Success Book of Lionel Goldfish* (Sag Harbor, New York: permanent press 1987), pp. 75-76

36.在1994年世界環球小姐大賽中，阿拉巴馬小姐被問道：如果你可以永生，你願意嗎？爲什麼？她回答：我將不會永生，因爲我們不應該永生，如果假定我們可以永生，那麼我們將會永生，但是我們不能永生，這就是爲什麼我不會永生的原因。

37.在賓夕法尼亞州的一份知名的都市報上的廣告：在賓夕法尼亞首府人人都閱讀《新聞報》（*Bulletin*）。

38.近些年來最顯眼的事件就是這些傻瓜爲抗議核強權而東奔西跑——這些自詡關心人類的蠢人，根本不做任何調查就出來遊行，然後開著車揚長而去，自相殘殺。

——Ray Bradbury, in Omni, October 1979

39.神祕主義是歷史長河中的偉大力量之一。因爲宗教幾乎是世界上最有影響力的東西，而宗教絕不會長時間的完全脫離神祕主義。

——John Mctaggart, Ellis Mctaggart, "Mysticism", Philosophical Studies

40.無論我們是否即將生活在未來王國中，鑒於這是一個可能被問到的最重要問題，所以這是一個可用語言表達最明白易懂的問題。

——Joseph Butler, "Of Personal Identity"

主要的非形式謬誤

相干性謬誤

1. 訴諸無知（Argument from Ignorance, *argumentum ad ignorantiam*）
2. 訴諸不當權威（Appeal to Illegitimate Authority, *argumentum ad verecundiam*）
3. 人身攻擊（Argument Against the Person, Personal Attack, *argumentum ad hominem*）
4. 訴諸情感（Mob Appeal, *argumentum ad populum*）
5. 訴諸憐憫（*argumentum ad misericordiam*）
6. 訴諸暴力（*argumentum ad baculum*）
7. 不相干結論（*ignoratio elenchi, non sequitur*）

假定性謬誤

1. 複合問句（Complex Question）
2. 錯誤原因（*post hoc, ergo propter hoc; non causa pro causa*）
3. 竊取論題（*Petitio Principii*）
4. 偶性（Accident）
5. 輕率概括（Converse Accident, Hasty Generalization）
6. 隱藏證據（Suppressed Evidence）
7. 錯誤二分法（False Dichotomy）

含糊性謬誤

1. 歧義（Equivocation）
2. 模稜兩可（Amphiboly）
3. 重讀（Accent）
4. 合稱（Composition）
5. 分稱（Division）

─章節摘要─

一個謬誤是一個有缺陷的論證，是推理中的一個錯誤。一個非形式謬誤是基於論證內容的推理錯誤。我們區分了3類、19種主要的非形式謬誤，三類謬誤是：相干性謬誤、假定性謬誤、含糊性謬誤。在很多情況下，你必須仔細考察論證的內容，因為只是有些那種形式的論證有錯。

相干性謬誤

訴諸無知 訴諸無知具有如下論證形式：

如果有p是真的（假的），那麼我們就知道p是真的（假的）。

我們不知道p是真的（假的）。

所以，p不是真的（假的）。

出現**訴諸無知謬誤**的兩個條件：第一，論證的第一個或第二個前提為假；第二，證明前提為真的舉證責任落在提出論證方，而且在謬誤的例子中，論證方並沒有提供前提為真的證據。

訴諸不當權威 如果一個論證把某人或某事當作相關領域的權威來援引，而他／它實際上不是，那麼該論證就犯了訴諸不當權威謬誤。

人身攻擊 一個人身攻擊謬誤在回應一個論證時，攻擊的是論證者的可信性而不是所提出的論證。它可以採取下列形式：

誹謗型的：誹謗性的人身攻擊論證在回應一個論證時攻擊的是論證者的人格而不是所提出的論證。

情境型的：情境型的人身攻擊論證回應一個論證時訴諸某種情境，被攻擊者從那情境中發現他或她自己成為其論證不可信的一個理由。

「你也是」：「你也是」專注於攻擊論證與論證者行為的不一致。

訴諸情感 一個犯了訴諸情感謬誤的論證，具有如下形式：

如果相信命題p是真的使我「感覺良好」（被喜愛、被接受、重要、與眾不同、有道德，等等），那麼命題p就是真的。

相信命題p是真的使我「感覺良好」。

命題p是真的。

一般而言，相信一個命題為真使你「感覺良好」並不是宣稱這個命題為真的充分理由。

訴諸憐憫 訴諸憐憫謬誤把對不幸情境的情感反應作為以某種方式相信或行動的理由。

訴諸暴力 如果一個論證隱含無根據的或不適當的威脅，那它犯了訴諸暴力謬誤。

結論不相干 一個論證，當它得出並不隱含在前提中的結論時，就犯了結論不相干謬誤。

紅鯡魚：回應一個論證時轉移主題。

稻草人：回應一個論證時攻擊一個被認為是未述出的（其實並未採取的）前提，或者歪曲結論並攻擊之。

假定性謬誤

當一個論證做了不是脈絡所保證的預設時，假定性謬誤出現。

複合問句　一個謬誤的複合問句為基於那個假定問題回答的一個結論提供基礎。該假定的問題一定或者是「設下圈套的」，就是說，對所假定問題的回答使回答者陷入困境，或對所假定問題的回答是假的。

錯誤原因　一個論證，當它錯把不是原因的事物當作原因時，它就犯了錯誤原因謬誤。「滑坡謬誤」出現時，有一個所說因果的鏈條而其中至少有一個原因是假的。在滑坡謬誤中，開始時的情況通常是很平常的，但後來事情變得越來越糟，就像從斜坡上滑下來一樣。

竊取論題　如果一個論證把它著手證明的結論假定為一個前提，它就是竊取論題。竊取論題謬誤出現的三種情況為：

1. 論證的結論只是前提的複述。

2. 在一個論證鏈條中，最後一個論證的結論是第一個論證的前提（循環論證）。

3. 論證的前提中使用了假定結論所斷定的內容詞語（性質詞語竊取論題）。

偶性　偶性的謬誤出現在論證訴之於一個一般性論斷時，而當時或(1)該論證所訴諸的一般性論斷是假的，或者(2)在大多數情況下成立的一般原理被應用於並不適用的情況。「老套子謬誤」和「來歷謬誤」是偶性的謬誤兩個特例，都是基於對某一群體的錯誤論斷。

輕率概括　如果一個論證所得出的一般性斷言——不管是普遍的還是統計的——基於不充分的證據，特別是當支援這個概括樣本是非典型的時候，就是犯了輕率概括謬誤。

隱藏證據　如果一個論證忽視它所維護結論的對立面證據，它就犯了隱藏證據謬誤。

錯誤二分法　如果一個選言三段論的選言前提是假的，它就犯了錯誤二分法謬誤。

含糊性謬誤

如果語詞、短語或語句的含義在論證中變幻不定，而結論的可接受性依賴於這種變換，那麼，該論證犯了含糊性謬誤。

歧義　如果一個論證在論證過程中語詞或短語的含義游移不定，那就犯了歧義謬誤。

模稜兩可　一個論證，當一個有歧義的陳述充當它的一個帶有使其為真的解釋前提，而結論是在使那個前提為假的理解下推出時，就犯了模稜兩可謬誤。

重讀　一個論證，當其一個前提的表層意義依賴於一種可能的重讀，而從它得出結論則依賴於對相同詞語作不同重讀的意義，它就犯了重讀謬誤。另一種類型的重讀謬誤出現在引用語不完整或脫離脈絡而其含義改變時。

合稱　如果一個論證不正當地推斷，對一個整體的部分成立的性質適用於該整體，或者對一個類的成員成立的性質適用於整個類，它就犯了合稱謬誤。

分稱　如果一個論證非法地宣稱一個對整體成立的詞對部分也成立，或者一個對一類事物成立的詞對那個類中的一個成員也成立，它就犯了分稱謬誤。

第 3 章
定言命題

1. 定言邏輯

在第一章，我們定義和討論了一些基本的邏輯學概念，包括相對於演繹論證而言的有效性和可靠性概念。一個論證形式是有效的，若且唯若，如果前提爲眞，則結論不可能是假的。如果論證是有效的，並且其前提是眞的，那麼該論證就是健全的。有效性是一種保眞關係，正如一座房屋的設計能夠保證，只要用好的材料建造，該房屋就經受得住狂風暴雨一樣，一個有效的形式保證了只要論證的前提是眞的，則其結論也是眞的。有效性只依賴於論證中的命題結構。在第2章，我們考察了謬誤，那些趨向于有心理勸導作用的、通過分析結果變成了不健全的、常用的論證模式。

在本章及下一章中，我們將討論通稱定言邏輯或爲紀念其發明者古希臘哲學家亞里斯多德而稱之爲亞里斯多德邏輯的一個形式邏輯系統。定言邏輯研究的是物件的類或範疇之間的關係，中世紀的歐洲邏輯學家把這種類型的邏輯推進至其發展的頂峰。定言邏輯在下面兩種意義上是形式的：第一，就其爲可靠地確定定言論證的有效性而規定一類嚴格的規則和技術而言，它是一個系統；第二，更重要的是，定言邏輯純粹與命題和論證的形式（結構）有關。

在以後的章節中我們將討論現代的語句和量詞邏輯系統。雖然正如我們將要看到的，這些現代的邏輯系統取代了定言邏輯，但是，學習定言邏輯在現代邏輯的討論中將是有用的。爲什麼這麼說呢？第一，定言邏輯是介紹形式分析的一種好方法，因爲它處於第3章所討論的那種自然語言分析和第6－8章所討論現代邏輯的純符號系統之間。第二，定言邏輯的許多概念直接與量詞邏輯的重要部分相關。第三，定言邏輯是學習和練習邏輯學中一些中心概念的一種有效方法。

有效性和可靠性概念與它一般地適用於演繹論證一樣適用於定言邏輯。我們從討論命題開始，在這裡是定言命題。在第4章中我們將討論由定言命題建構的論證。第5章，我們將討論一些用定言邏輯評估日常話語中論證有效性的技法。

2. 定言命題與類

亞里斯多德邏輯的主要構件是定言命題，定言命題是關於物件的範疇和類的。下面是定言邏輯中一個論證的例子：

> 沒有運動員是素食主義者。
> 所有的足球隊員都是運動員。
> 所以，沒有足球隊員是素食主義者。

這一論證中所有三個命題都是定言命題。**定言命題肯定或否定某一個類S全部或部分地包含於另一個類P之中**。所謂類就是具有某特定共同特徵所有物件的彙集。在上面的例子中，定言命題涉及運動員的類、素食主義者的類以及足球隊員的類。

類可以十分任意地建構。一群物件共同具有的任何性質或特徵都可以被用來定義一個類。所以，紅可以被用來定義紅色的事物這個類。在最隨意的狀況下，構造一個類的特徵可以簡單地就是作為這個特定的類一個成員的這一性質，當時你是指著所說的那些物件而它們彼此不需要有其他什麼關聯。類的更典型例子有所有顏色為藍色的物件的類、所有是牛的物件的類、所有是政客的人的類、所有身高1.5公尺以下的人的類，甚至還可以有所有碰巧當下在這個房間內的物件的類。

定言命題陳述的是物件的類之間的關係，並非所有的命題都是定言的，類由物件組成。所以，嚴格地說，由於紅的是一種性質而不是物件的類，因此，陳述「所有的庫房都是紅的」並不是斷定類與類之間的一種關係，所以它不是一個定言命題。但是，它可以很容易地被轉換成與其在意義上等值的定言命題：比如「所有的庫房都是紅色的建築」或「所有的庫房都是紅色的事物」。要點是，在定言邏輯中，你什麼時候看到一種性質，都應當想到據該性質揀出的物件的類。有時候你將需要重寫論證中的命題，使它們是這樣的定言的。

兩個類相互之間可以有四種樣式的關係：

　　1.如果一個類中的每個成員也是第二個類中的成員，那麼，就說第一個類被包括或包含在第二個類中。例如：所有的狗都是哺乳動物。

　　2.如果兩個類之間沒有共同的成員，那麼，就可以說這兩個類是相互排斥的。例如：沒有三角形是圓。

　　3.如果一個類的某些但也許不是全部成員是另一個類的成員，那麼，就可以說第一個類被部分地包含於第二個類之中。例如：有些女性是運動員。

　　4.如果一個類的某些但也許不是全部成員、不是另一個類的成員，那麼，就可以說第一個類被部分地排斥於第二個類之外。例如：有些狗不是柯利狗。

在日常英語中，可以有很多方式表達定言命題。[1] 為了在討論定言三段論中，加以簡化並且提供較大的統一性，我們引進**標準形式的定言命題**這一概念。每個標準形式的定言命題都有四個部分：量詞、主詞、系詞和謂詞。一個標準形式的定言命題的結構如下：

　　　　量詞　　　（主詞）　　系詞　　　（謂詞）
例：　　所有　　　四邊形　　　是　　　平面圖形。

標準形式的定言命題使用三個量詞：

1　我們將在第5章中討論其中的一些方法。

　　所有（All）

　　沒有（No）

　　有些（Some）

在上面的第四種情況中，量詞「有些」後面跟的是一個被加以否定的謂詞，比如在「Some dogs are not collies. / 有些狗不是柯利狗」中。系詞則是動詞「to be / 是」的一些形式：is、are、was、were、would be，等等。

　　定言命題有兩個特徵：**量**和**質**。一個定言命題的量指的是我們所關注物件的數量。一個定言命題在量上或是**全稱的**或者是**特稱的**。全稱命題指涉類的所有成員，特稱命題指涉類的有些成員。按長久以來的傳統，我們把「有些（some）」的意義規定爲「至少一個」。

　　定言命題的質或是**肯定的**或者是**否定的**。肯定的命題作出一個肯定的斷言，「所有柯利狗是狗」和「有些狗是柯利狗」都是肯定命題。否定的命題則包括一個否定：它斷定某一類的所有或有些成員不是另一類的成員，「沒有貓是狗」和「有些貓不是暹羅貓」均是否定命題。

　　主詞指稱我們稱之爲主詞類的物件類，謂詞指稱我們稱之爲謂詞類的物件類。如果我們爲了以例說明而選擇兩個物件類——比如，是牛的所有事物的類和是棕色的所有事物的類——那麼，我們就可以看出，正好有四種可能具有相同主詞和謂詞標準形式的定言命題：

　　所有牛是棕色的事物。

　　沒有牛是棕色的事物。

　　有些牛是棕色的事物。

　　有些牛不是棕色的事物。

　　由於談論標準形式的定言命題而不必談論特定的主詞和謂詞甚爲有用，我們用 S 代表主詞，用 P 代表謂詞。於是四種類型標準形式的定言命題可以表示如下。我們還列出作爲各種類型命題傳統名稱的單個的大寫字母並且具體說明命題的質與量。

　　A：所有 S 是 P。（全稱肯定）

　　E：沒有 S 是 P。（全稱否定）

　　I：有些 S 是 P。（特稱肯定）

　　O：有些 S 不是 P。（特稱否定）

肯定定言命題的稱呼 A 和 I 來自拉丁文「我肯定」（*affirmo*），否定定言命題的稱呼 E 和 O 來自於拉丁文「我否定」（*nego*）。

　　第一個標準形式的定言命題，即 **A 命題**：

　　所有 S 是 P。

表示一個全稱肯定命題。它斷定了主詞類的每個成員也是謂詞類的成員。

所有搖滾音樂家都是諾貝爾獎獲得者。

這是一個全稱肯定定言命題的例子。它聲稱主詞在這裡是「搖滾音樂家」，所表示的類，完全包括在謂詞（在這裡是「諾貝爾獎獲得者」）所表示的類之中。

第二個標準形式的定言命題，即 **E 命題**：

沒有S是P。

表示一個全稱否定命題。它斷言主詞類的所有成員都被排除在謂詞類之外。

沒有搖滾音樂家是諾貝爾獎獲得者。

這是一個全稱否定命題的例子。它斷言主詞「搖滾音樂家」所表示的類中沒有一個成員是謂詞「諾貝爾獎獲得者」所表示的類中的成員。

第三個標準形式的定言命題，即 **I 命題**：

有些S是P。

表示一個特稱肯定命題。它斷言主詞類中至少有一個成員也是謂詞類的成員。

有些搖滾音樂家是諾貝爾獎獲得者。

這是一個特稱肯定命題的例子。它斷言主詞「搖滾音樂家」所表示的類中至少有一個成員也是謂詞「諾貝爾獎獲得者」所表示的類中的成員。

第四種標準形式的定言命題，即 **O 命題**：

有些S不是P。

表示一個特稱否定命題。它斷言主詞類中至少有一個成員被排除在整個謂詞類之外。

例子：有些搖滾音樂家不是諾貝爾獎獲得者。

這是一個特稱否定命題的例子。它斷言主詞「搖滾音樂家」所表示的類中至少有一個成員不是謂詞「諾貝爾獎獲得者」所表示的類中的成員。

標準形式的定言命題		
命題形式	量和質	例子
所有S是P。	A：全稱肯定	所有柯利狗是狗。
沒有S是P。	E：全稱否定	沒有狗是貓。
有些S是P。	I：特稱肯定	有些狗是柯利狗。
有些S不是P。	O：特稱否定	有些狗不是柯利狗。

──練習題──▪

針對下面的每個定言命題，指出其主詞、謂詞以及標準形式的定言命題（A、E、I、O）：

1. 所有的博弈表演都是智力刺激表演。
2. 沒有鸚鵡是我的祖父。
3. 有些黃道帶符號不是幸運的符號。
4. 有些笑話不是好笑的東西。
5. 沒有生命形式是封閉的熱力系統。
6. 有些鸚鵡不是我的祖母。
7. 沒有血統不純的狗是美國肯諾俱樂部發起的正式狗選秀活動中蘭綏帶的候選者。
8. 有些正確服用時療效很好的藥不是所有醫藥箱都應該貯存的安全藥品。

3. 定言命題的符號表示和范恩圖

邏輯學家已經發明瞭若干方法來用符號表示命題。這樣的標記法比日常英語語句更容易操作，就好像阿拉伯數字比羅馬數字更容易掌握一樣。所以，就讓我們從引進定言命題的一些符號標記法開始吧。

具有「所有S是P」形式的命題斷言是S的事物類全部包含在是P的事物類中。這意味著不存在是S但不是P的事物：是S但不是P的事物類是空的。

令零（0）表示空類。如果你斷言S沒有成員（S是空的），就這樣來表示：

$$S = 0$$

如果你說S不是空的（S至少有一個成員），你就這樣來表示：

$$S \neq 0$$

一個字母上面劃一橫線表示不在該類中的每個事物。所以，記號：

$$\bar{S}$$

表示所有不是S的事物的類。

兩個字母放在一起表示它們所代表的類的交或積。所以，記號：

$$SP$$

表示既是S又是P的成員那些事物的類。

用上面這些符號，我們可以如下表所示表示四種標準形式的定言命題：

定言命題的符號表示			
形式	命題	符號表示	說明
A	所有S是P。	$S\overline{P} = 0$	是S但不是P的事物類是空的。
E	沒有S是P。	$SP = 0$	既是S又是P的事物類是空的。
I	有些S是P。	$SP \neq 0$	既是S又是P的事物類不是空的。
O	有些S不是P。	$S\overline{P} \neq 0$	是S但不是P的事物類不是空的。
			（$S\overline{P}$至少有一個成員。）

英國數學家和邏輯學家約翰·維恩（1834—1923）發明了一種使這一資訊更為清晰的方法。

維恩用圓圈之間的關係表示定言命題中所斷定的關係。[2] 在范恩圖中，一個圓圈表示一個類，我們給每個圓圈標上表示類名字的大寫字母。

圓圈中打陰影表示該類是空的，圓圈中寫有X表示它不是空的：

圖解標準形式的定言命題需要兩個交叉的圓圈，其中一個代表主詞，另一個代表謂詞。兩個圓圈相互重疊的部分表示這兩個類的交，即既是S又是P的那些對象的類。圓圈外面的框代表命題所假定的論域。

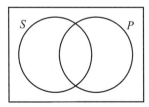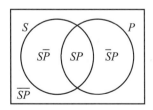

---

2 正如我們將在3.4節看到的，存在兩種對定言邏輯的解釋。范恩圖採取的是所謂的布林型解釋，布林型解釋比傳統的或亞里斯多德型解釋所做的假設較少。在當前的討論中，兩者的區分並不重要。

我們可以用前面引入的記號來標示這樣的圖。需要注意的是，兩個圓圈外面的區域是 $\overline{SP}$，它包含既不是S也不是P的所有事物。

我們可以用范恩圖表示四種標準形式的定言命題如下：

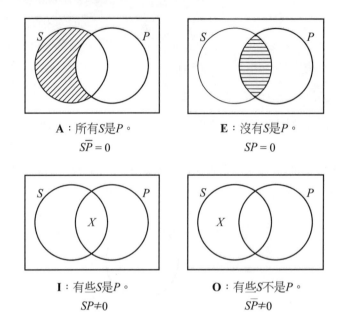

A：所有S是P。
$S\overline{P} = 0$

E：沒有S是P。
$SP = 0$

I：有些S是P。
$SP \neq 0$

O：有些S不是P。
$S\overline{P} \neq 0$

我們也可以用范恩圖來表示主詞與謂詞換位後的命題：

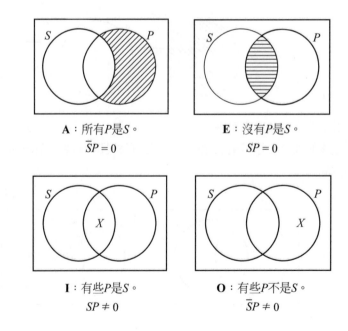

A：所有P是S。
$\overline{S}P = 0$

E：沒有P是S。
$SP = 0$

I：有些P是S。
$SP \neq 0$

O：有些P不是S。
$\overline{S}P \neq 0$

─練習題─

指出下面每個命題的形式（A、E、I、O），用主、謂詞的第一個英文字母代表相應的類，並為它們畫一個范恩圖。
1. 所有的霜淇淋香蕉船都是健康的餐後點心。
2. 沒有回老家的女皇是以優異成績畢業的人。
3. 所有的豬都是奇異的寵物。
4. 有些奧運金牌得主是藥物服用者。
5. 所有穿白色絲綢的騎士都是從馬上掉下來的人。
6. 沒有死人是講故事的人。
7. 所有澳大利亞的廁所都是反時針方向沖洗的廁所。
8. 沒有豬是法國血統的動物。
9. 所有三角形都是有三條邊的物件。
10.有些音樂家不是鋼琴家。
11.沒有現代油畫是對其物件的照相式畫像。
12.有些大型噴氣式飛機的乘客不是感到滿意的顧客。
13.所有的色情電影都是對文明和禮儀的威脅。

4. 周延性

一個詞如果指涉的是一個類的全部，那麼它就是周延的，否則是不周延的。因此，在全稱命題中，主詞是周延的，在否定命題中，謂詞是周延的。下面的圖表說明了標準形式的定言命題的周延情況：

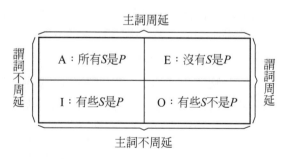

另一個概括項的周延性的方法是：

A：所有 S^D 是 P^U。

E：沒有 S^D 是 P^D。

I：有些 S^U 是 P^U。

O：有些 S^U 不是 P^D。

　　下面我們依次來看看每一種命題。

　　A命題（「所有S是P」）斷定的是主詞類被包含在謂詞類中。它們關於全部謂詞類並沒有說什麼。所以，A命題的主詞周延，但謂詞不周延。因此，命題「所有的柯利狗是狗」告訴你的是整個柯利狗類在狗類中。A命題的范恩圖很好地說明這一點。記住，陰影部分是空的：

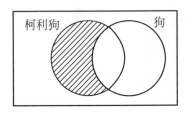

　　如果有任何柯利狗，那麼它們都包含在狗類中。圖中表示不是狗的柯利狗的區域是空的。

　　E命題（「沒有S是P」）斷定的是主詞類與謂詞類都是相互排斥的。由於它是關於這兩個類的全部做出斷言，所以，E命題的主、謂詞都是周延的。因此，命題「沒有狗是貓」告訴你的是整個狗類被排除在整個貓類之外。其范恩圖也很好地說明了這一點。記住，陰影部分沒有成員：

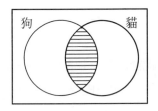

　　該圖指出既是狗又是貓的事物的類是空的。所以，它說明，不是貓的狗的類全部地區別於不是狗的貓的類。

　　I命題（「有些S是P」）斷定的是主詞類與謂詞類至少有一個共同的成員。由於它沒有關於主詞類與謂詞類的全部做出斷言，所以，該命題的主、謂詞都是不周延的。命題「有些狗是柯利狗」的范恩圖表明瞭這一點。記住，圖中的X表示那地點有事物存在：

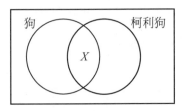

　　圖中的X處於表示既是狗又是柯利狗的事物的區域。它告訴你的只是：至少有一個事物，它既是狗又是柯利狗。該圖關於是狗但不是柯利狗的事物類的全部和是柯利狗但不是狗

的事物類的全部並沒有顯示什麼。所以，它表明主詞與謂詞都不是周延的。

O命題（「有些S不是P」）斷定的是至少有一個事物被排除在謂詞類之外。由於它告訴你關於全部謂詞類的事而關於全部主詞類並沒有說什麼，因此，謂詞是周延的而主詞是不周延的。命題「有些狗不是柯利狗」的范恩圖說明瞭這一點。記住，圖中的X表示該區域有事物存在：

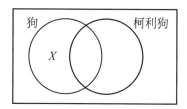

X完全處於代表柯利狗的類的圓圈之外。所以，它表明謂詞是周延的。

〔重要提示〕

如果你發現關於周延的討論既清楚又直觀，那就忽略本注記。如果你還不是很清楚，那麼，不用焦急：至少有60%的學生處於與你一樣的狀況，他們大多數都能很好地評價三段論。他們的解決辦法是在帶有周延圖的圖頁上掛一個便利貼並且做大約30個包含周延問題的題目。他們的態度是：周延不過是邏輯學家想像出來的東西以便能有評價三段論的規則。所以，他們說，如果你對周延問題不是十分清楚也無所謂。當然，作者的正式意見是你應當理解該概念，但是……

──練習題──■

辨別下列命題的命題形式（A、E、I、O），並指出其主、謂詞是否周延。
1. 所有愛吃甜品的小孩都是牙科醫生最好的朋友。
2. 沒用氯消毒的游泳池是不長藻類的。
3. 沒有火雞是素食主義者喜歡的。
4. 沒有小狗是大狗。
5. 有些東西不是乾淨的東西。
6. 所有的人工智慧演算法都是不知道它們爲何物的抽象東西。
7. 有些軍工聯合體的成員是與激烈不相容的性格溫和守規矩的人。
8. 所有新的勞保手段都是對工會運動的主要威脅。

5. 存在含義

關於定言命題，有兩種解釋，這兩種解釋的區別涉及全稱命題（A和E）的存在含義。**如果一個命題之爲真需要主詞類至少有一個成員，那我們就說該命題有存在含義。**誰都承認特稱命題（I和O）有存在含義。是不是在全稱命題有無存在含義這一點上存在分歧？正

是。我們看下面兩個陳述：

> 所有的獨角獸都是神話中腦門中央長有單獨一隻角，樣子像馬的動物。

> 所有未受外力作用處於靜止或勻速直線運動狀態的物體，都會保持靜止或勻速直線運動，除非它們受到外力作用。（牛頓運動第一定律）

如果全稱命題為真需要存在含義，那麼上面的兩個命題就都是假的，因為獨角獸和不受外力作用的物體都是不存在的。如果全稱命題真不需要存在含義，則上面的兩個命題都是真的。

對定言命題的傳統解釋或**亞里斯多德解釋**假定了全稱命題有存在含義。有些人相信這是常識觀點，它確實對關於我們已經知道它們存在物件的全稱命題成立。正如我們將在下一節看到的，如果你知道一個全稱陳述是真的或一個特稱陳述是假的，採取亞里斯多德解釋允許你得出幾個關於具有相同的主詞和謂詞的其他命題的推論。但是，亞里斯多德解釋衍涵，關於並不存在的物件的全稱陳述都是假的。所以，《韋伯斯特新世界詞典》把「獨角獸」定義為：

> 神話中的一種腦門中央長有單獨一隻角的、樣子像馬的動物。[3]

對應於這個定義的全稱陳述一定是假的，因為並不存在獨角獸。同樣，牛頓運動第一定律以及只有在一組「理想的」條件下才成立的任何其他科學原理也都是假的。

認為全稱命題沒有存在含義的另一種解釋通稱**布林解釋**，以其擁護者、19世紀數學家，和邏輯學家喬治·布林（1815—1864）的姓氏為名。[4] 根據布林解釋，一個全稱命題被理解為一個條件陳述（一個「如果—那麼」陳述）。一個全稱肯定陳述具有這樣的形式：「對任何事物，如果它是*S*，那麼它就是*P*」。按此解釋，我們把「所有的獨角獸都是長有一隻角的馬」理解為「對任何事物，如果它是獨角獸『它不是，因為它們不存在』，那麼它就是長有一隻角的馬」。正如我們將在第6章看到的，任何一個帶有假的前件（「如果」分句）的條件陳述都是真的。這就意味著，根據布林解釋，任何關於獨角獸（或者任何不存在的物件）的全稱斷言都是真的。例如，根據布林解釋，「所有的獨角獸都是大肚皮的豬」也是真的。

我們將在下一章介紹用於評價三段論的范恩圖方法和規則採取布林解釋。為什麼呢？有以下幾個理由。(1)有時候我們想談論並不存在的物件，並且只是要求那些斷言中有些是真的——例如，當一個全稱命題斷定一個定義的時候——才是合理的。同樣，任何主張數學關乎理想化的人都會斷言基本的數學命題——「2 + 2 = 4」，「所有正方形都是長方形」——是真的。布林解釋允許你要求關於理想化的陳述是真的；亞里斯多德解釋則不允許。(2)有

---

3 In Webster's *New World Dictionary and Thesaurus* (Macmillan Digital Publishing, 1997).

4 這並不意指布林是第一個擁護該解釋的的。例如，R·笛卡兒（1596—1650）就曾採取布林解釋（見其《哲學原理》一書第一部分，§10）。

時候，我們所說的並不假定在我們正談到的類中有成員。例如，命題「所有的非法入侵者都將被控告」，不但沒有假定主詞類是非空的，而且作此斷定的目的就是試圖確保主詞類保持為空。(3)我們常常希望不做任何關於存在預設地進行推理。例如，牛頓運動第一定律，斷定的是沒有受到外力作用的物體將保持它們的運動狀態，無論是靜止還是勻速直線運動。那可能是真的；一個物理學家可能想表達或護衛該定律但並不想預設有任何擺脫外力的物體。(4)當我們做出關於我們已經知道其存在事物的全稱陳述時，我們可以把它們看作斷定了兩個命題，即一個全稱命題和一個相應的特稱命題。例如，如果你說：「所有的饒舌（rap）音樂家都是能夠快速說話的人」，那麼，可以理解為你既說了「所有的饒舌音樂家都是能夠快速說話的人」，又說了「有些饒舌音樂家是能夠快速說話的人」。正如我們將在第5章看到的，日常英語中有些全稱陳述應該看作做出兩個斷言。如果它們不被如此理解，那麼它們出現於其中的論證就會被認為是無效的，只有布林解釋的擁護者將斷言它們是無效的。

基於布林解釋的定言陳述的性質					
名稱	形式	量	質	周延性	存在含義
A	所有S是P	全稱	肯定	只有主詞周延	無
E	沒有S是P	全稱	否定	主詞和謂詞都周延	無
I	有些S是P	特稱	肯定	主詞和謂詞都不周延	有
O	有些S不是P	特稱	否定	只有謂詞周延	有

6. 亞里斯多德型四角對當表和直接推論

定言命題的質、量和周延性告訴我們的是，標準形式定言命題關於主詞和謂詞類的包含或排斥關係所斷定的是什麼，而不是那些斷定本身是否為真。然而，具有相同主詞與謂詞的A、E、I、O四種命題合起來具有一類相互關係，使我們能關於它們的真與假做推論。這就叫**對當關係**。換言之，如果我們知道一種形式的一個命題是真的或假的，就可以關於有相同主謂詞的其他形式的命題的真或假得出一些有效的推論。

根據定言邏輯的亞里斯多德解釋，命題之間有四種方式相對當：矛盾、相反、次相反與等差。這些關係可以用傳統的四角對當表圖示如下：

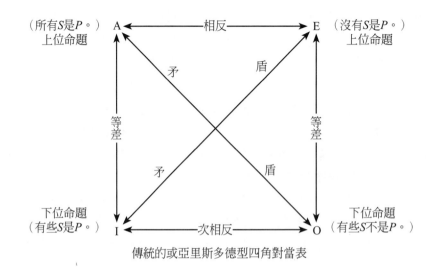

傳統的或亞里斯多德型四角對當表

四角最右邊的命題E和O，在質上是否定的。頂部的A和E命題在量上是全稱的。底部的I和O命題在量上是特稱的。最左邊的命題A和I在質上是肯定的。

(1) 矛盾關係

兩個具有相同主詞與謂詞的命題，如果一個是另一個的否定，即它們既不能同時是真的也不能同時是假的，那麼它們就是相矛盾的。如果一個為真，則另一個一定是假的；如果一個為假，則另一個一定是真的。質和量都不相同的A命題（所有S是P）和O命題（有些S不是P）是相矛盾的，E命題（沒有S是P）和I命題（有些S是P）也是相矛盾的。就它們每一對（A和O、E和I）來說，一定正好一個是真的，另一個是假的。例如：

A：所有亞當‧桑德勒的電影都是滑稽電影。
和
O：有些亞當‧桑德勒的電影不是滑稽電影。

這兩個命題在質與量上是相對立的。我們或許不知道哪一個命題是假的，但我們知道如果某一個是真的，那麼另一個就一定是假的。如果「所有亞當‧桑德勒的電影都是滑稽電影」是真的，則「有些亞當‧桑德勒的電影不是滑稽電影」就一定是假的，也就是說，「至少有一部亞當‧桑德勒的電影不是滑稽電影」一定是假的。並且，如果「所有亞當‧桑德勒的電影都是滑稽電影」是假的，那麼，「至少有一部亞當‧桑德勒的電影不是滑稽電影」就一定是真的。相應地，如果O命題是真的，則A命題一定是假的；如果O命題是假的，則A命題一定是真的。

同樣的分析可以適用於具有相同主、謂詞的任何一對E和I命題，例如：

E：沒有殯儀經營者是天性樂觀的人。

　　I：有些殯儀經營者是天性樂觀的人。

同樣，必定正好一個是眞的，正好一個是假的。

(2) 相反關係

　　具有相同主、謂詞的兩個命題，如果它們不能都是眞的，但可以都是假的，那它們就是相反的。如果一對相反的命題其中一個是眞的，那麼另一個就一定爲假。但是，如果其中一個是假的，另一個不一定須爲眞，它們可以都是假的。具有相同主謂詞、都是全稱的，但在質上不同的A和E命題，就是相反的。

　　　所有添加了胡椒的比薩都是無脂食品。
　　　沒有添加了胡椒的比薩是無脂食品。

　　這是具有相同主詞和謂詞但在質上不同的兩個全稱命題。第一個，A命題，是全稱的和肯定的。第二個，E命題，是全稱的和否定的。

　　這兩個命題不能同時為真。如果所有添加了胡椒的比薩都是無脂的，那麼，沒有一張是，就一定是假的。同樣，如果沒有添加胡椒的比薩是無脂的，那麼，所有的都是，就一定是假的。

　　但是，比方說，如果正好有一張添加了胡椒的比薩是無脂的，而其他的都不是，那會怎麼樣呢？在這種情況下，兩個命題就都是假的。

　　所以，A和E這兩個命題不能同真，但可以同假。

(3) 次相反關係

　　具有相同主詞和謂詞的兩個命題，如果它們雖然可以都是真的但不能都是假的，那麼，它們是互相次相反的。具有相同主詞和謂詞的I和O命題就是互相次相反的。

　　　有些足球運動員是體重超過250磅的人。
　　　有些足球運動員不是體重超過250磅的人。

　　它們是具有相同主謂詞但在質上不同的兩個特稱定言命題。第一個，I命題，是特稱的和肯定的。第二個，O命題，是特稱的和否定的。

　　這兩個命題可以同時為真。如果至少有一個足球運動員的體重超過250磅，同時另外有一個足球運動員的體重等於或低於250磅，這兩個命題就同時都是真的。但是，除非沒有足球運動員，否則這兩個命題不能同時為假。如果第一個命題是假的，那就意味著甚至沒有一個足球運動員是體重超過250磅的。在這種情況下，第二個命題，它說的是至少有一個足球運動員不是體重超過250磅的，就一定是真的。同樣，如果第二個命題是假的，那麼第一個命題就一定是真的。

(4) 等差關係

　　具有相同主詞和謂詞、質相同但量不同的兩個命題,稱為相對應的命題。因此,A(所有S是P)與I(有些S是P),以及E(沒有S是P)與O(有些S不是P),都是相對應的命題。**一個全稱命題(上位命題)與其相對應的特稱命題(下位命題),如果該全稱命題是真的,則其相對應的特稱命題也是真的,它們之間的關係就是等差關係。**所以,如果A命題是真的,則相應的I命題也是真的。同樣,如果E命題是真的,其相對應的O命題就是真的。然而,其逆不成立。如果一個特稱命題是真的,其相應的全稱命題可能是真的,也可能是假的。例如,如果命題「有些貓不是友好的動物」是真的,則命題「沒有貓是友好的動物」則可能是假的。然而,如果特稱命題是假的,其相應的全稱命題則一定也是假的。如果全稱命題是假的,我們同樣不能推出其相應的特稱命題是真還是假。例如,如果命題「沒有狗是友好的動物」是假的,我們並不能推出命題「有些狗不是友好的動物」的真假。

　　　　所有的學生都是有趣的人。

　　　　有些學生是有趣的人。

　　　　這兩個命題一個是全稱肯定命題,一個是其相應的特稱命題,第二個是第一個的下位命題。在亞里斯多德邏輯中,如果第一個命題是真的,那麼第二個命題也一定是真的,因為主詞類一定至少有一個成員(它有存在含義),並且任何事如果對一個類的全部成立,那它一定對那個類的特殊成員成立。對所有學生都成立的事也一定對其中的某些學生成立。然而,使一個特稱命題為真的事,卻不一定使其相應的全稱命題為真。如果「有些學生是有趣的人」是真的,「所有學生都是有趣的」卻可能真也可能不真。但是,如果「有些學生是有趣的人」是假的,那麼,「所有學生都是有趣的人」則一定為假。

　　我們剛才描述了從對存在含義傳統的或亞里斯多德解釋的觀點看的矛盾、相反、次相反和等差關係。如果給定一個命題的真值——命題的真或假——四角對當表使你能推出其他命題的真值,這叫做圍繞四角走。在某些情況下,四角對當表使你能推出具有相同主詞和謂詞的所有陳述的真值,某些情況下則不行。在你不能確定命題真值的那些情況中,我們稱它的真值是未定的。

　　假如給定一個A命題為真。如果該A命題真,則其相反命題E為假。A的矛盾命題O為假,而A的等差命題I為真。下面四角中的虛線箭頭表明你是如何推理的:

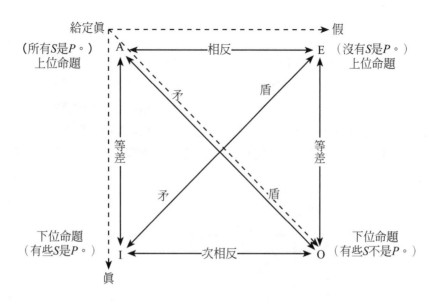

如果給定一個E命題爲假，你就可以推出它具有相同主謂詞的矛盾命題I是眞的。那是四角上你唯一能推出的一個命題的眞值。想想看，比方說命題「沒有皮蒂亞克是值得信賴的車」給定爲假。如果那個陳述是假的，那麼就一定至少有一輛皮蒂亞克車是值得信賴的；就是說，I命題「有些皮蒂亞克是值得信賴的車」一定是眞的。但是，關於所有皮蒂亞克車你卻一無所知，因爲你不能從一對相反命題中的一個爲假有效地推出另一個相反命題的眞值，從E命題的假，關於O命題「有些皮蒂亞克車不是值得信賴的車」的眞值你也一無所知，因爲關於一個假命題的下位命題的眞值是推不出什麼的，而且給定一對次相反命題中的一個爲眞，關於另一個次相反命題眞值也是推不出什麼的。所以，四角現在看來如下：

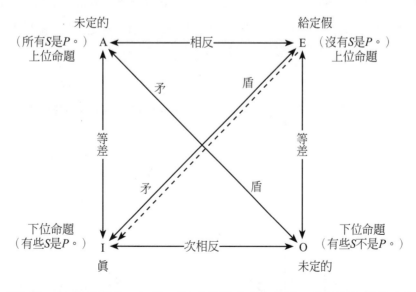

現在來說給定一個I命題爲眞。如果一個I命題是眞的，那麼，它的具有相同主謂詞的矛

盾命題E就是假的。那是四角上你唯一能推出的一個命題的真值。考慮命題「有些狗是哺乳動物」。如果這命題是真的,那麼,它的矛盾命題「沒有狗是哺乳動物」就一定是假的。但是,除此之外,你不能得出其他的有效推論。從一對相反命題中的一個(E)為假,你關於另一個相反命題(A)的真值並不能推出什麼。從一對次相反命題中的一個(I)為真,你關於另一個次相反命題(O)的真值並不能推出什麼。**請記住:我們這裡所談的只是給定一個命題的真值能夠有效地推出什麼真值。你可能有其他根據知道命題「所有狗都是哺乳動物」是真的而「有些狗不是哺乳動物」是假的**,這一事實與有效推論的問題無關。基於四角對當表的推理如下:

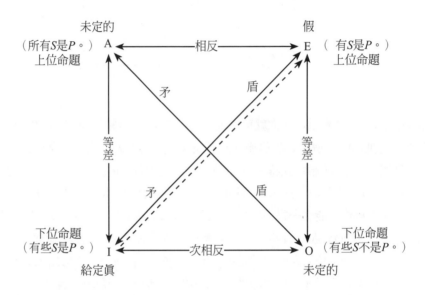

最後,假定給定O命題為假。再一次,你可以圍繞四角一直走。如果O是假的,它的矛盾命題A就一定是真的。如果A是真的,它的相反命題E就一定是假的。如果O是假的,它的次相反命題I就一定是真的。基於四角對當表的推理如下:

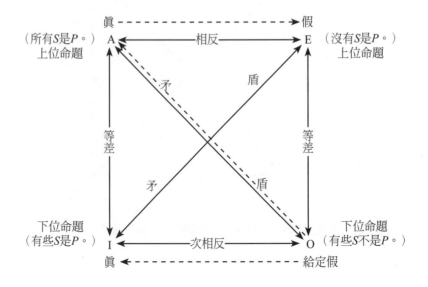

簡而言之，如果給定一個全稱命題爲眞或者一個特稱命題爲假，你就可以圍繞四角一直走。如果給定一個全稱命題爲假，你就只能推出它的矛盾命題爲眞。如果給定一個特稱命題爲眞，你也只能推出它的矛盾命題爲假。

─練習題─

Ⅰ.回答下列問題：
1. 說出「所有蜘蛛都是九條腿的生物」的矛盾命題。
2. 說出下列兩個命題之間存在的對當關係。

> 有些恐怖片是好笑的電影。
>
> 有些恐怖片是嚇人的電影。

3. 如果命題「所有的火箭科學家都是思維遲鈍的人」爲假，關於命題「有些火箭科學家不是思維遲鈍的人」我們能做出什麼基於四角對當表的直接推論？
4. 「有些笑話是模稜兩可的」和「有些笑話不是模稜兩可的」可以同時爲眞但不能同時爲假。這一斷定是眞還是假？爲什麼？
5. 如果「某位名叫Joe的火箭科學家是一位在迪士尼世界明日島禮品商店中賣襯衫的退休老人」這一命題爲眞，關於命題「所有名叫Joe的火箭科學家都是在迪士尼世界明日島禮品商店中賣襯衫的退休老人」，我們能做出什麼基於四角對當表的直接推論？爲什麼？

Ⅱ.下面各組命題，(1)如果假定其第一個命題爲眞；(2)如果假定其第一個命題爲假，關於其他命題的眞假我們能推出什麼來？
6. a.所有成功的總經理都是聰明人。
  b.沒有成功的總經理是聰明人。
  c.有些成功的總經理是聰明人。
  d.有些成功的總經理不是聰明人。
7. a.有些鈾同位素是高度不穩定的物質。
  b.有些鈾同位素不是高度不穩定的物質。
  c.所有鈾同位素都是高度不穩定的物質。
  d.沒有鈾同位素是高度不穩定的物質。

7.布林型四角對當表

定言邏輯的亞里斯多德解釋假定所有的定言命題都有存在含義。正如我們已經在第4節所看到的，這一假定蘊涵諸如「所有的獨角獸都是長有一隻角的馬」是假的，而且在某些對數學物件的本質的理解下，「所有的正方形都是長方形」也是假的。

存在含義在我們就定言命題所能做的直接推論上產生了什麼不同嗎？是的。在布林解釋

下，關於一個空類的全稱命題是真的。所以，在布林解釋下，命題「所有的獨角獸都是長有一隻角的馬」和「沒有獨角獸是長有一隻角的馬」都是真的。因此，兩個全稱命題並不是相反的。兩個關於不存在對象的真斷定其矛盾命題都是假的。所以，也不存在次相反。而且，由於布林解釋下的全稱命題沒有存在含義，等差也不存在。布林型四角對當表是相當簡單的。

布林型四角對當表

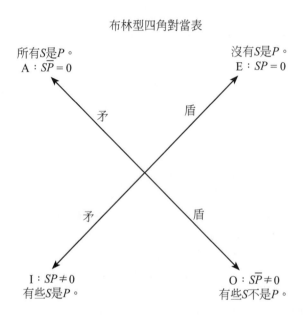

8. **邏輯等值和直接推論**

　　兩個命題是邏輯（上）等值的若且唯若它們總是有同樣的真值。在本節，我們將考察與標準的A、E、I、O形式相關的三種陳述形式。它們是通過用各種方式操作那些命題形成的。在有些情況下，得到的命題邏輯等值於標準形式的命題；在有些狀況下則不然。對邏輯等值的考慮是獨立於你所採取的定言命題的解釋的。然而，我們將會看到，通過把對邏輯等值的考慮與四角對當表結合起來，存在一些為不被布林解釋認可的亞里斯多德型四角所保證的推論。

(1) 換位

　　換位是這樣一個過程：將定言命題的主詞與謂詞的位置進行交換。原來的命題叫做被換位命題，得到的命題叫做換位命題。例如，「沒有S是P」的換位命題是「沒有P是S」。被換位命題與其換位命題是邏輯等值的若且唯若它們的詞有同樣的周延情況。

　　將命題E和I換位分別可以得到一個邏輯等值的命題。即如果命題：

　　沒有S是P

是眞的，則它的換位命題：

　　沒有P是S

也是眞的。如果S被整個地排斥在P之外，則P也一定被整個地排斥在S之外。在命題E中詞的周延性在其換位命題中也是相同的。如果你看一看E命題與其換位命題的范恩圖就很清楚：

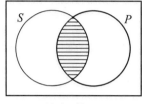 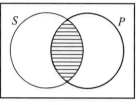

　　　　　沒有S是P。　　　　　　　　　　　沒有P是S。

這兩個范恩圖是相同的，所以，E命題與其換位命題是邏輯等值的。

同樣，如果命題：

　　有些S是P

是眞的，則其換位命題：

　　有些P是S

也是眞的。如果至少有一個既是S又是P的事物，那麼，也至少有一個既是P又是S的事物。I命題中詞的周延性與其換位命題中的相同。I命題與其換位命題的范恩圖也是相同的：

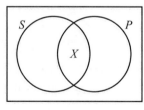 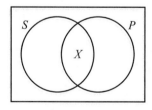

　　　　　有些S是P。　　　　　　　　　　　有些P是S。

A命題與其換位命題則並不邏輯等值。如果你有疑問的話，可以看看下面的例子：

　　所有的柯利狗都是狗。

是眞的，它的換位命題：

　　所有的狗都是柯利狗。

則是假的。在「所有S都是P」形式的A命題中，S是周延的；而在其換位命題「所有P都是S」中，P是周延的。這一點也可以通過A與其換位命題的范恩圖之間的不同而得以說明：

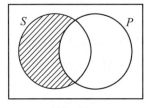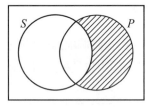

所有S是P。　　　　　　　　　所有P是S。

同樣，O命題並不邏輯等值於其換位命題。如果你有任何疑問，請看下面的例子：

有些狗不是柯利狗。

是眞的，但其換位命題：

有些柯利狗不是狗。

則是假的。在「有些S不是P」形式的O命題中，P是周延的；而在其換位命題「有些P不是S」中，S是周延的。這一點也可以通過O與其換位命題的范恩圖之間的不同而得以說明：

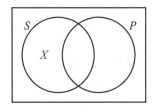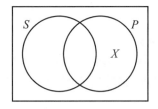

有些S不是P。　　　　　　　　有些P不是S。

雖然A命題與其換位命題決不邏輯等值，但是，亞里斯多德四角對當表允許我們從A命題推出一個I命題的換位命題。如果一個A命題是眞的，那麼，在亞里斯多德解釋下，其相應的I命題也是眞的，而一個I命題是邏輯等值於其換位命題的。所以，給定一個A命題爲眞，我們可以推出其相應的I命題的換位命題是眞的。我們把這種推論稱之爲限量換位或等差換位。要注意的是，這是一個基於亞里斯多德的四角對當表的推論，繼之以邏輯等值於據四角推出命題的一個換位。限量換位並不產生一個邏輯等值命題。限量換位在布林解釋下並不是有效的推論，因爲布林解釋不認可等差。

(2) 換質

在討論換質法之前我們需要定義一個概念：補（類）。一個類的補（類）就是所有不屬

於原來那個類的物件的彙集。一個詞的補（詞）通過在該詞前加上「非」構成；於是，P的補是非P。因此，如果詞「駝鹿」指稱所有是駝鹿的事物的類，那麼其補，詞「非駝鹿」，就指稱所有不是駝鹿的事物的類。由於類是通過識別該類的所有成員都共有的類定義特徵而形成的，我們可以說，一個給定的類的補的成員就是所有那些不具有那個類定義特徵的物件。凡不具有「駝鹿性」的就不是駝鹿，因而是一個非駝鹿。換言之，我們也可以認為「非駝鹿性」是非駝鹿這個類的類定義特徵。詞「非駝鹿」的補是「非非駝鹿」或者簡單地就是「駝鹿」。注意，一個類的補其本身也是一個類。

換質是一種改變命題的質的直接推論，它把一個命題從肯定的變為否定的或者從否定的變為肯定的，並且把謂詞換成它的補。在換質中，原來的命題稱為被換質命題，得到的命題稱為換質命題。任何標準形式定言命題的換質命題都邏輯等值於原來的命題。

> 1.被換質命題：
>
> A：所有漫畫人物都是虛構的人物。
>
> 換質命題：
>
> E：沒有漫畫人物是非虛構的人物。
>
> 2.被換質命題：
>
> E：沒有流行的幽默劇是有趣的演出。
>
> 換質命題：
>
> A：所有流行的幽默劇都是非有趣的演出。
>
> 3.被換質命題：
>
> I：有些歌曲是催眠曲。
>
> 換質命題：
>
> O：有些歌曲不是非催眠曲。
>
> 4.被換質命題：
>
> O：有些電影明星不是天才。
>
> 換質命題：
>
> I：有些電影明星是非天才。

如果你還不完全確信每一個標準形式的定言命題都邏輯等值於其換質命題，那麼，就讓我們一起來看一看每一個定言命題的范恩圖並對其進行一些思考吧。

A命題的范恩圖如下：

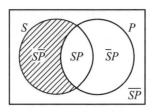

所有S是P。
沒有S是非P。

　　我們已經標示出了圖中每一個區域所代表的類。記住，字母上面加橫槓表示相關的類沒有成員。所以，S$\overline{P}$是那些是S但不是P的事物的類。命題「沒有S是非P」為真當且僅當是S但不是非P的對象的類是空的。這正是A命題的范恩圖所顯示的。所以，A命題與其換質命題是邏輯等值的。

　　E命題的范恩圖如下：

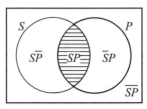

沒有S是P。
所有S是非P。

　　命題「所有S是非P」為真若且唯若既是S又是P的事物的類是空的。這正是E命題的范恩圖所顯示的。所以，E命題與其換質命題是邏輯等值的。

　　I命題的范恩圖如下：

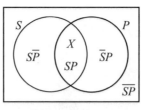

有些S是P。
有些S不是非P。

　　命題「有些S不是非P」為真若且唯若是S但不是非P的事物的類有一個元素。這個圖顯示該主詞類至少有一個成員，並且該成員不在是S但不是P的事物的類中。（從語言上可以說，「not／不」與「non-／非（-）」是彼此勾銷的。）

　　O命題的范恩圖如下：

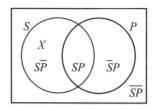

有些*S*不是*P*。
有些*S*是非*P*。

命題「有些*S*是非*P*」爲眞當且僅當是*S*但不是*P*的事物的類中至少有一個元素，那恰好是這個圖所顯示的。

(3) 換質位

換質位是這樣的一個過程：將定言命題的主詞換成其謂詞的補，將謂詞換成其主詞的補。原來的命題稱爲被換質位命題，得到的命題稱爲換質位命題。

A命題「所有*S*是*P*」邏輯等值於其換質位命題：「所有非*P*是非*S*」。通過考察A命題的范恩圖我們可以看出這一點：

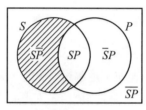

所有*S*是*P*。
所有非*P*是非*S*。

只顯示不是那或許有成員存在的*P*的事物的類的區域（表示不是沒有陰影因而不空的*P*的事物的類的區域）也是那些不是*S*的事物的類（$\overline{SP}$）。所以，這個圖說明了A命題與其換質位元命題是邏輯等值的。

　　1.被換質位命題：

　　A：所有平底涼鞋都是舒服的步行鞋類。

　　2.換質位命題：

　　A：所有非舒服的步行鞋類都是非平底涼鞋。

如果第一個命題是真的，則每一雙平底涼鞋都屬於舒服的鞋類之中。其換質位命題所說的是任何非舒服的鞋類都是非平底涼鞋——平底涼鞋以外的其他東西。

同樣，O命題「有些*S*不是*P*」邏輯等值於其換質位命題「有些非*P*不是非*S*」。我們也可以通過考察O命題的范恩圖來確認這一點：

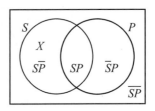

有些S不是P。
有些非P不是非S。

〔重要提示〕

換質位也可以稱作匯出的陳述形式，因為在一個定言命題邏輯等值於其換質位命題的所有情況中，它都可以通過換質、換位和換質推導出來。「所有S是P」換質為「沒有S是非P」，再換位為「沒有非P是S」，再換質成為「所有非P是非S」。「有些S不是P」換質為「有些S是非P」，再換位為「有些非P是S」，再換質則成為「有些非P不是非S」。

這個圖顯示，在不是P的事物的類中至少有一個事物也不在不是S的事物的類中。換言之，至少有一個事物是S而不是P。（從語言上可以說，「not／不」與「non-／非（-）」是彼此勾銷的。）

1.被換質位命題：

O：有些有趣的書不是神祕之物。

2.換質位命題：

O：有些非神祕之物不是非有趣的書。

如果第一個命題是真的，則至少有一本不是神祕之物的有趣的書。換質位命題所斷定的是至少有一個非神祕之物不是非有趣的書。

E命題的換質位命題與E命題並不是邏輯等值的。命題「沒有狗是貓」是真的。它的換質位命題是「沒有非貓是非狗」，這是假的：一匹馬既是非狗又是非貓。對此如果有疑問，我們不妨考察一下關於E命題及其換質位命題的范恩圖：

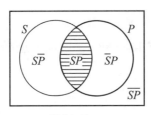

沒有S是P。

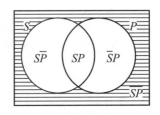

沒有非P是非S。

E命題的換質位命題斷定的是沒有事物既是非P又是非S。所以，圓圈之外的區域塗有陰影。一個「沒有非P是非S」形式的命題關於S和P之間的包含或排除關係什麼也沒有告訴你。

同樣，I命題的換質位命題也不與I命題邏輯等值。雖然「有些狗是柯利狗」及其換質位命題「有些非柯利狗是非狗」兩個陳述都是真的，但是應該能看出，這兩個陳述沒有選取相同的物件。拉西既是狗也是柯利狗，而航海硬餅乾既是非狗又是非柯利狗。I及其換質位命題的范恩圖顯示這兩個陳述不是邏輯等值的。

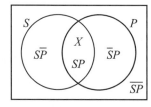

有些*S*是*P*。

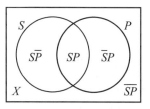

有些非*P*是非*S*。

　　命題「有些非*P*是非*S*」說的是至少有一個對象既不是*P*也不是*S*，它告訴你的是至少有一個事物被排除在*S*和*P*之外，而I命題告訴你的是至少有一個事物包含在*S*和*P*之中。

　　還應該指出的是，正如一個A命題與其換質位命題不是邏輯等值的，但是在亞里斯多德解釋下，它衍涵一個能被換位（限制換位）的命題，一個E命題衍涵一個在亞里斯多德解釋下能被換質位的命題。在亞里斯多德解釋下，E命題的真衍涵與其具有等差關係的相應的O命題的真。而O命題邏輯等值於其換質位命題。所以，在亞里斯多德解釋下，E命題的真衍涵它相應的O命題的換質位命題的真，這被叫做限量換質位或等差換質位。注意：這是一個基於亞里斯多德型四角對當表的推論，繼之以邏輯等值於據四角推出的命題的一個換質位。限量換質位並不產生一個邏輯等值命題。限量換質位在布林解釋下並不是有效的推論，因為布林解釋不認可等差。

邏輯等值 換位、換質和換質位	
換位	
被換位命題	換位命題
A：所有*S*是*P*。	沒有邏輯等值命題*
E：沒有*S*是*P*。	E：沒有*P*是*S*。
I：有些*S*是*P*。	I：有些*P*是*S*。
O：有些*S*不是*P*。	沒有邏輯等值命題
*只有在亞里斯多德解釋下，你才能推出相應的I命題的換位命題為真（限制換位）。	
換質	
被換質命題	換質命題
A：所有*S*是*P*。	E：沒有*S*是非*P*。
E：沒有*S*是*P*。	A：所有*S*是非*P*。
I：有些*S*是*P*。	O：有些*S*不是非*P*。
O：有些*S*不是*P*。	I：有些*S*是非*P*。

換質位	
被換質位命題	換質位命題
A：所有S是P。	A：所有非P是非S。
E：沒有S是P。	沒有邏輯等值命題*
I：有些S是P。	沒有邏輯等值命題
O：有些S不是P。	O：有些非P不是非S。

*只有在亞里斯多德解釋下，你才能推出相應的O命題的換質位命題為真（限制換質位）。

四種定言命題的邏輯等值形式	
A：所有S是P，換質為	E：沒有S是P，換質為
E：沒有S是非P，換位為	A：所有S是非P，換位為
E：沒有非P是S，換質為	A：所有P是非S，換質為
A：所有非P是非S。	E：沒有P是S。
注意：最後一個也是第一個的換質位命題。	注意：最後一個是第一個的換位命題。
I：有些S是P，換質為	O：有些S不是P，換質為
O：有些S不是非P，換質位為	I：有些非P是S，換質為
O：有些P不是非S，換質為	I：有些S是非P，換位為
I：有些P是S。	O：有些非P不是非S。
注意：最後一個是第一個的換位命題。	注意：最後一個是第一個的換質位命題。

─練習題─■

I.對下列陳述分別進行換位、換質和換質位。如果轉換以後的命題不與原命題邏輯等值，請說明理由。

  1. 有些整形手術的結果是令人難以置信的。

  2. 沒有VCR（盒式磁帶錄影）是很容易程式化的東西。

  3. 沒有巧克力糖塊是對你氣色有好處的東西。

  4. 所有菸草都是致癌的東西。

  5. 所有UFO都是不明飛行物。

II.說出下列命題的換位命題並指明它們是否與給定命題等值。

  6. 沒有關心別人的人是不注意交通規則的魯莽駕駛者。

  7. 有些爬行動物不是溫血動物。

III.說出下列命題的換質命題。

  8. 有些牧師不是戒酒者。

Ⅳ.說出下列命題的換質位命題，說明它們是否與給定命題等值。

9. 有些戰士不是官員。

10.所有重量小於50磅的東西都是不高於4英尺的物品。

Ⅴ.如果「所有的社會主義者都是和平主義者」是真的，在亞里斯多德解釋和布林解釋下，關於下列命題的真假分別可以推出什麼？就是說，哪個可以知道是真的？哪個可以知道是假的？哪個是未定的？

11.所有的非和平主義者都是非社會主義者。

Ⅵ.如果「沒有科學家是哲學家」是真的，在亞里斯多德解釋和布林解釋下，關於下列命題的真假分別可以推出什麼？就是說，哪個可以知道是真的？哪個可以知道是假的？哪個是未定的？

12.所有的非科學家都是非哲學家。

13.有些科學家不是哲學家。

Ⅶ.如果「有些聖徒是殉道者」是真的，在亞里斯多德解釋和布林解釋下，關於下列命題的真假分別可以推出什麼？就是說，哪個可以知道是真的？哪個可以知道是假的？哪個是未定的？

14.所有的殉道者都是非聖徒。

15.有些聖徒不是殉道者。

Ⅷ.如果「有些商人不是海盜」是真的，在亞里斯多德解釋和布林解釋下，關於下列命題的真假分別可以推出什麼？就是說，哪個可以知道是真的？哪個可以知道是假的？哪個是未定的？

16.沒有商人是非海盜。

17.沒有海盜是非商人。

━章節摘要━▪

　　定言命題肯定或者否定某個類S全部或者部分地包含在另外的類P中，一個類或範疇就是具有共同特徵的所有物件的彙集。雖然有很多方式來表達定言命題，我們全用標準形式表達它們。所有標準形式的定言命題都包含量詞（所有、沒有、有些）、主詞、聯詞和謂詞。它們在量上或者是全稱的或者是特稱的。它們在質上或者是肯定的或者是否定的。有四類不同的定言命題，它們分別表示類與類之間四種可能的關係：

> A（全稱肯定命題）：所有S是P。
>
> E（全稱否定命題）：沒有S是P。
>
> I（特稱肯定命題）：有些S是P。
>
> O（特稱否定命題）：有些S不是P。

　　定言命題可以用范恩圖表示。在范恩圖中用圓圈表示類。范恩圖用兩個圓圈表示定言命題。全稱命題的范恩圖將兩個圓圈的圖中是空的區域塗上陰影。由於A命題斷言的是主詞類（S）的全部成員都是謂詞類（P）的成員，圖中是S但不是P的區域被塗上陰影。由於E命題斷言的是沒有主詞類的成員是謂詞類的成員，兩個圓圈重合的區域（既是S又是P的區域）被塗上陰影。特稱命題的范恩圖通過在圖中一個部分中放上一個X來表示一個類不是空的。由於I命題斷言的是至少有一個事物既在主詞類中也在謂詞類中，一個X被放在兩個圓圈重合

的區域（既是S又是P的區域）。由於O命題斷言的是至少有一個主詞類的成員不是謂詞類的成員，一個X被放在是S但不是P的區域。

如果一個詞指涉的是一整個類，那麼這個詞就是周延的。在A命題中主詞是周延的，謂詞是不周延的；在E命題中主謂詞均周延；I命題中主謂詞均不周延；在O命題中主詞不周延但謂詞周延。

如果一個命題的真依賴於其主詞類中至少存在一個物件，那麼，我們就說該命題有存在含義。在定言命題的亞里斯多德解釋下，全稱命題和特稱命題都有存在含義。在定言命題的布林解釋下，只有特稱命題有存在含義。

亞里斯多德四角對當表允許我們給定一個定言命題的真假最多可以做出三個推論。具有相同主謂詞的兩個命題，如果其中一個是對另一個的否定，它們既不能同時都真，也不能同時都假，則它們是相矛盾的。具有相同主謂詞的A與O命題、E與I命題都是相矛盾的。兩個具有相同主謂詞的命題，如果它們不能同真，但可以同假，那麼它們是相對的。A與E命題是相反的。兩個具有相同主謂詞的命題，如果它們不能同假，但可以同真，則它們是互相次相反的。具有相同主謂詞的I命題與O命題就是互相次相反的。具有相同的主詞與謂詞，質相同但量不同的兩個命題，稱為相對應的命題。等差（關係）就是一個全稱命題（上位命題）與其相應的特稱命題（下位命題）之間使得如果全稱命題為真，則其相應的特稱命題也為真的關係。於是，如果一個A命題是真的，則其相應的I命題也是真的。同樣，如果E命題是真的，其相應的O命題也為真。如果給定一個全稱命題為真，根據亞里斯多德的四角對當表，我們可以推出其他任一命題的真假。如果給定一個特稱命題為假，根據亞里斯多德的四角對當表，我們也可以推出其他任一命題的真假。

定言邏輯的布林解釋並不賦予全稱命題以存在含義。所以，布林型四角對當表只允許我們進行如下推論：如果一對相矛盾的命題（A與O、E與I）中的一個命題為真，則另一個為假。在亞里斯多德四角對當表中的其他直接推論都是在布林解釋下不認可的。

兩個命題是邏輯（上）等值的當且僅當它們總是有同樣的真值。換位是這樣一個過程：把一個定言命題的主詞和謂詞交換位置。E和I命題的換位命題邏輯等值於標準形式的E和I命題。A和O命題的換位命題則並不邏輯等值於給定的命題。然而，在亞里斯多德解釋（不是布林解釋）下，A命題的真衍涵其相應的能被換位的I命題的真。所以，在亞里斯多德解釋下，A命題的真蘊涵I命題的換位命題的真，但是，A命題並不邏輯等值於其相應的I命題的換位命題，這叫做限量換位。

換質是一種改變命題的質的直接推論，它把一個命題從肯定的變為否定的或者從否定的變為肯定的，並且把謂詞換成它的補。是P的事物的類的補（類）就是那些是非P的事物的類。所有標準形式定言命題的換質命題都邏輯等值於給定的命題。

換質位是這樣的一個過程：將定言命題的主詞換成其謂詞的補，將謂詞換成其主詞的補。A和O命題的換質位命題邏輯等值於標準形式的A和O命題。E和I命題的換質位命題不邏輯等值於標準形式的E和I命題。然而，在亞里斯多德解釋（不是布林解釋）下，E命題的真衍涵其相應的能被換質位的O命題的真。因此，在亞里斯多德解釋下，E命題的真蘊涵O命題的換質位命題的真，但是E命題並不邏輯等值於O命題的換質位命題，這稱為限量換質位。

第4章
定言三段論

1. 標準形式定言三段論

考慮下面的論證：

> 沒有邏輯學生是非理性的人。
> 有些政客是非理性的人。
> 所以，有些政客不是邏輯學生。

這個論證就是一個標準形式定言三段論的例子。所謂三段論，就是由兩個前提推出一個結論的演繹論證。定言三段論由三個定言命題構成。一個三段論，如果其前提和結論都是標準形式定言命題（A、E、I或O），並且它恰好包含三個詞，每個詞在整個三段論中被賦予同一意義，而且這些詞是按照一個規定的標準次序排列的（在下面討論），那麼它就是標準形式的三段論。儘管在後面的章節中我們會討論到其他種類的三段論，但為簡便起見，本章中我們有時會把定言三段論簡稱為三段論。

(1) 大詞、小詞和中詞

標準形式定言三段的結論是定義其構成要素的關鍵。既然標準形式定言三段論中的所有三個命題都是標準形式定言命題，那我們就知道，每個命題都有一個主詞和一個謂詞。**結論的謂詞稱為大詞，結論的主詞稱為小詞。大詞還出現在一個前提中，那個前提稱為大前提；小詞也還出現在一個前提中，那個前提稱為小前提。這一論證中的第三個詞，在兩個前提中各出現一次，稱為中詞。**

在標準形式定言三段論中，首先陳述的是大前提，其次是小前提，並在其下劃有一條直線，最後陳述結論。本章開始的那個三段論就是以標準形式陳述的。

在前面的例子中，結論是「有些政客不是邏輯學生」。大詞是「邏輯學生」，小詞是「政客」。中詞是「非理性的人」，它在每個前提中各出現一次，但不在結論中出現。大前提是「沒有邏輯學生是非理性的人」，小前提是「有些政客是非理性的人」。

在下面的三段論中，「會使人上癮的」是大詞，「碳酸飲料」是小詞，「汽水飲料」是中詞。在本書餘下的部分中，我們有時用符號「∴」代表「所以」。

所有的汽水飲料都會使人上癮。	大前提
所有的碳酸飲料都是汽水飲料。	小前提
∴所有的碳酸飲料都會使人上癮。	結論

標準形式定言三段論的構成	
大詞	結論的謂詞。
小詞	結論的主詞。
中詞	在兩個前提中都出現，但不在結論中出現的詞。
大前提	包含大詞的前提。在標準形式定言三段論中，大前提總是首先被陳述。
小前提	包含小詞的前提。在標準形式定言三段論中，小前提總是第二個被陳述。
結論	既包含大詞也包含小詞的陳述。在標準形式定言三段論中，結論總是最後一個陳述，並以一條直線與前提隔開。

(2) 式

在一個方面，可以通過構成定言三段論的定言命題的類型，來區分不同的定言三段論。在本章開頭的那個例子中，大前提是一個E命題（全稱否定），小前提是一個I命題（特稱肯定），而結論是一個O命題（特稱否定）。EIO這三個字母表示出邏輯學家所謂的三段論的式。在陳述三段論的式的時候，字母的順序總是大前提、小前提、結論，正如三段論以標準形式呈現的那樣。所有的定言三段論可以按照三字母（組合）的式來分類。

(3) 格

標準形式定言三段論的式並不能完全刻畫它的形式。因爲在每個前提中，中詞都可以佔據主詞或謂詞兩個位置中的一個，在任何具有一個給定的式的三段論中，那些詞有四種可能的排列方式。中詞的可能排列被稱爲格，一共有四個格：

1.在第一格中，中詞是大前提的主詞和小前提的謂詞。
2.在第二個中，中詞同時是大前提和小前提的謂詞。
3.在第三格中，中詞同時是大前提和小前提的主詞。
4.在第四格中，中詞是大前提的謂詞和小前提的主詞。

這可以方便地表示在下面的圖表中，其中列出了大、小前提，隨之以結論。因爲我們要囊括所有可能的情形，我們用模式的形式來表示定言命題：P指大詞（結論的謂詞），S指小詞（結論的主詞），M指中詞。當識別一個三段論的格的時候，我們可以忽略量詞，因爲在識別三段論的式的時候，才需要考慮量詞。要想記住定言三段論的格的排列方式，一個有用的助記策略是去想像兩中詞之間的連線：那些連線好似一個V型領，裡面包著瘦瘦的脖子，或者又像是襯衫領子的前沿。

四個格				
	第一格	第二格	第三格	第四格
模式表示	M—P S—M ∴S—P	P—M S—M ∴S—P	M—P M—S ∴S—P	P—M M—S ∴S—P
描述	中詞是大前提的主詞和小前提的謂詞。	中詞同時是大前提和小前提的謂詞。	中詞同時是大前提和小前提的主詞。	中詞是大前提的謂詞和小前提的主詞。

　　式與格組合起來，就能完全地刻畫任何標準形式定言三段論的形式。就本章開頭的那個例子來說，其形式是EIO-2。其中，運算式EIO指明此三段論的式，而數字2則表明此三段論是第二格。因為有64個式和4個格，所以就有256個不同的標準形式三段論，然而其中只有15個是有效的。如果我們採取任一給定的三段論形式，將具體的詞代入其中，其結果就是一個三段論。**有效性是論證形式的一種性質。**有效性與我們用什麼去替代*S*、*P*和*M*無關。**如果一個形式是有效的，那麼任何具有那個形式的三段論都是有效的；若一個形式是無效的，則每個具有那個形式的三段論都是無效的。**

練習題

I. 識別下列三段論的大詞、小詞以及格與式。

1. 沒有無賴是紳士。
   所有賭徒都是無賴。
   ∴沒有賭徒是紳士。

2. 沒有卡車是廂型貨車。
   所有卡車都是汽車。
   ∴沒有汽車是廂型貨車。

3. 所有猴子都是優秀棋手。
   所有烏基族人都是猴子。
   ∴所有烏基族人都是優秀棋手。

4. 所有墨蹟都是無法辨認的形狀
   有些蝴蝶不是無法辨認的形狀。
   ∴有些蝴蝶不是墨蹟。

5. 所有印度藝術品都是手工藝品。
   沒有手工藝品是客廳飾品。
   ∴沒有客廳飾品是印度藝術品。

6. 沒有瘋人院是好居處。
   有些好居處是布朗克斯的地方。
   ∴有的布朗克斯的地方不是瘋人院。

7. 所有很小的房間都是電梯。
   所有幽閉恐怖的地方都是很小的房間。
   ∴有的幽閉恐怖的地方是電梯。

8. 沒有出生證是未註明日期的證件。
   沒有出生證是不重要的證件。
   ∴沒有不重要的證件是未註明日期的證件。

II.把下列每個三段論改寫成標準形式三段論，並指出它的格與式。（步驟：第一，識別結論；第二，標出結論的謂詞，即三段論的大詞；第三，識別大前提，就是包含大詞的那個前提；第四，核實其另一個前提是小前提，方法是查看它包含了小詞，即結論的主詞；第五，把論證改寫成標準形式——大前提第一，小前提第二，結論最後；第六，指出三段論的格與式。）

9. 有些常青樹是崇拜的物件，因爲所有冷杉樹都是常青樹，而且有些崇拜的物件是冷杉樹。

10.所有少年犯都是與環境格格不入的個體，並且有些少年犯是破裂家庭的產物；所以，有些與環境格格不入的個體是破裂家庭的產物。

2. 三段論論證的性質

三段論的格與式唯一地代表它的形式。三段論的形式決定該三段論有效與否。一個論證，如果不可能其所有前提都爲眞而結論爲假，則它是有效的。因此，具有AAA-1形式的任一三段論：

所有M是P。

所有S是M。

∴所有S是P。

不管我們用什麼詞去替代字母S、P和M，它都是有效的論證。換句話說，在具有這種或其他有效形式的三段論中，若前提眞，則結論必定眞。只有當其前提至少有一個爲假時，結論才可能爲假。

所有學生都是美國人。

所有新生都是學生。

∴所有新生都是美國人。

這個AAA-1形式的三段論是有效的，正如具有此形式的所有三段論都是有效的。如果其前提都是真的，則結論就是真的。然而，在本例中，大前提是假的——顯然，有的學生不是美國人——因此，前提不能保證結論爲真。結論是假的。

具有無效三段論形式的任何論證都是無效的，即便其前提和結論碰巧都爲眞。一個三段論形式，如果可能構造出具有此形式的一個論證，使其前提眞而結論假，那麼它便是無效

的。**要證明一個論證是無效的，一個很有力的方法是用邏輯類比反駁來反擊它——給出一個相同形式的三段論，其中前提明顯為真，而結論明顯為假**。這是一種在修辭學上很有力的技法，它經常被用於論辯中。

> 有些希拉蕊·克林頓的選民是紐約人。
> 有些共和黨人是希拉蕊·克林頓的選民。
> ∴有些共和黨人是紐約人。

此論證的前提和結論都是真的。它是有效的嗎？如果我們能構造一個與此論證類似的——具有同樣的III-1形式的——三段論，其中前提真而結論假，那麼我們就能證明此論證以及所有具有這一形式的論證的無效性。下面的論證正是如此：

> 有些寵物是狗。
> 有些鸚鵡是寵物。
> ∴有些鸚鵡是狗。

這是一個III-1，正如上面的形式。其前提都真，但結論假。這（通過給出一個實例）表明，一個具有III-1形式的三段論，有可能有真前提和假結論。因此，所有具有III-1形式的論證都是無效的。

雖然這種邏輯類比反駁的方法能夠證明一個三段論形式是無效的，但是，對於想要確認256個形式中哪些是無效的而言，這不是方便的辦法。更重要的是，未能找到一個反駁的類似例子，並不能證明一個有效形式是有效的。因此，在本章剩下的部分中，我們將致力於介紹更有效好用的、證明一個論證形式有效與否的方法。

▪練習題▪

通過構造邏輯類比的方法駁斥下列三段論。即找到一個與被考察的三段論具有相同形式的三段論，使其前提明顯為真而結論明顯為假。

1. 沒有當年的嬉皮士是共和黨人。
   沒有共和黨人是民主黨人。
   ∴有些共和黨人是當年的嬉皮士。

2. 所有知識份子都是良師。
   有些良師是生物學家。
   ∴有些生物學家是知識份子。

3. 所有粉紅色的花都是康乃馨。
   所有襟花都是康乃馨。
   ∴所有襟花都是粉紅色的花。

4. 所有彩衣風笛手都是身著奇裝異服的人。
　　所有身著奇裝異服的人都是吸引年輕人的人。
　　∴所有吸引年輕人的人都是彩衣風笛手。

5. 沒有獵人是食腐肉者。
　　沒有禿鷹是獵人。
　　∴所有禿鷹都是食腐肉者。

6. 沒有大忙人是股東。
　　所有老闆都是股東。
　　∴所有老闆都是大忙人。

7. 沒有共和黨人是民主黨人，所以有些民主黨人是富有的股東，因為有些富有的股東不是共和黨人。

8. 所有美國公民自由聯盟的支持者都是自由主義者，所以有些保守主義者不是自由主義者，因為有些保守主義者不是美國公民自由聯盟的支持者。

3. 用於檢驗三段論的范恩圖方法

　　如同我們在第三章已經看到的，兩個圓的范恩圖表示標準形式定言命題中的主詞和謂詞所指稱的類之間的關係。如果再增加一個圓，我們就可以表示一個標準形式定言三段論的三個詞所指稱的類之間的關係。我們用標記S指稱表示中詞（結論的主詞）的圓，用標記P指稱表示大詞（結論的謂詞）的圓，用標記M指稱表示小詞（在前提中出現而不在結論中出現的詞）的圓。當畫出並標註一個范恩圖時，我們總是以相同的方式來做：左上方的圓表示小詞，右上方的圓表示大詞，正下方的圓表示中詞。其結果是一個有八個類的范恩圖，而那些類表示所有可能的組合。下面的圖表明S、P和M三個類之間的關係。在一個字母上面劃一條短橫線，如$\overline{P}$，表示：沒有該類的成員包含在該圖的那一部分所表示的類中。在構造范恩圖的時候，你勿須標記所有類包含和類排斥的關係。

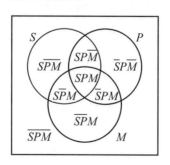

　　有了上面這個圖，我們就能表示任何形式的定言三段論中的命題，從而就能判定該形式是否產生有效的演繹論證。**要用范恩圖檢驗一個標準形式定言三段論的有效性，我們先把前提表示在圖中，然後檢查結果，看其是否包含了結論的圖解。如果是，就表明該論證形式是**

有效的；如果結論並未表示在前提的圖解中，就表明結論不被前提衍涵，該形式無效。

　　范恩圖方法之所以行之有效，是因爲它抓住了有效演繹論證的一個很重要的特徵：**一個論證如果是有效的，並且其前提是一致的，那麼結論就不會超出已在前提中所斷言的內容。**[1] 如果前提已經斷言了包含在結論中的一切，那麼就不可能在前提都眞的同時結論爲假。而如果結論所說的超出了前提所說的，那麼結論中超出的斷定就有可能是假的，即便此時前提是眞的。

　　現在讓我們看一下如何用范恩圖判定一個三段論論證的有效性。以一個AAA-1形式的三段論爲例：

> 所有M是P。
> 所有S是M。
> ∴ 所有S是P。

　　圖解大前提「所有M是P」，我們關注標有M和P的兩個圓。用布林的術語來說，這個命題意指既是M又是非P的事物的類是空的（MP = 0）。我們通過把所有不包含在（重疊於）P中的M那一部分畫上陰影來圖解這一點。

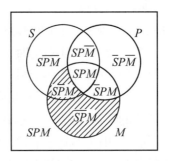

　　圖解小前提「所有S是M」，我們把所有不包含在（重疊於）M中的S的那一部分加上陰影。這表明，S中M之外的區域是空的，即$S\overline{M} = 0$。

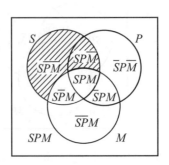

　　1　如同將在第7章看到的，從不一致的前提出發可得出任何事情，即是說，一前提集同時衍涵某個命題p與其否定非p。與標準形式定言三段論打交道，不要陷入不一致的前提。

將這兩個圖組合起來，我們就得到這樣一個圖，它同時表示了「所有M是P」和「所有S是M」這兩個前提。

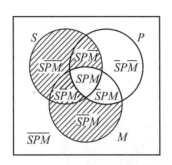

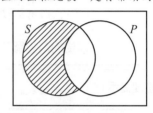

考察此圖可以發現，圖中的陰影區域包括了S中P之外的那部分，而S中僅有的未加陰影的那部分落在P這個圓中。換句話說，這個兩個前提的圖，未加任何修改，就包含了結論即「所有S是P」，或$S\overline{P} = 0$的圖。由此可見，前提所說的已經包含結論所說的，故而所有AAA-1形式的三段論都是有效的。

現在考慮一個AEE-4：

> 所有P是M。
> 沒有M是S。
> ∴沒有S是P。

圖示大前提：

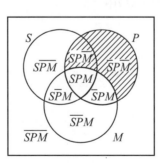

再圖示小前提：

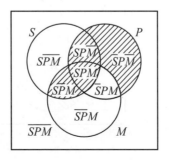

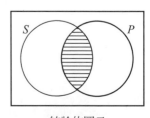

通過圖示前提，我們就已經圖示了結論。可以看出，此論證形式是有效的。

再來考慮一個AAA-2形式的三段論：

> 所有P是M。
> 所有S是M。
> ∴所有S是P。

前提的范恩圖看來如下：

〔重要提示〕

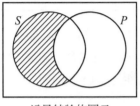

這是結論的圖示

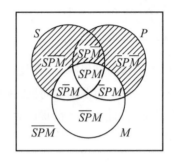

　　爲了在圖中表示出結論，所有不與圓P重合的那部分S圓必須加上陰影。但是，S中P之外的部分（即$S\overline{P}M$這個區域）在圖示前提的時候並未加上陰影。因此，結論並未被圖示。所以，形式爲AAA-2的三段論都是無效的。

　　對於圖解含有一個全稱前提和一個特稱前提的三段論形式，有一個重要提示，即：先圖示全稱前提。原因在於，有時候先圖示全稱前提會產生僅有的一個非空區域，而在你圖示特稱前提的時候就能把X放到這個區域中。

　　考慮AII-3這一形式：

> 所有M是P。
> 有些M是S。
> ∴有些S是P。

首先圖示全稱前提：

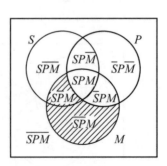

現在再來圖示特稱前提。X處於S和M重合的區域。對全稱前提的圖示表明，$S\overline{P}M$這一區域是空的。X不能位於空的區域中，因而只能處於SPM這個區域。通過先圖示全稱前提，你就「迫使」X只能處在圖中的一個單獨區域中了。

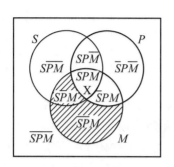

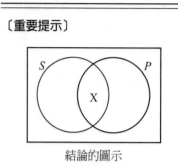

結論的圖示

前提一經圖示，你也就圖示出了結論。具有形式AII-3的任何論證都是有效的。

然而，有時候先圖示全稱前提，也並不能迫使X處於圖中的一個單獨區域之中。那麼該怎麼辦呢？讓X處「在線上」，就是說，把X放在圖中分割兩個區域的交界線上，使得X可以進入那兩個相鄰的區域。考慮形式AII-2：

所有P是M。

有些S是M。

∴有些S是P。

圖示大前提的結果是：

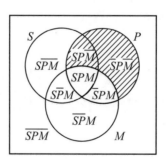

再來看特稱前提「有S是M」，此時我們遇到了困難。S和M的重合部分包含了兩個區域，SPM和$S\overline{P}M$。SPM包含在P中，而$S\overline{P}M$不在P中。到底把X放在哪兒呢？要把X放在SPM和$S\overline{P}M$之間的分界線上。為什麼呢？因為前提並未告知有一個區域是空的。因此沒有理由迫使X進入哪一個區域。X處於分界線上，正如當你沒有掌握充分的資訊去做出決斷的時候，你會「腳踩兩隻船」。故而，此圖看來如下：

〔重要提示〕

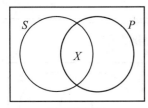

結論的圖示

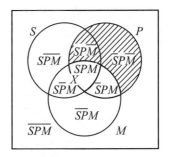

前提的圖示包含了結論的圖示嗎？回答是否定的。如果前提的圖示真的包含了結論的圖示，那就將在S和P重合的正好一個區域即不是SPM就是SPM之中有一個X。SPM加上了陰影表明此區域是空的。X處於SPM和SPM之間的分界線上，表明這兩個區域至少有一個一定是非空的，但是並未告訴我們究竟哪一個區域（也可能兩個都）是非空的。這種情況意味著，前提並不衍涵結論，因此形式為AII-2的論證是無效的。

> 所有職業摔跤手都是演員。
> 有的政客是演員。
> ∴有的政客是職業摔跤手。

這個AII-2三段論的前提和結論碰巧全都為真。有的演員的確成為了政客（想想羅奈爾得·雷根）；而一個職業摔跤手傑西·文圖拉確曾當選為明尼蘇達州的州長。但正如我們在上面的范恩圖中證明的那樣，AII-2是無效的形式。如果這仍然不足以令你信服，請考慮下面這個類似的論證：

> 所有貓都是哺乳動物。
> 有的狗是哺乳動物。
> ∴有的狗是貓。

當三段論有兩個特稱前提的時候，情況就更加有趣了。這時兩個X都處於分界線上。考慮一個OOE-4形式的論證：

> 有些P不是M。
> 有些M不是S。
> ∴沒有S是P。

圖示大前提，把X置於P之中M之外。這一區域被分割成兩部分：SPM和SPM。既如此，就應將X置於這兩部分之間的分界線（S圓）上。

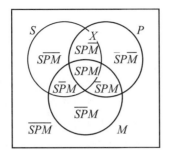

〔重要提示〕

對於把X放在分界線上這個問題，有的同學很困惑。他們納悶，究竟應把X置於哪條線（圓）上。答案是：我們總是把X置於該前提中沒有提到的圓上。仔細考慮一下就可以明白為什麼要這樣做。我們知道在兩個圓的范恩圖中應把X置於何處。當我們要把X置於三個圓的范恩圖中時，仍照做不誤，只不過是多出了那個煩人的第三個圓，而它把我們要放置X的那個區域分成了兩部分。如果在我們要把X置於其上的那條分界線的兩邊都未加陰影，那就總是把X置於該前提中沒有提到的圓上。

再來圖示小前提，把X置於M之中S之外。這一區域也被分割成兩部分：$\overline{S}PM$和$\overline{S}P\overline{M}$。於是，也應將X置於這兩部分之間的分界線（P圓）上。

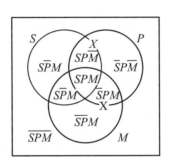

圖中任何一部分都未加陰影。可見，結論並未圖示出來。因此，論證形式OOE-4是無效的。

關於定言三段論的范恩圖
1.給一個三個圓的范恩圖中的圓加標記，使得左上方的圓表示小詞，右上方的圓表示大詞，正下方的圓表示中詞。
2.圖示兩前提。如果其中一個前提是全稱的而另一前提是特稱的，那就首先圖示全稱前提。
3.如果一個特稱前提沒有指明X應置於兩個區域分界線的哪一邊，就把X置於那條線上。
4.檢查前提圖示的結果，看看經圖示前提是否也圖示出結論了。如果是，那麼該三段論就是有效的。否則該三段論是無效的。

──**練習題**─▪

Ⅰ.寫出下列三段論的形式，用S和P表示結論的主詞和謂詞，用M表示中詞。然後，用范恩圖方法檢驗每個三段論形式的有效性。

　1. AEE-1

　2. AAA-4

　　3. OAO-3

　　4. AOO-1

　　5. EIO-3

II.寫出下列三段論的標準形式,並用范恩圖檢驗其有效性。

　　6. 有些哲學家是數學家,所以,有些科學家是哲學家,因為所有科學家都是數學家。

　　7. 所有水下之船都是潛艇,所以,沒有潛艇是遊艇,因為沒有遊艇是水下之船。

　　8. 沒有懦夫是勞工領袖,因為沒有懦夫是自由主義者,而所有的勞工領袖都是自由主義者。

　　9. 所有的玫瑰都是花,所以沒有玫瑰是樹,因為有些花不是樹。

　　10.所有的麋鹿都是大型動物,所以,有些大象是大型動物,因為有些大象不是麋鹿。

　　11.所有古怪的人都是異常的人,因為有些異常的人是過平穩生活人,而有些過平穩生活的人不是古怪的人。

　　12.所有大象都是大型動物,沒有老鼠是大型動物,所以,沒有老鼠是大象。

　　13.有些嗜食巧克力者是喜歡甘草的人,因為有些嗜食巧克力者不是製造糖果的人,而所有製造糖果的人都是喜歡甘草的人。

　　14.所有成功的作家都是喝咖啡上癮的人,沒有幼稚園教師是成功的作家,所以,有些幼稚園教師是喝咖啡上癮的人。

　　15.有些成功的街頭小販是有創業精神的企業家,所以,有些賣熱狗的小販不是成功的街頭小販,因為有些賣熱狗的小販不是有創業精神的企業家。

4. 三段論規則和三段論謬誤

　　本節將給出任何有效三段論都要遵守的六條規則,以及違反這些規則所引起的謬誤。任何違反了這些規則之一的三段論都是無效的。對一給定的三段論形式有效與否,規則和范恩圖總會給出相同的答案。

規則1:避免四詞

　　三段論顯示了三個事物類之間的關係。每個類各由三段論的一個詞指定。如果在一論證過程中一個詞的意義有了改變,那麼那些詞就偷偷給出四個類,而不是三個類。這樣,該論證就不是一個定言三段論了。這樣的論證犯有**四(詞)項謬誤**。

　　本規則是獨特的。它要求我們保證面對的是一個定言三段論。如果那些詞指定了不止三個類——無論是四個、五個還是六個——,那麼,那個論證就不是一個定言三段論。因此,就無法把它陳述為標準形式定言三段論,也就沒有格和式,更不能畫出它的范恩圖,而其餘規則也就不適用於它。

　　雖然其餘規則,就像范恩圖那樣,能機械地應用,而要應用這第一條規則,需要注意論證的內容,有時候可能會有專名和通名混。

> 所有長角牛都是長有長角的大牛。
>
> 所有德克薩斯大學的運動員都是「長角牛」。
> _____
>
> ∴所有德克薩斯大學的運動員都是長有長角的大牛。

在這個論證中某個地方出了問題，因為結論是假的。問題在於大前提中的「長角牛」指定的是一種牛的成員，而小前提中的「長角牛」指定的是德克薩斯大學學生這個類。本論證中有四個詞，它不是一個定言三段論。

更一般的情況是，一個普通名詞或短語被賦予了兩種含義。

> 沒有已有充足食物的人是渴望更多些的人。
>
> 所有掌權者都是渴望更多些的人。
> _____
>
> ∴沒有掌權者是已有充足食物的人。

雖然這個三段論看上去似乎是有效形式EAE-1的一個實例，實際上它含有四個詞。中詞「有更多渴望的人」是在兩個不同意義上使用的。只要追問一下「渴望更多些什麼」我們就會明白這一點。在第一個前提中，「渴望更多些的人」指的是那些渴望得到更多食物的人。而在第二個前提中，這同一短語指的是渴望得到更多權力的人。其結果，結論成了有權力的人從來沒有得到足夠的食物。這種歧義情形意味著此論證犯有四項謬誤，因而是無效的。

甚至可能是代詞的所指有了轉變。

> 凡是應當吃H*E*D（用於狗的口臭減除劑）狗食的狗都是喜歡它的狗。
>
> 凡是有口臭的狗都是應當吃H*E*D狗食的狗。
> _____
>
> ∴凡是有口臭的狗都是喜歡它的狗。

在大前提中，「它」指的是H*E*D狗食。在結論中，「它」指的是口臭。這就有了四個詞。

　　所以，我們需要檢查各個詞的意思，以確定是否正好有三個詞，使得能把論證陳述為標準形式定言三段論。看似同一的三個主詞或謂詞的出現，並不能保證就有了一個三段論。此外，正如在下一章我們會看到的那樣，在很多時候，出現四個或更多的詞也並不能確保那個三段論就犯有四項謬誤。有的情況下，詞的數目可「歸約」為三個（參見第5章第2節），而該論證能陳述為標準形式定言三段論。

　　如果一個論證犯有四項謬誤，那它就不是一個定言三段論，而且其餘五條規則都不適用於它。

規則2：中詞必須至少在一個前提中周延

　　如果一個命題關於一個詞所指示的類的全部有所斷言，該詞就是在該命題中周延的（參見第3章第4節）。下面的表格展示了應用於四種類型的標準形式定言命題的周延性情況：

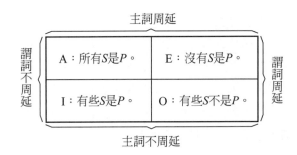

中詞聯結結論的兩個詞。因此，一個三段論，除非其結論的主詞或謂詞與中詞所指的整個類相關聯，否則它就不可能是有效的。因為如果不是這樣，那麼結論的每個詞就可能選取中詞所指的那個類的不同成員。違反這條規則所犯的錯誤稱為**中詞不周延的謬誤**。

> 所有的腦外科醫生都是天才。
>
> 所有的火箭專家都是天才。
>
> ∴所有的火箭專家都是腦外科醫生。

中詞是兩個前提的謂詞，且兩個前提都是全稱肯定的。全稱肯定命題的謂詞是不周延的，因此，中詞在兩個前提中都不周延。儘管所有的腦外科醫生和所有的火箭專家都包含在天才這個類中，但是這關於火箭專家可能包含在腦外科醫生的類中並沒有告訴我們什麼。這個三段論犯了中詞不周延的謬誤，因而無效。

當然，在非正式的俗語中，「腦外科醫生」和「火箭專家」都是「天才」的同義詞。在這一意義下解釋的話，這個論證遭遇歧義，因而根本就不是一個真正的標準形式定言三段論。在這種俚俗的解讀下，該論證有三個意義相同的詞，即一個詞。

〔重要提示〕

有的學生發現，就在論證本身中標記詞的周延情況，這很有用。例如，AAA-3可標記如下：

> 所有M^P是P^U。
>
> 所有M^P是S^U。
>
> ∴所有S^P是P^U。

這樣做就可以更容易地應用規則2和規則3了。

規則3：在結論中周延的詞必須在相關的前提中周延

一個前提，如果它僅僅對一個類的某些物件有所斷定（指示那個類的詞在這個前提中不周延），那麼它就不能有效地衍涵一個斷定關於整個類的某些事物的結論。因此，無論何時，只要三段論的一個詞在前提中不周延而在結論中周延，那這個三段論就是無效的。違反這條規則的錯誤稱為不當周延的謬誤，這個謬誤有兩種表現形式：

(1)大詞不當周延（非法大詞），出現在這種情況下：大詞在結論中周延而不在大前提中周延。

> 所有蘋果是水果。
>
> 沒有橘子是蘋果。
>
> ∴沒有橘子是水果。

大詞「水果」在結論中周延而不在大前提中周延。這個三段論犯了大詞不當周延

（非法大詞）的謬誤，因此是無效的。

(2)**小詞不當周延**（非法小詞），出現在這種情況下：小詞在結論中周延而不在小前提中周延。

> 所有老虎都是優秀獵手。
> 所有老虎都是四條腿的動物。
> ∴所有四條腿的動物都是優秀獵手。

小詞「四條腿的動物」在結論中周延而不在小前提中周延。這個三段論犯了小詞不當周延（非法小詞）的謬誤，因而是無效的。

規則4：避免兩個否定前提

否定命題（E或O）否定一個類全部或部分地包含在另一個類中。如果一個三段論有兩個否定前提，那麼它們告訴你的是中詞所指的類全部或部分地排斥在大詞和小詞所指的那兩個類之外，沒有告訴你大詞和小詞是怎樣相互關聯的。因此，沒有結論為兩個否定前提所衍涵。違反本規則所犯的錯誤稱為前提皆否定（排斥）的謬誤。

> 沒有英語教授是文盲。
> 有些幼稚園教師不是文盲。
> ∴有些幼稚園教師是英語教授。

〔重要提示〕

如果這還不足以令你信服，那就回顧一下范恩圖。如果兩個前提都是E命題，那麼SPM這一區域會被兩次加陰影。如果兩個前提都是O命題，那麼兩個X就都位於分界線上。如果一個前提是E命題而另一個前提是O命題，那麼，如果中詞處於O命題的主詞位置，那麼X就會在 $\overline{SPM}$ 區域內。如果中詞處於O命題的謂詞位置，那麼X會位於一分界線上。

這裡出現了兩個否定前提，其中一個把英語教授這個類的全部排斥在文盲這個類之外，而另一個則把幼稚園教師這個類的部分也排斥在文盲這個類之外。但是，關於英語教授的類和幼稚園教師的類二者是否會如何地一個包含在另一個之中，它們什麼也沒有說。這個三段論犯了前提皆否定的謬誤，因而是無效的。

規則5：如果有一個前提是否定的，那麼結論必須是否定的

肯定的結論斷言兩個類S或P之一全部或部分地包含在另一個之中。要能有效地推導出這樣的結論，前提就必須斷定存在這樣的第三個類M，它包含第一個而它本身又包含在第二個之中。但是，只有肯定命題才能陳述類的包含關係。因此，肯定的結論只能由兩個肯定的前提得出。違反本規則所犯的錯誤稱為從否定前提得肯定結論的謬誤。

> 有些足球運動員是試讀生。
> 沒有試讀生是優秀學生。
> ∴有些優秀學生是足球運動員。

由於前提把試讀生的類排斥在優秀學生這個類之外，因而不允許我們得出任何關於優秀學生的類包含於足球運動員的類的正面的結論。此三段論犯了從否定前提得肯定結論的謬誤，因而無效。

規則6：從兩個全稱前提得不出特稱結論

在布林解釋下，特稱命題有存在含義，而全稱命題沒有。根據布林解釋，從全稱前提不能得出特稱結論。違反本規則所犯的錯誤稱為**存在的謬誤**。[2]

　　所有的超級英雄都是永遠的冠軍。
　　所有永遠的冠軍都是終生贏家。
　　∴有些超級英雄是終生贏家。

這兩個全稱前提並不支持結論所做的有超級英雄存在的斷言。此三段論犯了存在的謬誤，因而是無效的。

三段論的規則和謬誤	
1.避免四項	四項
2.中詞至少在一個前提中周延	中詞不周延
3.在結論中周延的詞在相關前提中必須周延	大詞不當周延（非法大詞）
	小詞不當周延（非法小詞）
4.避免出現兩個否定前提	前提皆否定
5.如果有一個前提是否定的，那麼結論必須是否定的	從否定前提得肯定結論
6.從兩個全稱前提得不出特稱結論	存在的謬誤

應用三段論六條規則的流程圖
對於如何利用六條規則判定三段論的有效性，下面的流程圖描述了具體的操作過程。

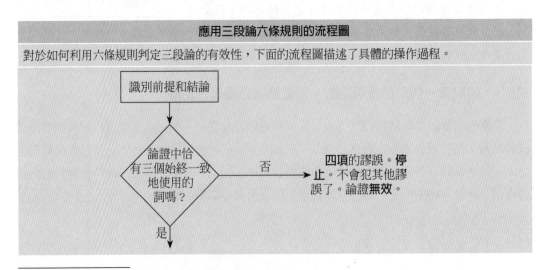

2　這條規則和這個謬誤並不適用於亞里斯多德解釋。

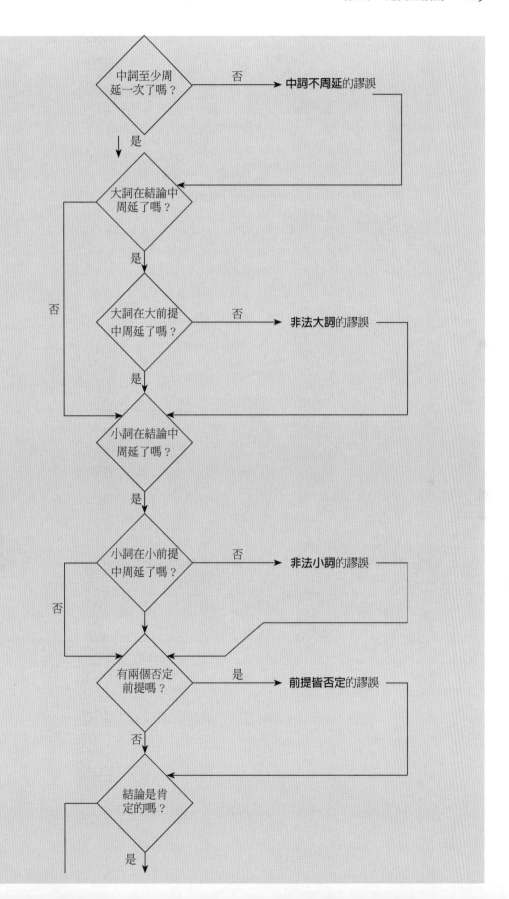

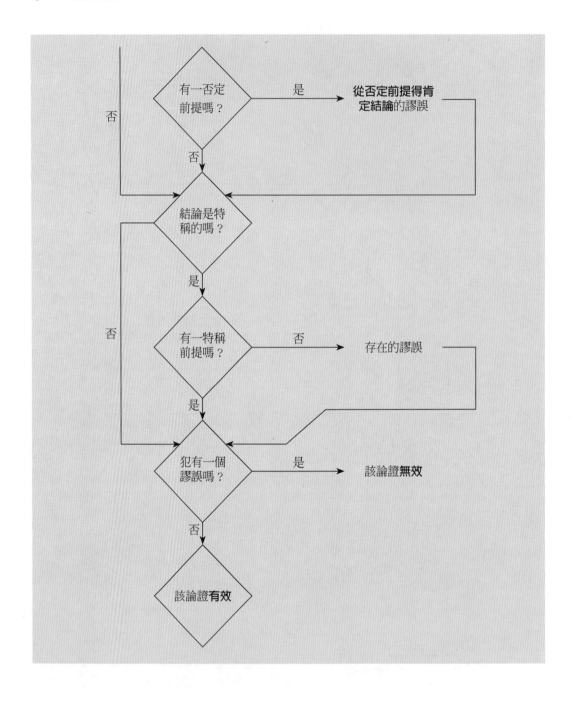

─練習題─

I. 給出具下列形式的論證的模式圖，並指出具該形式的三段論違反的規則及所犯謬誤的名稱。

    1. AAA-3

    2. EOI-2

    3. IIO-4

    4. OEO-4

    5. EAO-3

II. 對於下面的每個無效三段論，請識別它違反了哪些規則，指出它所犯謬誤的名稱。

    6. 所有的犯罪行為都是邪惡行為。

      所有對謀殺的起訴都是刑事訴訟。

      ∴所有對謀殺的起訴都是邪惡行為。

    7. 有些優秀演員不是強壯的運動員。

      所有職業摔跤手都是強壯的運動員。

      ∴所有職業摔跤手都是優秀演員。

    8. 所有極饑餓的人都是吃得極多的人。

      所有吃得極少的人都是極饑餓的人。

      ∴所有吃得極少的人都是吃得極多的人。

III. 把下列論證改述成標準形式三段論。對於每個無效三段論，請識別它違反了哪些規則，指出它所犯謬誤的名稱。

    9. 有些蛇不是危險動物，而所有的蛇都是爬行動物，所以，有些危險動物不是爬行動物。

    10. 所有的民眾政府支持者都是民主主義者（democrats），所以，所有的民眾政府支持者都是共和黨的對手，因為所有民主黨人（Democrats）都是共和黨的對手。

    11. 所有河馬都是大型動物，所以，有些馬不是河馬，因為有些馬是大型動物。

    12. 所有做出這些題的人都是勤奮的學生，而有些教師不是勤奮的學生，所以，有些教師是做出這些題的人。

    13. 有些狗不是比特犬，所以，有些狗不是杜賓犬，因為沒有杜賓犬是比特犬。

    14. 因為有些汽車是福特車，我們可以推斷，所有皮蒂亞克都是汽車，因為有些福特車不是皮蒂亞克。

    15. 所有土豚都是哺乳動物，所以，有些鳥不是土豚，因為有些哺乳動物不是鳥。

─章節摘要─

    在第四章，我們考察了標準形式定言三段論：它的構成要素、形式、有效性以及制約其正確使用的規則。第1節說明了如何識別三段論的大詞、小詞和中詞：

      ·**大詞**：結論的謂詞

      ·**小詞**：結論的主詞

      ·**中詞**：在兩個前提中出現，但不在結論中出現的第三個項

　　根據前提中是包括大詞還是小詞，我們認定其爲大前提和小前提。**一個定言三段論，如果它的命題出現的次序恰好是：首先是大前提，其次是小前提，最後是結論，那我們就說這是標準形式定言三段論。**

　　第1節還闡明了如何確定一個三段論的式與格。三段論的式由表示三個命題的A、E、I、O類型的三個字母來確定，一共有64個不同的式。

　　三段論的格由中詞在前提中的不同位置來確定。四個可能的格描述和命名如下：

- 第一格：中詞是**大前提的主詞、小前提的謂詞**。

  模式為：M—P，S—M，所以S—P。

- 第二格：中詞是**兩個前提的謂詞**。

  模式為：P—M，S—M，所以S—P。

- 第三格：中詞是**兩個前提的主詞**。

  模式為：M—P，M—S，所以S—P。

- 第四格：中詞是**大前提的謂詞、小前提的主詞**。

  模式為：P—M，M—S，所以S—P。

　　第2節說明了標準形式定言三段論的**格與式如何共同決定它的邏輯形式**。由於64個式的每一個都可以出現在四個格中，所以總共正好有256個標準形式的定言三段論，但其中只有15個是有效的。

　　第3節介紹了**檢驗三段論有效性的范恩圖方法**，即使用幾個交叉的圓，恰當地做標記或加陰影，以列示前提的意義。

　　第4節闡明暸**標準形式定言三段論的六條規則**，並命名了違反各條規則所造成的謬誤。

- 規則1：標準形式定言三段論必須恰好包含三個詞，每個詞在整個論證中都是在同一意義上被使用的。

  違反則觸犯：**四項的謬誤**。

- 規則2：在一個有效的標準形式定言三段論中，中詞必須至少在一個前提中周延。

  違反則觸犯：**中詞不周延**的謬誤。

- 規則3：在一個有效的標準形式定言三段論中，在結論中周延的詞必須在前提中周延。

  違反則觸犯：**大詞不當周延**的謬誤或**小詞不當周延**的謬誤。

- 規則4：凡是有兩否定前提的標準形式定言三段論都不是有效的。

  違反則觸犯：**前提皆否定**的謬誤。

- 規則5：一個有效的標準形式定言三段論，如果有一個前提是否定的，那麼結論必須是否定的。

  違反則觸犯：**從否定前提得肯定結論**的謬誤。

‧規則6：一個有效的標準形式定言三段論，如果結論是特稱命題，那麼兩個前提
　　不能都是全稱命題。

　　違反則觸犯：**存在**的謬誤。

第 5 章

日常語言中的論證

1. 日常語言中的三段論論證

　　日常話語中的論證很少以純粹的、標準形式的定言三段論的語言出現。儘管如此，許多日常語言中的論證具有三段論的結構，並且能夠被不改變語義地改寫爲標準三段論形式。我們將廣義地用「三段論論證」來指稱那些標準形式的或者能被不改變語義地改寫爲標準形式的定言三段論。

　　把日常語言論證改寫爲標準形式定言三段論的過程稱爲**還原爲標準式**（reduction to standard form）或**翻譯爲標準式**（translation to standard form），還原的結果稱爲原三段論論證的**標準式翻譯**（standard form translation）。日常語言中的論證一旦還原爲標準形式，我們就可以用范恩圖和在第4章中已經討論的三段論規則來檢驗其有效性。

　　自然語言中一個三段論論證不能成爲標準式定言三段論的原因是多樣的：

　　　1.前提與結論的順序未能遵循標準式定言三段論形式；

　　　2.日常語言中論證的構成命題可能使用了三個以上的詞；

　　　3.日常語言中三段論論證的構成命題可能不是標準式定言命題。

　　之前我們曾經把第一種情況的論證還原爲標準形式三段論，那就是按標準順序重新排列三段論：大前提、小前提、結論，前提和結論之間加一條橫線。另兩種情況有點棘手，因爲日常語言中的陳述往往不是標準形式的，而且論證中的詞也往往超過3個。爲此，我們從討論詞的歸約開始，然後討論非標準命題的標準式變換。在實踐中，往往是先把命題還原爲標準形式然後再歸約詞的。

2. 三段論論證中詞數量的歸約

　　在第1章，我們區分了語句與它們所表達的命題。由於不同的語句能表達同一個命題，因此，有時日常語言中陳述一個有效三段論的語句具有3個以上不同的詞。在這種情況下，你要通過以下方法把三段論還原爲標準形式：

　　　·消去同義詞

　　　·消去補詞（反義詞）

如果一個論證中有兩個或更多的同義詞，你可以通過替換減少詞的數目。

有些運動迷是低年級學生。

所有小學生都是兒童。

∴有些孩子是運動迷。

這個論證包括5個詞，但「低年級學生」與「小學生」、「兒童」與「孩子」是同義詞。消去這些同義詞後我們得到一個標準形式的三段論，即有效式IAI-4：

有些運動迷是小學生。

所有小學生是兒童。

∴有些兒童是運動迷。

有時一個超過3個詞的三段論論證含有互補的詞，例如「狗」和「非狗」。為了進行互補詞的替換，你需要檢視定言命題的邏輯等值式（3.8）。有些情況下需要換質，另一些情況下需要換位又換質，還有些情況下可能要換質位或者換質位又換質。

〔重要提示〕

如果日常語言三段論中有兩個詞是意思很接近的，你應該把它們看作同義詞。這是一種寬容的解釋。因此，「狗」和「犬科動物」不是嚴格意義上的同義詞——「狼」和「狐狸」與「狗」都是「犬科動物」——為了改寫論證，你應該把「狗」和「犬科動物」看作同義詞。

通過換位法與換質法減少詞數目：

所有的石英手錶都是手工製錶。

沒有電子手錶是鑲鑽石機芯的手錶。

∴所有鑲鑽石機芯的手錶都是手工製錶。

要判斷這個論證的有效性，需要知道電子手錶（液晶錶盤上顯示數位的手錶）是非石英手錶。然後，重新表述小前提：「沒有非石英手錶是鑲鑽石機芯的手錶，」換位得到：「沒有鑲鑽石機芯的手錶是非石英手錶」，換質得到：「所有鑲鑽石機芯的手錶都是石英手錶」。這樣，改寫後的三段論為：

所有的石英手錶都是手工製錶。

所有鑲鑽石機芯的手錶是石英手錶。

∴所有鑲鑽石機芯的手錶都是手工製錶。

這個論證是有效三段論AAA-1。

通過換質位元法減少詞數目：

沒有多孔物質是防水物質。

所有非防水物質都是非塑膠。

∴沒有塑膠是多孔物質。

這個三段論有5個詞：「多孔物質、防水物質、非防水物質、非塑膠、塑膠」。但是「防水物質」和「非防水物質」、「塑膠」和「非塑膠」是互補的。用換質位法改寫小前提：從「所有非防水物質都是非塑膠」變為：「所有塑膠都是防水物質」，消去兩個詞。結果

〔重要提示〕

在日常語言中，一個詞的補並不總是加首碼「non」的，更通常的情況是加首碼「in」、「im」或「un」。但不能簡單地認為一個帶這些首碼的詞就一定是沒有這個首碼的詞的補。不信去查字典，查flammable和inflammable，或者valuable和invaluable。

是：

> 沒有多孔物質是防水物質。
>
> 所有塑膠是防水物質。
>
> ∴沒有塑膠是多孔物質。

這是一個有效三段論，形式是EAE-2。

在減少詞數目時，有時要注意三段論所預設的脈絡。

> 所有任期兩年的政治家都是不停地搞運動的人。
>
> 沒有參議員是任期兩年的政治家。
>
> ∴所有眾議院成員都是那些不停地參與運動的人。

這裡似乎有4個詞。但是論證的預設脈絡是國會議員。參議員是非眾議員，眾議員是非參議員。因此，第二個前提等於「沒有非眾議員是任期兩年的政治家」，換位得到：「沒有任期兩年的政治家是非眾議員」，換質得到：「所有任期兩年的政治家是眾議員」，因此，論證改寫為：

> 所有任期兩年的政治家是不停地參與運動的人。
>
> 所有任期兩年的政治家是眾議員。
>
> ∴所有眾議員都是不停地參與運動的人。

這是一個有效的AAA-1形式的三段論。

──練習題──◾

通過消去同義詞和補詞把下列三段論改寫為標準形式，然後識別論證的形式，如果可以的話，構造一個范恩圖來確定它是否有效。如果無效，指出所犯的謬誤。

1. 有些學者是一絲不苟的。
   我們班級的成員沒有一個是學者。
   ∴我們班級的一些同學對細節是極端仔細的。

2. 所有非人類最好朋友是不聰明的動物。
   所有不聰明的動物是非狗。
   ∴狗是人類最好的朋友。

3. 有些亞洲國家是非交戰國，因為所有的交戰國都是德國或英國的盟邦，而有些亞洲國家不是德國或英國的盟邦。

4. 所有財物都是可變的東西，因為沒有任何財物是非物質的東西，而且沒有任何物質的東西是不可變的東西。

5. 所有現存的東西都是無刺激物；所以沒有任何刺激物是不可見的，因為所有可見的物體都是逝去的東西。

3. 定言命題的標準化

　　許多場合日常語言的三段論中不包含標準形式的定言命題。還原其命題不具標準形式的三段論，首先要把這些命題改寫成意義不變的A、E、I、O命題。沒有一成不變的規則在任何情況下指示我們怎麼做。下面的討論只是暗示改寫十大類非標準命題的指導方針。在任何情況下，重要的是翻譯命題的意義而不是依賴一般規則，因為規則都有例外。這意味著在還原前必須注意自然語言論證的含義。記住，三段論所處的脈絡對三段論中命題的意義能有重要影響，因而也影響到它們的還原。在這些情況下，特別地，考慮論證中命題的意義比只考慮命題的語法結構更重要。

(1) 單稱命題

　　單稱命題肯定或否定某一特定個體或物件屬於某一物件類。例如「希拉蕊·克林頓是民主黨人」和「我的車不是白色的」。儘管單稱命題所指的是個體物件，但我們可以把它們看作指的是僅包含一個成員的單元類（unit class）。這樣，單稱肯定命題可以被理解為標準形式的A命題。例如：「希拉蕊·克林頓是民主黨人」被理解為「所有是希拉蕊·克林頓的人都是民主黨人」。類似地，否定命題如「我的車不是白色的」可以理解為標準形式的E命題：「沒有一個是我的車的東西是白色的東西」。這是習慣性地機械解釋，沒有任何明顯的改寫。換句話說，就是把單稱肯定命題理解為A命題，把單稱否定命題理解為E命題。

　　然而，單稱命題比全稱命題提供更多的資訊。希拉蕊·克林頓是個真實的人，至少存在一個人，她是民主黨人，也就是「有些（有，有的）人是民主黨人」。因此，單稱命題「希拉蕊·克林頓是民主黨人」可以理解為I命題：「有是希拉蕊·克林頓的人是民主黨人」。類似地，單稱命「我的車

〔重要提示〕

有的人通過在一個單稱命題的主詞前加上帶括弧的「所有」或「有些」來把它改寫為全稱或特稱命題。如果你這樣做，你必須記住：該命題關涉的仍是正好一個事物。所以，「（所有）希拉蕊·克林頓是民主黨人」是「所有等同於希拉蕊·克林頓的事物都是民主黨人」的簡寫。它並不意味著「所有的希拉蕊·克林頓都是民主黨人」。例如，我的鄰居希拉蕊·克林頓，她並不等同于前第一夫人，她可能就是一個共和黨人或無党人士。

不是白色的」可以理解為O命題：「有是我的車的東西不是白色的東西」。所以，單稱命題能被理解為同時斷定一個全稱命題和相應的具有相同的質的特稱命題。

　　實際上，這意味著，如果一個三段論的一個前提和結論是主詞相同的單稱命題，那麼我們既可以把它們都當作全稱命題也可以把它們都當作特稱命題。

　　　　所有年齡超過35歲的民主黨人是潛在的總統候選人。

　　　　希拉蕊·克林頓是年齡超過35歲的民主黨人。

　　　∴希拉蕊·克林頓是潛在的總統候選人。

可以被看作：

所有年齡超過35歲的民主黨人是潛在的總統候選人。

所有是希拉蕊·克林頓這樣的人是年齡超過35歲的民主黨人。

∴所有是希拉蕊·克林頓這樣的人是潛在的總統候選人。

或者

所有年齡超過35歲的民主黨人是潛在的總統候選人。

有些希拉蕊·克林頓這樣的人是年齡超過35歲的民主黨人。

∴有些希拉蕊·克林頓這樣的人是潛在的總統候選人。

這兩個三段論論證，第一個是AAA-1，第二個是AII-1，都是有效的。

如果兩個單稱命題都是論證的前提，那麼你就不能把它們看作都是全稱命題或者都是特稱命題。如果論證是明顯有效的，那麼你應該把一個單稱命題看作全稱命題，而把另一個單稱命題看作特稱命題。

希拉蕊·克林頓是民主黨人。

希拉蕊·克林頓是前第一夫人。

∴有些前第一夫人是民主黨的。

前提表明至少有一個人——希拉蕊·克林頓——既是民主黨人又是前第一夫人，這是結論所斷定的。如果把兩個前提都看作全稱命題，那麼這個三段論就犯了存在謬誤（規則6）。如果把兩個前提都看作特稱命題，那麼這個三段論就犯了中詞不周延錯誤（規則2）。因此，要把一個前提看作是全稱命題，把另一個前提看作特稱命題，即把該三段論看作AII-3或IAI-3。

所有M是P。　　　　　有些M是P。

有些M是S。　　　　　所有M是S。

∴有些S是P。　　　　∴有些S是P。

這樣，兩個形式都是有效的。

── 練習題 ──

將以下單稱命題改寫為標準形式的全稱命題和特稱命題。
1. 穆罕默德·阿里是一位拳擊手。
2. 我的牙醫是一個喜歡白色牙齒的人。
3. 喬治·布希是一個共和黨人。
4. 布萊德·比特是一個演員。
5. 海倫·凱勒是一個作家和演說家。

(2) 謂詞是形容詞或形容詞短語的定言命題

日常語言中的命題往往以形容詞（如beautiful、red、wicked）或形容詞短語（如on assignment、out of time）代替類名詞作爲謂詞。這些命題不是標準式定言命題，因爲謂詞並不明顯地指稱一類事物。爲了把這些命題改寫爲標準形式，我們可以**把形容詞（或形容詞短語）換爲指稱該形容詞或形容詞短語所適用的對象類的詞**。[1]

命題「有些花是美麗的」的謂詞是形容詞。它可以被改寫爲標準形式的I命題：「有些花是美麗的事物」。

命題「所有未完成測試的學生是時間不夠的」的謂詞是形容詞短語。它可以被改寫爲標準的A命題：「所有未完成測試的學生是時間不夠的學生」。

──練習題──■

將以下命題改寫爲標準形式：
1. 穆罕默德·阿里是最偉大的。
2. 我的私人醫生是不入時的。
3. 所有宇航員都是勇敢無畏的。
4. 有些房屋不是爲六個以上人口的家庭建造的。
5. 所有瑞典肉丸都是用牛肉和豬肉做的。

---

(3) 動詞不是標準形式系詞「是」的定言命題

如果命題的主要動詞不是標準形式的「是」，那麼我們需要通過把動詞短語看作定義（事物）類的特徵來改寫爲標準形式。

命題「所有名流都渴望成爲公眾焦點」的主要動詞不是「是」，可以被改寫爲「所有名流都是渴望成爲公眾焦點的人」。「有些貓吃狗糧」可以被改寫爲標準形式的命題「有些貓是吃狗糧者」或者「有些貓是吃狗糧的動物」。

1　你會注意到，我們前面把單稱命題「我的車不是白色的」改寫爲定言命題「沒有是我的車的東西是白色的東西」，就是這樣做的。

―練習題―

將以下命題改寫爲標準形式
1. 穆罕默德・阿里像蜜蜂蜇人一樣攻擊。
2. 我的私人醫生不按照他自己的勸告行事。
3. 所有的牛都吃草。
4. 在我左邊的人有股難聞的氣味。
5. 所有著色的房屋都會在幾年之後褪色。

(4) 語詞不按標準順序排列的定言命題

自然語言中，我們有時會遇到一些陳述，它們具有標準形式定言命題的所有成分但排列次序不標準。加以改寫，首先要確定哪個是主詞，然後重新排列詞語造出一個標準形式的定言命題。

命題「在美國肯奈爾俱樂部註冊的狗全是（are all）純種狗」可被改寫爲「所有（all）在美國肯奈爾俱樂部註冊的狗是純種狗」。當命題中詞語的排列順序不標準時，你常能通過審問所提出的標準形式的命題是否爲眞來說出想必該有的意思。（並非所有純種狗都是註冊了的。）

―練習題―

將以下命題改寫爲標準形式
1. 拳擊手全都崇拜穆罕默德・阿里。
2. 醫生全有過錯。
3. 你總有貧窮伴隨你，任何時候。
4. 來者放棄一切希望吧。――Dante, The Inferno
5. 一輛雪佛萊不是（is no）克爾維特。

(5) 量詞不標準的定言命題

與三個標準形式的量詞「所有、沒有、有些」相比，日常語言中有大爲豐富多樣的詞表示數量。帶有全稱肯定量詞如「every／每一」和「any／任何」的命題，很容易被改寫成A命題。其他肯定的全稱量詞如「whoever／無論誰」、「everyone／每人」和「anyone／任何人」，特別指稱某一類人。

「出生在美國的任何人都是公民」（Anyone born in the United States is a citizen）

改寫成標準形式為：「所有出生在美國的人都是公民」（All people born in the United States are citizens）。

語法上的冠詞a和an也可以用來表示數量，但是它們用來意指「所有」還是「有些」，大多依賴脈絡。

「A candidate for office is a politician／一位官職候選人是一名政治家」可以合理地解釋為意指：「All candidates for office are politicians／所有官職候選人都是政治家」。

「A candidate for office is speaking at a campaign rally tonight／一位官職候選人今晚在競選大會上發表演説」應該恰當地改寫為：「Some candidates are speakers at a campaign rally tonight／有些候選人是今晚競選大會上的演講者」。

定冠詞the的翻譯也依賴於脈絡，它可以用來指稱某具體個體，或者指稱一個類的所有成員。

「The grapefruit is a citrus fruit／葡萄柚是柑橘類水果」改寫成標準形式為：「所有葡萄柚是柑橘類水果」。

「The grapefruit was delicious this morning／今天早上的葡萄柚是美味的」則應改寫為：「Some grapefruit is a thing that was delicious this morning／有些今天早上的葡萄柚是美味的東西」。

否定量詞如「not every／不是每個」和「not any／不是任何」的改寫比肯定量詞更棘手，需要特別注意。這裡，例如，「Not every *S* is *P*／不是每個*S*是*P*」改寫為「Some *S* is not *P*／有些*S*不是*P*」，而「Not any *S* is *P*／不是任何*S*是*P*」則要改寫為「No *S* is *P*／沒有*S*是*P*」。

「Not every public servant is a politician／不是每位公僕都是政治家」應改寫為：「Some public servant are not politicians／有些公僕不是政治家」。

「Not any public servants are politicians／不是任何公僕都是政治家」則應改寫為：「No public servants are politicians／沒有公僕是政治家」。

──練習題──

將下列命題改寫為標準形式。

1. 不是每個偉大的拳擊手都是穆罕默德‧阿里。
2. 醫生不在（The doctor is not in）。
3. 不是每個這一組中的問題都是困難的。
4. 任何參加了昨晚遊戲的人都目睹了一個令人激動的結局。
5. 狗是哺乳動物（The dog is a mammal）。

(6) 區別命題

　　包含「only／只有」或「none but／除了⋯⋯、無一」這些詞語的定言命題稱為區別命題。區別命題被改寫為A命題。一般規則是調換主詞和謂詞的位置，並用「所有」代替「只有」。因此，「只有S是P」和「除了S無一是P」被理解為「所有P是S」。

〔重要提示〕

「除了S無一是P」的意思是「沒有非S是P」，換位為「沒有P是非S」，再換質為「所有P是S」。

　　「只有那些在評價高的電影中出演的演員才是真正的奧斯卡獎競爭者」改寫成標準形式為：「所有真正的奧斯卡獎競爭者是那些在評價高的電影中出演的演員」。

　　「除了勇敢者無一值得公平對待」改寫為：「所有值得公平對待的人是勇敢的人。」

　　但是，「only／只有」很特別。它有時被認為意指「若且唯若」，而後者如我們將在第6章看到的，後者意指既是「如果S那麼P」又是「如果P那麼S」。因此，如果有一個「只有S是P」形式的區別命題，你應用一般規則把它改寫為「所有P是S」，把它放入三段論，發現該三段論是無效的，這不算完。你應該再檢查該命題的另一半意思，即「所有S是P」。如果命題為真，放入三段論再予檢查。

　　在命題「只有哺乳動物是有毛髮、幼仔用雌性乳腺分泌的乳汁哺育的溫血脊椎動物」中，謂詞定義了主詞。[2] 因此，此命題可以被認為同時意指「所有通常有毛髮、用雌性乳腺分泌的乳汁哺育幼兒的溫血脊椎動物是哺乳動物」和「所有哺乳動物是通常有毛髮、用雌性乳腺分泌的乳汁哺育幼兒的溫血脊椎動物」。如果把第一個命題放入一個三段論，論證是無效的，那就還必須檢查二個命題。

　　另一方面，「the only／唯一的」則無需改變主謂詞的次序。

　　唯一完成任務的人是卡爾。

　　這個命題的含義是：恰好存在一個完成任務的人，這個人就是卡爾。「完成任務的人」這個類完全包含在是卡爾的事物的類，就是說，「所有完成任務的人是等同於卡爾的人」。

　　練習題

將下列命題改寫為標準形式。
1. 不懂幾何者禁止入內（None without geometry enter here）。
2. 唯一擁有自己叢書的猴子是好奇的喬治。

2　See Webster's *New World Dictionary and Thesaurus* (Macmillan Digital Publishing, 1997).

3. 除了聰明人，沒有誰能想出如何翻譯「none but」。

4. 只有哺乳動物是馬。

5. 卡特里娜是這個班裡唯一發現區別命題很有趣的人。

(7) 不帶量詞的命題

有時定言命題以不含任何表示數量詞的「*S*是*P*」形式出現。在這種情況下，命題的脈絡成為改寫的唯一線索。

鯨是哺乳動物。

雖然這個命題沒有量詞，但是仍然可以改寫為「所有鯨是哺乳動物」。但是，「狗是會叫的」則可能只意指「有些狗是會叫的動物」。

(8) 不具有標準形式但有邏輯等值的標準形式供選的命題

不像標準形式定言命題的命題往往能改寫為與其邏輯等值的標準形式的命題。

命題「專業棒球運動員收入偏低」不是標準形式，但卻邏輯等值於標準形式的命題「有些專業棒球運動員是低收入運動員」。這類命題的成功改寫要求密切注意要歸約的命題意義。

(9) 除外命題

除外命題是那些斷定某一事物類中除了它的一個子類成員外的所有成員都是另外某類成員的命題。除外命題做了一個複合斷定：第一，主詞類中不在除外的子類裡所有成員都是謂詞類的成員；第二，除外的子類裡的成員都不是謂詞類的成員。

所有除了高年級以外的學生都有權申請獎學金。

這個命題與所有的除外命題一樣作了如下的複合斷定：第一，所有非高年級的學生都有權申請獎學金；第二，所有高年級的學生都無權申請獎學金。

因為除外命題是複合命題，它們不能直接改寫成單個標準形式的定言命題，因此，包含這類命題的論證不是三段論。儘管如此，它們有時也能作三段論分析和評價。

所有除了高年級以外的學生都有權申請獎學金。

有些在音樂班的學生不是高年級學生。

∴有些在音樂班的學生有權申請獎學金。

第一個前提是除外命題，因而含有兩個定言命題：「所有非高年級的學生都有權申請獎學金」和「高年級的學生無權申請獎學金」。當把原論證當作三段論來分析時，要分開注視這兩個命題。如果用上述兩命題中的任意一個代換第一個前提，構成的三段論

是有效的，那麼原論證有效。用第一個命題代換，於是有：

　　所有非高年級的學生都有權申請獎學金。

　　有些在音樂班的學生是非高年級學生。

　　∴有些在音樂班的學生有權申請獎學金。

　　這個標準式定言三段論是有效式AII-1，因此，原論證是有效的。

(10) 另外的複雜量詞

　　「almost all／幾乎所有」、「not quite all／不全是所有」和「only some／只是有些」都意指既「有些是」又「有些不是」。「幾乎所有學生都是嚴謹的弟子」意指既「有些學生是嚴謹的弟子」又「有些學生不是嚴謹的弟子」。如果有一個前提含有複雜量詞，選用兩種意思中的任何一種都將得到一個有效的論證；如果採用任何一種都不能得到有效三段論，那麼你必須申明在兩種情況下三段論都是無效的。由兩個標準形式的定言命題最多推出一個定言命題。因此，如果一個論證的結論含有複雜量詞，只要證明從前提不能得到結論的兩種形式之一，即能證明論證是無效的。

〔重要提示〕

結論中帶有複雜量詞的論證可以是有效的嗎？

假定有如下論證：

　　只是有些M是P。

　　所有M是S。

　　只是有些S是P。

如果你寬容地理解該論證，你可以把它理解為下面兩個不同的論證：

有些M是P。	有些M不是P。
所有M是S。	所有M是S。
有些S是P。	有些S不是P。

這兩個論證都是有效的。

　　所有的狗是會叫的動物。

　　只是有些狗是比特狗。

　　∴有些比特狗是會叫的動物。

　　命題「只是有些狗是比特狗」的含義是「有些狗是比特狗」同時「有些狗不是比特狗」。如果改為O命題，那就違反規則5，犯了從一個否定前提得出肯定結論的謬誤。由於這個小前提還斷定了一個I命題「有些狗是比特狗」，我們可以把它放入三段論，得到：

　　所有的狗是會叫的動物。

　　有些狗是比特狗。

　　∴有些比特狗是會叫的動物。

　　這個論證是有效三段論，形式為AII-3。

　　另一方面，如果給出論證：

　　所有的狗是會叫的動物。

　　有些狗是比特狗。

　　∴不全是所有的比特狗是會叫的動物。

　　那麼，結論同時斷定「有些比特狗是會叫的動物」和「有些比特狗不是會叫的動物」。由於由兩個標準形式的定言命題最多推出一個定言命題，所以不能同時兩個斷定。選擇其中推不出的一個，構造三段論如下：

所有的狗是會叫的動物。

有些狗是比特狗。

∴有些比特狗不是會叫的動物。

這是一個AIO-3，違反規則3，犯了大詞不當周延的錯誤。該三段論是無效的。

非標準量詞指南	
非標準形式	改寫爲標準形式
A（an）S is P.	Some S are P.例如「a dog is on the mat」意思是「Some dog is on the mat.」在有的脈絡中是All S are P。例如，「A dog is a mammal」意思是「All dogs are mammals.」
A few S are P.	Some S are P.
All but S are P.	All non-S are P並且 No S are P.
All except S are P.	All non-S are P 並且 No S are P.
Almost all S are P.	Some S are P 並且Some S are not P.
Any S are P.	All S are P.
At least one S is P.	Some S are P.
Diverse S are P.	Some S are P.
Every S is P.	All S are P.
Many S are P.	Some S are P.
None but S are P.	All P are S.
None of the Ss are Ps.	No S are P.
Not all S are P.	Some S are not P.
Not any S are P.	No S are P.
Not every S is P.	Some S are not P.
Not only S are P.	Some P are not S.
Not quite all S are P.	Some S are P 並且 Some S are not P.
Numerous Ss are Ps.	Some S are P.
Only S are P.	All P are S. 但是，如果這產生無效的三段論而且陳述「All S are P」爲眞，把「All S are P」插入三段論，檢查三段論的有效性。
Only some S are P.	Some S are P 並且Some S are not P.
Several S are P.	Some S are P.
The only S is P.	All S are P.
The S is P.	All S are P 或者 Some S are P，根據脈絡來判斷。
There exists an S that is P.	Some S are P.

非標準量詞指南	
There is an *S* that is *P*.	Some *S* are *P*.
There is no *S* unless it's a *P*.	All *S* are *P*.
Various *S*s are *P*s.	Some *S* are *P*.
Whatever *S* is *P*.	All *S* are *P*.

─練習題─■

將下列陳述改寫為標準形式定言命題。

1. 貓是好奇的。
2. 並非每一個牧師都是單調乏味的演說者。
3. 一個(a)邏輯學家是分析論證的人。
4. 你必須看一看生活充滿希望的一面。
5. 許多人是在悔恨虛度青春中度日。
6. 面朝太陽的他看不到自己的影子。
7. 知道自己局限性的她確實很開心。
8. 一個(a)溫柔的回答可以息怒。
9. 除無賴外每個人都渴望說出真相。
10. 這些練習題中有幾個可能富有挑戰性。

4. 統一翻譯

　　把論證改寫為標準形式的定言三段論，有時必須引入一個參項（參數）——一個有助於以標準形式表達原來斷言的輔助符號。參項的使用使我們能統一翻譯構成三段論的三個命題，得到恰含三個詞的三段論。一般的參項是諸如「時間、地點、事件」等詞。

　　語句「貧窮總是伴隨你」，可以被表達為一個標準形式的定言命題，但是對它的還原是棘手的。它的含義不是指所有的貧窮伴隨你，甚至不是某些（特殊的）貧窮總是伴隨你。還原這類命題的一種方法是利用「總是」這個關鍵字，它意指「任何時間」。因此，可以把原命題還原為「所有時間都是貧窮伴隨你的時間」，同時出現在主詞和謂詞中的語詞「時間」，就是一個參項。

> 無論哪裡下雨，都是陰天。
> 這裡下雨。
> ∴這裡是陰天。

為了把這個論證表達為標準形式的、含三個詞的三段論，我們引入「地方」這一參項。得到：

所有在下雨的地方都是陰天的地方。

這個地方是在下雨的地方。

∴這個地方是陰天的地方。

第二個前提中的單稱命題可理解為A命題「所有是這個地方的地方是在下雨的地方」。結論中的單稱命題可理解為A命題「因此，所有是這個地方的地方是陰天的地方」。這是有效的AAA-1形式的三段論。

在改寫時引入參項是精妙的事。為了避免錯誤，你總是必須準確理解原論證的含義。

練習題

Ⅰ.將下列命題改寫為標準形式的定言命題，必要的話可以使用參項。

1. 蘇珊從不在辦公桌旁吃午餐。
2. 錯誤只有在它們是無心之過時才得到寬恕。
3. 他散步在他所選擇之處。
4. 她試圖在所有她會去之處銷售人身保險。
5. 燈一直開著。

Ⅱ.對於下面的每一個論證：

a.將論證改寫為標準形式。

b.確定其標準形式翻譯的格和式。

c.用范恩圖檢驗其有效性。

d.如果其無效，指出其所犯的謬誤。

6. ……沒有名稱進入成對的矛盾中；但是所有可預見的都進入成對的矛盾中；因此，沒有名稱是可預見的。

　　——Peter Thomas Geach, *Reference and Generality*

7. 任何兩個相互爭鬥的人不可能同時說謊。因此第一個和第三個當地人不可能同時說謊，因為他們相互爭鬥。

8. 所有橋牌玩家都是人，所有人都思考，因此所有橋牌玩家都思考。

9. 既然與鄰居爭鬥是邪惡的，與底比斯人爭鬥就是與鄰居爭吵，因此很顯然與底比斯人爭鬥是邪惡的。

　　——Aristotle, *Prior Analytics*

10. 辛西姬一定是讚揚了亨利，因為每一次辛西姬讚揚他的時候他都會興高采烈，而他現在正興高采烈。

11. 只有特快列車不在此月臺停車，剛過去的那一列列車沒有在此站停車，所以它一定是特快列車。

12. 世上存在英俊的男人，但是也只有男人是卑鄙的，所以認為沒有既卑鄙又英俊的事物的說法是錯誤的。

13. 所有身無分文的人都被定罪。有些有罪的人被宣判無罪。所以有些有錢的人並不是清白的。

5. 省略三段論

　　日常話語中往往是省略地表述論證，省略了前提或結論，期待聽者或讀者去補充。**一個被不完整地表述的論證稱為省略論證（enthymeme，特別是省略三段論）。一個不完整地表述的論證被說成是省略的（enthymematic）。**

　　為什麼人們要留下論證的一部分不說呢？省略論證具有修辭力。如果有人留下論證的一部分不說，你不妨把它看成是一種禮遇。這表明論證者相信你能看出從一組前提可以得出什麼，或者那個「顯然的」省略的前提是什麼。但是，省略論證也能掩飾智力上的過失。它們能隱藏假前提或無效的論證。因此，我們需要一種方法，看出如果該論證有效那省略的要素必須是什麼，說明為什麼有些場合沒有前提能得到一個有效三段論。一旦你找到省略的要素，你仍然需要問這些要素是真的還是假的。我們從省略結論的三段論談起。

　　如果給出定言三段論的一對前提，你就能通過構造范恩圖來查看從前提能得到什麼結論，如果有的話。

　　　　所有食蟻獸都是哺乳動物，所有哺乳動物都是有脊椎的動物，因此，結論是顯然的。如果你為前提畫一個范恩圖，你就畫出結論：「所有的食蟻獸都是有脊椎的動物。」

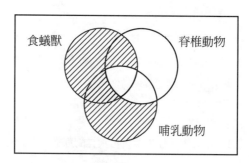

當然，並不總是這樣順利進行的。有時從前提得不到任何定言陳述；前提本身隱含錯誤。

　　　　因為沒有食蟻獸是鳥，並且沒有鳥是蜘蛛，所以結論是顯然的。

　　　　我們相信你說「顯然的」的意思是說該論證犯了前提都是排斥性的錯誤，因此得不出任何結論。當然，范恩圖也表明前提不衍涵任何結論。

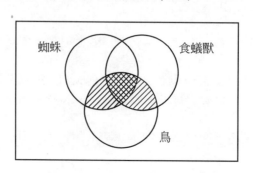

如果給出一個前提和一個結論，以下程式能幫助你找出另一個前提，如果有的話，產生一個有效三段論：

1.如果符合以下任何一條，那麼不能找到另一個前提構成有效三段論：

　　a.給出的是一個全稱結論和一個特稱前提；

　　b.給出的是一個肯定結論和一個否定前提（這犯了從否定前提得肯定結論的錯誤）；

　　c.大詞或小詞在結論中的周延性與其在給定的前提中的周延性不同。

如果遇到上述情況之一，論證就無效。於是指明它無效，並且援引相關的某個作為理由；如果不存在上述情況，遵循以下步驟很可能找到一個前提產生一個有效三段論。

2.找出缺失前提的量（全稱或特稱）：

　　a.如果結論是全稱的，缺失前提就是全稱的。

　　b.如果結論是特稱的，而且給定的前提是全稱的，那麼缺失前提是特稱的。

　　c.如果結論是特稱的，而且給定的前提是特稱的，那麼缺失前提是全稱的。

3.找出缺失前提的質（肯定或否定）：

　　a.如果結論是肯定的，缺失前提就是肯定的。

　　b.如果結論是否定的，而且給定前提是肯定的，那麼缺失前提是否定的。

　　c.如果結論是否定的，而且給定前提是否定的，那麼缺失前提是肯定的。

至此，你已經知道缺失前提是A、E、I，還是O命題了。

4.周延性

　　a.賦予缺失前提的大詞或小詞的周延性與其在結論中所具有的相同。

　　b.確保中詞在前提中恰好周延一次。（如果你已經正確實行上述步驟，缺失前提的中詞位置就將確定，而且中詞將在前提中恰好周延一次。這是對你的工作的部分檢查。）

**　　沒有兩歲孩童是讀書郎，因此，沒有兩歲孩童是廚師。**

　　因為給定的前提和結論都是全稱否定命題，所以，情況不滿足1中的任何一條。那麼，必定有一個前提使得該論證是有效三段論。結論是全稱的，因此，缺失前提必定是全稱的（2a）。給定的前提和結論都是否定的，因此，缺失前提必定是肯定的（3c）。所以，缺失前提是一個A命題。又因為大詞「廚師」在結論中是周延的，「廚師」在缺失前提中也必須是周延的（4a）。中詞「讀書郎」在小前提（給定前提）中是周延的，因此，「讀書郎」在大前提中必須是不周延的（4b）。所以，缺失前提必定是「所有廚師是讀書郎」——這是唯一能與已有前提和結論構成有效三段論的那個前提：

所有廚師是讀書郎。

沒有兩歲孩童是讀書郎。

∴沒有兩歲孩童是廚師。

當然這個三段論是不健全的，因為缺失前提是假的。如果你對此有所懷疑，回顧若干年前你的祖先——15000年前就行——你將找到一位能下廚但不能讀書的祖先：在存在書寫語言之前，沒有人會讀書。

至少有一個正在讀這本書的人是困惑的。所以，有一個學邏輯的學生是困惑的。

將這段話中的前提和結論還原為標準形式，可以得到：

有些正在讀這本書的人是困惑的人。

∴有些學邏輯的學生是困惑的人。

同樣，檢查1中的條件。由於給定前提和結論都是I命題，我們不會從特稱前提得到一個全稱結論（1a）；不會從否定前提得到一個肯定結論（1b）；也不會在大詞的周延性上有差別（1c）。因此，必定有一個前提使得該論證成為有效三段論。給定的前提和結論都是特稱的，因此，缺失前提必定是全稱的（2c）。給定前提和結論都是肯定的，因此，缺失前提必定是肯定的（3a）。所以，缺失前提必定是A命題。小詞「學邏輯的學生」在結論中是不周延的，因此，它在缺失前提中也是不周延的。中詞「正在讀這本書的人」在給定前提中是不周延的，因此，它在缺失前提中必定是周延的（4b）。所以，缺失前提必定是「所有正在讀這本書的人是學邏輯的學生」。只要你願意承認甚至邏輯教師也是學邏輯的學生（研習邏輯的人），這個前提就是真的。

當然，事實上對省略三段論的分析並非總是（常是？）這樣順遂。

有些正在讀這個語句的人是愚蠢的。因此，沒有一個正在讀這個語句的人是學邏輯的學生。

此前提和結論的標準形式為：

有些正在讀這個語句的人是愚蠢的人。

∴沒有正在讀這個語句的人是學邏輯的學生。

1a要求不能從特稱前提得出全稱結論。因此，沒有前提能填補這個論證使之成為有效三段論。

上述程式是很形式的。它沒有告訴你提出一個省略三段論的人實際上是怎麼想的。讀心術不屬於邏輯學領域，這個程式確實告訴你的是，提出一個省略論證的人，如果該三段論是有效的，他必定已經假想了什麼。因此，如果論證者提出一個省略三段論是給你一種修辭的禮遇，那麼你就把論證者看作懂邏輯的人來回應這種禮遇吧。

──練習題──

指出下列省略論證中所缺省的前提或結論，然後把該論證重述為三段論形式。

1. 哈爾是一個誠實的人，因為沒有哪個舉止文雅的人是不誠實的。

2. 蘇珊娜是一個謹慎的駕駛員，所以她的保險費率很低。

3. 哈爾簡直是一個9000系列的電腦，而電腦是不說謊的。

4. 貫穿她整個軀體的靈魂是不滅的，因為處於不斷運動中的東西是不滅的。

　　　　　　　　　　　　　　　　　　　　── Plato, *Phaedrus*

5. ……我是一個唯心主義者，因為我相信所有存在的都是精神的。

　　　　　　　　　　　　── John McTaggart, Ellis McTaggart, *Philosophical Studies*

6. 不久之前一定剛剛下過雨，因為魚兒都不上鉤。

7. 沒有省略三段論是完整的，所以這個論證是不完整的。

8. 他是一個沒有罪過的人，應該首先發難。這裡沒有一個人是沒有不可告人之事的。我都知道，而且我知道他們的名字。

　　　　　　　　　　　　── Representative Adam Clayton Powell,
　　　　　　　　　　　　speech in the U.S. House of Representative, 1967

9. 自由意味著責任。這是大多數人對其感到恐懼的原因。

　　　　　　　　　　　　── George Bernard Shaw, *Maxims for Revolutionists*

10.幾乎在任何社會，廣告都發揮著至關重要的作用，因為它們將買賣雙方聯繫起來。

──章節摘要──

　　本章我們考察了日常語言中的三段論論證，展示了三段論出現的不同外觀，說明了如何理解、使用和評價它們。

　　第1節說明了需要將任一形式的三段論論證改寫為標準形式的方法。辨認了有別於**標準形式的定言三段論的三段論論證的樣式。**

　　第2節說明了**日常語言中看來含有3個以上詞的三段論，有時如何通過消去同義詞和補詞而得以讓它們中詞的數目適當地減少到3個。**

　　第3節說明了**在三段論中不是標準形式的命題可以如何改寫為標準形式，以便容許用范恩圖或者定言三段論規則來檢驗該三段論。**考察了不同的十類非標準形式的命題，說明和例解了改寫它們的方法。這十類命題是：

　　　1.單稱命題

　　　2.謂詞是形容詞的命題

　　　3.主要動詞不是「是」的命題

　　　4.含有標準式要素但不按標準式順序排列的陳述

　　　5.量詞不標準的命題

　　　6.區別命題

7.不帶量詞的命題

8.完全與標準式命題不相同的命題

9.除外命題

10.含有諸如「幾乎所有」的其他複雜量詞的命題

第4節說明了主要爲了檢驗把命題**統一翻譯**成標準形式，可以如何借助於使用**參項**。

第5節說明了**省略三段論**，其中刪掉一個組成命題的三段論。如果結論被刪掉，可以構造范恩圖來找出由前提推出的結論，如果有的話。還考察了一種方法，用來確定，有的話，補上什麼樣被刪掉的前提將產生一個有效的定言三段論。

第 6 章
符號邏輯

1. 現代邏輯的符號語言

演繹理論提供了分析和評估演繹論證的技術。在前3章，我們已經探討了經典或亞里斯多德邏輯。現在，從第6章到第8章，我們將要探討現代符號邏輯。借助一種人工語言來表述陳述形式和論證形式，符號邏輯在過去的一個世紀裡得到了長足的發展。

為何要使用符號語言？使用符號語言給我們的研究提供了極大的方便。就演繹來說，其核心問題是有效性。有效性是論證形式的性質，與內容關係不大。我們研製的人工語言只不過是用來表述陳述形式和論證形式的。因此，對於考察演繹論證，人工語言是有用的。它能夠讓我們「看到」被語詞所掩蓋的關係。就如一位傑出的現代邏輯學家所說：「借助於符號，我們幾乎可以用眼睛機械地進行推理轉換，否則就需要動用大腦的高智慧。」[1]

在本章和接下來的幾章裡，我們所探討的論證將基於命題之間的關係。我們要探討的是所謂命題邏輯或語句邏輯。這些命題統稱真值函數命題。每一命題都有真假。命題的真或假稱為它的真值。像「賈瑪律踢足球」這樣的命題可以稱為簡單命題或簡單陳述。任何包含簡單陳述作為其部分的陳述稱為複合陳述。「賈瑪律踢足球而（並且）索維奇彈豎琴」以及「達納相信特里斯坦喜愛的樂隊是U2」都是複合陳述。有些複合陳述是真值函數複合陳述。一陳述是真值函數複合陳述若且唯若這個複合陳述的真假完全取決於其分支（成分）陳述的真值。「賈瑪律踢足球而索維奇彈豎琴」是一個真值函數複合陳述。在下節將看到，這個陳述為真當且僅當賈瑪律踢足球為真且索維奇彈豎琴為真。陳述「達納相信特里斯坦喜愛的樂隊是U2」包含分支陳述「特里斯坦喜愛的樂隊是U2」，但這個複合陳述不是真值函數複合陳述。因為其分支陳述的真值和整個句子的真值無關。在特里斯坦真正喜愛的樂隊是芝加哥樂隊的情況下，這個複合陳述也有可能為真。非真值函數複合陳述的真假不依賴於其分支命題的真值。

在本章和下一章中，將只考察由真值函數複合命題組成的論證。在日常生活中，這種論證比定言三段論更為普遍。在後面幾節中，我們將要探討驗證一個只由真值函數複合命題構成的論證是否有效的方法。

1　Alfred North Whitehead, *An Introduction to Mathematics*, 1911.

2. 符號語101：命題邏輯的語言

人工語言是為我們心中的特定目的研製的。在這裡，我們要表達命題邏輯中的論證及其形式。當你考慮表達命題的普通複合陳述句時，要注意它們包含三方面的要素：(1)組成複合句的單個的簡單陳述；(2)諸如「並且、或者、雖然、如果……那麼」此類把那些簡單句連到一起的詞；(3)用於分層次以便理解說話內容的標點符號。這三類要素在我們的人工語言中是必要的。

在討論定言三段論時，我們把詞簡寫為單個字母。例如，定言命題「所有的土豚是美麗的動物」表達為「所有A是B」。現在讓我們更簡單，把一個個陳述簡寫為單個大寫字母。「賈瑪律踢足球」可簡寫為J，「索維奇彈豎琴」簡寫為S，「特里斯坦喜愛的樂隊是芝加哥」可簡寫為T。下面將用大寫字母A、B、C……Z作為陳述的簡寫形式。

在討論定言三段論時，我們用字母S，P和M表示三段論的三個項。這就使我們能提供一種關於任何形式定言三段論的格的標記法，S、M和P是變元，把它們代以具體的詞就可以得到一個特定的定言三段論。為了獨立於其內容而表達陳述或論證的形式，我們需要就命題邏輯中的論證做類似的事，令小寫字母p、q、r……z為可被具有任意複雜度的陳述所替換的變元，例如「如果p，那麼q」表示一個陳述形式。通過用具體的陳述代換這些變元，可以得到一個具有該形式的陳述，例如「如果特里斯坦是個司機，那麼安吉拉是藝術家」就是「如果p，那麼q」的一個代入例；「如果經濟繁榮且股市快速上漲，那麼我或者能夠早點退休或者能夠買一套大房子」同樣是「如果p，那麼q」的一個代入例。

我們還引入符號來表示語言中的小品詞，即那些能夠把兩個或更多個簡單陳述合成一個複合陳述的語詞，諸如「並非、並且、或者、如果……那麼……、若且唯若」這類詞語，為此需要用到眞值表。眞值表可列出一個簡單陳述或陳述眞值的各種可能組合。既然任一命題不是眞就是假，一個簡單陳述的眞值表只有兩行。把「今天是晴天」簡寫為S，則S的眞值表是：

S	
T	
F	

同樣，可以對變元p建立眞值表。一個變元p的眞值表和兩個變元p和q的眞值表如下：

p	
T	
F	

p	q	
T	T	
T	F	
F	T	
F	F	

　　我們用眞值的組合來定義我們的命題聯結詞。聯結詞的意義恰是其對應的眞值表意指的意義；就是說，它們的眞或假只由眞值表中列出的條件所確定。這意味著符號與被翻譯成該符號的英文詞語之間的關係有時候並不圓滿。

(1) 否定

　　每一命題不是眞就是假。任一非眞的命題是假的，反之亦然。**一個眞陳述的否定或否認是一個假陳述，一個假陳述的否定或否認是一個眞陳述**。我們用波浪號（～）[2] 表示否定，則用眞值表定義波浪號如下：

p	$\sim p$
T	F
F	T

　　說起來「$\sim p$」該讀爲「波浪號p」。波浪號是對英文詞語「not／並非」和「it is not the case that／並非如此」的符號翻譯。因此，有人傾向於把「$\sim p$」讀爲「並非p」，雖說那就像把（德語）*Der Vogelfänger bin ich ja* 直接讀爲「我是一個捕鳥者」一樣，即一個符號翻譯讀法的例子。

(2) 連言（Conjunction）

　　兩個陳述的連言爲眞若且唯若這兩個陳述（連言因子）都爲眞。我們用圓點（‧）表示連言。[3] 該圓點定義如下：

p	q	$\sim p \cdot q$
T	T	T
T	F	F
F	T	F
F	F	F

〔重要提示〕

符號翻譯並不能完全抓住被翻譯的語脈中的全部意義，對此不應感到驚奇。這種情況同樣存在于自然語言中。若你正在給一位德國朋友寫信，打算告訴她晚餐吃蘋果餡餅。但德國人不做餡餅，德文中沒有對應於餡餅的詞。於是你只能湊合著打比方説吃Apfelkuchen（蘋果蛋糕）或Apfeltortre（蘋果蛋捷），然而這兩種翻譯都不夠準確。

　　2　符號的選擇多少是任意的。波浪號或許是最常見的表示否定的符號，但有些邏輯書用其他符號表示否定。p的否定有時用橫線表示（$-p$），或用魚鉤表示（$\neg p$），或者在陳述或變元上置一橫線表示（$\overline{p}$）。

　　3　有些邏輯書，連言用英文中代表「and／和、並且」的記號表示（$p\&q$），或用插入符號表示（p∧q）。

「$p \cdot q$」讀為「p圓點q」。圓點是「and／並且」、「but／但」、「yet／還」、「although／儘管」、「even though／即使」、「nonetheless／雖然如此，但」等詞語的符號翻譯。我們的真值表定義是簡明的：圓點的意義一點也沒有超出真值表所表達的。因而圓點並沒有完全抓住你使用「並且」所想表達的意義。如果你說「喬瓦尼移民入美國且在明尼蘇達定居」，你可能意謂他先移民然後在明尼蘇達定居。他兩件事情都做了，他兩件事情都做了這一事實是圓點所抓住的全部，圓點並沒有告訴你他做這兩件事情的先後順序。因此，圓點的意義與被翻譯成圓點的英語詞的意義並不總是十分相同。儘管如此，它抓住了邏輯所不可或缺的東西。

> **連言**
>
> **杰夫想要A，但老師給他的是C。**
>
> 這個英文句子被正確地理解為「杰夫想要A」和「老師給他的是C」這兩個簡單陳述的連言。英文詞「but／但」可以表示多種意思，在通常情況下，就像當下，它的功能還是表示連言。

(3) 選言（Disjunction）

一個選言，除非其分支陳述（選言因子）都為假，否則都是真的。我們用選言符號（∨）[4] 表示選言，其定義如下：

p	q	$p \lor q$
T	T	T
T	F	T
F	T	T
F	F	F

選言符號是英文詞「or／或」和「unless／除非」的符號翻譯，這種選言稱為相容選言，相容選言在分支陳述都為真的情況下依然為真。英文詞「或」意義是模糊的。一般來說，選言符號表達了其涵義。有時候，英文詞「或」卻表達不相容的選言。飯店功能表標明晚餐費裡包含湯或沙拉，這是指晚餐費裡包含其中某一款的價錢，而不是同時包含二者的價錢。當「或」的涵義明顯地是不相容時，應該把它翻譯為「p或q但並非既p且q」：（$p \lor q$）$\cdot \sim (p \cdot q)$。

(4) 實質蘊涵（實質條件句）

實質蘊涵陳述是具有形式「如果p，那麼q」的陳述。一個實質蘊涵陳述，除非其前件（「如果」從句）為真而後件（「那麼」從句）為假，否則都為真。我們一般用馬蹄鐵號（⊃）[5] 表示實質條件句，其定義如下：

---

4 大多數邏輯書中都用選言符號表示選言。

5 有些邏輯書中實質條件表示為箭頭（→）。

p	q	$p \supset q$
T	T	T
T	F	F
F	T	T
F	F	T

在命題邏輯中，馬蹄鐵號是英文詞語「if…then… / 如果……那麼……」及其同義詞語的翻譯。下面的每一句式都可以譯為$p \supset q$。

實質蘊涵

如果地球是平的，那麼月球由綠乳酪構成。

這個命題具有形式F⊃G。一個實質蘊涵陳述，除非其前件為真而後件為假，否則都為真，因而這個命題為真。

If p, then q / 如果p，那麼q

p only if q / p僅當q

q if p / q當p

q on the condition that p / 在條件p下，q

q provided that p / q只要p

Provided that p, q / 只要p，q

p is a sufficient condition for q/p是q的充分條件

q is a necessary condition for p/q是p的必要條件

要注意的是，馬蹄鐵號表示的意義恰為定義它的真值表所說的意義。它表達了實質條件句的關係：除非前件真而後件假，否則實質條件句為真，但是這不是「if…then…」在英文中僅有的用法。例如「如果水被加熱到華氏212度，那麼水將沸騰」，可能意味著水被加熱到212華氏度是水沸騰的原因。然而，被理解為實質蘊涵陳述，這個條件句的意義就只是：並非水被加熱到212華氏度時水卻沒有沸騰。

(5) 雙條件句（實質等值）

雙條件句（實質等值陳述）為真若且唯若其分支陳述取相同的真值。我們用三槓號（≡）[6]表示雙條件，定義如下：

p	q	$p \equiv q$
T	T	T
T	F	F
F	T	F
F	F	T

三槓號是英文詞語「if and only if / 若且唯若」，「just in case（that）/ 恰當」以及「is a necessary and sufficient condition for / 是……的充分必要條件」的符號翻譯。從下文可知，形式為$p \equiv q$的雙條件句斷定了$p \supset q$且$q \supset p$。

6　有些邏輯書中雙條件表示為雙箭頭（$p \leftrightarrow q$）或者表示為波浪號（$p \sim q$）。

(6) 分組記號

在英文中，我們有各種標點符號用於顯示複雜句子中諸從句彼此是如何關聯的。它們的使用會造成差異。下面兩個句子包含同樣的從句，但第一個句子為真而第二個句子為假。

(1) 亞伯拉罕・林肯在2000年當選為總統而（and）薩達姆・侯賽因在2005年倒臺，僅當發生了伊拉克戰爭。

(2) 亞伯拉罕・林肯在2000年當選為總統，而（and）薩達姆・侯賽因在2005年倒臺僅當發生了伊拉克戰爭。

第一個陳述是一個包含複合陳述作為前件的條件陳述。其前件為假而後件為真，所以整個陳述為真。第二個陳述是連言，其中第二個連言因子是一個條件句。由於前一個連言因子為假，所以整個陳述為假。

在英文中，我們需要標點符號來辨別不同由簡單陳述組合表達的複合陳述。類似地，在這裡我們用圓括號、方括號（［ ］）和大括弧（｛ ｝）給符號陳述分組。此類符號稱為分組記號。這些符號與連結詞一起，被用來標記我們的陳述。

注意：波浪號（～）是個一元聯結詞。它否定的是緊鄰其右邊的任何陳述。考慮陳述「查理沒有去看比賽」，若用C表示這個陳述，則它的否定可表示為~C。若要否定一個複合陳述，比如「並非如果查理去看比賽那麼朱厄尼塔去看歌劇」，那我們就應該將其符號表示為~（C⊃J）。

另外四個聯結詞是二元聯結詞。分組標記表明陳述是如何組合的。例如，上面關於亞伯拉罕・林肯、薩達姆・侯賽因、伊拉克戰爭的陳述可以表示為：

(1) $(L \cdot \sim H) \supset W$
(2) $L \cdot (\sim H \supset W)$

把英文準確翻譯成符號一項是需要在實踐中操練的技巧，這往往需要仔細分析英文句子結構以便看出組合記號該放在哪裡。陳述「如果豪爾赫或德米特裡去看電影，那麼菲利希雅去看電影」可譯為：

$(J \vee D) \supset F$

標點

陳述

我將努力學習並且通過測試或者通不過測試。

這句話是有歧義的。它可能意指「我將努力學習且通過測試，或者我將通不過測試」，也可能意指「我將努力學習，而我將通過或通不過測試」。
用符號記為

$$S \cdot P \vee F$$

同樣是有歧義的。使用括弧可以澄清這種歧義。對「我將努力學習且通過測試，或者我將通不過測試」可用符號表示為

$$(S \cdot P) \vee F$$

對「我將努力學習，而我將通過或通不過測試」可用符號表示為

$$S \cdot (P \vee F)$$

翻譯

馬丁·路德·金1963年在華盛頓爭取公民權利大遊行中「我有一個夢」的著名演講裡說：「我夢想有一天，我的四個孩子將在一個不是以他們的膚色，而是以他們的品格優劣來評價他們的國度裡生活，這是我今天的夢想。」陳述「我四個孩子不是被以膚色來評價」是陳述「我四個孩子被以膚色來評價」的否定。以S表示後一個陳述並以C表示陳述「我四個孩子被以品格優劣來評價」，那麼陳述「我四個孩子不是被以膚色，而是以品格來評價」可以表示為 $\sim S \cdot C$。

陳述「如果菲利希雅去看電影，則豪爾赫或德米特里也去看電影，」可譯爲：

$$F \supset (J \vee D)$$

陳述「並非如果豪爾赫不去看電影或德米特里去看電影，那麼菲利希雅去看電影，」可譯爲：

$$\sim [\ (\sim J \vee D) \supset F\ ]$$

陳述「如果既不是豪爾赫不去看電影也不是德米特里去看電影，那麼菲利希雅去看電影」可表示爲：

$$\sim (\sim J \vee D) \supset F$$

或

$$(\sim\sim J \cdot \sim D) \supset F$$

掌握符號翻譯的技巧在於多練習。這種翻譯應該力求明晰。例如，「朱佩賽沒去溜冰」可以譯爲G，但是由於這個陳述包含否定詞，該陳述更明晰的翻譯應爲 $\sim G$。一般而言，符號翻譯應該承領英文語詞所指的每個聯結詞。這樣的翻譯才能提供陳述的特有形式。一個陳述的特有形式是指這樣的形式：通過以不同的簡單陳述一致地代換各個不同的陳述變元並且加入各個連接詞實例就產生該陳述。通過集中注意陳述的特有形式，容易把握組成複合陳述的那些簡單陳述之間的關係。在分析論證的時候，看出這種關係的能力尤爲重要。

連接詞的真值表定義

p	$\sim p$		p	q	$p \cdot q$	$p \vee q$	$p \supset q$	$p \equiv q$
T	F		T	T	T	T	T	T
F	T		T	F	F	T	F	F
			F	T	F	T	T	F
			F	F	F	F	T	T

命題邏輯語言之小結

A、B、C……Z	簡單陳述的簡寫
p、q、r……z	可被具有任意複雜度的命題替換的變元
()、[ ]、{}	分組記號

真值函數連接詞及其名稱	命題類型	該類型命題之分支的名稱	真值條件	語句	符號翻譯
~波浪號	否定		p真則~p假，p假則~p真。	約翰不開心。	~J
・圓點	連言	連言因子	$p・q$真若且唯若p和q同時真。	西蒙很難過而拉蒙很困惑。	$S・R$
∨選言符號	選言	選言因子	$p∨q$為真除非p和q都假。	貝琳達很快活或者羅爾夫很迷惑。	B∨R
⊃馬蹄形號	條件	前件、後件	$p⊃q$為真除非p真而q假。	如果古斯塔種葡萄，那麼溫妮就釀酒。	G⊃W
≡三槓號	雙條件	等值因子	$p ≡ q$真若且唯若p和q具有同樣的真值。	羅拉跑步若且唯若瑪利亞烘焙麵包。	L≡M

命題邏輯詞典		
英語譯符號語／符號語譯英語		
p和q是具有任意複雜度的陳述		
英語譯符號語		
although	p儘管q	$p・q$
and	p並且q	$p・q$
both	既p且q	$p・q$
but	p但是q	$p・q$
either... or...	或者p或者q	$p∨q$
entails	p衍涵q	$p⊃q$
even though	p即使q	$p・q$
given that	給定p，q	$p⊃q$
given that	q，給定p	$p⊃q$
however	p然而q	$p・q$
if... then...	如果p那麼q	$p⊃q$
if and only if	p若且唯若q	$p≡q$
if	如果p，q	$p⊃q$
if	q，當p	$p⊃q$
implies	p蘊涵q	$p⊃q$
in case	一旦p，q	$p⊃q$

命題邏輯詞典		
英語譯符號語／符號語譯英語		
in case [that]	q，如若p	$p \supset q$
in the event that	倘若p，q	$p \supset q$
in the event that	q，倘若p	$p \supset q$
in as much as	p尤其q	$p \cdot q$
is a necessary and sufficient condition for	p是q的充要條件	$p \equiv q$
is a necessary condition for	q是p的必要條件	$p \supset q$
is a sufficient condition for	p是q的充分條件	$p \supset q$
is entailed by	q被p衍涵	$p \supset q$
is implied by	q被p蘊涵	$p \supset q$
it is not the case that	其實並非p	$\sim p$
just in case [that]	p恰當q	$p \equiv q$
neither... nor	既非p又非q	$\sim p \cdot \sim q$
neither... nor	既非p又非q	$\sim (p \vee q)$
nevertheless	p不過q	$p \cdot q$
not	並非p	$\sim p$
on the condition that	在p的條件下，q	$p \supset q$
on the condition that	q，在p的條件下	$p \supset q$
only if	p僅當q	$p \supset q$
or	p或者q	$p \vee q$
provided that	只要p，q	$p \supset q$
provided that	q，只要p	$p \supset q$
though	p雖然q	$p \cdot q$
unless	p除非q	$p \vee q$
yet	p還q	$p \cdot q$
符號語譯英語		
$\sim p$	not p	並非p
	it is not the case that p	其實並非p
$p \cdot q$	p and q	p並且q
	p but q	p但是q
	p yet q	p還q

	命題邏輯詞典	
	英語譯符號語／符號語譯英語	
	p however *q*	*p*然而*q*
	p in as much as *q*	*p*尤其*q*
	p although *q*	*p*儘管*q*
	both *p* and *q*	既*p*且*q*
	p though *q*	*p*雖然*q*
	p even though *q*	*p*即使*q*
	p nevertheless *q*	*p*不過*q*
$p \vee q$	*p* or *q*	*p*或者*q*
	either *p* or *q*	或者*p*或者*q*
	p unless *q*	*p*除非*q*
$p \supset q$	if *p* then *q*	如果*p*那麼*q*
	p only if *q*	*p*僅當*q*
	q，if *p*	*q*，當*p*
	q，given that *p*	*q*，給定*p*
	q，provided that *p*	*q*，只要*p*
	provided that *p*，*q*	只要*p*，*q*
	q，on the condition that *p*	*q*，在*p*的條件下
	on the condition that *p*，*q*	在*p*的條件下，*q*
	p implies *q*	*p*蘊涵*q*
	q is implied by *p*	*q*被*p*蘊涵
	p entails *q*	*p*衍涵*q*
	q is entailed by *p*	*q*被*p*衍涵
	q is a necessary condition for *p*	*q*是*p*的必要條件
	p is a sufficient condition for *q*	*p*是*q*的充分條件
	q，in the event that *p*	*q*，倘若*p*
	in the event that *p*，*q*	倘若*p*，*q*
	in case [that] *p* *q*	一旦*p*，*q*
	q in case [that] *p*	*q*，如若*p*
$p \equiv q$	*p* if and only if *q*	*p*若且唯若*q*
	p just in case [that] *q*	*p*恰當*q*
	p is a necessary and sufficient condition for *q*	*p*是*q*的充要條件

命題邏輯詞典		
英語譯符號語 / 符號語譯英語		
$\sim p \cdot \sim q$	neither p nor q	既非p又非q
$\sim (p \vee q)$	neither p nor q	既非p又非q

練習題

I.使用聯結詞的真值表定義判定下列陳述的真值。記住：要確定整個複合陳述的真值需要先確定其分支陳述的真值。

1. 羅馬是義大利首都 $\vee$ 羅馬是西班牙首都。

2. 羅馬是義大利首都 $\equiv$ 羅馬是西班牙首都。

3. $\sim$（倫敦是英格蘭首都 $\cdot$ $\sim$斯德哥爾摩是挪威首都）。

4. $\sim$倫敦是英格蘭首都 $\supset$ 斯德哥爾摩是挪威首都。

5. 巴黎是法國首都 $\equiv$（都柏林是愛爾蘭首都 $\cdot$ 愛丁堡是丹麥首都）。

6. （愛丁堡是丹麥首都 $\supset$ 奧斯陸是委內瑞拉首都）$\vee$（莫斯科是奈及利亞首都 $\cdot$ 芝加哥是美國首都）。

7. $\sim$（阿布加是奈及利亞首都 $\vee$ 坎培拉是澳大利亞首都）$\supset$（$\sim$奧斯陸是愛爾蘭首都$\vee$莫斯科是俄羅斯首都）。

8. [倫敦是英格蘭首都 $\equiv$（巴黎是法國首都 $\cdot$ 柏林是德國首都）] $\vee$（北達科他是夏威夷的一個島 $\equiv$ 斯德哥爾摩在義大利）。

9. [倫敦是瑞典首都 $\vee$（$\sim$巴黎是法國首都 $\cdot$ 柏林是德國首都）] $\vee$（$\sim$北達科他是夏威夷群島之一 $\supset$ 斯德哥爾摩在義大利）。

10. $\sim$[東京是日本首都 $\equiv$（多倫多在加拿大 $\cdot$ 雅加達是哥斯大黎加首都）] $\supset$ [馬拉瓜是尼加拉瓜首都 $\supset$（倫敦是英格蘭首都 $\equiv$ $\sim$愛丁堡是蘇格蘭首都）]

11. $\sim$[雅加達是印尼首都 $\cdot$（$\sim$聖約瑟是哥斯大黎加首都$\vee$聖達戈是加拿大首都）] $\supset$ [$\sim$（愛丁堡是蘇格蘭首都 $\cdot$ 都柏林是愛爾蘭首都）$\vee$ $\sim$莫斯科是南非首都]。

12. $\sim$[$\sim$馬拉瓜是尼加拉瓜首都 $\vee$（德梅茵是愛荷華州首府 $\cdot$ 里士滿是維吉尼亞州的首府）] $\supset$ { [（$\sim$倫敦是荷蘭首都$\equiv$巴黎是法國首都）$\supset$ 莫斯科是俄羅斯首都] $\vee$ 斯德哥爾摩是瑞典首都}

13. $\sim$ { [馬拉瓜是尼加拉瓜首都 $\equiv$（倫敦是英格蘭首都 $\supset$ $\sim$巴西利亞是比利時首都）] $\vee$ [渥太華是加拿大首都$\supset$（$\sim$奧斯陸是挪威首都 $\equiv$ $\sim$巴格達不是伊拉克首都）] } $\vee$ [喀布爾是中國首都]。

II.若A、B和C都為真陳述且X、Y、和Z都為假陳述，下列各個命題的真值是什麼？

14. $\sim Z \vee X$

15. $\sim B \supset \sim Z$

16. $\sim (A \supset X)$

17. $\sim Z \equiv B$

18. $\sim (A \cdot B) \vee (Z \cdot A)$

19. $(\sim A \supset Z) \vee \sim (Z \cdot A)$

20. $(\sim Y \supset \sim C) \supset \sim (A \cdot \sim Z)$

21. [（~A ≡ Y） · ~Y] ∨ Z

22. [（X ∨ ~Z） ≡ B] ⊃ （C · ~B）

23. [（A ∨ X） ⊃ （B ≡ C）] ⊃ ~ [（X · B） ⊃ X]

24. ~ { [A · （B ∨ X）] ⊃ [（X ⊃ Y） ⊃ Z] } ≡ [（X ⊃ A） ≡ ~C]

25. ~ {~ [（X ∨ （~Y · A） ） ∨ Z] ≡ [~X ≡ （Y ∨ [（A ∨ ~B） ⊃ ~Z] ）] }

Ⅲ.若*A*和*B*為真，*X*和*Y*為假，而*P*和*Q*的真值不知道，試判定下列命題的真值是什麼？如果不能確定一命題的真值，則答為不可確定。

26. Q · X

27. ~B · P

28. A ⊃ ~P

29. ~P ∨ （Q ∨ P）

30. P ⊃ （Q ≡ A）

31. ~ （P · Q） ∨ P

32. （P · Q） · （P ⊃ ~Q）

33. ~ （P · Q） ∨ （Q · P）

34. ~ [~ （~P ∨ Q） ∨ P] ∨ P

35. （P ≡ Q） ⊃ [（A ≡ B） ∨ （A ≡ X）]

36. [P ∨ （Q · A）] · ~ [（P ∨ Q） · （P ∨ A）]

37. ~ [~P ∨ （~Q ∨ A）] ∨ [~ （~P ∨ Q） ∨ （~P ∨ A）]

38. ~ （Q · X） ≡ ~ [（P · Q） ∨ （~P · ~Q）]

Ⅳ.利用括弧裡的簡寫，把下列句子翻譯為符號形式。

39.如果拉蒙去游泳，那麼湯婭去跳舞。（R，T）

40.或者薩拉寫十四行詩或者路德滾原木。（S，L）

41.肖恩是個愛爾蘭舞者這一事實是凱拉玩風笛的充要條件。（S，K）

42.買瑪律踢足球若且唯若伊維特不打籃球。（J，Y）

43.其實並非如果畢比吹喇叭那麼溫頓吹單簧管。（B，W）

44.在路易士嬉笑吵鬧的情況下，溫娜不能理解這個問題。（W，L）

45.其實並非肖恩和德爾德利都是愛爾蘭舞者。（S，D）

46.既不是愈瑞兒做飯也不是安娜做飯。（Y，A）

47.梅琳達參加比賽，若且唯若買瑪律做四分衛而安娜去踢球。（M，J，A）

48.或者盧新達拉大提琴或者泰隆吹喇叭；而左拉吹喇叭。（L，T，A）

49.或者格特種葡萄或者米妮釀酒，只要是露西喜歡羅利波普。（G，M，L）

50.只要拉斐爾吹喇叭弗裡茲就拉小提琴，或者克萊奧不吹單簧管。（F，R，C）

51.如果布魯洛造小船或米妮做甜餡，那麼古斯塔夫不種葡萄。（B，M，G）

52.在米莉和比利進行游泳比賽的條件下哈利就去理髮。（H，M，B）

53.如果奧妮不喜歡用鹹水處理的鱈魚，那麼索維奇不喜歡烙餅除非科爾想吃鱈魚。（O，S，C）

54.沃爾多耐心的在等待而羅爾夫快要崩潰了，假設索維奇說她要遲到或者英格麗不打算來。（W，R，S，I）

55.郝敏閱讀驚悚故事恰當羅蘭閱讀浪漫故事；如果貝琳達維修引擎僅當喬治編織羊毛織物。（H，R，B，G）

56.如果特魯德不寫詩那麼賀瑞斯寫歌；但其實並非如果特魯德寫詩那麼賀瑞斯不寫歌。（T，H）

57.其實並非如果山姆烤麵包那麼珍烤餅乾；即使是只要卡拉不煮白菜芭比就烤鱒魚。（S，J，B，C）

58. 路易吉喜歡烤寬麵條，僅當或者諾瑪喜歡麵條或者瑪利亞喜歡甜餡若且唯若奧利弗喜歡鴕鳥。（L，N，*M*，O）

59. 其實並非如果諾拉栽花那麼盧克麗霞打理花園；在如果康妮抓貓那麼德米尼特逐狗的情況下。（N，L，C，D）

60. 如果卡蜜拉捉蟋蟀，那麼如果布倫希爾德鋪床，則如果霍雷肖養家畜那麼諾曼寫小說。（C，B，H，N）

61. 如果並非或者菲利克斯做油燜魚或者阿梅利亞平和地論辯，那麼貝琳達就捕鱸魚除非德羅里斯沒駕駛道奇。（F，E，B，D）

62. 內拉寫偵探小說的事實是德拉成爲法律秘書的充要條件；當且僅當詹姆斯是雙面間諜這一事實蘊涵只有肖恩故伎重演，弗格森準將才能上任。（N，D，J，B，*S*）

63. 伊恩爲軍情六處工作除非瓊爲中央情報局工作這一事實，是格雷塔必須警覺的充分條件；只要蘿拉與摩薩德有聯繫僅當娜塔莎是英空軍特種部隊的中尉。（I，J，G，L，N）

3. 作爲複合命題分析工具的眞值表

我們可以把五個特徵眞值表總結在一個表中，稱之爲**主眞值表**：

p	q	$\sim p$	$p \vee q$	$p \cdot q$	$p \supset q$	$p \equiv q$
T	T	F	T	T	T	T
T	F	F	T	F	F	F
F	T	T	T	F	T	F
F	F	T	F	F	T	T

給定這些連結詞的定義，通過建立一個眞值表可以確定任一複合陳述所有可能的眞值。

確定的程式是直截了當的，先建立眞值表的諸引導列。引導列包括爲一個複合陳述中每個（不同的）簡單陳述而設的各豎列。它們給出這些簡單陳述所有可能的眞值組合。若只有一個簡單陳述 p，則其下有兩橫行的一個引導列：p或眞或假。若有兩個簡單陳述，如上面的主眞值表，則其下有四行的兩個引導列：p眞且q眞；p眞q假；p假q眞；p假且q假。若有三個簡單陳述，則有三個引導列，而眞值表各變元之下將有八行。若有四個簡單陳述，則有四個引導列，各變元之下有十六行，依此類推[7]。重要的是要用一種系統的辦法來建立引導列，以便在眞值表中得到所有可能的眞值組合。從眞值表左邊開始，在第一引導列中變元下面所有行中的前一半都相繼填上T，後一半都相繼填上F。相繼向右進行，每一後繼引導列中T和F變換的頻率是其前面緊鄰那列的兩倍。最右邊的引導列則相繼每行都變換眞值。包含一個、兩個或三個引導列的眞值表的諸引導列如下：

7　一般地，當有n個簡單命題時，各引導列下有2^n行。

p	
T	
F	

p	q	
T	T	
T	F	
F	T	
F	F	

p	q	r	
T	T	T	
T	T	F	
T	F	T	
T	F	F	
F	T	T	
F	T	F	
F	F	T	
F	F	F	

一旦建立了引導列，則可以爲每一複合陳述建立眞值列。

考慮眞值函數複合陳述~（$p \cdot q$）。這是p與q的連言的否定。~（$p \cdot q$）的眞值應該總是與（$p \cdot q$）相反的。若想精確地確定它的眞值情況，需要建立一個眞值表。首先，爲（$p \cdot q$）建立眞值列。使用引導列連同圓點（·）的定義就能確定它每一行的眞值：

p	q	$p \cdot q$
T	T	T
T	F	F
F	T	F
F	F	F

再在眞值表中加上~（$p \cdot q$）的一列：

p	q	$p \cdot q$	~（$p \cdot q$）
T	T	T	F
T	F	F	T
F	T	F	T
F	F	F	T

注意：當$p \cdot q$爲 F 時，~（$p \cdot q$）爲T，反之亦然。此眞值表表明~（$p \cdot q$）的眞值正好是我們所期望的。

考慮複合陳述形式（$q \lor$ ~p）。其眞值表的建立類似上述過程。

第一步：建立眞值表的引導列，塡上相應的眞值組合。

p	q	
T	T	
T	F	
F	T	
F	F	

第二步：爲了判定命題形式（$q \lor$ ~p）的眞值，需要先判定~p的眞值。**爲判定一個複**

〔重要提示〕

建立真值表有兩種思路。它們都需要同樣的真值列。對一個給定的命題，所得到的真值表包含相同的真值。一種方法是像我們在右邊所做的那樣。如果討論的是~（p·q），需先建立分支命題p·q的真值列，再在p·q的右邊為~（p·q）建立真值列。

另外一種是「連結詞下填真值」方法，如下所示：

p	q	$\sim (p \cdot q)$	
T	T	T	F
T	F	F	T
F	T	F	T
F	F	F	T

注意，兩個表具有相同的真值。由於有些學生，尤其是初學者覺得第一種方法要容易些，我們在本節中採用第一種方法。在後面幾節將採用「聯結詞下填真值」方法。

合命題或命題形式的真值，總是從判定其分支命題的真值開始。

運用p的引導列和波浪號（~）的定義可以判定~p的真值：

p	q	$\sim p$
T	T	F
T	F	F
F	T	T
F	F	T

第三步：判定整個陳述形式的真值從而完成真值表的建立。運用q的引導列連同~p的真值列以及選言符號（∨）的定義來確定（q∨~p）的真值：

p	q	$\sim p$	$(q \vee \sim p)$
T	T	F	T
T	F	F	F
F	T	T	T
F	F	T	T

從真值表中可以知道，當至少有一個選言因子真時整個選言為真。

考慮更為複雜的命題形式：$\sim p \supset (q \cdot r)$。其中有三個簡單陳述$p$、$q$、$r$，所以真值表將有八行：

p	q	r	
T	T	T	
T	T	F	
T	F	T	
T	F	F	
F	T	T	
F	T	F	
F	F	T	
F	F	F	

整個命題中有兩個分支，分別又是複合命題形式：$\sim p$和$q \cdot r$，所以需要建立它們兩個的真值列。運用p的引導列和波浪號（~）的定義可以判定~p的真值。運用q和r的引導列以及圓點（·）的定義可以判定$q \cdot r$的真值：

p	q	r	$\sim p$	$q \cdot r$
T	T	T	F	T
T	T	F	F	F
T	F	T	F	F
T	F	F	F	F
F	T	T	T	T
F	T	F	T	F
F	F	T	T	F
F	F	F	T	F

最後運用~p和q・r的眞值列和馬蹄形（⊃）的定義判定~p⊃（q・r）的眞值：

p	q	r	$\sim p$	$q \cdot r$	$\sim p \supset (q \cdot r)$
T	T	T	F	T	T
T	T	F	F	F	T
T	F	T	F	F	T
T	F	F	F	F	T
F	T	T	T	T	T
F	T	F	T	F	F
F	F	T	T	F	F
F	F	F	T	F	F

當知道整個複合陳述中分支陳述的所有或一些眞值時，我們同樣可以運用眞值表去判定給定陳述的眞值。例如，假設A和B是眞陳述，X是假陳述。訴諸~、・和v的眞值表定義，可以用眞值表判定複合陳述~〔A・（Xv~B）〕的眞值如下：

　　既然已知每一分支陳述的真值，則可以建立只有一行的、顯示它們的真值的一個真值表：

A	B	X	
T	T	F	

　　現在可以為諸分支陳述建立真值列。運用B的引導列和波浪號（～）的定義可以判定~B的真值。運用~B的真值列、X的引導列和選言符號（v）的定義可以判定（Xv~B）的真值。運用（Xv~B）的真值列、A的引導列以及圓點（・）的定義可以判定A・（Xv~B）的真值。最後運用A・（Xv~B）的真值列和波浪號（~）的定義可以判定~〔A・（Xv~B）〕的真值。這個真值表將看來如下：

A	B	X	$\sim B$	Xv~B	$A \cdot (X$v~$B)$	~〔$A \cdot (X$v~$B)$〕
T	T	F	F	F	F	T

若在不知道一個陳述眞假的情況下建立眞值表，只需爲不知其眞值的那個簡單命題設兩行眞值，一行爲眞一行爲假，其他過程與前面一樣。

若A爲眞，X爲假而P的眞值是未知的，那麼$X \supset (A \cdot \sim P)$的眞值是什麼？建立一個包含兩行眞值的眞值表：

A	X	P	
T	F	T	
T	F	F	

運用P的引導列和波浪號（$\sim$）的定義可以爲$\sim P$建立眞值列。運用$\sim P$的眞值列和A的引導列以及圓點（$\cdot$）的定義可以爲$A \cdot \sim P$建立眞值列。運用$A \cdot \sim P$的眞值列和X的引導列以及馬蹄形（$\supset$）的定義可以爲陳述$X \supset (A \cdot \sim P)$建立眞值列。建立的眞值表如下：

A	X	P	$\sim P$	$A \cdot \sim P$	$X \supset (A \cdot \sim P)$
T	F	T	F	F	T
T	F	F	T	T	T

既然$X \supset (A \cdot \sim P)$在兩行中都爲眞，此眞值表表明這個命題的眞假和$P$的眞值無關。

練習題

I.爲下列陳述建立眞值表以顯示這些陳述所有可能的眞值。

1. $p \supset \sim q$

2. $(p \lor q) \supset \sim q$

3. $(p \equiv \sim q) \supset (\sim q \supset \sim p)$

4. $(p \supset \sim p) \equiv [q \supset (p \cdot \sim q)]$

5. $(\sim p \lor q) \equiv (\sim q \cdot r)$

6. $\sim (\sim p \equiv q) \cdot (\sim q \supset r)$

7. $[\sim p \lor \sim (\sim q \cdot \sim r)] \lor p$

8. $\sim [(p \lor \sim q) \cdot r] \lor \sim s$

II.假定A和B爲眞陳述，C和D爲假陳述，建立眞值表判定下列複合陳述的眞值。

9. $B \cdot (C \lor \sim D)$

10. $A \cdot B$

11. $A \cdot \sim B$

12. $B \cdot (A \lor D)$

13. $[B \supset (C \lor D)] \cdot (A \equiv B)$

Ⅲ.若A、B和C是眞陳述，X、Y和Z爲假陳述，運用關於馬蹄形、圓點、選言符號和波浪號的眞值表判定下列陳述哪些是眞的。

14. $B \supset Y$

15. $(X \supset Y) \supset Z$

16. $(X \supset Y) \supset C$

17. $[(A \supset B) \supset C] \supset Z$

18. $[A \supset (B \supset Y)] \supset X$

19. $[(A \supset Y) \supset B] \supset Z$

20. $[(A \cdot X) \vee (\sim A \cdot \sim X)] \supset [(A \supset X) \cdot (X \supset A)]$

Ⅳ.若A和B已知爲眞，X和Y已知爲假，而P和Q的眞值是未知的，下列陳述哪些可以判定其眞值？

21. $X \supset Q$

22. $(P \cdot A) \supset B$

23. $(P \cdot X) \supset Y$

24. $(P \supset X) \supset (X \supset P)$

25. $[(P \supset B) \supset B] \supset B$

26. $(X \supset P) \supset (\sim X \supset Y)$

27. $\sim (A \cdot P) \supset (\sim A \vee \sim P)$

28. $[P \supset (A \vee X)] \supset [(P \supset A) \supset X]$

4. 套套的、矛盾的和適然的陳述形式

套套句是憑藉其形式而爲真的陳述。沒有一個對套套句中簡單分支命題的眞值賦值能使該複合陳述爲假。例如，「亞特蘭大在下雨或者亞特蘭大沒在下雨」是下述陳述形式的一個代入例

$$p \vee \sim p$$

眞值表顯示該陳述形式是套套的，因爲在對其簡單分支陳述的每一可能的眞值賦值之下，該陳述總爲眞：

p	p	$\vee$	$\sim p$
T		T	F
F		T	T

對套套句的另一種表述是：**套套的陳述形式只有真的代入例**。無論是用什麼命題統一地代換p都沒有關係：無論它是什麼，該陳述在所有可能的眞值賦值之下都將成爲眞的。沒有任何命題能用來統一地代換這種陳述形式的簡單分支從而產生一個假的陳述。

矛盾式是憑藉其形式而爲假的陳述。沒有一個對矛盾式中簡單分支命題的眞值賦值能使該陳述爲真。例如，「亞特蘭大在下雨並且亞特蘭大沒在下雨」是下述陳述形式的一個代入

例

$$p \cdot \sim p$$

眞值表顯示該陳述形式是矛盾式，因爲在對其簡單分支陳述的每一可能的眞值賦值之下，該陳述總爲假：

p	p	$\cdot$	$\sim p$
T		F	F
F		F	T

　　對矛盾式的另一種表述是：矛盾的陳述形式只有假的代入例。沒有任何命題能用來統一地代換這種陳述形式的簡單分支從而產生一個眞的陳述。

　　其代入例中既有眞陳述也有假陳述的陳述形式稱爲適然的陳述形式。因此，適然的陳述（或陳述形式）就是既非套套句又非矛盾式的陳述（形式）。偶眞陳述至少在一種眞值賦值下爲眞而且至少在一種眞值賦值下爲假。（$p \cdot q$）、（$p \lor q$）和（$p \supset q$）都是偶眞陳述形式的例子。此類陳述形式及其代入例均稱爲適然的，因爲它們的實際眞值依賴或偶然地依賴於其簡單分支陳述的實際眞值。要注意的是，套套句和矛盾式具有的眞值並不像這樣依賴於其簡單分支陳述的實際眞值；毋寧，套套句總爲眞，矛盾式總爲假，不管其簡單分支命題的眞值如何。

　　上述例子暗示了如何運用眞值表檢驗給定的複合命題，看它們是套套的、矛盾的還是適然的。檢驗步驟如下：按常規建立眞值表，然後檢查主聯結詞下的眞值。若它們都爲眞，則該陳述是套套句；若都爲假，則該陳述是矛盾式；若該陳述至少在一種眞值賦值下爲眞而且至少在一種眞值賦值下爲假，它就是適然的。

　　例如，我們可能想知道 [$\sim$（$\sim p \lor q$）$\lor p$] 是套套的、矛盾的還是適然的。注意，這裡的主聯結詞是一個選言，其選言因子分別是一個否定的選言式 $\sim$（$\sim p \lor q$）和命題 p，先建立眞值表：

p	q	$\sim$	（$\sim p$	$\lor$	q）	$\lor$	p
T	T	F	F	T		T	
T	F	T	F	F		T	
F	T	F	T	T		F	
F	F	F	T	T		F	

可以看出，主聯結詞下的眞值是混合的，有眞也有假；因此陳述 [$\sim$（$\sim p \lor q$）$\lor p$] 是適然的。換句話說，眞值表顯示 [$\sim$（$\sim p \lor q$）$\lor p$] 至少在對其基本命題的一種眞值賦值下爲眞而且至少在一種眞值賦值下爲假，所以這個陳述是偶眞式。

　　在前面的章節裡非正式地談到過邏輯等值這個概念。例如，我們說過，任一被換質的定言命題邏輯等值於它的換質命題。現在到了精確地陳述邏輯等值的眞實意思的時候了。**兩個**

陳述邏輯（上）等值若且唯若在對其簡單分支陳述的每一可能的真值賦值之下，這兩個陳述都有相同的真值。例如，下面這個真值表顯示陳述（$p \supset q$）和（$\sim p \vee q$）是邏輯等值的。

p	q	$\sim p \vee q$		$p \supset q$
T	T	F	T	T
T	F	F	F	F
F	T	T	T	T
F	F	T	T	T

　　用真值表檢驗邏輯等值的步驟通常如下：在真值表中填上將要檢驗的兩個陳述，為每一陳述建立真值列。**如果在對它們的簡單分支陳述的每一真值賦值下兩個複合陳述的真值都一致，那麼這兩個複合陳述就是邏輯等值的。**說兩個陳述真值是一致的，就是說在每一真值賦值下，當其中一個陳述為真，另一個也為真，當其中一個為假，另一個也為假。**若兩個陳述至少在一種真值賦值下其真值不同，則這兩個陳述就不是邏輯等值的。**被上面那個真值表驗證過的兩個陳述形式是邏輯等值的：不存在一種真值賦值使得其中一個為真而另一個為假。下面這個真值表則表明（$p \cdot q$）和$\sim$（$p \equiv q$）這兩個句子形式不是邏輯等值的。

p	q	$p \cdot q$	$\sim$	(p	$\equiv$	$\sim q$)
T	T	T	T		F	F
T	F	F	F		T	T
F	T	F	F		T	F
F	F	F	T		F	T

　　在這裡，我們通過如下推理得知在$\sim$（$p \equiv \sim q$）每一真值賦值下的真值：雙條件句當其分支陳述具有相同真值時為真；在這裡則意味著，若p和$\sim q$具有相同的真值，則那個雙條件句為真。若那個雙條件句為真，則它的否定就為假，若那個雙條件句為假，則它的否定就為真。在第一種賦值（在第一行）之下，p為真而$\sim q$為假，因此那個雙條件句為假，這意味著它的否定（即我們所關注的陳述）為真。在第二種賦值（在第二行）之下，p和$\sim q$都為真，因此那個雙條件句為真，其否定因而為假。在第三種賦值（在第三行）之下，p和$\sim q$都為假，因此那個雙條件句為真，而其否定為假。在第四種賦值（在第四行）之下，p為假而$\sim q$為真，所以那個雙條件句為假，而其否定為真。另一個陳述的真值列只需照搬連言的特徵真值表即可。在兩個陳述的真值列建立完成後，檢視它。在這裡我們看到，在第四行中，當p為假而$\sim q$為真時，（$p \cdot q$）為假，但$\sim$（$p \equiv q$）卻為真，這就是說，這兩個陳述形式的真值中至少在一種真值賦值下不同，因此它們不是邏輯等值的。

　　第二種驗證兩個陳述或陳述形式是否邏輯等值的方法需借助雙條件句的真值表定義和套套句概念。若一個雙條件句是套套的，則該雙條件句的兩個分支陳述是邏輯等值的。這是因為一個雙條件句為真若且唯若其分支陳述具有相同的真值，而據定義，兩個邏輯等值的陳述是在每一可能的真值賦值下都具有相同的真值的。這就是說，一個聯結了兩個邏輯等值的陳

述的雙條件句，在每一可能的眞値賦値下都爲眞：它是個套套句。下面這個例子就是循此程式來證明（p·q）和~（~p∨~q）邏輯等値的：

p	q	(p·q)	≡	~	(~p	∨	~q)
T	T	T	T	T	F	F	F
T	F	F	T	F	F	T	T
F	T	F	T	F	T	T	F
F	F	F	T	F	T	T	T

　　陳述~（~p∨~q）是一個選言句的否定。那個選言句要爲眞只需其中至少一個選言因子~p或~q爲眞，亦即p和q中至少有一個爲假。因而那個選言句只在第一行中爲假；而其否定在那裡爲眞。在其他每一眞値賦値下選言句都爲眞，因此其否定爲假。這樣，眞値表證明了，在對簡單分支陳述p和q的每一可能的眞値賦値下的任一賦値情況下，聯結（p·q）和~（~p∨~q）的雙條件句都爲眞。所以該雙條件句是套套句，這意味著它的分支（p·q）和~（~p∨~q）是邏輯等値的。

　　在前面章節提到一個雙條件句（p ≡ q）邏輯等値於兩個條件句的連言［（p⊃q）·（q⊃p）］，現在給出證明。

p	q	(p≡q)	≡	[(p⊃q)	·	(q⊃p)]
T	T	T	T	T	T	T
T	F	F	T	F	F	T
F	T	F	T	T	F	F
F	F	T	T	T	T	T

　　條件句p⊃q在第二行中爲假，因此作爲雙條件句的第二個分支的連言句爲假，p⊃q在其他三行中均爲眞。條件句q⊃p在第三行中爲假，所以連言句在這一行中爲假，q⊃p在其他行均爲眞。（p⊃q）·（q⊃p）的眞値排列TFFT和p ≡ q的眞値排列完全一樣，因而關於它們實質等値的斷定是套套句，這兩個句子邏輯等値。

　　這樣，當關於兩個實質等値的陳述是套套句時，這兩個陳述就是邏輯等値的。爲了表示這種關係，我們引入一個新的符號，這個符號是在三杆號上面加上一個小T（表示套套句），即$\underset{\equiv}{\text{T}}$。一個最常見的邏輯等値形式是雙重否定，陳述「我並非沒有意識到這個問題」邏輯等値於「我意識到這個問題」。下面的眞値表確認p和~~p邏輯等値，因而可以表達爲套套的［或「邏輯（上）眞的」］雙條件句（p$\underset{\equiv}{\text{T}}$~~p）：

p	q	p$\underset{\equiv}{\text{T}}$	~	~p
T	T	T	T	F
T	F	T	T	F
F	T	T	F	T
F	F	T	F	T

有兩種重要的邏輯等值有助於我們理解連言、選言和否定之間的相互關係。它們最先由奧古斯特‧德摩根（1809—1871）正式提出，通稱為德摩根定理。

德摩根第一定理是說選言句的否定邏輯等值於每一選言因子的否定的連言，或

$$\sim(p \vee q) \;\overset{\text{T}}{\equiv}\; (\sim p \cdot \sim q)$$

說「並非或者鋼人隊或者海豚隊將贏得超級杯」邏輯等值於「鋼人隊和海豚隊都不會贏得超級杯」。

德摩根律第二定理是說連言句的否定邏輯等值於每一連言因子的否定的選言，或

$$\sim(p \cdot q) \;\overset{\text{T}}{\equiv}\; (\sim p \vee \sim q)$$

「尼爾斯和瑪律塔都是學生，這是假的」邏輯等值於「或者尼爾斯不是學生或者瑪律塔不是學生」。

可以用真值表表明德摩根定理是套套句（為簡便我們把兩者合併到一個表中）：

p	q	$\sim(p$	$\cdot$	$q)$	$\overset{\text{T}}{\equiv}$	$(\sim p$	$\vee$	$\sim q)$	$\sim(p$	$\vee$	$q)$	$\overset{\text{T}}{\equiv}$	$(\sim p$	$\cdot$	$\sim q)$
T	T	F	T		T		F	F	F	F	T		T	F	F	F
T	F	T	F		T		F	T	T	F	T		T	F	F	T
F	T	T	F		T		T	T	F	F	T		T	T	F	F
F	F	T	F		T		T	T	T	T	F		T	T	T	T

現在，需要提及另外一個重要的邏輯等值式。早先我們說到「p實質蘊涵q」簡單地意指並非p真而q假。因而我們把 $(p \supset q)$ 作為 $\sim(p \cdot \sim q)$ 的簡說方式。依據德摩根定理可以知道 $\sim(p \cdot \sim q)$ 邏輯等值於 $(\sim p \vee \sim\sim q)$。既然 $\sim\sim q$ 邏輯等值於 q，可以推出 $\sim(p \cdot \sim q)$ 邏輯等值於 $(\sim p \vee q)$。考慮這個真值表：

p	q	$\sim(p$	$\cdot$	$\sim q)$	$\overset{\text{T}}{\equiv}$	$(p \supset q)$	$(p \supset q)$	$\overset{\text{T}}{\equiv}$	$(\sim p$	$\vee$	$q)$
T	T	T	F	F	T	T	T	T	F	T	T
T	F	F	T	T	T	F	F	T	F	F	F
F	T	T	F	F	T	T	T	T	T	T	T
F	F	T	F	T	T	T	T	T	T	T	F

真值表顯示，$\sim(p \cdot \sim q)$ 邏輯等值於 $(p \supset q)$，而 $(p \supset q)$ 邏輯等值於 $(\sim p \vee q)$。由此可知 $\sim(p \cdot \sim q)$ 邏輯等值於 $(\sim p \vee q)$。它們邏輯等值的真值表證明作為練習題留給讀者。

順便提一下，若在這裡不建立兩列，而是把這兩個雙條件句再用一個三槓號連接成一個新句子，這個新句子將是一個套套句。這意味著所有的套套句相互之間邏輯等值！一個類似的推論是所有的矛盾式相互之間也是邏輯等值的。然而，由於偶真式可以有多種方式使之成為適然的，所以不能推導出所有偶真式相互之間也是邏輯等值的。作為練習題，請讀者列舉

兩個不是邏輯等值的偶眞式。

────練習題──■

I.用眞值表辨別下列陳述形式是套套的、矛盾的還是適然的。

　1. $[\,p \supset (p \supset q)\,] \supset q$

　2. $[\,(p \supset \sim q) \supset p\,] \supset p$

　3. $p \cdot \sim p$

　4. $p \lor q$

II.用眞值表判定下列雙條件句（實質等值式）哪些是套套的哪些是適然的陳述。

　5. $(p \supset q) \equiv (\sim q \supset \sim p)$

　6. $[\,p \cdot (q \lor r)\,] \equiv [\,\sim(\,(\sim q \cdot \sim r) \lor \sim p)\,]$

　7. $p \equiv (p \lor p)$

　8. $p \supset [\,(p \supset q) \supset q\,]$

　9. $p \supset [\,\sim p \supset (q \lor \sim q)\,]$

　10. $[\,p \supset (q \supset r)\,] \supset [\,(p \supset q) \supset (p \supset r)\,]$

III.用眞值表判定下列雙條件句哪些是套套句。

　11. $(p \supset q) \equiv (\sim p \supset \sim q)$

　12. $[\,p \supset (q \supset r)\,] \equiv [\,q \supset (p \supset r)\,]$

　13. $p \equiv [\,p \lor (p \supset q)\,]$

　14. $p \equiv [\,p \lor (q \lor \sim q)\,]$

　15. $[\,p \lor (q \cdot r)\,] \equiv [\,(p \lor q) \cdot (p \lor r)\,]$

5. 檢驗論證有效性之眞值表

　　我們可以用眞值表來檢驗論證的有效性。這樣做依賴於「論證形式」這個概念。所謂論證形式是指一個包含陳述變元而不是陳述的符號陣列，當我們一致地用陳述代替陳述變元時，就得到一個論證。

$$H \supset M \qquad F \supset S$$
$$\underline{M} \qquad\quad\ \ \underline{S}$$
$$\therefore H \qquad\quad\ \therefore F$$

　　這兩個論證具有相同的形式

$$p \supset q$$
$$\underline{q}$$
$$\therefore p$$

記得在第2節中我們把一個陳述的特有形式定義爲這樣的形式：通過以不同的簡單陳述一致地代換各個不同的陳述變元就產生該陳述。可以對論證作一個類似的定義：**論證的特有形式是指這樣的論證形式：通過以不同的簡單陳述一致地代換該論證形式的各個不同的陳述變元就產生該論證**。一個論證的形式與其特有形式之間的區分是重要的。有許多不同的形式可有那個論證作爲代入例，但只能有一個特有形式有那個論證作爲代入例。當檢驗論證的有效性時，由於下述理由需要檢驗其特有形式。考慮下面這個有效的選言三段論：

> 這個盲囚戴紅帽子或者戴白帽子。
> 這個盲囚沒戴紅帽子。
> 因此，這個盲囚戴白帽子。

這個論證可以用符號表示爲：

> R ∨ W
> $\sim R$
> ∴W

它是這個有效論證形式的代入例：

> $p \lor q$
> $\sim p$
> ∴q

也是這個無效論證形式的代入例：

> p
> q
> r

由前提p和q不能有效推導出r。所以，一個無效論證形式可有一個有效的或無效的論證作爲其代入例。然而，**一個有效的論證形式只能有有效論證作為其代入例**。爲判定某一給定的論證是否有效，必須仰仗所說論證的特有形式。只有論證的特有形式才能準確揭示那個論證的全部邏輯結構，由此，若論證的特有形式有效，則這個論證一定是有效的。

回顧有效性的定義：**一個論證，如果當其前提爲真時結論不可能爲假，那麼就是有效的**。另外一種說法是，一個論證形式是有效的，僅當它只有有效的論證作爲代入例。爲了檢驗一個論證的有效性，可以考察其所有可能的代入例，看其中是否出現有真前提和假結論的論證。例如，我們有論證形式

> $p \supset q$
> p
> ∴q

在這個論證形式中統一地用「所有的狗是哺乳動物」替換p，用「所有哺乳動物都呼吸空氣」替換q，可以得到：

> 若所有的狗都是哺乳動物，則所有哺乳動物都呼吸空氣。
> 所有的狗都是哺乳動物。
> ─────────────────────────
> 因此，所有的哺乳動物都呼吸空氣。

碰巧這個論證有眞前提和眞結論。然而，這不能說明更多，因爲，如同在第1章第7節中看到的，無效的論證形式完全可能有一個其中所有命題都爲眞的代入例。用這種方法表明一個論證是有效的需要證明的是，這個論證形式的代入例沒有一個是有眞前提和假結論的。不過，這種方法是不實用的，因爲任一論證形式都有無窮多個代入例。

然而，任何用來代換陳述變元的陳述必定或眞或假，因此，根本無需關注實際的陳述（實際的代入例），而是只集中注意它們可能的眞值。用來代換任一陳述變元的陳述只能有兩種眞值中的一種：眞（T）或假（F）。一個恰有兩個句子變元的論證形式的代入例，它們的簡單分支陳述只能有四種可能的眞值組合：p和q都代以眞陳述；p代以眞陳述q代以假陳述；p代以假陳述q代以眞陳述；p和q都代以假陳述。

爲判定一個包含兩個變元的論證的有效性，只需考察這四種眞值組合。這可以用眞值表來完成。考慮下面這個稱爲肯定後件謬誤的無效論證形式：

$$p \supset q$$
$$\underline{q\qquad}$$
$$\therefore p$$

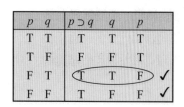

爲了檢驗這個論證的有效性，建立如下眞值表：

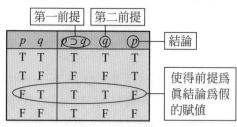

左邊兩個引導列的建立如常。在頂部的右邊依次塡入論證的每一個命題爲之建立眞值列。我們依舊按照特徵眞值表爲相應的連接詞（在這裡唯一的連接詞是⊃）塡眞值表。既然有效論證是不可能所有前提都眞而結論假的，眞值表爲論證中諸陳述提供所有可能的眞值賦值，我們應該檢驗，若至少存在一種這樣的情況，則有可能在前提都眞的同時結論爲假，因而該論證無效。若不存在對論證形式中那些簡單分支

陳述的、使得前提為假的真值賦值，則真值表表明該論證有效。上面的真值表中第三行就是使得原論證前提都真而結論為假的真值賦值，因此可以得知肯定後件式論證形式無效。

下面是肯定前件式這個有效論證形式的真值表。

p	q	$p \supset q$	p	q
T	T	T	T	T
T	F	F	T	F
F	T	T	F	T
F	F	T	F	F

在此真值表中，每一結論為假的情況（第二和第四行），都至少有一前提為假，因此不可能存在使得此論證形式的兩個前提都真而結論為假的真值賦值，這意味著每一具有此特有形式的論證（此論證形式的每一代入例）都是有效論證。

檢驗論證有效性的真值表方法有一個關鍵：一個給定的論證的有效性純粹依賴於其形式（依賴於前提和結論之中以及它們之間的結構關係），而完全不依賴於其具體內容。

(1) 若干常見的有效論證形式

真值表能證明諸如選言三段論、肯定前件式、否定後件式和假言三段論這些基本論證形式是有效的。在這些論證形式的真值表中，找不到一行是所有前提下為T而結論下為F的。

①選言三段論：

$p \lor q$

$\sim p$

$\therefore q$

愛琳娜去了溫哥華或者去了墨西哥城。

愛琳娜沒去溫哥華。

因此，她去了墨西哥城。

選言三段論被描述在如下真值表裡：

p	q	$p \lor q$	$\sim p$	q
T	T	T	F	T
T	F	T	F	F
F	T	T	T	T
F	F	F	T	F

②肯定前件式：

$p \supset q$

p

$\therefore q$

如果愛琳娜去了墨西哥城，那麼她參觀了一些阿茲特克遺址。

愛琳娜去了墨西哥城。

因此，她參觀了一些阿茲特克遺址。

肯定前件式論證形式被描述在如下真值表裡。在前面介紹有效性的真值表檢驗法時，曾用到過這個論證形式：

p	q	$p \supset q$	p	q
T	T	T	T	T
T	F	F	T	F
F	T	T	F	T
F	F	T	F	F

③否定後件式：

$p \supset q$

$\sim q$

$\therefore \sim p$

如果愛琳娜去了墨西哥城，那麼她會參觀一些阿茲特克遺址。

愛琳娜沒參觀一些阿茲特克遺址。

因此，她沒去墨西哥城。

否定後件式論證形式被描述在下面真值表裡：

p	q	$p \supset q$	$\sim q$	$\sim p$
T	T	T	F	F
T	F	F	T	F
F	T	T	F	T
F	F	T	T	T

④假言三段論：

$p \supset q$

$q \supset r$

$\therefore p \supset r$

如果愛琳娜去了溫哥華，那麼她會去加拿大洛磯山脈遠足。

如果愛琳娜去加拿大洛磯山脈遠足，它將看到一些壯觀的風景。

因此，如果愛琳娜去溫哥華，她將看到一些壯觀的風景。

假言三段論被描述在下面眞值表裡

p	q	r	$p \supset q$	$q \supset r$	$p \supset r$
T	T	T	T	T	T
T	T	F	T	F	F
T	F	T	F	T	T
T	F	F	F	T	F
F	T	T	T	T	T
F	T	F	T	F	T
F	F	T	T	T	T
F	F	F	T	T	T

(2) 常見的無效論證形式

　　兩個無效論證形式——肯定後件的謬誤和否定前件的謬誤——特別值得一提，因爲它們與一些有效論證形式表面上相似，從而誘使一些粗心的作者或讀者得出錯誤的結論。

　　肯定後件的謬誤的形式：

$$p \supset q$$
$$q$$
$$\therefore q$$

表面上與肯定前件式形式相似。

如果我在晚餐前做完家庭作業，那麼我會去看電影。

我去看電影了。

因此，我在晚餐前做完了家庭作業。

眞值表顯示這個論證形式是無效的。第三行中兩個前提之下均爲T而結論之下爲F。

p	q	$p \supset q$	q	p
T	T	T	T	T
T	F	F	F	T
F	T	T	T	F
F	F	T	F	F

否定前件的謬誤形式：

$$p \supset q$$

$$\underline{\sim p}$$

$$\therefore \sim q$$

表面上與否定後件式形式相類似。

> 如果艾倫娜去加拿大洛磯山脈遠足，那麼她將看到壯觀的風景。
> 艾倫娜沒有去加拿大洛磯山脈遠足。
> 因此，她沒有看到壯觀的風景。

眞値表顯示這個論證形式是無效的。注意第三行中兩個前提之下均爲T而結論之下爲F。

p	q	$p \supset q$	$\sim p$	$\sim q$
T	T	T	F	F
T	F	F	F	T
F	T	T	T	F
F	F	T	T	T

(3) 較複雜的論證

隨著論證中的命題複雜程度增加，需要爲論證中的諸分支命題建立眞値列。給定一個論證形式

$$(p \cdot \sim q) \supset r$$

$$\underline{r \vee q}$$

$$\therefore \sim p$$

這個論證形式的眞値表需要八行，還需爲$\sim q$、$p \cdot \sim q$、$(p \cdot \sim q) \supset r$、$r \vee q$和$\sim p$建立眞値列。首先給嵌入括弧裡最深的命題賦眞値。從$\sim q$開始，然後爲$(p \cdot q)$建立眞値列，進而爲$(p \cdot \sim q) \supset r$建立眞値列，再就是第二個前提和結論。運用聯結詞下塡眞値方法，所建眞値表看來如下：

p	q	r	$(p \cdot \sim q) \supset r$			$r \vee p$	$\sim p$	
T	T	T	F F T			T	F	✓
T	T	F	F F T			T	F	✓
T	F	T	T T T			T	F	✓
T	F	F	T T F			F	F	✓
F	T	T	F F T			T	T	
F	T	F	F F T			T	T	
F	F	T	F T T			T	T	
F	F	F	F T T			F	T	

　　此論證是無效的，對吧？前面三行中都是前提真結論假。因此，遵循慣例，給前面三行畫上圈並宣佈這個論證無效。可能有人會說「前兩行中出現F，是不是只有第三行才表明這個論證形式是無效的？」不，這裡只需關注前提和結論的真值列，即馬蹄形號、選言符號和~p之下的真值列。下面用箭頭標示出它們：

p	q	r	(p · ~q) ⊃ r	r ∨ p	~p	
T	T	T	F F　T	T	F	✓
T	T	F	F F　T	T	F	✓
T	F	T	T　T	T	F	✓
T	F	F	T T　F	F	F	✓
F	T	T	F F　T	T	T	
F	T	F	F F　T	T	T	
F	F	T	F T　T	T	T	
F	F	F	F T　T	F	T	

　　既然前三行的每一行都顯示前提都真而結論假，那麼它們每一行都表明這個論證形式是無效的。

　　重要的是要記住哪些真值列是為前提和結論預備的，哪些列可以叫做輔助列，亦即僅僅為確定前提和結論的真值而引入的那些列。有些學生發現輔助列「用過」之後即予劃掉有好處，便於看清哪些列是只為前提預備的。用這種辦法，上述真值表就將看來如下：

p	q	r	(p · ~q) ⊃ r	r ∨ p	~p	
T	T	T	F F T	T	F	✓
T	T	F	F F T	T	F	✓
T	F	T	T T	T	F	✓
T	F	F	T T F	F	F	✓
F	T	T	F F T	T	T	
F	T	F	F F T	T	T	
F	F	T	F T T	T	T	
F	F	F	F T T	F	T	

　　這樣做可以更清楚地看出在確定一個論證形式是否有效時哪些列「算數」。

─練習題─

I．下面是一組論證（A組，字母a-o）和一組論證形式（B組，數字1-24）。

　　對（A組中的）每一論證，如果有的話，指出（B組中的）哪些論證形式有該論證為其代入

例。此外，對（A組中的）每一論證，如果有的話，指出（B組中的）哪個論證形式是那個論證的特有形式。

用真值表證明B組中的論證形式是否有效。

A組——論證

a. $A \cdot B$

　　$\therefore A$

g. $O \supset P$

　　$\sim P$

　　$\therefore \sim O$

m. $(G \lor H) \supset (G \cdot H)$

　　$\therefore (G \supset H) \cdot (H \supset G)$

c. E

　　$\therefore E \supset F$

i. $T \supset U$

　　$T \supset V$

　　$\therefore U \lor V$

o. $(K \supset L) \cdot (M \supset N)$

　　$\sim L \lor \sim N$

　　$\therefore \sim K \lor \sim N$

e. $I \cdot J$

　　$\therefore I$

k. $A \supset (B \supset C)$

　　$(B \supset C) \supset D$

　　$\therefore A \supset D$

B組——論證形式

1. $p \supset q$

　　$\therefore \sim q \supset \sim p$

3. p

　　$\therefore p \supset q$

5. $p \supset q$

　　$\sim q$

　　$\therefore \sim p$

7. $p \supset (q \supset r)$

　　$p \supset q$

　　$\therefore p \supset r$

9. $(p \supset q) \cdot (r \supset s)$

　　$\sim q \lor \sim s$

　　$\therefore \sim p \lor \sim s$

11. $(p \lor q) \supset (p \cdot q)$

　　$\sim (p \lor q)$

　　$\therefore \sim (p \cdot q)$

2. $p \cdot q$

　　$\therefore p$

4. $(p \lor q) \supset (p \cdot q)$

　　$\therefore (p \supset q) \cdot (q \supset p)$

6. $p \supset q$

　　$p \supset r$

　　$\therefore q \lor r$

8. $p \supset (q \supset r)$

　　$q \supset (p \supset r)$

　　$\therefore (p \lor q) \supset r$

10. $p \supset (q \supset r)$

　　$(q \supset r) \supset s$

　　$\therefore p \supset s$

12. $(p \cdot q) \supset (r \cdot s)$

　　$\therefore (p \cdot q) \supset [(p \cdot q) \cdot (r \cdot s)]$

II. 用真值表判定下列論證形式是否有效。

13. $p \supset q$

　　$q \supset p$

　　$\therefore p \lor q$

15. $(C \lor D) \supset (C \cdot D)$

　　$C \cdot D$

　　$\therefore C \lor D$

17. $(O \lor P) \supset Q$

　　$Q \supset (O \cdot P)$

　　$\therefore (O \lor P) \supset (O \cdot P)$

14. $p \supset (q \lor \sim r)$

　　$q \supset \sim r$

　　$\therefore p \supset \sim r$

16. $(G \lor H) \supset (G \cdot H)$

　　$\sim (G \cdot H)$

　　$\therefore \sim (G \lor H)$

Ⅲ.把下列論證用符號表示並用眞値表判定它們是否有效。

18.如果丹麥拒絕加入歐洲共同體，那麼，若愛沙尼亞依然處於俄羅斯勢力範圍內，則芬蘭將不接受自由貿易政策。愛沙尼亞依然處於俄羅斯勢力範圍，因此，如果丹麥拒絕加入歐洲共同體，那麼芬蘭將不接受自由貿易政策。

19.如果蒙大拿遭遇大旱，那麼，若內華達有正常小雨，俄勒岡的水供應將大爲減少。內華達有正常小雨，因此，如果俄勒岡水供應大爲減少，那麼蒙大拿遭遇大旱。

20.如果人是完全理性的，那麼人所有的行爲是可被提前預測的或者宇宙基本上是決定論的。並非人的所有行爲都是可被提前預測的。因此，如果宇宙不是基本上決定論的，那麼人不是完全理性的。

6. 不完全眞値表和逆向眞値表

(1) 不完全眞値表

有些人可能會嘀咕：「建立眞値表實際上是很機械的，可它太乏味了！」或者「若在眞値表中只有結論爲假的那些行才眞有關係，何必還要在其他行上花心思呢？」作爲回應，下面將介紹兩種簡化形式的眞値表。

不完全眞値表認識到下面三個事實：(1)只有結論爲假的那些行才能證明一個論證是無效的。(2)即使結論爲假，若有一個前提爲假，就無需再去關注同一行中其他前提的眞値。(3)只需有一行其中前提都爲眞而結論爲假就足以表明該論證形式是無效的，無需再去找一個第二或第三行。

建立一個不完全的眞値表，起始步驟如常：建立引導列並把論證置於眞値表頂端另一邊。下一步，爲結論建立眞値列：有時候需要建立輔助列以便判定結論眞値，只集中注意於結論爲假的那些行，在這些行中依據引導列從右到左給前提賦值。[8] 如果找到一個假前提，就跳到下一個結論爲假的行，重複這一過程直至或者找到一行其中所有前提爲眞——這表明該論證無效——或者已經表明所有結論爲假的行中均至少有一假前提。現用如下一組例子來說明該方法的操作過程。

考慮如下論證形式

$$p \supset (q \lor r)$$
$$\underline{\sim q}$$
$$\therefore \sim p$$

8　這不是一個硬性規定，如果在該行中能看到一個前提必定爲假。例如，$p \cdot q$，在p爲假的那一行，可以直接給該前提賦值爲假，並跳到其他行。

起始步驟如常，先建立結論的眞値列：

p	q	r	p ⊃ (q ∨ r)	~q	~p	
T	T	T			F	✓
T	T	F			F	✓
T	F	T			F	✓
T	F	F			F	✓
F	T	T			T	
F	T	F			T	
F	F	T			T	
F	F	F			T	

給前提賦値，一旦找到一個假前提則可跳過這一行，若發現某一行中前提都眞則可斷定該論證無效。整個步驟應該如下（刪掉了輔助列）：

p	q	r	p ⊃ (q ∨ r)	~q	~p	
T	T	T			F	F	✓
T	T	F			F	F	✓
T	F	T	T	T	T	F	✓
T	F	F				F	✓
F	T	T				T	
F	T	F				T	
F	F	T				T	
F	F	F				T	

這個論證無效。

如果一個論證有效，則任一結論爲假的行中至少存在一個假前提。考慮假言三段論的不完全眞値表：

p	q	r	p ⊃ q	q ⊃ r	p ⊃ r	
T	T	T			T	
T	T	F		F	F	✓
T	F	T			T	
T	F	F	F	T	F	✓
F	T	T			T	
F	T	F			T	
F	F	T			T	
F	F	F			T	

這個論證有效。

練習題

I. 爲下列每一論證形式建立不完全眞值表並判定它們是否有效。

1. $p \supset \sim q$
   q
   $\therefore \sim p$

2. $p \lor \sim p$
   $\therefore q \cdot (p \cdot q)$

3. $p \supset (q \lor \sim r)$
   $\sim q$
   $\therefore p \supset \sim r$

4. p
   $p \supset (q \cdot \sim r)$
   $\therefore r$

5. $p \cdot [(q \lor r) \supset s]$
   $\sim s \lor \sim p$
   $\therefore \sim q \cdot \sim r$

(2) 逆向眞值表

可能依然有人會抱怨，「不完全眞值表這種方法雖然好，但是紙張較貴，該方法不能節省紙張，省不省墨水倒不打緊。存在一種只需構建一行就能判定一個論證形式無效的方法嗎？」問得好！！！

有一種被稱爲逆向眞值表，或單行眞值表，或歸謬眞值表的方法就是只需構建一行就能判定一個論證形式無效的。你會猜想，那在判定一個論證形式無效時比較簡易，其實它也可用來表明一個論證形式有效。先考慮一個簡單的例子，如否定前件的謬誤。

否定前件的謬誤是具有如下形式的論證：

$p \supset q$
$\underline{\sim p}$
$\therefore \sim q$

爲建立逆向眞值表，假設所有前提爲眞而結論爲假。給結論賦值令其爲假。然後，與結論的眞值賦值一致地——結論中簡單陳述的賦值必須與給前提中相同的簡單陳述的賦值相同——給前提中簡單陳述賦值使得所有前提爲眞。這樣，先把論證寫成一行。爲提醒自己，把前提和結論的假設的眞值寫在那些陳述之上：

　　假設：　　T　　　　T　　　　F
　　　　　　$p \supset q$　　$\sim p$　　$\therefore \sim q$

現在以讓假設實現爲目標給簡單陳述賦值。若結論爲假，即$\sim q$爲假，則q一定爲眞。若$\sim p$是前提，則它一定爲眞，所以p一定爲假。依此類推給出相應賦值，就表明這個論證形式是無效的。

假設：　　　T　　　T　　　F
　　　　$p \supset q$　　$\sim p$　　　$\therefore \sim q$
　　　　F　T　　　F　　　　T
　　　　T　　　T　　　　F

注意，簡單陳述的眞值應該直接置於簡單陳述下面，而分支命題的眞值應該置於相關的聯結詞下面。

現在給下面這個論證形式建立逆向眞值表：

$(p \cdot q) \supset r$

$\sim r \supset s$

$\underline{\sim q}$

$\therefore p \supset s$

把這個論證寫在一行中並給結論賦值。結論要爲假，p一定爲眞而s一定爲假。於是，從指派那些眞值開始：

假設：　　　　　T　　　T　　　T　　　　F
　　　$(p \cdot q) \supset r$　$\sim r \supset s$　　$\sim q$　　$\therefore p \supset s$
　　　T　　　　　　F　　　　　　T　F
　　　　　　　　　　　　　　　　　　　F

再填入其它的眞值。$\sim q$爲眞則q一定爲假。s爲假因而要第二前提爲眞則$\sim r$一定爲假，因而r一定爲眞。如此賦值完畢後，逆向眞值表應爲：

假設：　　　　　T　　　T　　　T　　　　F
　　　$(p \cdot q) \supset r$　$\sim r \supset s$　　$\sim q$　　$\therefore p \supset s$
　　T F T　T F　　F　　　　T F
　　　F　　　　　F　　　T　　　　F
　　　T　　　　T

如此賦值以使所有前提爲眞而結論爲假，因此表明該論證形式無效。

當然，關於一論證無效的假設是眞的當且僅當該論證無效。若該論證形式有效，就無法使實際賦值與關於該論證無效的假設一致。怎麼辦？還是以同樣方式開始。考慮肯定前件式的逆向眞值表：

$p \supset q$

$\underline{p}$

$\therefore q$

假設：　　　T　　　T　　　　F
　　　$p \supset q$　　p　　　$\therefore q$

q必須爲假，p是前提，所以必須爲眞。這是一致地給前提和結論的賦值。

假設：　　　T　　　　T　　　　　F

$p \supset q$　　　p　　　$\therefore q$

　　T　F　　T　　　　　F

　　F

可是這種一致的眞值賦值顯示第一個前提爲假，與最初的假設矛盾！怎麼辦？實現最初假設就需要不一致地給某一個簡單陳述賦值。若p在第一前提而不是第二前提中爲假，或者q在前提而不是結論中爲眞，那就可以使得所有前提爲眞。這可以表示爲把F/T置於第一前提中的q下面——或同一前提中的p下面，隨你便——把F/T圈起來，並且宣佈此論證有效：

假設：　　　T　　　　T　　　　　F

$p \supset q$　　　p　　　$\therefore q$

　　T　(F/T)　T　　　　F

　　F

這個論證形式有效。

到目前爲止，我們所考察的論證都只有一種眞值賦值使結論爲假。若結論爲連言句，則存在三種眞值賦值使結論爲假。若結論爲雙條件句，則存在兩種眞值賦值使結論爲假。鑒於此，如果以連言句或雙條件句爲結論的論證形式的第一種眞值賦值沒有證明該論證形式無效，那就還需嘗試其他的賦值。成功地表明一個論證有效，僅當表明不存在對論證形式中簡單陳述的一致的眞值賦值使得前提都爲眞而結論爲假。因此，若考察下面的論證形式，

p

q

$\therefore p \cdot q$

其逆向眞值表看來如下：

假設：　　　T　　　　T　　　　　F

p　　　　q　　　$\therefore p \cdot q$

　　T　　　(T/F)　　T　F

　　　　　　　　　　　F

(F/T)　　　T　　　F　T

　　　　　　　　　　　F

(F/T)　　　(F/T)　　F　F

　　　　　　　　　　　F

現在我們來看下面的論證形式：

$p \supset q$

$q \supset r$

$\therefore p \equiv r$

為之建立逆向眞值表，假設p眞而r假，這使雙條件句爲假：

假設：　　　T　　　　T　　　　F
　　　　　　p ⊃ q　　q ⊃ r　　∴ p ≡ r
　　　　　　T　T　(T/F)F　　T　F
　　　　　　　T　　　　F　　　　F

至此，還沒有實現前提都眞結論爲假這個假定。還有另外一種對結論的眞值賦值使結論爲假，因此，還需試試另一種賦值：

假設：　　　T　　　　T　　　　F
　　　　　　p ⊃ q　　q ⊃ r　　∴ p ≡ r
　　　　　　T　T　(T/F)F　　T　F
　　　　　　　T　　　　F　　　　F
　　　　　　F　F　F　T　　F　F　T
　　　　　　　T　　　　T　　　　F

第二種眞值賦值表明，有可能使前提都爲眞而結論爲假。[9] 因此這個論證形式無效。瞧，皆大歡喜了吧！[10]

練習題

Ⅰ.給下列每一個論證形式建立逆向眞值表並判定其是否有效。

1. p
   q
   $\therefore p \equiv q$

2. $(p \cdot q) \cdot r$
   $p \vee \sim r$
   $\therefore q$

3. $(p \supset q) \vee r$
   $r \supset \sim p$
   $\therefore q$

4. $p \equiv (r \supset \sim q)$
   $\sim p \supset r$
   $\therefore \sim q \cdot p$

5. $p \equiv (r \supset \sim q)$
   $\sim p \supset r$
   $\therefore \sim q \supset p$

6. $p \vee (q \equiv \sim r)$
   $r \cdot (p \vee \sim q)$
   $\therefore p \equiv \sim q$

7. $p \supset [q \vee (r \cdot s)]$
   $p \vee \sim s$
   $q \vee \sim r$
   $\therefore \sim p \vee q$

8. $p \equiv [\sim q \cdot (r \equiv s)]$
   $p \vee \sim s$
   $\sim q \cdot r$
   $\therefore \sim p \cdot s$

---

9 若給q指派T同樣能行。

10 當然，如果需要一個其之所以討論逆向眞值表的好理由，現在給出兩個：(1)它是被稱爲眞值樹的一種邏輯程式背後的思想。參見本書的附錄部分。要提醒的是，眞值數不如逆向眞值表那樣節省紙張。(2)它也是反映在間接證明中的思想，對此下一章中將簡要介紹。

9. $p \vee [q \supset (\sim r \equiv s)]$
   $\sim p \supset \sim s$
   $(p \cdot \sim s) \supset r$
   $\therefore \sim p \supset q$

10. $p \vee [q \supset (\sim r \equiv s)]$
   $\sim p \supset t$
   $\sim p \equiv (\sim t \supset s)$
   $(\sim p \vee s) \supset \sim t$
   $\therefore \sim s \vee t$

7. 論證、條件句和套套句

每一論證都有一個條件陳述與之對應，這個條件句前件是該論證前提的連言，後件是論證的結論。因此，一個具有肯定前件式特有形式的論證

$$p \supset q$$
$$\underline{p\qquad}$$
$$\therefore q$$

可以表述為對應的條件陳述：$\{ [(p \supset q) \cdot p] \supset q \}$。既然一個論證形式有效當且僅當在其眞值表的任一行中如果所有前提都取值T，則結論也取值T，因此，我們可以得出：**一個論證形式有效當且僅當其對應的條件句是一個套套句。**

p	q	$[(p \supset q) \cdot p] \supset q$		
T	T	T	T	T
T	F	F	F	T
F	T	T	F	T
F	F	T	F	T

肯定前件式對應的條件句是個套套句，這是因爲在結論爲假的同時前提絕不會都眞，因此其對應的條件句絕不會有眞前件和假後件。

┌─章節摘要─■

本章展現了句子或命題邏輯的語形和語義。在第2節給出了由較簡單的分支命題組建成眞值函數複合陳述的形成規則。給出了五個眞值函數連接詞（並非／~；並且／ · ；或者／ ∨；如果⋯⋯那麼⋯⋯／⊃；若且唯若／ ≡）的眞值表定義，這被總結在第3節中的「主眞值表」裡。闡述了用眞值表證明陳述是否爲套套句、矛盾式和偶眞式的方法，證明一對句子是否邏輯等值和證明一給定論證形式有效或無效的方法。

下面是本章中一些關鍵概念：

· 在語句邏輯中簡單陳述用單個大寫字母表示。

· **簡單陳述**指不包含其他任何陳述作爲其分支陳述的陳述。

· **複合陳述**指包含其他陳述作爲其分支陳述的陳述。

· 一個陳述的**真值函數分支陳述**是那樣的分支陳述，如果它在複合陳述中被任一具有相同眞值的不同陳述替換，所產生的不同的複合陳述也將保持眞值不變。

· **真值函數複合陳述**是其所有分支陳述都是眞值函數分支陳述的複合陳述。

· **真值函數連接詞**是能把命題組合成眞值函數複合命題的符號。

· **陳述形式**是任一由陳述變元而非陳述所組成的符號串，用陳述代換其中的陳述變元——到處統一地用相同的陳述替換相同的陳述變元——可產生一個陳述。

· 陳述的**特有形式**是通過一致地用不同簡單命題代換不同命題變元就得到該陳述的那個形式。

· 眞值表中分支命題下面的每一行的眞值被稱爲一種**真值賦值**。

· **套套句**（或套套的陳述形式）是在對其簡單分支命題的每一眞值賦值下均爲眞的陳述（陳述形式）。

· **矛盾式**（或自相矛盾的陳述形式）是在對其簡單分支命題的每一眞值賦值下均爲假的陳述（陳述形式）。

· **適然的陳述**（或陳述形式）是既不是套套句也不是矛盾式的陳述（陳述形式）。適然的陳述至少在一種眞值賦值下爲眞而且至少在一種眞值賦值下爲假。

· 如果在對它們的簡單分支陳述的每一眞值賦值下，這兩個陳述總有相同的眞值，兩個陳述是**邏輯等值**的。如果至少存在一種眞值賦值使得兩個陳述的眞值不同，那麼這兩個陳述就不是邏輯等值的。

· 把兩個陳述（或陳述形式）置於一個實質雙條件句中而那個雙條件句成爲套套的，那麼原來兩個陳述（或陳述形式）是邏輯等值的。

· **論證形式**是一個由陳述變元而非陳述組成的符號陣列，用陳述一致地代換那些變元就產生一個論證。

· **論證的特有形式**是通過一致地用不同簡單陳述代換該陳述形式中不同陳述變元就得到該論證的那個形式。

· **一個論證是有效的若且唯若如果其前提都真則結論不可能假**。另一種說法是，一個論證形式是有效的，如果它只有有效論證作爲代入例。一給定論證的有效性只取決於其形式（前提和結論之中以及之間的結構關係）而完全不是其具體內容。

· 我們運用眞值表判定論證的有效性，並給出了簡化眞值表方法。**不完全真值表**只考察結論爲假的那些行，直至發現假前提或者某一行中前提都爲眞而結論爲假。**逆向真值表**試圖找到前提爲眞結論爲假的一行，辦法是首先指派結論爲假，然後一致地給前提中的簡單陳述指派眞值使得所有前提都爲眞。如果不可能以此種方式一致地賦值，那就證明該論證或論證形式是有效的。

· 每一論證都有一個條件陳述與之對應，該條件句前件是論證前提的連言，後件是論證的結論。一論證形式有效當且僅當其對應的條件句是套套句。

第 7 章

演繹方法

1. 與眞值表相對的自然推演

上一章介紹了符號邏輯。我們用眞值表來定義五個眞值聯結詞，並說明怎樣通過眞值表來檢驗單個語句的各種性質以及如何使用眞值表來檢驗論證的有效性。本章，我們將介紹另一種證明系統——演繹方法。這裡的演繹方法是一種被邏輯學家們稱爲自然推演的證明系統，因爲其所使用的推理接近於自然語言中的推理。這是相對於眞值表方法而言的，儘管眞值表方法也是一種可靠且相當充分的證明系統，但是它不是很自然的推論方式。如果你試圖說服一位朋友接受你的結論，自然演繹能遵循按部就班的方法證明，給定你的前提，你的朋友必須接受你的結論。

因爲自然演繹採用的是日常論證的方式，許多學生聲稱進行演繹證明能提高他們的論辯技巧，有些學生還稱進行演繹證明能提高他們的一般組織能力。演繹方法與眞值表方法有兩個重要區別。第一，如果你構造一個完整的眞值表，其程式是完全機械的：使用導引欄，根據聯結詞的定義來填充整個複合命題的眞值。而構造一個演繹證明時，需要識別論證形式，並且要仔細考慮如何把前提和結論通過一個有效論證形式的鏈條聯繫起來；第二，眞值表既能證明一個論證有效又能證明一論證無效。演繹方法只能用來表明一個結論能從一組前提通過一系列有效推理得到，它不能用來證明論證無效——而這很容易用逆向眞值表做到，因此沒有問題。

2. 有效性的形式證明

考慮以下論證：

$$A \supset B$$
$$B \supset C$$
$$\sim C$$
$$A \vee D$$
$$\therefore D$$

用眞值表方法證明這個論證的有效性，需要一個16行的眞值表。但是我們可以通過一系列已知其有效的基本論證來證明它的有效性，這個一步一步的證明過程稱爲形式證明。

一般而言，我們可以把一個形式證明定義如下：**一個論證的形式證明是一個陳述序列，其中的每個陳述或者是這個論證的前提，又或是序列中前面的陳述通過一個基本的有效論證得出的，使得這個序列的最後一個陳述是正在證明其有效性的論證結論。一個基本的有效論**

證是一個基本有效論證形式的代入例。一個形式證明由兩列運算式組成。一列中是前提和所有從它們得出的結論；另一列中援引在該證明中爲在該行達到的結論提供理據的規則和那些行號。

上述論證的一個形式證明看來如下：

1. $A \supset B$
2. $B \supset C$
3. $\sim C$
4. $A \lor D$
∴D

5. $A \supset C$ 1, 2 H.S.
6. $\sim A$ 3, 5 M.T.
7. D 4, 6 D.S.

前面四行是原論證的前提，隨後的陳述是要從前提推得的結論。注意，表示結論的陳述不是該形式證明的一部分，只有帶數碼的步驟或行才是該證明的部分。第5行到第7行是從先前諸行據基本的有效論證得到的。每一帶數碼行的右邊記號構成那一行的理據。因此，第5步，$A \supset C$，是從前提1和2通過一個基本的有效論證得到的有效結論，這個基本論證是稱爲假言三段論（Hypothetical Syllogism，簡寫爲H.S.）的形式的代入例。

形式證明：第一個推理			
			假言三段論
1. $A \supset B$			$p \supset q$
2. $B \supset C$			$q \supset r$
3. $\sim C$			∴$p \supset r$
4. $A \lor D$		1. $A \supset B$	
∴D		2. $B \supset C$	
5. $A \supset C$	1, 2 H.S.	5. $A \supset C$	

第6步，$\sim A$，是從前提3和第5步通過一個基本的有效論證得出的有效結論，這個基本論證是被稱爲否定後件式（Modus tollens，簡寫爲M.T.）的形式的代入例。

形式證明：第二個推理			
			否定后件式
1. $A \supset B$			$p \supset q$
2. $B \supset C$			$\sim q$
3. $\sim C$			$\therefore \sim p$
4. $A \lor D$			
$\therefore D$		5. $A \supset C$	
5. $A \supset C$	1, 2 H.S.	3. $\sim C$	
6. $\sim A$	5, 3 M.T.	6. $\sim A$	

最後，第7步，D，是該論證的結論，它是從前提4和第6步通過一個基本的有效論證得出的有效結論，這個基本的論證是被稱爲選言三段論（disjunctive syllogism，簡寫爲D.S.）形式的代入例。換句話說，第7步表明D從原來的前提得出，因此該論證是有效的。

形式證明：第三個推理			
			選言三段論
1. $A \supset B$			$p \lor q$
2. $B \supset C$			$\sim p$
3. $\sim C$			$\therefore q$
4. $A \lor D$			
$\therefore D$			
5. $A \supset C$	1, 2 H.S.	4. $A \lor D$	
6. $\sim A$	5, 3 M.T.	6. $\sim A$	
7. D	4, 6 D.S.	7. D	

　　基本的有效論證形式如M.T.、H.S.和D.S.屬於推理規則。推理規則讓你能從前提有效地推出結論。存在9個這樣的規則（見下表）對應於其有效性很容易通過眞值表來證明的幾個基本的論證形式。借助這些推理規則，就能爲廣大更複雜的論證構造其有效性的形式證明。

推理規則：基本有效論證形式		
名稱	縮寫	形式
1.肯定前件式	M.P.	$p \supset q$ p $\therefore q$
2.否定後件式	M.T.	$p \supset q$ $\sim q$ $\therefore \sim p$
3.假言三段	H.S.	$p \supset q$ $q \supset r$ $\therefore p \supset r$

推理規則：基本有效論證形式		
4.選言三段	D.S.	$p \vee q$ $\sim p$ $\therefore q$
5.建設性兩難規則	C.D.	$(p \supset q) \cdot (r \supset s)$ $p \vee r$ $\therefore q \vee s$
6.吸收律	Abs.	$p \supset q$ $\therefore p \supset (p \cdot q)$
7.簡化律	Simp.	$p \cdot q$ $\therefore p$
8.連言律	Conj.	p q $\therefore p \cdot q$
9.添加律	Add.	p $\therefore p \vee q$

重要的是記住命題變元p、q、r和s能被具任何複雜度的陳述代換。因此，固然

$$A \cdot B$$
$$\therefore A$$

是一個簡化律的實例，下面這個論證也是：

$$[(A \supset B) \vee \sim C] \cdot \{ [C \equiv (D \vee \sim E)] \supset \sim (A \equiv \sim C) \}$$
$$\therefore [(A \supset B) \vee \sim C]$$

另外要強調的一點是，推理規則要視規則而定，應用到證明的一整行或幾行。因此，必須留意證明中一行裡的主聯結詞是什麼。推理規則的使用是機械的：規則中的主聯結詞必須與該規則應用於它那行中的主聯結詞完全相符。

這種演繹方法的基本思想是，通過已知其有效的小步的推理，從一個論證的前提推進到它的結論。能做到這一點，就證明原論證本身是有效的。這是可行的，因為**有效性是保真的**。通過真值表可以證明，所列推理規則都是一個有效的演繹推理。[1] 因此，如果一個有效論證的前提是真的，那麼它的結論必定為真。

要注意在進行證明時你在做什麼。(1)有時你在使用規則消去在前提中但不在結論中出現的那些簡單陳述；(2)有時你在構造更大的陳述；(3)有時你引進在結論中但不在前提中出現的簡單陳述：這總是通過添加律實現；(4)有時你轉而改變前提中陳述的外觀使它們看著像結論——這主要據等值（式）替換規則來做，那將在後面兩節中考察。有鑑於此，推理規

1　我們在上一章討論了一些這樣的推理。如果你完成了上一章的所有練習題，你就已構造了能證明其餘那些推理有效的真值表。

則可以分爲兩類。第一類可以稱爲消去規則。當使用這類規則時，得到的結論含有比前提中的較少的簡單陳述。肯定前件式、否定後件式、假言三段論、選言三段論、簡化律和建設性兩難規則都是消去規則；第二類可以稱爲擴展規則。當使用這類規則時，得到的結論或者含有比任一前提都多的簡單陳述，或者在吸收律的情況下，是一個含有比前提中較多簡單陳述實例的陳述，添加律、連言律和吸收律都是擴展規則。讓我們舉幾個例子來看證明是怎麼進行的。

給定論證形式：

$p \supset (\sim q \cdot r)$

p

$q \vee \sim s$

$\therefore \sim s \vee t$

從觀察結論中都有些什麼開始。結論包括$\sim s$和t。t不在前提中出現。唯一允許引入前提中沒有東西的規則是添加律。因此，在證明的最後應該使用添加律。需要分離出$\sim s$，以便附加。$\sim s$出現在前提3中。分離出$\sim s$，要有$\sim q$，然後通過選言三段論得到$\sim s$。唯一出現$\sim q$的地方是在前提1中。如果能分離出$\sim q \cdot r$，就能通過簡化律得到$\sim q$。要得到$\sim q \cdot r$，要有p。然後通過肯定前件式得到$\sim q \cdot r$。前提2中有p。我們已經從結論倒推到前提了，現在只需要正過來表述：

1. $p \supset (\sim q \cdot r)$

2. p

3. $q \vee \sim s$

$\therefore \sim s \vee t$

4. $\sim q \cdot r$　　　　　1, 2 M.P.

5. $\sim q$　　　　　4 Simp.

6. $\sim s$　　　　　3, 5 D.S.

7. $\sim s \vee t$　　　　　6 Add.

儘管有時可能是從結論倒推到前提，但我們一般是按照以下方式推論的：

前提中有p、q、r，但結論中沒有。可以應用肯定前件式從前提1和前提2消去p，從而得到$\sim q \cdot r$；通過簡化律消去r得到$\sim q$；應用選言三段論於前提3，消去q，得到$\sim s$；但結論是$\sim s \vee t$。因此，需要擴張已經得到的結論，唯一允許我們增加一個新的簡單陳述到一個證明中的規則是添加律。於是，附加t到$\sim s$，最後得到$\sim s \vee t$。

你已經如上面那樣把該證明寫下來，並且略帶炫耀地在證明的最後寫上Q.E.D.（*quod erat*

demonstrandum，是為所證）。[2]

既可以從結論開始倒著推，也可以從前提開始正著推，這沒有什麼區別，往往還會同時從兩頭推。**重要的總是要從注視結論中都有些什麼開始。**通過注意結論中都有些什麼，你就知道前提中哪些簡單陳述需要消去。

看另一個例子：

$$p \cdot q$$
$$(p \supset q) \cdot (r \supset s)$$
$$\therefore p \cdot (q \lor s)$$

結論是一個連言。在這種情況下，通常是通過連言律得到結論的。[3] 你或許想分離出 p 和 $q \lor s$，怎麼辦呢？你可能會像大多數學生那樣盯著那些規則（可能還會自言自語）。如果這種凝視是有成果的，你就會比較你想用那些規則來證明那個論證的前提和結論。第一個前提是以 p 作為第一個連言因子的連言。因此，加以簡化。可是怎麼得到 $q \lor s$ 呢？你可以這樣考慮：

> 第二個前提的第一個連言因子是 $p \supset q$。已經有了 p，可以簡化第二個前提得到 $p \supset q$，再應用肯定前件式得到 q，然後就是附加和連言的事了。

證明看來如下：

1. $p \cdot q$
2. $(p \supset q) \cdot (r \supset s)$
   $\therefore p \cdot (q \lor s)$
3. p 1 Simp.
4. $p \supset q$ 2 Simp.
5. q 4, 3 M.P.
6. $q \lor s$ 5 Add.
7. $p \cdot (q \lor s)$ 3, 6 Conj.
                Q.E.D.

另一方面，一旦分離出 p，也可以這樣考慮：

> 第二個前提是兩個條件句的連言，而我們想達到的結論含有一個選言。我們知道，建設性兩難規則的一個前提是兩個條件句的連言，而它的結論是個選言。而且，如果我們作一次建設性兩難規則，q 和 s 就正好是兩個條件句的後件。但是我們沒有另一個前提，即 $p \lor r$。能得到它嗎？可以。已經有 p，有了 p 就能附加任何陳述。

2　*Q.E.D.*嚴格說是錦上添花：它不是證明的一部分，只是一個裝飾。

3　當你發現該連言是前提的一個分支陳述時除外。

因此，我們可以得到 $p \vee r$ 這一中間結論並構造證明如下：

1. $p \cdot q$
2. $(p \supset q) \cdot (r \supset s)$
   　$\therefore p \cdot (q \vee s)$
3. p　　　　　　　　1 Simp.
4. $p \vee r$　　　　　　3 Add.
5. $q \vee s$　　　　　　2, 4 C.D.
6. $p \cdot (q \vee s)$　　3, 5 Conj.
   　　　　　　Q.E.D.

〔重要提示〕

你要把證明看作智力遊戲。如許多智力遊戲一樣，玩得越久越有趣。這並不意味著你能馬上享受到證明的樂趣，做證明時，學生們甚至會罵人，但是假以時日，你就能體會到其中的樂趣。這也不意味著你要坐下來說：「我現在要做一小時的證明了。」證明可能會很累人，甚至使人沮喪。你可以從每天花幾十分鐘開始。如果你感到困難，先放一放，稍後再回來，有時這樣能讓你看到之前沒有看到的東西。

當然，你會問：上面兩個證明哪個是正確的？它們都是正確的。兩個證明都表明結論能從前提有效得出，這就是證明所要做的，唯一的區別是第二個更漂亮些。在邏輯學中，漂亮是個長度問題：證明越短越漂亮。漂亮與否和邏輯無關。

因此，在構造一個證明時，要做到：

1.在前提中尋找結論的諸分支。

2.看哪些推理規則能用來消去前提中有但結論中沒有的簡單陳述（肯定前件式、否定後件式、選言三段論、假言三段論、簡化律、建設性兩難規則）。

3.看是否需要應用推理規則增添前提或中間結論，以便達到最後的結論（添加律、吸收律、連言律）。

4.構造出證明，其間應用推理規則於該證明的一整行（簡化律、吸收律、添加律）或兩整行（肯定前件式、否定後件式、選言三段論、假言三段論、建設性兩難規則、連言律）。

練習題

I.對於下列基本的有效論證，說明其從前提得到結論所遵循的推理規則。

1. $(E \supset F) \cdot (G \supset H)$
   $E \vee G$
   $\therefore F \vee H$

2. $H \supset I$
   $\therefore (H \supset I) \vee (H \supset \sim I)$

3. $(X \vee Y) \supset \sim (Z \cdot \sim A)$
   $\sim (Z \cdot \sim A)$
   $\therefore \sim (X \vee Y)$

4. $\sim (B \cdot C) \supset (D \vee E)$
   $\sim (B \cdot C)$
   $\therefore D \supset E$

5. $(A \supset B) \supset (C \lor D)$
 $A \supset B$
 $\therefore C \lor D$

6. $(C \lor D) \supset [(J \lor K) \supset (J \cdot K)]$
 $\sim [(J \lor K) \supset (J \cdot K)]$
 $\therefore \sim (C \lor D)$

7. $N \supset (O \lor P)$
 $Q \supset (O \lor R)$
 $\therefore [Q \supset (O \lor R)] \cdot [N \supset (O \lor P)]$

8. $[(H \cdot \sim I) \supset C] \cdot [(I \cdot \sim H) \supset D]$
 $(H \cdot \sim I) \lor (I \cdot \sim H)$
 $\therefore C \lor D$

II.說出下列形式證明中除前提之外其他步驟的「理據」。

9. 1. $I \supset J$
 2. $J \supset K$
 3. $L \supset M$
 4. $I \lor L$
 $\therefore K \lor M$
 5. $I \supset K$
 6. $(I \supset K) \cdot (L \supset M)$
 7. $K \lor M$

10. 1. $(A \lor B) \cdot \supset C$
 2. $(C \lor B) \cdot \supset [A \supset (D \equiv E)]$
 3. $A \cdot D$
 $\therefore D \equiv E$
 4. A
 5. $A \lor B$
 6. C
 7. $C \lor B$
 8. $A \supset (D \supset E)$
 9. $D \equiv E$

III.構造下列各論證有效性的形式證明，只要增加兩個陳述就行了。

11. $D \supset E$
 $D \cdot F$
 $\therefore E$

12. $P \cdot Q$
 R
 $\therefore P \cdot R$

13. $Y \supset Z$
 Y
 $\therefore Y \cdot Z$

14. $\sim (K \cdot L)$
 $K \supset L$
 $\therefore \sim K$

15. $(Z \cdot A) \supset (B \cdot C)$
 $Z \supset A$
 $\therefore Z \supset (B \cdot C)$

16. $(K \supset L) \supset M$
 $\sim M \cdot \sim (L \supset K)$
 $\therefore \sim (K \supset L)$

17. $A \supset B$
 $A \lor C$
 $C \supset D$
 $\therefore B \lor D$

18. $(M \supset N) \cdot (O \supset P)$
 $N \supset P$
 $(N \supset P) \supset (M \lor O)$
 $\therefore N \lor P$

IV.構造下列各論證有效性的形式證明，只要增加三個陳述就行了。

19. $(H \supset I) \cdot (H \supset J)$
 $H \cdot (I \lor J)$
 $\therefore I \lor J$

20. $Q \supset R$
 $R \supset S$
 $\sim S$
 $\therefore \sim Q \cdot \sim R$

21. $\sim X \supset Y$
 $Z \supset X$
 $\sim X$
 $\therefore Y \cdot \sim Z$

22. $(H \supset I) \cdot (J \supset K)$
 $K \lor H$
 $\sim K$
 $\therefore I$

23. $(T \supset U) \cdot (V \supset W)$
 $(U \supset X) \cdot (W \supset Y)$
 T
 $\therefore X \lor Y$

V.構造下列各論證的有效性的形式證明。

24. $(K \lor L) \cdot (M \lor N)$
    $(M \lor N) \cdot (O \cdot P)$
    K
    $\therefore O$

25. $A \supset B$
    $C \supset D$
    $A \lor C$
    $\therefore (A \cdot B) \lor (C \cdot D)$

26. $[(A \lor B) \supset C] \cdot [(X \cdot Y) \supset Z]$
    $\sim C$
    $(A \lor B) \lor (Y \supset X)$
    $\sim X$
    $\therefore \sim Y \lor (X \equiv Y)$

VI.使用所給出的縮寫標記，構造下列各論證的有效性的形式證明。

27.如果布朗收到電報，那麼她就會乘坐飛機；如果她乘坐飛機那麼她就不會開會遲到。如果電報發往錯誤的位址，那麼布朗將會開會遲到。不是布朗收到電報就是電報被發往錯誤的位址。因此不是布朗乘坐了飛機，就是她會開會遲到。（R—布朗收到電報；P—布朗乘坐飛機；L—布朗開會遲到；T—電報發往錯誤的位址）

28.如果安妮在場，那麼比利也在場。如果安妮和比利都在場，那麼查理斯和桃莉絲中的一個將會被選上。如果查理斯和桃莉絲中的一個被選上，那麼埃爾默就不會統治整個俱樂部。如果安妮在場蘊涵埃爾默不會統治整個俱樂部，那麼弗洛倫斯將會成為新主席。所以，弗洛倫斯將會成為新主席。（A—安妮在場；B—比利在場；C—查理斯被選上；D—桃莉絲被選上；E—埃爾默統治整個俱樂部；F—弗洛倫斯將會成為新主席）

29.如果喬瓦尼下象棋，那麼露西婭就下象棋；並且如果苔絲不下跳棋那麼簡就下跳棋。喬瓦尼下象棋，而苔絲下跳棋。露西婭不下象棋。所以不是簡下跳棋而喬瓦尼下象棋，就是如果露西婭不下象棋則苔絲下跳棋。（G—喬瓦尼下象棋；L—露西婭下象棋；T—苔絲下跳棋；J—簡下跳棋）

30.如果露西婭作曲那麼加比亞寫小說；並且如果賀拉斯寫詩那麼聖內塔寫烹飪書。如果貝蒂打檯球那麼桑德拉打飛碟。如果美美打麻將，那麼丹尼爾跳舞，露西婭作曲。如果加比亞寫小說或者桑德拉打飛碟，那麼巴特是笨拙的僅當凱利抓到了烏鴉。凱利並沒有抓到烏鴉。所以巴特不是笨拙的。（L—露西婭作曲；G—加比亞寫小說；H—賀拉斯寫詩；X—聖內塔寫烹飪書；P—貝蒂打檯球；S—桑德拉打飛碟；M—美美打麻將；D—丹尼爾跳舞；B—巴特是笨拙的；C—凱利抓烏鴉）

31.埃爾南德斯女士為電腦程式設計。如果埃爾南德斯女士為電腦程式設計那麼門德斯先生是一個會計而桑切斯先生是銀行行長。如果埃爾南德斯女士為電腦程式設計，那麼張女士開了一家電腦公司而金先生編寫軟體。如果門德斯先生是會計並且張女士開了一家電腦公司那麼萊溫斯基女士負責主機的運行。如果萊溫斯基女士負責主機運行，那麼不是波波夫先生的電腦有了一種病毒，就是斯拉穆森醫生開了一家診所。波波夫先生的電腦有了病毒。如果斯拉穆森醫生開了一家診所，那麼迪托爾女士是一個護士。因此，迪托爾女士是一個護士。（H—埃爾南德斯女士為電腦程式設計；M—門德斯先生是一位會計；S—桑切斯先生是銀行行長；C—張女士開了一家電腦公司；K—金先生編寫軟體；L—萊溫斯基女士負責主機運行；P—波波夫先生的電腦有了病毒。R—斯拉穆森醫生開了一家診所；D—迪托爾女士是護士）

3. 替換規則(1)

許多有效論證其有效性不能通過上一節所介紹的九條推理規則來證明。例如：

A · B
∴B

該推理是有效的，因為一個連言是真的若且唯若兩個連言因子都為真，但是簡化律只容許推斷左邊的連言因子為真，而B · A邏輯等值於A · B。如果能夠把A · B替換為B · A，就能夠應用簡化律推出B了。

因此，我們將要擴展我們的命題邏輯系統，引進另外一條推理規則以及若干歸屬於這條規則的邏輯等值陳述，這條規則是替換規則。替換規則允許我們在證明中的任何地方替換歸屬於這條規則的邏輯等值陳述。前述的九條推理規則只應用於證明中的一或兩整行，等值替換則允許改變證明中一行裡的分支陳述。例如，由於A · B邏輯等值於B · A，因此，可以據交換律把（A · B）⊃C轉換為（B · A）⊃C，可以這樣來看。前述九條推理規則允許整個地消去和增添陳述。它們允許「切割」命題，去掉或者增加一些部分，就像外科醫生在做手術時去掉身體的某些部分，或者汽車修理工給汽車增加新零件一樣。替換規則則允許改變陳述的外觀，如同整容醫生改變了一個人的容貌——有時很明顯——而沒有改變那個人本身，其本質依然如故。

本節和下一節我們將介紹歸屬於替換規則的等值式。一旦介紹完這些等值式，就能夠在命題邏輯中證明任何有效論證的有效性了。

替換規則：下列任何邏輯等值的運算式都能在證明中到處相互替換		
名稱	縮寫	形式
德摩根律	De M.	$\sim (p \vee q) \underline{\underline{\text{T}}} (\sim p \cdot \sim q)$ $\sim (p \cdot q) \underline{\underline{\text{T}}} (\sim p \vee \sim q)$
交換律	Com.	$(p \vee q) \underline{\underline{\text{T}}} (q \vee p)$ $(p \cdot q) \underline{\underline{\text{T}}} (q \cdot p)$
結合律	Assoc.	$[p \vee (q \vee r)] \underline{\underline{\text{T}}} [(p \vee q) \vee r]$ $[p \cdot (q \cdot r)] \underline{\underline{\text{T}}} [(p \cdot q) \cdot r]$
分配律	Dist.	$[p \cdot (q \vee r)] \underline{\underline{\text{T}}} [(p \cdot q) \vee (p \cdot r)]$ $[p \vee (q \cdot r)] \underline{\underline{\text{T}}} [(p \vee q) \cdot (p \vee r)]$
雙重否定律	D.N.	$p \underline{\underline{\text{T}}} \sim\sim p$

德摩根律說的是涉及連言或選言如何把否定詞移入移出括弧。如果給定~（$p \vee q$）形式的陳述，可以用與其邏輯等值的陳述~p · ~q替換，然後應用簡化律得到~p。如果給定~$p \vee$

$\sim q$，可以把它替換爲$\sim (p \cdot q)$，與論證中其他陳述一起來使用這個陳述。

交換律允許調換連言因子或選言因子的位置。回顧本節開始時舉的例子，給定A · B，可以通過交換得到B · A，並簡化得到B。考慮連言和選言的眞值，就會得知連言因子或選言因子的次序並不影響其眞值。注意，交換律只適用於連言和選言。

〔重要提示〕

交換律、結合律和分配律想必你從數學課上就熟悉了。交換性和結合性是加法和乘法的性質，加法與乘法合起來允許你進行分配。

結合律允許在其一個連言因子本身又是連言式的連言式或者其一個選言因子本身又是選言式的選言式中挪移括弧。考慮連言和選言的眞值，就會得知在有三個陳述的連言或選言中，如何組合那三個陳述（在保持它們的次序不變的情況下）並不影響其眞值。注意，結合律只適於連言和選言。

分配律涉及含有一個連言和一個選言的複合陳述。語句「或者亞利桑德羅贏了選舉或者迪米特里和盧西亞都輸了」邏輯等值於「或者亞利桑德羅贏了選舉並且迪米特里輸了，或者亞利桑德羅贏了選舉並且盧西亞輸了」。注意，分配律要求既有一個連言又有一個選言，只有在這種情況下才能進行分配。

雙重否定律反映的是你的語文老師早就說過的，兩個否定表示肯定。這眞是那麼刻骨銘心，以致在所有的等值式中雙重否定律是最容易被忘記在證明中引爲理據的。

雙重否定律：兩個證明	
考慮這個論證： $(A \lor B) \supset (\sim D \cdot C)$ A $\therefore D$	
這個論證的一個形式證明：	該論證的另一個有效的證明：
1. $(A \lor B) \supset (\sim D \cdot C)$ 2. A 　$\therefore D$	1. $(A \lor B) \supset (\sim D \cdot C)$ 2. A 　$\therefore D$
3. $A \lor B$　　　　2. Add. 4. $\sim D \cdot C$　　　1，3 M.P. 5. $\sim D$　　　　　4 Simp. 6. D　　　　　　5 D.N.	3. $(A \lor B) \supset (D \cdot C)$　　1. D.N. 4. $A \lor B$　　　　2 Add. 5. $D \cdot C$　　　　3，4 M.P. 6. D　　　　　　5 Simp.
在上述兩個證明中都把運算式$\sim \sim D$替換爲邏輯等值的運算式D。	

讓我們再舉一些例子來看這些等值式是如何配合那九條推理規則使用的。

考慮如下論證：

$\sim A \lor (\sim B \cdot C)$

$\sim D \supset (B \cdot A)$

$\therefore D$

下筆之前應先注視論證並加以思考。C在前提1中,但不在結論中。這裡不能簡化,因為圓點（·）在該前提中不是主聯結詞。進行分配後就能簡化了。必須通過否定後件式得到$\sim\sim D$,然後用雙重否定律。這樣,需要推得$\sim(B\cdot A)$以得出結論。於是證明看來如下:

1. $\sim A\vee(\sim B\cdot C)$
2. $\sim D\supset(B\cdot A)$
   $\therefore D$
3. $(\sim A\vee\sim B)\cdot(\sim A\vee C)$ 1 Dist.
4. $(\sim A\vee\sim B)$ 3 Simp.
5. $\sim(A\cdot B)$ 4 De M.
6. $\sim(B\cdot A)$ 5 Com.
7. $\sim\sim D$ 2, 6 M.T.
8. D 7 D.N.

現在考慮下面的論證:

$(A\cdot\sim B)\cdot C$
$C\supset(D\supset B)$
$\therefore\sim D\vee E$

這裡必須進行某些交換和結合,才能使用那些推理規則。證明可以給出如下:

1. $(A\cdot\sim B)\cdot C$
2. $C\supset(D\supset B)$
   $\therefore\sim D\vee E$
3. $C\cdot(A\cdot\sim B)$ 1 Com.
4. C 3 Simp.
5. $D\supset B$ 2, 4 M.P.
6. $(\sim B\cdot A)\cdot C$ 1 Com.
7. $\sim B\cdot(A\cdot C)$ 6 Assoc.
8. $\sim B$ 7 Simp.
9. $\sim D$ 5, 8 M.T.
10. $\sim D\vee E$ 9 Add.

再考慮論證:

$U\cdot Q$
$Q\supset\sim(\sim S\vee R)$
$S\supset[P\vee(T\cdot R)]$
$\therefore P\vee T$

你先自己做個證明，然後再來看看我們做的。你的證明與下面的證明相像嗎？

1. $U \cdot Q$
2. $Q \supset \sim (\sim S \lor R)$
3. $S \supset [P \lor (T \cdot R)]$
   $\therefore P \lor T$

4. $Q \cdot U$	1 Com.
5. Q	4 Simp.
6. $\sim (\sim S \lor R)$	2, 5 M.P.
7. $\sim\sim S \cdot \sim R$	6 De M.
8. $\sim\sim S$	7 Simp.
9. S	8 D.N.
10. $P \lor (T \cdot R)$	3, 9 M.P.
11. $(P \lor T) \cdot (P \lor R)$	10 Dist.
12. $P \lor T$	11 Simp.

如果你的證明不像這樣，是否只是各行的先後次序不同？要先交換，才能簡化和使用肯定前件式。你需要使用德摩根律，不過也可以在未對前提2作任何處理之前先用。你需要對前提3的後件進行分配，雖說也可以在未對前提3作任何處理之前先做。

練習題

Ⅰ.指出從前提得到結論所根據的歸屬於置換規則的等值式。

1. $\sim [A \lor (B \cdot C)]$
   $\therefore \sim A \cdot \sim (B \cdot C)$

2. $A \cdot (\sim B \lor C)$
   $\therefore (A \cdot \sim B) \lor (A \cdot C)$

3. $\sim (C \cdot B)$
   $\therefore \sim (\sim C \lor \sim B)$

4. $C \lor [B \supset (\sim B \equiv \sim\sim G)]$
   $\therefore C \lor [B \supset (\sim B \equiv G)]$

5. $P \lor \{(Q \lor R) \cdot [(Q \cdot S) \supset \sim (\sim W \supset \sim\sim S)]\}$
   $\therefore [P \lor (Q \lor R)] \cdot \{P \lor [(Q \cdot S) \supset \sim (\sim W \supset \sim\sim S)]\}$

Ⅱ.下面是所列論證的有效性的形式證明。說出除前提外其他帶數字的各行的理據。

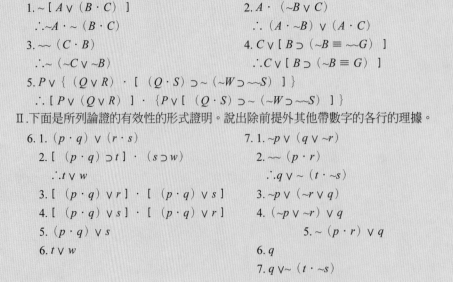

6. 1. $(p \cdot q) \lor (r \cdot s)$
   2. $[(p \cdot q) \supset t] \cdot (s \supset w)$
      $\therefore t \lor w$
   3. $[(p \cdot q) \lor r] \cdot [(p \cdot q) \lor s]$
   4. $[(p \cdot q) \lor s] \cdot [(p \cdot q) \lor r]$
   5. $(p \cdot q) \lor s$
   6. $t \lor w$

7. 1. $\sim p \lor (q \lor \sim r)$
   2. $\sim\sim (p \cdot r)$
      $\therefore q \lor \sim (t \cdot \sim s)$
   3. $\sim p \lor (\sim r \lor q)$
   4. $(\sim p \lor \sim r) \lor q$
   5. $\sim (p \cdot r) \lor q$
   6. q
   7. $q \lor \sim (t \cdot \sim s)$

8. 1. $p \lor (q \cdot s)$
   2. $\sim p$
   3. $p \supset s$
   $\therefore \sim\sim s$
   4. $(p \lor q) \cdot (p \lor s)$
   5. $p \lor q$
   6. $q \lor p$
   7. p
   8. s
   9. $\sim\sim s$

9. 1. $p \supset q$
   2. $(q \cdot p) \supset (r \lor s)$
   3. $\sim r$
   4. $s \supset r$
   $\therefore \sim p$
   5. $\sim s$
   6. $\sim r \cdot \sim s$
   7. $\sim (r \lor s)$
   8. $\sim (q \cdot p)$
   9. $\sim (p \cdot q)$
   10. $p \supset (p \cdot q)$
   11. $\sim p$

10. 1. $\sim p \lor (q \cdot \sim r)$
    2. $\sim (p \cdot r) \supset \sim [r \cdot (s \lor t)]$
    $\therefore \sim (r \cdot t)$
    3. $(\sim p \lor q) \cdot (\sim p \lor \sim r)$
    4. $(\sim p \lor \sim r) \cdot (\sim p \lor q)$
    5. $\sim p \lor \sim r$
    6. $\sim (p \cdot r)$
    7. $\sim [r \cdot (s \lor t)]$
    8. $\sim r \lor \sim (s \lor t)$
    9. $\sim r \lor (\sim s \cdot \sim t)$
    10. $(\sim r \lor \sim s) \cdot (\sim r \lor \sim t)$
    11. $(\sim r \lor \sim t) \cdot (\sim r \lor \sim s)$
    12. $(\sim r \lor \sim t)$
    13. $\sim (r \cdot t)$

Ⅲ.構造下列各論證的有效性的形式證明，只要增加兩個陳述就行了。

11. $A \cdot \sim B$
   $\therefore \sim B$

12. $A \lor (B \cdot C)$
   $\therefore A \lor B$

13. $E \supset (G \lor H)$
   $(\sim G \cdot \sim H)$
   $\therefore \sim E$

14. $(A \supset B) \cdot (C \supset D)$
   $C \lor A$
   $\therefore B \lor D$

15. $(A \cdot B) \supset C$
   $\therefore (A \cdot B) \supset [C \cdot (A \cdot B)]$

16. $B \cdot (C \cdot D)$
   $\therefore C \cdot (D \cdot B)$

17. $(E \cdot F) \supset (G \cdot H)$
   $F \cdot E$
   $\therefore G \cdot H$

18. $[(A \lor B) \cdot (A \lor C)] \supset D$
   $A \lor (B \cdot C)$
   $\therefore D$

Ⅳ.構造下列各論證的有效性的形式證明，只要增加三個陳述就行了。

19. $A \lor \sim (B \lor C)$
   $\therefore A \lor \sim B$

20. $(P \lor Q) \lor R$
   $\sim Q$
   $\therefore P \lor R$

21. $(N \lor O) \cdot (N \lor P)$
    $\sim N$
    $\therefore O$

22. $\sim (\sim U \cdot \sim P)$
    $\sim U$
    $\therefore P$

23. $E \lor (F \cdot G)$
    $\therefore E \lor G$

V.構造下列各論證有效性的形式證明。

24. $p \cdot (q \cdot r)$
    $\therefore r$

25. $\sim p \supset \sim q$
    q
    $\therefore p$

26. $p \lor (q \lor r)$
    $\sim q$
    $\therefore p \lor r$

27. $(p \supset q) \cdot (r \supset s)$
    $p \lor (q \cdot r)$
    $\therefore q \lor s$

28. $\sim [(p \lor q) \lor r]$
    $\therefore \sim q$

29. $(p \supset q) \cdot (q \supset p)$
    $\therefore (p \supset p) \cdot (q \supset q)$

30. $\sim [p \lor (q \cdot r)]$
    r
    $\therefore \sim q$

31. $p \lor \sim (q \lor r)$
    $\sim (\sim p \cdot q) \supset s$
    $s \supset w$
    $\therefore (s \cdot w) \lor (t \cdot z)$

32. $(p \cdot q) \lor (\sim p \cdot \sim q)$
    $\therefore (\sim p \lor q) \cdot (\sim q \lor p)$

33. $(p \cdot q) \lor (p \cdot r)$
    $\sim (\sim q \cdot \sim r) \supset t$
    $\sim t \lor (x \cdot z)$
    $\therefore (x \lor a) \cdot (x \lor z)$

4. 替換規則(2)

為了完善我們的命題邏輯系統，我們將引進另外幾個歸屬於替換規則的等值式。

替換規則：下列任何邏輯等值的運算式都能在證明中到處相互替換：		
名稱	縮寫	形式
換位律	Trans.	$(p \supset q) \mathrel{\underline{\underline{\mathrm{T}}}} (\sim q \supset \sim p)$
實質蘊涵律	Impl.	$(p \supset q) \mathrel{\underline{\underline{\mathrm{T}}}} (\sim p \lor q)$
實質等值律	Equiv.	$(p \equiv q) \mathrel{\underline{\underline{\mathrm{T}}}} [(p \supset q) \cdot (q \supset p)]$ $(p \equiv q) \mathrel{\underline{\underline{\mathrm{T}}}} [(p \cdot q) \lor (\sim p \cdot \sim q)]$
移出律	Exp.	$[(p \cdot q) \lor r] \mathrel{\underline{\underline{\mathrm{T}}}} [p \supset (q \supset r)]$
套套句	Taut.	$p \mathrel{\underline{\underline{\mathrm{T}}}} (p \lor p)$ $p \mathrel{\underline{\underline{\mathrm{T}}}} (p \cdot p)$

換位律適用於蘊涵，可比之於交換律之適用於連言和選言，但是要注意，馬蹄號兩邊的陳述調換位置時，兩陳述都要加否定。實質蘊涵律允許消去或引入蘊涵。實質等值律提供與雙條件陳述等值的形式。由於沒有直接處理雙條件陳述的推理規則，這些等值式對處理雙條件陳述是必需的。移出律是很有用的等值式。套套句允許引入或消去一個陳述與其本身的選言或連言，這對於被嵌入更複雜的命題中的命題特別有用。

現在我們已經有了一個完整的命題邏輯系統。可以證明任何有效的命題論證的有效性了。事實上，甚至還可以用其他推理規則和等值式來證明某些前述九條規則的有效性：

1. $p \supset q$
2. p

$\therefore q$

3. $\sim p \vee q$ 1 Impl.
4. $\sim\sim p$ 2 D.N.
4. q 3, 4 D.S.

讓我們一起來看幾個含有新等值式的證明。

考慮如下論證形式：

p

$p \equiv q$

$\sim q \vee r$

$(r \cdot s) \supset (t \vee t)$

$\therefore s \supset t$

初步考察這個論證形式，就會讓你認識到需要使用實質等值律，因爲這是唯一能處理雙條件陳述的辦法。你可能還要用到套套句，因爲結論中有一個 t，而第四個前提中有選言 $t \vee t$。一個以連言作爲前件的條件句暗示可能要使用移出律，特別是給定了 s 是第四個前提的前件中的一個連言因子是結論的前件。以下是一種證明：

1. p
2. $p \equiv q$
3. $\sim q \vee r$
4. $(r \cdot s) \supset (t \vee t)$

 $\therefore s \supset t$

5. $(p \supset q) \cdot (q \supset p)$ 2 Equiv.
6. $p \supset q$ 5 Simp.
7. q 6, 1 M.P.
8. $q \supset r$ 3 Impl.

9. r	8, 7 M.P.
10. $(r \cdot s) \supset t$	4 Taut.
11. $r \supset (s \supset t)$	10 Exp.
12. $s \supset t$	11, 9 M.P.

如果不使用一些新的等值式，能證出來嗎？可以。可以避免使用移出律，但是遠沒有這麼簡便。你不能避免使用實質等值律，因為那是唯一能用到雙條件命題的辦法。你也不能避免套套句。你可以在第8行引入q的雙重否定，然後通過選言三段論在第9行得到r。但是，如果不使用移出律，就要在第10行使用實質蘊涵律。讓我們從第11行開始另行證明，看看不用移出律該包含些什麼。

11. $\sim (r \cdot s) \vee t$	4 Impl.
12. $(\sim r \vee \sim s) \vee t$	11 De M.
13. $\sim r \vee (\sim s \vee t)$	12 Assoc.
14. $\sim\sim r$	9 D.N.
15. $\sim s \vee t$	13, 14 D.S.
16. $s \supset t$	15 Impl.

有些新的等值式是不可忽略的。另一些則至少是方便的，它們使證明更加漂亮。

在第2節，我們說過漂亮與否與邏輯無關，那麼為什麼還要再談它呢？俗話說不能只見樹木不見森林。當進行證明時，途徑很多。你可以把證明看作是造林，每寫一行就是種一棵樹。樹林越來越大，就越難看見其中的一棵棵樹了。因此，有了九條推理規則加上十五個歸屬於替換規則的不同的等值式（共有十個名稱），使用等值式之前多想幾步就變得很重要了。當僅有九條推理規則時，你可以不需多想地應用它們中的多數：只有相對少數幾種模式。即使增加了德摩根律、交換律、結合律、分配律和雙重否定律，事情也是相對簡易的。但是有了本節增加的等值式後，陳述的面目可能遠不同於我們會預期的。例如，$p \supset q$可能被「隱形」為$\sim(p \cdot \sim q)$：

〔重要提示〕

我們能只用否定詞和連言詞或者否定詞和選言詞來構造完全的命題邏輯系統。蘊涵詞是可以犧牲的，但是有了它會極其方便。不信，你可以試試不用假言三段論的規則來證明假言三段論。

1. $p \supset q$	
2. $\sim p \vee q$	1 Impl.
3. $\sim p \vee \sim\sim q$	2 D.N.
4. $\sim (p \cdot \sim q)$	3 De M.

因此，自問是否使用某一等值式，將讓你或者使用那九條推理規則之一，或者改變一個陳述的面目以適應結論中的形式，之前要多想幾步。如果盲目濫用等值式，那麼就有了好機會，讓你造了一個大樹林，但無法看到一棵棵的「樹」，而它們可能是你的證明所需要的。

讓我們再考慮幾個證明。下面的論證有時被稱為破壞式二難推理：

$(p \supset q) \cdot (r \supset s)$

$\sim q \vee \sim s$

$\therefore \sim p \vee \sim r$

至少要用本節引進的等值式之一，否則就不能證出結論。如果你仔細思考，這是一個相當短的證明。如果你不仔細思考，它就會比較長。

1. $(p \supset q) \cdot (r \supset s)$

2. $\sim q \vee \sim s$

   $\therefore \sim p \vee \sim r$

3. $(\sim q \supset \sim p) \cdot (r \supset s)$	1 Trans.
4. $(\sim q \supset \sim p) \cdot (\sim s \supset \sim r)$	3 Trans.
5. $\sim p \vee \sim r$	4, 2 C.D.

1. $(p \supset q) \cdot (r \supset s)$

2. $\sim q \vee \sim s$

   $\therefore \sim p \vee \sim r$

3. $(\sim p \vee q) \cdot (r \supset s)$	1 Impl.
4. $(q \vee \sim p) \cdot (r \supset s)$	3 Com.
5. $(\sim\sim q \vee \sim p) \cdot (r \supset s)$	4 D.N.
6. $(\sim q \supset \sim p) \cdot (r \supset s)$	5 Impl.
7. $(\sim q \supset \sim p) \cdot (\sim r \vee s)$	6 Impl.
8. $(\sim q \supset \sim p) \cdot (s \vee \sim r)$	6 Com.
9. $(\sim q \supset \sim p) \cdot (\sim\sim s \vee \sim r)$	8 D.N.
10. $(\sim q \supset \sim p) \cdot (\sim s \supset \sim r)$	9 Impl.
11. $\sim p \vee \sim r$	10, 2 C.D.

或許你不用建設性兩難規則來證明：

1. $(p \supset q) \cdot (r \supset s)$

2. $\sim q \vee \sim s$

   $\therefore \sim p \vee \sim r$

3. $q \supset \sim s$	2 Impl.
4. $p \supset q$	1 Simp.
5. $(r \supset s) \cdot (p \supset q)$	1 Com.
6. $r \supset s$	5 Simp.

7. $p \supset \sim s$	4, 3 H.S.
8. $\sim s \supset \sim r$	6 Trans.
9. $p \supset \sim r$	7, 8 H.S.
10. $\sim p \lor \sim r$	9 Impl.

這些證明都是邏輯有效的。第一個比另兩個都漂亮。漂亮與否有什麼差別嗎？如果進行破壞式二難推理是一個更精巧的論證的部分，又有什麼差別嗎？

考慮下面這個論證形式：

$$\sim (p \equiv r)$$
$$(p \supset q) \ \cdot \ (r \supset s)$$
$$\therefore \sim q \supset s$$

在第1節，我們提到，從結論倒著推幾步往往是有幫助的。現在我們有了那些歸屬於替換規則的等值式，「倒著推」往往包括審視結論的邏輯等值形式。如果你這樣做，會發現據實質蘊涵律和雙重否定律，這論證的結論邏輯等值於q∨s。給定第二個前提是兩個條件句的連言，q和s分別是兩個條件句的後件，你有理由猜測，可應用建設性兩難規則隨之以雙重否定律和蘊涵律達到結論。然而，第一個前提會讓你停下。一個雙條件陳述有兩個邏輯等值的陳述形式。你選哪個？你可以任意選用它們中的一個，當你有一些經驗後，你會挑其中更好用的一個。

1. $\sim (p \equiv r)$	
2. $(p \supset q) \ \cdot \ (r \supset s)$	
$\therefore \sim q \supset s$	
3. $\sim [(p \supset r) \ \cdot \ (r \supset p)]$	1 Equiv.
4. $\sim (p \supset r) \lor \sim (r \supset p)$	4 De M.
5. $\sim (p \supset r) \lor \sim (\sim r \lor p)$	4 Imp.
6. $\sim (p \supset r) \lor (\sim\sim r \cdot \sim p)$	5 De M.
7. $\sim (p \supset r) \lor (r \cdot \sim p)$	6 D.N.
8. $[\sim (p \supset r) \lor r] \ \cdot \ [\sim (p \supset r) \lor p]$	7 Dist.
9. $\sim (p \supset r) \lor r$	8 Simp.
10. $\sim (\sim p \lor r) \lor r$	9 Impl.
11. $(\sim\sim p \cdot r) \lor r$	10 De M.
12. $(p \cdot r) \lor r$	11 D.N.
13. $r \lor (p \cdot r)$	12 Com.
14. $(r \lor p) \ \cdot \ (r \lor r)$	13 Dist.
15. $r \lor p$	14 Simp.

16. $p \lor r$	15 Com.
17. $q \lor s$	16 Com.
18. $\sim\sim q \lor s$	17 D.N.
19. $\sim q \supset s$	18 Impl.

1. $\sim (p \equiv r)$	
2. $(p \supset q) \cdot (r \supset s)$	
$\therefore \sim q \supset s$	
3. $\sim [(p \cdot r) \lor (\sim p \cdot \sim r)]$	1 Equiv.
4. $\sim (p \cdot r) \cdot \sim (\sim p \cdot \sim r)$	3 De M.
5. $\sim (\sim p \cdot \sim r) \cdot \sim (p \cdot r)$	4 Com.
6. $\sim (\sim p \cdot \sim r)$	5 Simp.
7. $\sim\sim (p \lor r)$	5 De M.
8. $p \lor r$	7 D.N.
9. $q \lor s$	2, 8 C.D.
10. $\sim\sim q \lor s$	9 D.N.
11. $\sim q \supset s$	10 Impl.

再來看另一個例子：

$p \supset (q \cdot r)$

$p \cdot \sim r$

$\therefore s$

有點奇怪！結論是一個前提中沒有的簡單命題。你會說，「該論證肯定不會是有效的！」這裡重要的是要記住有效性與可靠性之間的區別。記得健全的論證就是所有前提都眞的有效論證。具上述形式的論證的任何代入例都將是不健全的，因爲，如我們將要看到的，前提衍涵一對不一致的結論——一個陳述和它的否定——在這裡是r和~r。如果一個有效演繹論證的前提是不一致的，則從前提能推出任何陳述。因此，能得到s。證明如下：

1. $p \supset (q \cdot r)$	
2. $p \cdot \sim r$	
$\therefore s$	
3. p	2 Simp.
4. $q \cdot r$	1, 3 M.P.
5. $r \cdot p$	4 Com.
6. r	5 Simp.
7. $\sim r \cdot p$	2 Com.

8. ~r   7 Simp.

9. r ∨ s   6 Add.

10. s   9, 8 D.S.

如果給你一個有效論證，結論是一個在前提中沒有的簡單命題，該論證形式必定衍涵不一致的結論。你的任務是找出不一致之所在（p和~p）。一旦找到，你就可以把給定的結論附加到其中一個陳述（加x到p，得到p ∨ x），然後從所得到的選言式與另一個命題（~p）通過選言三段論達到結論。

　　最後，你需要做很多證明來掌握那些規則和等值式的運用。下述拇指規則應該對從事證明有幫助。

拇指規則：進行演繹證明的策略

1.在前提中尋找結論中的簡單命題。

　(1)如果結論中有一個簡單命題不在前提中出現，那麼你就需要使用添加律。

　(2)如果結論是一個前提沒有的簡單命題，那麼前提是不一致的。也就是說，能從前提推出一個陳述和它的否定。在這種情況下，你需要同時使用添加律和選言三段論來得到結論。例如，如果結論是r，而你從前提中推出p和~p，你就用添加律加r到p，得到p ∨ r，然後使用選言三段論於p ∨ r和~p，得到r。

　(3)查看結論的等值形式。

2.從結論倒推。

　(1)如果你能「看出」哪些步驟導致結論，記下來。如果有其他途徑，也記下來。

　(2)盡你所能從結論多倒推幾步往往是有幫助的。

3.如果你能使用那九條推理規則中的任何一條把一個複合命題拆成簡單分支，那就去做吧（一般都有用，但不總是必要的）。

4.如果你能使用那九條推理規則中任何一條把結論中沒有的簡單命題消去，那就用它吧。

5.如果有雙條件陳述，那就使用實質等值規則，這通常是能處理該陳述的唯一方法。

　(1)如果一個前提是肯定的雙條件陳述，你或許要使用第一種形式的實質等值規則，以便能進行簡化或交換後簡化，再使用兩條件陳述之一。

　(2)如果一個前提是雙條件陳述的否定，你或許要使用第二種形式的實質等值規則，以便能使用德摩根律，然後進行簡化或者交換後簡化。

　(3)如果結論是p ≡ q形式的雙條件陳述，同時如果你能建立p · q或~p · ~q中的一個，那麼你就可以附加上另一個，然後使用第二種形式的實質等值規則來得到結論。

6.如果在一組分組符記號之外有一個否定詞，要用德摩根律把否定詞移進去，除非你能看出那個否定陳述能被連同否定後件式或選言三段論一起使用。有時在使用德摩根律前你必

須使用其他的等值式把括弧內的陳述變成連言或選言。

　　7.如果前提同時包含條件陳述和選言陳述，你可以考慮用建設性兩難規則。

　　8.如果有一個$p \supset (q \supset r)$形式的命題，你可能要使用移出律。如果同時有$p \supset (q \supset r)$和$p \supset q$形式的陳述，那麼，對第一個陳述使用移出律，對第二個陳述使用吸收律，就能用假言三段論得到$p \supset r$形式的陳述。

　　9.在使用歸屬於替換規則的等值式之前要事先計畫，以免證明中出現多餘的行。

　　10.最重要的是：如果你相信遵循這些拇指規則就能毫無例外地解決本書中所有的問題，你會失望的。

推理規則和等值式	
推理規則和歸屬於替換規則的等值式如下：	
基本的有效論證形式	**邏輯等值的運算式**
1.肯定前件式（M.P.）： $p \supset q, p, \therefore q$	10.德摩根律（De M.）： $\sim (p \cdot q) \equiv\!\!\!\equiv (\sim p \vee \sim q)$ $\sim (p \vee q) \equiv\!\!\!\equiv (\sim p \cdot \sim q)$
2.否定後件式（M.T.）： $p \supset q, \sim q, \therefore \sim p$	11.交換律（Com.）： $(p \vee q) \equiv\!\!\!\equiv (q \vee p)$ $(p \cdot q) \equiv\!\!\!\equiv (q \cdot p)$
3.假言三段（H.S.）： $p \supset q, q \supset r, \therefore p \supset r$	12.結合律（Assoc.）： $[p \vee (q \vee r)] \equiv\!\!\!\equiv [(p \vee q) \vee r]$ $[p \cdot (q \cdot r)] \equiv\!\!\!\equiv [(p \cdot q) \cdot r]$
4.選言三段（D.S.）： $p \vee q, \sim p, \therefore q$	13.分配律（Dist.）： $[p \cdot (q \vee r)] \equiv\!\!\!\equiv [(p \cdot q) \vee (p \cdot r)]$ $[p \vee (q \cdot r)] \equiv\!\!\!\equiv [(p \vee q) \cdot (p \vee r)]$
5.建設性兩難規則（C.D.）： $(p \supset q) \cdot (r \supset s), p \vee r, \therefore q \vee s$	14.雙重否定律（D.N.）： $p \equiv\!\!\!\equiv \sim\sim p$
6.吸收律（Abs.）： $p \supset q, \therefore p \supset (p \cdot q)$	15.換位律（Trans.）： $(p \supset q) \equiv\!\!\!\equiv (\sim q \supset \sim p)$
7.簡化律（Simp.）： $p \cdot q, \therefore p$	16.實質蘊 涵律（Impl.）： $(p \supset q) \equiv\!\!\!\equiv (\sim p \vee q)$
8.連言律（Conj.）： $p, q, \therefore p \cdot q$	17.實質等值律（Equiv.）： $(p \equiv q) \equiv\!\!\!\equiv [(p \supset q) \cdot (q \supset p)]$ $(p \equiv q) \equiv\!\!\!\equiv [(p \cdot q) \vee (\sim p \cdot \sim q)]$

推理規則和等值式	
9.添加律（Add.）： p，$\therefore p \vee q$	18. 移出律（Exp.）： $[\,p \supset (q \supset r)\,] \stackrel{T}{\equiv} [\,(p \cdot q) \supset r\,]$
	19. 套套句（Taut.）： $p \stackrel{T}{\equiv} (p \vee p)$ $p \stackrel{T}{\equiv} (p \cdot p)$

練習題—■

Ⅰ.下列各論證中從前提推得結論的理據是哪個歸屬於置換規則的等值式？

1. $p \equiv (r \vee s)$
 $\therefore [\,p \supset (r \vee s)\,] \cdot [\,(r \vee s) \supset p\,]$

2. $(p \cdot q) \supset (r \vee s)$
 $\therefore p \supset [\,q \supset (r \vee s)\,]$

3. $[\,(p \cdot \sim q) \cdot (r \vee s)\,] \vee [\,\sim(p \cdot \sim q) \cdot \sim(r \vee s)\,]$
 $\therefore (p \cdot \sim q) \equiv (r \vee s)$

4. $(p \cdot q) \supset (r \supset s)$
 $\therefore [\,(p \cdot q) \cdot r\,] \supset s$

5. $\sim \{\,(q \cdot r) \vee [\,p \equiv (s \equiv \sim r)\,]\,\} \supset (z \vee w)$
 $\therefore \sim \{\,(q \cdot r) \vee [\,p \equiv (s \equiv \sim r)\,]\,\} \vee (z \vee w)$

6. $[\,(\sim O \vee P) \vee \sim Q\,] \cdot [\,\sim O \vee (P \vee \sim Q)\,]$
 $\therefore [\,\sim O \vee (P \vee \sim Q)\,] \cdot [\,\sim O \vee (P \vee \sim Q)\,]$

7. $[\,(\sim A \cdot B) \cdot (C \vee D)\,] \vee [\,\sim(\sim A \cdot B) \cdot \sim(C \vee D)\,]$
 $\therefore (\sim A \cdot B) \equiv (C \vee D)$

8. $[\,H \cdot (I \vee J)\,] \vee [\,H \cdot (K \supset \sim L)\,]$
 $\therefore H \cdot [\,(I \vee J) \vee (K \supset \sim L)\,]$

Ⅱ.說出下列形式證明中除前提之外的其他步驟的「理據」。

9. 1. $(M \vee N) \supset (O \cdot P)$
 2. $\sim O$
 $\therefore \sim M$
 3. $\sim O \vee \sim P$
 4. $\sim(O \cdot P)$
 5. $\sim(M \vee N)$
 6. $\sim M \cdot \sim N$
 7. $\sim M$

10. 1. $A \supset B$
 2. $B \supset C$
 3. $C \supset A$
 4. $A \supset \sim C$
 $\therefore \sim A \cdot \sim C$
 5. $A \supset C$
 6. $(A \supset C) \cdot (C \supset A)$
 7. $A \equiv C$
 8. $(A \cdot C) \vee (\sim A \cdot \sim C)$
 9. $\sim A \vee \sim C$
 10. $\sim(A \cdot C)$
 11. $\sim A \cdot \sim C$

Ⅲ.構造下列各論證的有效性的形式證明。只要增加兩個陳述就行了。

11. A

    $\sim B \supset \sim A$

    $\therefore B$

12. C

    $(C \cdot D) \supset E$

    $\therefore D \supset E$

13. $Q \supset [\ R \supset (S \supset T)\ ]$

    $Q \supset (Q \cdot R)$

    $\therefore Q \supset (S \supset T)$

14. $W \supset X$

    $\sim Y \supset \sim X$

    $\therefore W \supset Y$

15. $F \equiv G$

    $\sim (F \cdot G)$

    $\therefore \sim F \cdot \sim G$

16. $(S \cdot T) \lor (U \cdot V)$

    $\sim S \lor \sim T$

    $\therefore U \cdot V$

17. $(A \lor B) \supset (C \lor D)$

    $\sim C \cdot \sim D$

    $\therefore \sim (A \lor B)$

18. $(M \supset N) \cdot (\sim O \lor P)$

    $M \lor O$

    $\therefore N \lor P$

19. $(Y \supset Z) \cdot (Z \supset Y)$

    $\therefore (Y \cdot Z) \lor (\sim Y \cdot \sim Z)$

20. $(J \cdot K) \supset [\ (L \cdot M) \lor (N \cdot O)\ ]$

    $\sim (L \cdot M) \cdot \sim (N \cdot O)$

    $\therefore \sim (J \cdot K)$

Ⅳ.構造下列各論證的有效性的形式證明。只要增加三個陳述就行了。

21. $\sim B \lor (C \cdot D)$

    $\therefore B \supset C$

22. $H \cdot (I \cdot J)$

    $\therefore J \cdot (I \cdot H)$

23. $Q \supset (R \supset S)$

    $Q \supset R$

    $\therefore Q \supset S$

24 $W \cdot (X \lor Y)$

    $\sim W \lor \sim X$

    $\therefore W \cdot Y$

25. $G \supset H$

    $H \supset G$

    $\therefore (G \cdot H) \lor (\sim G \cdot \sim H)$

Ⅴ.本節的練習題提出了一些在較長的、有效性的形式證明中經常重現的推理樣式，熟悉它們對後面的功課很有幫助。構造下列各論證的有效性的形式證明。

26. $\sim A$

    $\therefore A \supset B$

27. $E \supset (F \supset G)$

    $\therefore F \supset (E \supset G)$

28. $K \supset L$

    $\therefore K \supset (L \lor M)$

29. $(Q \lor R) \supset S$

    $\therefore Q \supset S$

30. $W \supset X$

    $Y \supset X$

    $\therefore (W \lor Y) \supset X$

Ⅵ.再提供一些針對本節介紹的等值陳述的練習題。構造下列各論證的有效性的形式證明，只能用那九條推論規則外加換位律、實質蘊涵律、實質等值律、移出律和套套句。

31. p

    $\sim p \lor q$

    $\therefore q$

32. $p \equiv q$

    $\sim q$

    $\therefore \sim p \cdot \sim q$

33. $(p \supset q) \cdot (r \supset s)$

    $\sim q \lor \sim s$

    $\therefore \sim p \lor \sim r$

34. $p \supset q$

    $\sim \sim p$

    $\therefore \sim \sim q$

35. $p \supset (q \vee \sim s)$

 $\therefore p \supset [\, p \supset (\sim s \vee \sim q)\,]$

36. $p \equiv q$

 $\sim p \supset r$

 $\therefore \sim q \supset r$

37. $\sim p$

 $\sim p \supset \sim s$

 $\therefore \sim (\sim r \supset \sim q) \supset \sim s$

38. $q \supset \sim p$

 $p \equiv q$

 $\sim \sim p \supset (\sim q \supset r)$

 $\therefore \sim \sim p \supset r$

VII. 構造下列各論證的有效性的形式證明。

39. $(G \supset \sim H) \supset I$

 $\sim (G \cdot H)$

 $\therefore I \vee \sim H$

40. $[\,(Y \cdot Z) \supset A\,] \cdot [\,(Y \cdot B) \supset C\,]$

 $(B \vee Z) \cdot Y$

 $\therefore A \vee C$

41. $M \supset N$

 $M \supset (N \supset O)$

 $\therefore M \supset O$

42. $\sim B \vee [\,(C \supset D) \cdot (E \supset D)\,]$

 $B \cdot (C \vee E)$

 $\therefore D$

43. $(M \supset N) \cdot (O \supset P)$

 $\sim N \vee \sim P$

 $\sim (M \cdot O) \supset Q$

 $\therefore Q$

VIII. 使用所給出的記號，構造下列各論證的有效性的形式證明。

44. 並非她忘記了或者根本不能完成，因此她能夠完成。（F，A）

45. 如果拿破崙篡奪了本來不屬於他的權力，那麼他應該被譴責。不是拿破崙是一個合法的君王，就是他篡奪了本來不屬於他的權力。拿破崙不是一個合法的君主，所以拿破崙應該被譴責。（C，U，L）

46. 如果一個選言式的第一個選言因子為真，那麼整個選言式為真。因此，如果該選言式的第一個選言因子和第二個選言因子都為真，那麼整個選言式為真。（F，W，S）

47. 如果出納員或經理按了警報按鈕，那麼金庫就會自動鎖上，並且員警會在三分鐘之內到來。如果員警能在三分鐘之內到來，那麼劫匪的汽車將會被追上。但是劫匪的汽車並沒有被追上，因此出納員並沒有按警報按鈕。（T，C，V，P，O）

48. 不是劫匪是從大門進來，就是這次犯罪是一個內部事件並且有一個僕人牽扯其中。劫匪能夠從大門進來僅當門閂被從裡面拿開；如果門閂被從裡面拿開，那麼一定有一個僕人牽扯其中。因此有一個僕人牽扯其中。（D，I，S，L）

IX. 構造下列各論證的有效性的形式證明。下面有些論證可能比你上面構造的那些更富挑戰性。一般地說，它們要更長一點。

49. 1. $(M \supset T) \cdot (\sim M \supset H)$

 2. $M \vee (H \equiv A)$

 3. $\sim T$

 $\therefore A \cdot (T \supset H)$

50. 1. $(H \vee C) \cdot [\,(R \vee \sim D) \supset V\,]$

 2. $R \supset (C \supset D)$

 3. $V \supset (H \supset T)$

 4. $\sim T$

 $\therefore D \vee C$

51. 1. $P \supset [\,Q \supset (R \supset S)\,]$

 2. $R \cdot P$

 3. $(S \supset T) \cdot (T \supset \sim S)$

 $\therefore \sim Q$

52. 1. $A \supset C$

 2. $(A \cdot C) \supset (G \vee J)$

 3. $(E \vee D) \supset H$

 4. $A \vee M$

$$5. M \supset E$$
$$\therefore J \lor (G \lor H)$$

53. 1. $(A \supset B) \cdot (C \supset D)$
   2. $(A \cdot C) \supset (D \supset E)$
   3. $\sim E \cdot C$
   $\therefore \sim A \cdot (B \lor D)$

X. 下面五個論證也是有效的，都要求給出其有效性的證明，但是這些證明將比前面練習題中的那些較難以構造，發現自己一次次受阻的學生們不應該灰心。最初評估時顯得困難的事經過持續的努力會變得似乎不那麼困難，熟悉那些推理規則和歸屬於替換規則的那些等值式，反復練習應用那些規則，是構造這些證明的關鍵。

54. 如果你學習人文學科，那麼你將增進對人的理解；如果你學習自然科學，那麼你將增進對你周圍世界的理解。所以如果你既學習人文學科又學習自然科學，那麼你將既增進對人的理解又增進對你周圍世界的理解。（H，P，S，W）

55. 蘇格拉底是一個偉大的哲學家。因此不是蘇格拉底婚姻幸福，就是他婚姻不幸福。（G，H）

5. **條件證明**

　　給定九條推理規則和那些歸屬於替換規則的等值式，就能為命題邏輯中的任何有效論證構造證明。有些證明很長。有時弄清那些推理規則和等值式是讓你證明一個斷言的正當性的，那決不是明顯的——即使你不這樣認為，至少本書的作者之一這樣認為。

　　本節和下一節將介紹兩種附加構造證明的技術。它們都要假定一個外加的前提，這個假定的前提都必須在達到證明的結論之前被解除。可以把它們看作你證明中的外快。它們可都是殺手鐧，能在你只使用九條規則和等值式感到難以捉摸時讓你構造出證明。

　　考慮一個條件命題。如果一個具有$p \supset q$形式的命題為真，你都知道些什麼？你知道如果其前件真，那麼後件就真，你不知道前件和後件究竟真不真。關於條件命題的這一事實是條件證明的基礎。

　　為了構造一個條件證明，引入一個外加的陳述作為條件證明的假設（簡寫為A.C.P.），將證明進行下去，然後用一個以假設的陳述為前件，以證明中前一行的陳述為後件所構成的條件陳述來解除那個假設。

　　考慮下面這個論證：

$$p \supset (q \cdot r)$$
$$(r \lor s) \supset (s \lor t)$$
$$\sim s$$
$$\therefore p \supset t$$

　　你已經為這樣的論證形式構造了證明。為達到結論，其中會有不少蘊涵式——德摩根

律、分配律、簡化律等。如果你用條件證明，將進行如下：

1. $p \supset (q \cdot r)$
2. $(r \lor s) \supset (s \lor t)$
3. $\sim s$
∴ $p \supset t$

| 4. p A.C.P.
| 5. $q \cdot r$ 1, 4 M.P.
| 6. $r \cdot q$ 5 Com.
| 7. r 6 Simp.
| 8. $r \lor s$ 7 Add
| 9. $s \lor t$ 2, 8 M.P.
| 10. t 9, 3 D.S.
11. $p \supset t$ 4-10 C.P.

程式是這樣的。引入一個條件證明的假設，用A.C.P.標明。把引入假設的那一行往後縮兩格，並且沿著該假設在其中起作用的那些行畫一條垂直線以表明該假設的轄域。把該假設作為外加的前提來用，與不在一個已被解除假設轄域內的那些前提一起使用。該假設是要被消去的。必須用一個以該假設為前件，以證明中的前一行為後件所構成的條件陳述來解除該假設，把其理據記為借該假設在其中起作用的那些行施行條件證明（C.P.）。注意，上面的證明就是這麼做的。

有幾點值得注意。(1)你可以在假設之內再引入假設。我們會在下面考慮這種情況。(2)當出現多重假設時，解除它們的順序必須與引入的順序相反：最後引入的假設必須最先被解除。(3)一旦你解除一個假設，該被解除假設轄域內的任何一行都不能再用來證明其餘各行的正當性。

看另一個論證：

$\sim p \lor s$
$s \equiv (\sim q \lor r)$
∴ $p \supset (q \supset r)$

這一次我們將引入兩個假設，並以適當的順序解除它們。記住，一旦引入一個假設，只有在它起作用時你才能把它用作外加前提。

1. $\sim p \lor s$
2. $s \equiv (\sim q \lor r)$
∴ $p \supset (q \supset r)$

| 3. p A.C.P.

| | 4. ~~p | 3 D.N. |

| | 5. s | 1, 4 D.S. |

| | | 6. q | A.C.P. |

| | | 7. $[\, s \supset (\sim q \vee r)\,] \cdot [\,(\sim q \vee r) \supset s\,]$ | 2 Equiv. |

| | | 8. $s \supset (\sim q \vee r)$ | 7 Simp. |

| | | 9. $\sim q \vee r$ | 8, 5 M.P. |

| | | 10. ~~q | 6 D.N. |

| | | 11. r | 9, 10 D.S. |

| | 12. $q \supset r$ | 6-11 C.P. |

| 13. $p \supset (q \supset r)$ | 3-12 C.P. |

注意，雖然我們是在引入q作爲條件證明的假設之前使用p和前提1的，但也可以同樣容易地在第4行就假設q。還有，儘管我們是在引入第二個條件證明假設之後才處理前提2的，但也可以同樣容易地在引入第二個條件證明假設之前包含上面論證中第7—9行那樣的內容。

到目前爲止，我們見到的論證形式的結論都是條件陳述，我們假設其前件並尋求其後件。你最傾向做條件證明的時候或許是當結論是條件陳述時。然而，給定那些歸屬於替換規則的等値式，有些條件陳述邏輯等値於其他命題。因此，你可以爲任何論證構造一個條件證明。看這個論證：

$p \supset q$

$q \supset r$

p

$\therefore r$

儘管不大像你會爲這個論證構造條件證明（你能通過兩次運用肯定前件式得到結論，對吧？），你也可以使用條件證明。你的假設是什麼呢？結論是r，根據套套句，r邏輯等値於$r \vee r$，根據實質蘊涵律，它又邏輯等値於$\sim r \supset r$，因此，假設$\sim r$。

1. $p \supset q$

2. $q \supset r$

3. p

$\therefore r$

| | 4. $\sim r$ | A.C.P. |

| | 5. $\sim q$ | 2, 4 M.T. |

| | 6. q | 1, 3 M.P. |

| | 7. $q \vee r$ | 6 Add. |

| | 8. r | 7, 5 D.S. |

9. $\sim r \supset r$	4-8 C.P.
10. $r \lor r$	9 Impl.
11. r	10 Taut.

至今我們已考慮過的論證中，沒有互不交叉的多重假設情況，有時在解除一個假設之後再引入另一個。例如，如果結論是一個雙條件句，你可能做兩個連續的條件證明。

1. $p \equiv q$	
2. $\sim q \lor r$	
3. $\sim (r \cdot \sim q)$	
$\therefore r \equiv p$	
| 4. p	A.C.P.
| 5. $(p \supset q) \cdot (q \supset p)$	1 Equiv.
| 6. $p \supset q$	5 Simp.
| 7. q	6, 4 M.P.
| 8. $\sim\sim q$	7 D.N.
| 9. r	2, 8 D.S.
10. $p \supset r$	4-9 C.P.
| 11. r	A.C.P.
| 12. $\sim r \lor \sim\sim q$	3 De M.
| 13. $\sim r \lor q$	12 D.N.
| 14. $r \supset q$	13 Impl.
| 15. q	14,11 M.P.
| 16. $(p \supset q) \cdot (q \supset p)$	1 Equiv.
| 17. $(q \supset p) \cdot (p \supset q)$	16 Com.
| 18. $q \supset p$	17 Simp.
| 19. p	18, 15 M.P.
20. $r \supset p$	11-19 C.P.
21. $(r \supset p) \cdot (p \supset r)$	20, 10 Conj.
22. $r \equiv p$	21 Equiv.

注意第5行和第16行是相同的。你可能會問：「難道不能只是對第5行施行交換得到現在第17行的內容嗎？」不行。一旦假設被解除，就不允許再使用該假設統轄的那些行做任何事。因此，在這個問題上，如果你在引入任何條件證明的假設之前，在第1行使用了實質等值律，那麼你就能在證明中後來的任何地方使用它。

在結束本節前有幾點要提請注意。第一，條件證明有時比非條件證明容易，因為在常規論證中你要比平時花更多的精力來拆解複合命題。第二，有些人認為條件證明更簡易，因為

可以避免使用吸收律和其他一些不常用的等值式。最後，條件證明往往比常規證明長。

條件證明小結

1.為條件證明假設一個命題（A.C.P.）。
2.從含假設的那行開始，往後縮兩格，並在你假設的轄域內每一行左邊畫一條垂直線。
3.用假設以及之前的行推出結論。
4.構造一個形如$p \supset q$的條件陳述來解除該假設，p是條件證明的假設，q是在前一行達到的結論。
5.可以在其他條件證明假設的轄域內再作假設。但是假設解除的順序必須與假設引入的順序相反（後入先出）。
6.記住：條件證明的假設其轄域內達到的結論不得再用來證明已被解除的假設之後結論的正當性。

─練習題─■

為下列論證形式構造條件證明。

1. $p \vee q$
   $\sim p$
   $\therefore r \supset q$

2. p
   $(p \cdot q) \supset r$
   $\therefore \sim r \supset \sim q$

3. $(p \cdot q) \supset r$
   $p \supset q$
   $\therefore (s \cdot p) \supset r$

4. $p \supset q$
   $\sim r \supset \sim q$
   $\therefore p \supset (p \supset r)$

5. $[p \cdot (q \vee r)] \supset s$
   $\sim q \supset r$
   $\sim p \supset r$
   $\therefore \sim r \supset (q \cdot s)$

6. $(p \supset q) \cdot (r \supset s)$
   $\therefore (p \vee r) \supset (q \vee s)$

7. $\sim (p \cdot q)$
   $\sim q \supset r$
   $\sim r \vee p$
   $\therefore r \equiv p$

8. $p \supset (q \cdot s)$
   $\sim q \vee s$
   $(q \cdot s) \supset (r \supset t)$
   $\sim t$
   $\therefore \sim p \vee (t \equiv r)$

9. $p \supset [(q \cdot r) \supset s]$
   $\sim s$
   $p \cdot q$
   $\therefore \sim r$

10. $p \equiv (q \vee r)$
    r
    $(p \cdot r) \supset (s \vee t)$
    $\sim t$
    $\therefore s$

6. 間接證明

間接證明或歸謬證明是條件證明的變形。上一節談到如果結論是一個簡單陳述，那就可以假設結論的否定作爲外加前提。例如，對論證形式：

$p \supset q$

$q \supset r$

p

$\therefore r$

我們爲條件證明假設~r，從那些前提推進到結論r，解除我們的條件證明的假設得到~$r \supset r$，據應用實質蘊涵律斷定$r \lor r$，再據套套句達到r。**對於任何一個有效論證，如果假設結論的否定作爲外加前提，都能生成一組不一致的前提**。這是構造間接證明的基礎，其合理性與第6章第6節中構造逆向眞值表相同。

構造間接證明的程式類似於構造條件證明。**引入你試圖證明的陳述的否定作爲間接證明的假設（A.I.P.）。用分隔號標明你假設的轄域，包括由縮後兩格的假設所統轄的那些行。繼續下去直到已經表明從原前提加上該假設推得一個陳述及其否定——任何陳述及其否定。連接這個陳述及其否定構成連言，然後解除你的假設，陳述出你假設的否定，用你的假設所統轄的那些行和間接證明（I.P.）作爲它的理據。**例如，如果你以~p作爲間接證明的假設，你就要陳述出那個矛盾式並且解除該假設，標明p得自間接證明和該假設轄域內的那些行。整個證明看來如下：

1. $p \supset q$

2. $q \supset r$

3. p

$\therefore r$

 | 3. ~r A.I.P.

 | 4. ~q 2, 3 M.T.

 | 5. ~p 1, 4 M.T.

 | 6. $p \cdot$ ~p 3, 5 Conj.

7. r 3-6 I.P.

與條件證明的情況一樣，在一個間接證明的轄域內還可以有另一個間接證明，而假設解除的順序必須與它們引入的順序相反：後入先出。而且，間接證明可以與條件證明聯合使用，而後入先出原則繼續成立：允許在一個間接證明或條件證明的轄域內構造另一個間接證明或條件證明，但不得交叉。

考慮以下論證形式：

$p \vee (q \cdot r)$

$p \supset r$

$\therefore r$

　　如果構造一個間接論證，那就假設~r作為外加前提並推進到得出矛盾。然後，解除該假設。以下兩個證明都是正確的。**注意：用哪個陳述及其否定生成矛盾沒有區別。**

1. $p \vee (q \cdot r)$		1. $p \vee (q \cdot r)$	
2. $p \supset r$		2. $p \supset r$	
$\therefore r$		$\therefore r$	
| 3. $\sim r$	A.I.P.	| 3. $\sim r$	A.I.P.
| 4. $\sim p$	2，3 M.T.	| 4. $\sim p$	2, 3 M.T.
| 5. $q \cdot r$	1，4 D.S.	| 5. $\sim\sim p \vee (q \cdot r)$	1 D.N.
| 6. $r \cdot q$	5 Com.	| 6. $\sim p \supset (q \cdot r)$	5 Impl.
| 7. r	6 Simp.	| 7. $\sim r \vee \sim q$	3 Add.
| 8. $r \cdot \sim r$	7，3 Conj.	| 8. $\sim q \vee \sim r$	6 Com.
9. r	3-8 I.P.	| 9. $\sim (q \cdot r)$	7 De M.
		| 10. $\sim\sim p$	6, 9 M.T.
		| 11. $\sim p \cdot \sim\sim p$	4, 10 Conj.
		12. r	3, 11 I.P.

　　注意你正在做什麼。你假設結論的否定作為外加前提，然後使用肯定前件式、否定後件式、假言三段論、選言三段論、建設性兩難規則、簡化律把複合陳述分解成它們的簡單分支。一旦找到一個陳述及其否定，你把它們連成連言並解除該假設。**儘管探求矛盾陳述時可能總是把複合陳述分解成它們的簡單分支，但是找到一個複合陳述及其否定同樣是可以的。**

　　如果結論是一個條件陳述，可以一前一後地使用條件證明和間接證明。以結論的前件作為條件證明的假設，接著以後件的否定作為間接證明的假設，推進到得出一個矛盾式，解除間接證明的假設，然後在下一行解除條件證明的假設。這樣證明假言三段論將看來如下：

1. $p \supset q$

2. $q \supset r$

$\therefore p \supset r$

| 3. p	A.C.P.
| | 4. $\sim r$	A.I.P.
| | 5. q	1, 3 M.P.
| | 6. $\sim q$	2, 4 M.T.
| | 7. $q \cdot \sim q$	5, 6 Conj.

```
    |  8. r                    4-7 I.P.
       9. p ⊃ r                3-8 C.P.
```

　　與條件證明一樣，一旦解除一個假設，就不能在證明的隨後各行中再使用該假設所統轄的任何一行。因此，往往比較聰明的是要預先多想幾行，以免需要重複用在不止一個假設之下的那些行。

　　雖說多半是對論證的結論使用間接證明或條件證明，也可以對任一陳述使用。然而記住，你將能得到可從擴張了的一組前提有效地推出的結論。因此，如果意在推斷p而假設$\sim p$進行間接證明，那麼僅加上$\sim p$的那組前提是不一致的才能得到結論p。實際上，這樣的使用結果是如果論證的結論是個選言，例如$p \lor q$，那麼應該假設該選言的否定來進行間接證明。爲什麼呢？你知道那些前提衍涵p或者q，但是你不知道究竟是衍涵p還是q。如果僅假設$\sim p$來進行間接證明，就不能推出矛盾。

　　有時間接證明和條件證明比直接證明短。通常它們更長，但是很多學生發現它們更容易些，因爲把複合陳述分解成它們的簡單分支比應用各種等值式要花更多精力。

間接證明小結

1. 假設你想證明的命題的否定（A.I.P.）。
2. 從包含該假設的那行開始，後縮兩格並且在你假設的轄域內每一行的左邊劃一條垂直線。
3. 使用假設和證明中之前的諸行進行推導。
4. 當你得到某個陳述p及其否定$\sim p$時，連言之，然後通過述出你想證明的命題（你間接證明假設的否定）解除你的假設。
5. 間接證明的假設可以設在其他間接證明或條件證明假設的轄域內，而假設解除的順序必須與引入的順序相反（後入先出）。
6. 記住：間接證明假設的轄域內得到的結論不得用來證明已解除假設之後結論的正當性。

另外一些拇指規則

1. 如果結論是個條件陳述，先假設結論的前件進行條件證明（A.C.P.），然後假設那個後件的否定進行間接證明（A.I.P.）。這使你能夠通過間接證明得到後件，然後在下一行通過條件證明得到結論。
2. 使用肯定前件式、否定後件式、選言三段論、假言三段論和簡化律來盡可能深遠地分解複合命題。
3. 因爲把複合陳述分解成簡單分支通常是有用的，所以，如果結論是個選言陳述，試用間接證明。
4. 因爲當使用條件證明或間接證明時，把複合陳述分解成簡單分支通常是有用的，所以，比較明智的是，在做出條件證明或間接證明的假設之前盡可能深遠地分解前提。

─練習題─ ■

Ⅰ.爲下列各論證形式構造一個間接證明。

1. *p*
   ∴.*q* ∨ ~*q*

2. *m* ⊃ *g*
   g ⊃ *a*
   a ⊃ *p*
   p ⊃ *i*
   m
   ∴.*i*

3. ~*p* ⊃ (*o* · *g*)
   g ≡ *p*
   ∴.*o* ⊃ *p*

4. *p* ⊃ [~*q* ∨ (*r* · *s*)]
   ~*s* · *q*
   ∴.~*p*

5. *m* ⊃ *g*
   g ⊃ (*c* ∨ *h*)
   h ⊃ *d*
   ~*d*
   c ⊃ *a*
   ∴.~*m* ∨ *a*

Ⅱ.爲下列各論證形式構造一個間接證明或條件證明，如果願意，可以兩者都用。

6. (*m* · *f*) ⊃ (*a* ∨ ~*c*)
   g ⊃ *c*
   ~*f* ⊃ *j*
   ~*a* · *g*
   ∴.~*m* ∨ *j*

7. *p* ⊃ (~*q* · *r*)
   (*q* ∨ ~*r*) ⊃ *s*
   ~*s* ∨ *p*
   ∴.~*q*

8. *n* ≡ (*h* ∨ *s*)
   h ⊃ (*b* · *m*)
   s ⊃ *e*
   ~*e* · *n*
   ∴.*b* · *m*

9. *a* ∨ [*g* · (~*d* · ~*e*)]
   g ≡ *e*
   ∴.~*a* ⊃ ~ (*d* · ~*e*)

10. (*h* · *m*) ⊃ (*k* · *b*)
    (*k* ∨ *b*) ⊃ (*f* ∨ *s*)
    h · ~*s*
    ∴.*m* ⊃ *f*

11. *a* ⊃ (*b* · ~*c*)
    ~*a* ≡ *b*
    ∴.*a* ⊃ *d*

12. [*w* · (*c* ∨ *g*)] ⊃ [*g* ≡ (*o* ⊃ *r*)]
    g
    g ⊃ (~*r* · *w*)
    ∴.~*g* ∨ ~*o*

13. ~ [*p* ≡ (*q* ∨ ~*r*)]
    p · ~*s*
    ∴.*q* ≡ *s*

Ⅲ.爲下列各論證構造一個間接證明或條件證明。

14. 如果史密斯正在調查美髮沙龍（理髮店名），那麼麥肯已經在往護髮素中兌酒並且四指布萊恩正
    把他的手指放在抽屜裡。如果四指布萊恩把他的手指放在抽屜裡，那麼他可能失去另一根手指；
    並且不是貓漢尼拔正在喝護髮素，就是玩笑王米羅沒有在講笑話。如果米羅在講笑話這一事實蘊

涵四指布萊恩把他的手指放到抽屜裡，那麼史密斯正在經歷他人生中最大的一次冒險。史密斯正在調查美髮沙龍。所以，史密斯正在經歷他人生中最大的一次冒險。（I，B，F，L，H，M，S）

15.如果史密斯將調查美髮沙龍，或者麥肯研製了一種新的生髮素，那麼貓漢尼拔被當作一個實驗品。如果貓漢尼拔被當作實驗品，那麼禁止虐待動物協會的人將會出現，並且戒酒者協會將有牽連。如果戒酒者協會受牽連，那麼布萊恩就已加酒於貓薄荷。史密斯將要調查美髮沙龍。所以布萊恩已經加酒於貓薄荷。（I，B，H，S，F，O）

16.如果史密斯調查美髮沙龍，但是莊臣並不加入調查，那麼麥肯將不會牽扯其中或者米羅將會發號施令。如果米羅發號施令，那麼莊臣將會加入調查。如果莊臣加入調查，那麼左撇子麥克萊恩將會不僅剪掉頭發並且貓漢尼拔將會變禿頭。所以，如果左撇子麥克萊恩不僅剪掉頭發並且米羅正在發號施令，那麼莊臣加入這項調查。（I，V，B，M，L，H）

17.如果麥肯正在經營一家數字彩票賭場，或者四指布萊恩正在後面的房間裡製造私酒，或者左撇子麥克萊恩正在向一個法官行賄，那麼美髮沙龍是非法活動的掩護。僅當美髮沙龍是非法活動的掩護，並且史密斯調查其中的關聯，左撇子麥克萊恩才沒有向法官行賄。如果史密斯調查其中的關聯，那麼麥肯正在經營一家數字彩票賭場及左撇子麥克萊恩正在向法官行賄二者都不是事實。美髮沙龍確實不是非法活動的掩護。所以史密斯調查了其中的關聯而莊臣對整個事件表示疑惑。（B，F，L，T，I，V）

18.如果麥肯和四指布萊恩都是財政部的特工，那麼史密斯將會因逃稅而被判罪並且莊臣將會去監獄看望史密斯。僅當美髮沙龍是聯邦調查局的掩護或者史密斯將會因逃稅而被判罪，四指布萊恩才不是財政部特工。麥肯是財政部的特工。如果麥肯是財政部的特工，那麼米羅是一名聯邦特工；同時如果米羅是一名聯邦特工，那麼莊臣將會去監獄看望史密斯。如果史密斯沒有因逃稅被判罪，那麼左撇子麥克萊恩不是聯邦特工；同時如果美髮沙龍是聯邦調查局的掩護，那麼左撇子麥克萊恩是一名聯邦特工。所以史密斯將要因逃稅而被判有罪。（B，F，I，V，T，M，L）

章節摘要

本章引進和闡述了演繹方法。

第2節把任一給定的論證的**有效性的形式證明**定義為：**一個陳述序列，其中的每個陳述或者是這個論證的前提，或者是從序列中前面的陳述通過一個基本的有效論證得出的，使得這個序列的最後一個陳述是正在證明其有效性的論證之結論。它是一個陳述序列，其中每個陳述或者是這個論證的前提，或者是從序列中前面的陳述通過一個基本有效論證得出的，使得這個序列的最後一個陳述是已被證明為有效的該論證的結論。我們定義一個基本的有效論證是一個基本的有效論證形式的代入例。**我們列出了用來構造有效性的形式證明的九條基本有效論證形式。九條推理規則只能用在證明中的一整行或兩行上。

第3和第4節伸展了構造有效性的形式證明機制，引進了**替換規則**，替換規則允許我們從任何陳述推出把那陳述的任一分支替換為任何其他邏輯等值於被替換的那個分支結果。我們引進了十五個（在十個名稱之下）邏輯等值形式，在它們於證明中出現的任何地方都可以相互替換。

第5節介紹了條件證明的方法。當構造一個條件證明時，我們假設一個陳述作為外加前

提，與其他前提一起使用那個陳述，然後通過一個以該假設爲前件，以證明中的前一行爲後件的條件陳述將假設解除。

第6節介紹了間接證明的方法。間接證明是條件證明的變形。當構造間接證明時，我們假設想要確立陳述的否定作爲外加前提，與其他前提一起使用那個陳述，直到推出一個陳述及其否定——任何陳述及其否定。把該陳述及其否定連成連言，然後通過述出所假設的那個陳述的否定，亦即原來想要證明的那個陳述來解除那個假設。

第 8 章
量詞理論

1. 命題邏輯不夠用

考慮如下這個著名的有效演繹論證例子：

> 所有的人都是要死的。
> 蘇格拉底是人。
> 所以，蘇格拉底是要死的。

如我們在第4、5章所見，其第一個前提是定言命題，第二個前提和結論是單稱命題。單稱命題可以被看作全稱命題或特稱命題，只要保持一致。於是，我們把上述論證看作AAA-1或AII-1式。范恩圖和判定定言三段論的有效性規則都表明AAA-1或AII-1是有效的。

〔重要提示〕

一些讀者可能擔心會有什麼樣的新的符號記法。不必！那只是我們前兩章中的做法變體而已。我們發展了一種表示第3—5章中的老朋友定言命題的方法。它看著堪稱壯觀，但是你們很快就能掌握。一旦我們開始證明，你會發現你花較多時間所做的正好是我們在上一章中所做的。所以，如果你感染了恐符號症，那就做幾個深呼吸吧！放鬆些！等著大大享受樂趣吧。

現在讓我們來看看能否構造一個該論證的證明。由於沒有命題聯結詞，每個陳述都必須被看作簡單陳述，於是我們把原論證表達爲：

$$A$$
$$\underline{B}$$
$$\therefore C$$

一對簡單陳述不會衍涵另一個與它們不同的簡單陳述。如果你有疑問，可以構造一個逆向眞值表，在其中假定兩個前提爲眞而結論爲假。因此，我們單該論證的符號表達是無效的。然而我們知道，這個論證本身是有效的。那麼，問題出在哪裡？

問題在於命題邏輯的符號語言不足以表示該論證的結構。爲了表示該論證的結構，我們需要表示組成它那些命題的內部結構。爲了做到這一點，我們發展了一種表示定言命題和單稱命題結構的符號語言。

2. 符號語102：量詞邏輯的語言

(1) 單稱命題、主詞和謂詞

考慮陳述「奧拉夫是一隻貓」。這是一個**單稱命題**的例子，它是關於一個物件的。「奧拉夫」是**主詞**，「貓」是**謂詞**，動詞「是」聯結二者。謂詞說出奧拉夫的一個性質或特徵的

名稱。一個事物可以有很多性質，因此，下列陳述全都可能是真的：

> 奧拉夫是一隻貓。
>
> 奧拉夫是一隻暹羅貓。
>
> 奧拉夫是一個討厭鬼。

許多事物能有相同的性質；或者，如果你喜歡，謂詞可以對許多事物成立。因此，下列陳述也都為真：

> 德寶是一隻貓。
>
> 希爾是一隻貓。
>
> 丫丫是一隻貓。

於是，你可以把單稱命題的形式看作由動詞「是」聯結起來的兩個空位：

> [主詞] 是 [謂詞]

你可以把任何**個體**——無論是人、動物或其他任何東西——的名稱放在主詞位置。你可以把任何性質的名稱放在謂詞位置，其結果將是一個單稱命題。

我們建立的符號語言需要表達主詞（個體的名稱）和謂詞：完整的形式是「 [主詞] 是一個 [謂詞] 」。讓我們用小寫字母a到w來表示個體的名稱。於是，名稱「奧拉夫」可用o來表示。我們把個體的名稱稱為**個體常元**。

讓我們用大寫字母A到Z隨之以表示主詞的空位來表示謂詞（謂語）。於是，謂詞「是一隻貓」可表示為C。我們把謂詞的名稱稱為**謂詞常元**。於是，「奧拉夫是一隻貓」可以表達為Co。[1]

有時我們想談論一個謂詞而不談論它對其成立的一個特殊物件。例如，我們可能想談論「是一隻貓」對其成立的某個（未知）事物。我們用**個體變元**——個體常元的占位者——來表示這些未知的事物。我們用字母x、y和z作為個體變元。於是，謂詞「＿＿＿是一隻貓」可表示為Cx，讀作「x是C」。這被看作是一個**命題函數**。一個命題函數可以被定義為一個如下的運算式：**(1)包含個體變元；(2)當用個體常元代替個體變元時，變成一個陳述。注意，命題函數不是命題**——**它們沒有真值，因為他們是文法上不完整的**。任一單稱命題都是一個命題函數的代入例，在那個命題函數中用個體常元代替個體變元的結果。只以單稱命題作為代入例的命題函數——如Hx、Mx、Fx、Bx和Cx這樣的東西——稱作簡單謂詞，以別於我們即將介紹的那些更複雜的命題函數。

1　本書中我們只考慮諸如「是一隻貓」的一目謂詞（一個空位的謂詞）。如果你選修外加的邏輯課程，你會發現多目謂詞或關係。它們用差不多相同的方式表示，但涉及更多的個體常元。例如，命題「約翰在貝琳達左邊」可以表示為Ljb；「胡安妮塔在露絲和德米特裡中間」可以表示為$Bjld$。

　　類似的，有時我們想一般地談論謂詞。我們用大寫希臘字母——通常用Φ（phi）或Ψ（psi）——作為**謂詞變元**。

　　我們可以將應用於單稱命題的量詞邏輯語言小結如下：

這種陳述	**可被符號表示**
＿＿＿是一隻貓。	Cx
＿＿＿是一個人。	Hx
＿＿＿是一個討厭鬼。	Nx

這種陳述	**可被符號表示**
蘇格拉底是人。	Hs
普羅塔哥拉是要死的。	Mp
蘇格拉底是個塌鼻子。	Ss
亞里斯多德不是個塌鼻子。	$\sim Sa$

這種陳述	**可被符號表示**
蘇格拉底是＿＿＿	Φs
亞里斯多德是＿＿＿	Φa
＿＿＿是＿＿＿	Φx

(2) 全稱命題和特稱命題

　　現在我們可以用符號表示本章開頭那個論證的第二個前提和結論了。「蘇格拉底是人」表示為Hs，「蘇格拉底是要死的」表示為Ms。為了表示第一個前提，我們需要表示全稱命題的方法。為了使我們的語言完整，我們還需要表示特稱命題的方法。那麼，讓我們從一些簡單的思考開始。

　　考慮陳述「每一事物（都）是費解的」。我們用上面討論過的方式處理謂詞「是費解的」。「＿＿＿是費解的」用符號表示為Px。怎麼處理「每一事物」？回顧第3章，「每個」和「所有」這些詞是全稱量詞，我們需要一個符號來表示這些詞。我們用一個放在括弧裡的x——(x)——表示全稱量詞。[2]這稱為**全稱量詞**，於是$(x)Px$表示「每一事物是費解的」。$(x)Px$讀作「對於所有x，Px」或「對於所有x，x是P」或「全部的x，Px」。

　　我們還需要一種量詞來表示像「有些事物是費解的」這樣的特稱命題。我們用倒置的E隨之以一個x——$\exists x$——代表諸如「有些」、「存在一個」和「至少有一個」這些詞。這稱為**特稱量詞**。於是，$(\exists x)Px$表示「有些事物是費解的」。$(\exists x)Px$讀作「存在一個x，Px」，或「存在一個x，使得x是P」或「存在x，Px」。

　　介紹完量詞的表示方法，現在我們可以轉向標準形式的定言命題了。

　2　有些邏輯教科書裡，全稱量詞表示為：$(\forall x)$。

定言命題斷定事物類之間的關係。如第3章所見，有四類定言命題：

全稱肯定命題：*A*：所有*S*是*P*。

全稱否定命題：*E*：沒有*S*是*P*。

特稱肯定命題：*I*：有些*S*是*P*。

特稱否定命題：*O*：有些*S*不是*P*。

一個全稱肯定命題的翻譯應該能表示所有真的全稱肯定定言命題。命題「所有獨角獸都是長有一隻角的馬」是真的——它反映了獨角獸的定義。由於不存在獨角獸，它必須理解為，如果有獨角獸，那麼它們是長有一隻角的馬。由於不存在獨角獸，這個條件命題毫無疑問是真的。承認這個事實，我們可以合理地把該命題翻譯為：

$$(x)\,(Ux \supset Hx)$$

*Ux*斷定「*x*是一隻獨角獸」，*Hx*斷定「*x*是長有一隻角的馬」。

全稱否定命題可以作類似的理解。「沒有狗是貓」斷定的是：任意事物，如果它是狗，那麼它不是貓。於是可以把這命題符號表示為：

$$(x)\,(Dx \supset {\sim} Cx)\ \text{[3]}$$

一般地說，符號表示一個全稱命題時，使用一個全稱量詞並把該陳述當作條件陳述。於是，全稱肯定命題的一般形式為$(x)\,(\Phi x \supset \Psi x)$。全稱否定命題的一般形式為$(x)\,(\Phi x \supset {\sim}\Psi x)$。

特稱命題可以被理解為連言。「有些狗是柯利牧羊犬」的意思是至少存在一個東西，它既是狗又是柯利牧羊犬。表示為：

$$(\exists x)\,(Dx \cdot Cx)$$

類似地，「有些狗不是柯利牧羊犬」表示為：

$$(\exists x)\,(Dx \cdot {\sim}Cx)$$

一般地說，**表示一個特稱命題，要使用一個特稱量詞並把該陳述當作連言**。於是，特稱肯定命題的一般形式為$(\exists x)(\Phi x \cdot \Psi x)$，特稱否定命題的一般形式為$(\exists x)(\Phi x \cdot {\sim}\Psi x)$。

分組記號在命題邏輯中很重要，它們對定言命題的符號表示同樣重要。分組記號顯示

3　你可能合理地認為「沒有狗是貓」意指連一只是貓的狗都不存在。這個命題可以用符號表示為${\sim}(\exists x)(Dx \cdot Cx)$。如我們將在下一節看到的，${\sim}(\exists x)(Dx \cdot Cx)$邏輯等值於$(x)(Dx \supset {\sim}Cx)$。我們寧願用$(x)(Dx \supset {\sim}Cx)$來表示全稱否定命題，因為它在全稱命題的符號表示之間提供了一種視覺的統一性。

量詞的轄域。在陳述（∃x）（Px · ~Qx）中，兩個謂詞都處在那個量詞的轄域中。它們是被量詞約束的。約束了命題函數中的變元就把命題函數轉變爲陳述。如果我們有一個形式爲（∃x）Px · ~Qx的陳述，那麼其中只有Px被量詞約束。這裡，~Qx是一個命題函數。作爲一個命題函數——一個謂詞連同一個未約束的變元——它沒有眞值。如前所見，命題函數轉變爲陳述的一個途徑是用個體常元代替它的變元。我們現在應該注意到，當命題函數被約束在量詞的轄域中時，所得到的公式是一個有眞值的陳述。

(3) 有時陳述更複雜

正如在命題邏輯中陳述可能變得相當複雜，定言命題的符號表示可以由超過兩個謂詞組成。有時你會關注論域的一個有限的部分。例如，命題「每個學習邏輯的人都是聰明的（Everyone who learns logic is wise）」，語詞「每個人（everyone）」表明你關注的是人。於是引進一個謂詞表示人（Px），以及一個謂詞表示邏輯學習者（Lx）和一個謂詞表示聰明的東西（Wx）。這樣，你的命題將看來如下：

$$(x)[(Px · Lx) ⊃ Wx]$$

命題「有些垂釣的人是船主人（Someone who fishes is a boat owner）」，符號表示爲：

$$(∃x)[(Px · Fx) · Bx]$$

當然，存在著在討論命題邏輯時你看到的、對命題別的不同的資質認定，這種情形也能帶進量化命題中：

任何長毛狗都既不是貓也不是馬。

$$(x)[(Dx · Lx) ⊃ ~(Cx ∨ Hx)] \underline{或} (x)[(Dx · Lx) ⊃ (~Cx · ~Hx)]$$

有些貓是會睡覺的動物。

$$(∃x)[Cx · (Ax · Sx)]$$

如果佛洛德是哲學家，那麼哲學家是紅頭髮的。

$$Pf ⊃ (∃x)(Px · Rx)$$

並非所有吃蝦的人都是漁民當且僅當他們是獵人。

$$(∃x)[(Px · Sx) · ~(Bx ≡ Hx)] \underline{或} ~(x)[(Px · Sx) ⊃ (Bx ≡ Hx)]$$

如果所有的貓是哺乳動物，那麼有些大型犬不是爬行動物。

$$(x)(Cx ⊃ Mx) ⊃ (∃x)[(Dx · Lx) · ~Rx]$$

有時翻譯前要考慮原句的意思。看陳述「所有三年級和四年級學生都有資格獲得獎學金」。這是一個全稱命題，條件句的前件是連言命題嗎？不可能，對吧？無論你們學校用什麼標準，沒有人同時是三年級和四年級的學生。因此，原命題必須翻譯爲：

$$(x)\,[\,(\,Jx \lor Sx\,)\supset Ex\,]$$

當然，有很多奇特的方式來構造第3節所考察的全稱和特稱命題。「除了聰明人沒有別人是邏輯學家」應該翻譯為：

$$(x)\,[\,Lx \supset (\,Px \cdot Wx\,)\,]$$

「所有公民，除了未滿18歲的，都有選舉權」應該翻譯為：

$$(x)\,(\,Ux \supset \sim\!Vx\,)\ \cdot\ (x)\,(\sim\!Ux \supset Vx\,)$$

「只是有些學生在優秀生名單上」應該翻譯為：

$$(\exists x)\,(\,Sx \cdot Dx\,)\ \cdot\ (x)\,(\,Sx \cdot \sim\!Dx\,)$$

當然，有些陳述沒有量詞，在這種情況下，你必須考問什麼量詞會產生一個真陳述。例如，「貓是哺乳動物」大概意指「所有的貓是哺乳動物」。

量詞邏輯的語言	
Ax，Bx，Cx …… Zx	謂詞：性質的名稱
a，b，c …… w	常元：個體對象的名稱
x，y，z	遍歷個體的變元
Φ，Ψ	遍歷謂詞的變元
$(x)\,(\,\Phi x \supset \Psi x\,)$	所有的Φ是Ψ。 對於所有x，如果x是Φ，那麼x是Ψ。
$(x)\,(\,\Phi x \supset \sim\!\Psi x\,)$	沒有Φ是Ψ。 對於所有x，如果x是Φ，那麼x不是Ψ。
$(\exists x)\,(\,\Phi x \cdot \Psi x\,)$	有的Φ是Ψ。 存在一個x，使得x是Φ並且x是Ψ。
$(\exists x)\,(\,\Phi x \cdot \sim\!\Psi x\,)$	有的Φ不是Ψ。 存在一個x，使得x是Φ並且x不是Ψ。

英語到符號語／符號語到英語的字典		
Φ和Ψ是遍歷謂詞的變元，x、y和z是遍歷個體的變元		
English to Symbolese		
A（an）	A Φ is Ψ.	$(\exists x)\,(\,\Phi x \cdot \Psi x\,)$
A（an）... is not ...	A Φ is not Ψ.	$(\exists x)\,(\,\Phi x \cdot \sim\!\Psi x\,)$

英語到符號語 / 符號語到英語的字典		
A few	A few Φ are Ψ.	$(\exists x)(\Phi x \cdot \Psi x)$
A few ... are not ...	A few Φ are not Ψ.	$(\exists x)(\Phi x \cdot \sim\Psi x)$
All	All Φs are Ψs.	$(x)(\Phi x \supset \Psi x)$
All except	All except Φ are Ψ.	$(x)(\Phi x \supset \sim\Psi x) \cdot (x)(\sim\Phi x \supset \Psi x)$
Almost all	Allmost all Φ are Ψ.	$(\exists x)(\Phi x \cdot \Psi x) \cdot (\exists x)(\Phi x \cdot \sim\Psi x)$
Any	Any Φ is a Ψ.	$(x)(\Phi x \supset \Psi x)$
At least one	At least one Φ is Ψ.	$(\exists x)(\Phi x \cdot \Psi x)$
At least one ... is not ...	At least one Φ is Ψ.	$(\exists x)(\Phi x \cdot \Psi x)$
Diverse	Diverse Φ are Ψ.	$(\exists x)(\Phi x \cdot \Psi x)$
Diverse ... are not ...	Diverse Φ are not Ψ.	$(\exists x)(\Phi x \cdot \sim\Psi x)$
Every	Every Φ is a Ψ.	$(x)(\Phi x \supset \Psi x)$
Many	Many Φ are Ψ.	$(\exists x)(\Phi x \cdot \Psi x)$
Many ... are not ...	Many Φ are not Ψ.	$(\exists x)(\Phi x \cdot \sim\Psi x)$
No	No Φ is Ψ.	$(x)(\Phi x \supset \sim\Psi x)$
No	No Φ is Ψ.	$\sim(\exists x)(\Phi x \cdot \Psi x)$
None but	None but Ψs are Φs.	$(x)(\Phi x \supset \Psi x)$
None of	None of the Φs are Ψs.	$(x)(\Phi x \supset \sim\Psi x)$
Not all	Not all Φs are Ψs.	$(\exists x)(\Phi x \cdot \sim\Psi x)$
Not any	Not any Φ is Ψ.	$(x)(\Phi x \supset \sim\Psi x)$
Not any	Not any Φ is Ψ.	$\sim(\exists x)(\Phi x \cdot \Psi x)$
Not every	Not every Φ is Ψ.	$(\exists x)(\Phi x \cdot \sim\Psi x)$
Not only	Not only Ψ are Φ.	$(\exists x)(\Phi x \cdot \sim\Psi x)$
Not quite all	Not quite all Φs are Ψs.	$(\exists x)(\Phi x \cdot \Psi x) \cdot (\exists x)(\Phi x \cdot \sim\Psi x)$
Numerous	Numerous Φs are Ψs.	$(\exists x)(\Phi x \cdot \Psi x)$
Numerous ... are not ...	Numerous Φs are not Ψs.	$(\exists x)(\Phi x \cdot \sim\Psi x)$
Only	Only Ψs are Φs.	$(x)(\Phi x \supset \Psi x)$
Only some	Only some Φs are Ψs.	$(\exists x)(\Phi x \cdot \Psi x) \cdot (\exists x)(\Phi x \cdot \sim\Psi x)$
Several	Several Φs are Ψs.	$(\exists x)(\Phi x \cdot \Psi x)$
Several ... are not ...	Several Φs are not Ψs.	$(\exists x)(\Phi x \cdot \sim\Psi x)$
Some	Some Φs are Ψs.	$(\exists x)(\Phi x \cdot \Psi x)$
Some ... are not ...	Some Φs are not Ψs.	$(\exists x)(\Phi x \cdot \sim\Psi x)$
The	The Φ is a Ψ.	$(x)(\Phi x \supset \Psi x)$ [4]
The only	The only Φ is a Ψ.	$(x)(\Phi x \supset \Psi x)$

4　這是"the"在"The dog is a mammal"的使用方式，不是"The present king of France is bald"中"the"的使用方式。後者的意思是存在恰好一個事物，它是當今法國國王並且是禿頭。這表示這種陳述所需要的符號記法超出了本書的範圍。

英語到符號語／符號語到英語的字典

There exists	There exists a Φ that is Ψ.	$(\exists x)(\Phi x \cdot \Psi x)$
There is a	There is a Φ that is Ψ.	$(\exists x)(\Phi x \cdot \Psi x)$
There is exists ... that is not ...	There exists a Φ that is not Ψ.	$(\exists x)(\Phi x \cdot \sim\Psi x)$
There is no ... unless ...	There is no Φ unless it is Ψ.	$(x)(\Phi x \supset \Psi x)$
Various	Various Φs are Ψs.	$(\exists x)(\Phi x \cdot \Psi x)$
Various ... are not ...	Various Φs are not Ψs.	$(\exists x)(\Phi x \cdot \sim\Psi x)$
Whatever	Whatever is Φ is Ψ.	$(x)(\Phi x \supset \Psi x)$

Symbolese to English

$(x)(\Phi x \supset \Psi x)$	All Φs are Ψs.
	Any Φ is a Ψ.
	Every Φ is a Ψ.
	For any x，if x is Φ，then x is Ψ.
	None but Ψs are Φs.
	Only Ψs are Φs.
	The only Φ is a Ψ.
	The Φ is a Ψ.
	There is no Φ unless it is Ψ.
	Whatever is Φ is Ψ.
$(x)(\Phi x \supset \sim\Psi x)$	For all x，if x is Φ，then x is not Ψ.
	No Φ are Ψ.
	None of the Φs are Ψs.
	Not any Φ is a Ψ.
$\sim(\exists x)(\Phi x \cdot \Psi x)$	See $(x)(\Phi x \supset \sim\Psi x)$.
$(\exists x)(\Phi x \cdot \Psi x)$	A Φ is Ψ.
	A few Φ are Ψ.
	At least one Φ is Ψ.
	Diverse Φ are Ψ.
	Many Φ are Ψ.
	Numerous Φs are Ψs.
	Several Φs are Ψs.
	Some Φs are Ψs.
	There exists a Φ that is Ψ.
	There is a Φ that is Ψ.
	There is an x such that x is both Φ and Ψ.
	Various Φs are Ψs.
$(\exists x)(\Phi x \cdot \sim\Psi x)$	A Φ is not Ψ.
	A few Φ are not Ψ.

英語到符號語／符號語到英語的字典	
$(\exists x)(\Phi x \cdot \sim \Psi x)$	At least one Φ is not Ψ.
	Diverse Φ are not Ψ.
	Many Φ are not Ψ.
	Not all Φs are Ψs.
	Not every Φ is Ψ.
	Not only Φ are Ψ.
	Numerous Φs are not Ψs.
	Several Φs are not Ψs.
	Some Φs are not Ψs.
	There exists a Φ that is not Ψ.
	There is a Φ that is not a Ψ.
	There is an x such that x is a Φ and x is not a Ψ.
	Various Φs are not Ψs.
$(x)(\Phi x \supset \sim \Psi x) \cdot (x)(\sim \Phi x \supset \Psi x)$	All except Φ are Ψ.
$(\exists x)(\Phi x \cdot \Psi x) \cdot (\exists x)(\Phi x \cdot \sim \Psi x)$	Almost all Φ are Ψ.
	Not quite all Φs are Ψs.
	Only some Φs are Ψs.

練習題

I.用括弧內的縮寫符號將下列陳述翻譯成命題函數和量詞的邏輯記法。注意：每個公式必須由一個量詞開頭，不能由否定符號開頭。

1. 每個土豚都是哺乳動物。（Ax：x是土豚；Mx：x是哺乳動物。）

2. 至少有一隻怪獸是令人恐懼的。（Mx：x是怪獸；Fx：x是令人恐懼的。）

3. 有些吃玉米的動物不是浣熊。（Ax：x是動物；Cx：x吃玉米；Rx：x是浣熊。）

4. 如果菲利西亞喝可哥飲料，那麼所有學生喝可可飲料。（f：菲利西亞；Cx：x是喝可可飲料者；Sx：x是學生。）

5. 沒有狗食用H*E*D牌狗糧而口臭的。（Dx：x是狗；Ex：x食用H*E*D牌狗糧；Bx：x是口臭的。）

6. 奧斯維德喜歡狗若且唯若有些教授喜歡狗。（Dx：x喜歡狗；Px：x是教授；o：奧斯維德。）

7. 如果有教授喜歡貓，那麼赫爾南德斯教授就喜歡貓。（Px：x是教授；Cx：x喜歡貓；h：赫爾南德斯教授。）

8. 有些狗是哺乳動物若且唯若所有的狗都是脊椎動物。（Dx：x是狗；Mx：x是哺乳動物；Vx：x是脊椎動物。）

9. 所有整數不是偶數，就是奇數。（Wx：x是整數；Ex：x是偶數；Ox：x是奇數。）

10.如果所有人都是群居動物，那麼沒有人是一座孤島。（Mx：x是人；Ix：x是一座孤島；Sx：x是群居動物。）

11.蜜桃適宜加在香草霜淇淋中，堅果適宜加在巧克力霜淇淋中，奶油糖果加在香草霜淇淋和巧克力

霜淇淋中都很適宜。（Px：x是蜜桃；Vx：x適宜加在香草霜淇淋中；Nx：x是堅果；Cx：x適宜加在巧克力霜淇淋中；Bx：x是奶油糖果。）

12.任何身材高大的男人如果皮膚是棕黑色，又英俊瀟灑，那麼他是有吸引力的。（Tx：x是身材高大的；Mx：x是男人；Ax：x是有吸引力的；Dx：x是皮膚棕黑的；Hx：x是英俊瀟灑的。）

13.任何當逃兵的人都是懦夫。（Px：x是人；Cx：x是懦夫；Dx：x是逃兵。）

II.符號表示下列陳述。其中的許多陳述的翻譯需要考慮一些比較少見的量詞，或者在沒有給出量詞時確定陳述中所假定的量詞。

14.電影分級不總是精確的。（Mx：x是一種電影分級；Ax：x是精確的。）

15.只有畢業生可以參加畢業典禮。（Gx：x是一名畢業生；Px：x是一個可以參加畢業典禮的人。）

16.記者出席了。（Rx：x是一名記者；Px：x出席了。）

17.沒有年輕的球員作弊。（Bx：x是年輕的球員；Cx：x作弊。）

18.一個孩子用手指指向國王。（Cx：x是一個孩子；Px：x用手指指向國王。）

19.只有勇士才配得上美人。（Bx：x是勇敢的；Dx：x配得上美人。）

20.並非每一個應聘者都會被雇傭。（Ax：x是一個應聘者；Hx：x被雇傭。）

3. 有效性證明

本節是第7章中證明技巧的發展，我們可以把那些技術用於量詞邏輯，所做的許多將與第7章中所做的完全一樣。我們引進四條推理規則來消去和引入量詞，還引進一組邏輯等值命題來表明跨量詞地移動否定號的效果。一旦有了這些規則和等式，我們就能證明傳統定言邏輯中的十五個有效推理形式以及其結構比傳統三段論更複雜的論證的有效性。[5]

第7章中的推理規則和歸屬於替換規則的等值式不能直接應用於量化陳述中。例如，給你：

$$(\text{x})\,(Px \supset Qx)$$
$$\underline{(\text{x})\,(Qx \supset Rx)}$$
$$\therefore (\text{x})\,(Px \supset Rx)$$

你或許會猜測（正確地！）要用假言三段論來得到結論。但是，在括弧外面還有那些量詞。一組括弧外有量詞就如同命題邏輯中一組括弧外有否定詞。你可以將所有歸屬於替換規則的等值式應用於括弧內的材料，但不能在括弧外有否定詞或量詞的情況下直接使用那九條推理規則。[6]為了能使用那九條推理規則，我們引進新加的四條推理規則使我們能夠在證明中消去和引入量詞。與原來的那九條推理規則一樣，量詞示例和概括規則只應用於證明中一整行公式。

---

5 後者有時被稱爲非三段論。

6 當然，當整個陳述實際上能與證明中的另一行同時使用時除外。

全稱引例規則（U.I.）允許從一個一般陳述推出它的一個特殊實例。有兩種形式：用常元或變元來示例。令小寫希臘字母v為可由任何常元（a，b，c……w）代替的變元。令x、y和z為個體變元。全稱引例規則表示為：

$$(x) \ \Phi x \qquad\qquad (x) \ \Phi x$$
$$\therefore \Phi v \qquad\qquad\quad \therefore \Phi y$$

如果x總是Φ，那麼任一個體都是Φ。於是任選你喜好的常元——a，b，c……w，它也是Φ。稍後再解釋第二種情況。

> 所有的騎士都是武士。
>
> 安東尼·霍普金斯爵士是騎士。
>
> 因此，安東尼·霍普金斯爵士是武士。

這個論證的形式證明需要引用全稱引例規則

1. $(x) \ (Kx \supset Wx)$
2. Ks
 $\therefore Ws$
3. $Ks \supset Ws$ 1 U.I.
4. Ws 2, 3 M.P.

由於第1行肯定命題函數$Kx \supset Wx$的全稱量化式為真，我們可以通過全稱示例得到想要的代入例。於是我們從第1行得到第3行，$Ks \supset Ws$，再通過使用肯定前件式從第2、3行得到結論。

為了理解為什麼要有一種用變元來表述的全稱引例規則，需要結合**全稱一般化**規則（U.G.）來說明，這個規則允許我們引入一個全稱量詞。全稱一般化規則可以表述為：

$$\Phi y$$
$$\therefore \ (x) \ \Phi x$$

記住，推理規則是保真的：如果前提為真，結論也必定為真。如果從一個用常元給出的陳述進行全稱概括，許多時候結論就會是假的。考慮陳述「如果科林·鮑威爾是國務卿，那麼他是牙買加後裔」。這個陳述是真的：2001—2004年鮑威爾是美國國務卿，他是牙買加後裔。如果你基於該陳述進行全稱概括，則結論「所有國務卿都是牙買加後裔」 就將是假的。亨利·基辛格、馬德琳·奧爾布奈特、康多莉莎·賴斯都曾是美國國務卿但都不是牙買加後裔。[7] 因此，只能從一個以變元示例的陳述進行概括。

7　如果你把一個非典型的例子普遍化，你的論證就犯了輕率概括的非形式謬誤（見2.3節）。如下一章所見，它是一個從很弱的證據進行概括的例子。

接下來怎麼辦？你只能通過全稱引例規則來得到一個用變元示例的陳述。當你用變元示例時，你實際上是把一般性從量詞移進該陳述本身。正是這樣而且只有這樣才能進行全稱概括。你不應該感到意外。如我們在第4章討論定言三段論時所見，全稱命題的結論只能從兩個全稱命題有效地推出。[8] 於是，如果結論是全稱命題，前提是一致的，那麼前提必須也是全稱的。因此，當確定是用常元還是變元來示例時，應該視結論而定。

所有的騎士是武士。

所有有天賦的演員是騎士。

所以，所有有天賦的演員是武士。

此論證的形式證明需要引用全稱一般化規則：

1. $(x)(Kx \supset Wx)$
2. $(x)(Tx \supset Kx)$
   $\therefore (x)(Tx \supset Wx)$
3. $Ky \supset Wy$ 1 U.I.
4. $Ty \supset Ky$ 2 U.I.
5. $Ty \supset Wy$ 4, 3 H.S.
6. $(x)(Tx \supset Wx)$ 6 U.G.

從前提能夠通過全稱示例推演得出陳述（$Ty \supset Wy$）。因為y指稱任何使得該陳述為真的個體，我們知道任一代入例都必須為真，而據全稱一般化規則所有代入例都必須為真。因此，使用全稱一般化規則，我們就從（$Ty \supset Wy$）得到 $(x)(Tx \supset Wx)$。

〔重要提示〕

「我們要把x變為y嗎？」你可能會問。「難道不都是變元嗎？」這大抵是個口味和看起來清晰的問題。全稱引例規則允許你去掉量詞，全稱一般化規則允許你重新引入量詞。如果你認為從x變為y再回到x更清楚，那就這樣做吧。不然的話，如果你用x示例，那你仍然在遵循全稱引例規則。除非你面對的是一個包含命題函數的陳述。在那種情況下，一個約束變元必須代以一個不在命題函數中出現的變元。

令v表示任一個體常元（a，b，c …… w），**存在引例**規則（Existential Instantiation，E.I.）表述為：

$(\exists x)\ \Phi x$
$\therefore \Phi v$

v是證明中的一個新常元（限制）。

記住，存在命題斷定至少有一個事物使得該陳述為真。你示例時所做的是說，對於某個個體對象例如a，Φ為真。除了這個個體能使該陳述為真，你對該個體別無所知。這是為什麼對存在示例有所限制的原因。比方說有一個論證，前提為「布蘭妮‧斯皮爾斯是一名歌手」（Ss）。如果又有另一個前提說「有些歌手是著名唱義大利詠歎調的」 $(\exists x)(Sx \cdot$

---

8 當然，許多以全稱命題作前提和結論的定言三段論是無效的，因為它們違反了周延性規則，反對有兩個否定的前提的規則或者反對有一個否定的前提和一個肯定的結論規則。

Kx），用布蘭妮・斯皮爾斯來爲這個前提示例，就會產生假陳述「布蘭妮・斯皮爾斯是著名唱義大利詠歎調的」（*Ss*・*Ks*）。那個限制可以系統地防止這類錯誤。該限制是我們的規則是保眞的所必須的。

　　對存在示例的限制有一個實用的結果：**總是在你為全稱命題示例之前，先為存在命題示例。如果有幾個存在命題，在為任何全稱命題示例之前，先為全部存在命題示例──每個都用一個不同的常元。**你當然可以爲各個全稱命題多次示例，對你已用來爲存在命題示例的每個常元都再用一次。

> 所有的騎士是武士。
> 有些有天賦的演員是騎士。
> 所以，有些有天賦的演員是武士。

1. (*x*) (*Kx* ⊃ *Wx*)
2. (∃*x*) (*Tx* ・ *Kx*)
　　∴ (∃*x*) (*Tx* ・ *Wx*)
3. *Ta* ・ *Ka*　　　　　　　2 E.I.

前提2中斷定的存在量化式爲眞，若且唯若它至少有一個眞的代入例。其結果，通過存在示例，我們能給 (*Tx*・*Kx*) 指派任何在此證明中先前未使用過的個體常元。因此，通過存在引例規則，從第2行得到 (*Ta*・*Ka*)。這是推演得出結論的必要步驟（我們下文中在引用存在一般化規則後，就完成這個證明）。

　　令*v*表示任一個體常元（*a*，*b*，*c* …… *w*），**存在一般化規則**（Existential Generalization, E.G.）表述爲：

> Φ*v*
> ∴ (∃*x*) Φ*x*

這說的是如果Φ對某常元比方說*a*爲眞，那麼存在一個*x*使得*x*是Φ。這個單稱陳述讓你知道有哪一個；相應的存在陳述則告訴你至少有一個事物但沒告訴你是哪一個。

> 所有的騎士是武士。
> 有些有天賦的演員是騎士。
> 所以，有些有天賦的演員是武士。

1. (*x*) (*Kx* ⊃ *Wx*)
2. (∃*x*) (*Tx* ・ *Kx*)
　　∴ (∃*x*) (*Tx* ・ *Wx*)
3. *Ta* ・ *Ka*　　　　　　　2 E.I.
4. *Ka* ⊃ *Wa*　　　　　　　1 U.I.

5. $Ka \cdot Ta$		3 Com.
6. Ka		5 Simp
7. Wa		4, 6 M.P.
8. Ta		3 Simp.
9. $Ta \cdot Wa$		8, 7 Conj.
10. $(\exists x)(Tx \cdot Wx)$		9 E.G.

由於第9行能被正確地演繹得出，並且由於一個命題函數的存在量化式爲真若且唯若它至少有一個真的代入例，因此，我們可以在第10行通過存在一般化規則（E.G.）推出結論。

到這裡，我們關心的是那些允許我們引入或消去量詞的規則。推理規則只應用於證明中一整行公式。但是正如在命題邏輯中有歸屬於替換規則的等值式一樣，在量詞邏輯中也有一些歸屬於替換規則的附加等值式。這些等值式稱爲**量詞等值式**（Quantifier Equivalence，Q.E.）：

$$[\sim (x)\,\Phi x\,] \; \underset{=}{\mathrm{T}} \; [\,(\exists x)\sim\Phi x\,]$$

$$[\,(x)\sim\Phi x\,] \; \underset{=}{\mathrm{T}} \; [\sim (\exists x)\,\Phi x\,]$$

$$[\,(x)\,\Phi x\,] \; \underset{=}{\mathrm{T}} \; [\sim (\exists x)\sim\Phi x\,]$$

$$[\,(\exists x)\,\Phi x\,] \; \underset{=}{\mathrm{T}} \; [\sim (x)\sim\Phi x\,]$$

量詞等值式會使你回想起德摩根律。正如一個選言的否定等值於選言因子的連言一樣，當你把否定號移動「跨越」一個量詞時，全稱命題變爲特稱命題，而特稱命題變爲全稱命題。後有兩個等值式允許否定號移動跨越一個量詞而無須使用雙重否定。如果量詞左邊有否定號，就不能示例。量詞左邊的否定號轄制一整行公式。於是，你需要先使用量詞等值式才能示例。

推理規則：量化式			
名稱	縮寫	形式	作用
全稱示例	U.I.	$(x)\,\Phi x$ $\therefore \Phi v$ （v是一個常元） <u>或</u> $(x)\,\Phi x$ $\therefore \Phi y$ （y是一個個體變元）	這個規則消去全稱量詞，並將其變元替換爲一常元或變元。
全稱概括	U.G.	Φy $\therefore (x)\,\Phi x$ （y是一個個體變元）	這個規則引入全稱量詞。你只能從命題函數出發進行全稱概括。

推理規則：量化式			
存在示例	E.I.	$(\exists x)\Phi x$ $\therefore \Phi v$ （v 是一個常元）	這個規則消去特稱量詞，並將其變元替換為一常元。
存在概括	E.G.	Φv $\therefore (\exists x)\Phi x$ （v 是一個常元）	這個規則引入存在量詞。你只能從用常元給出的陳述出發進行存在概括。

量詞等值式
這些陳述能在證明中相互替換：
$[\sim(x)\Phi x] \mathrel{\underline{\underline{\text{T}}}} [(\exists x)\sim\Phi x]$
$[(x)\sim\Phi x] \mathrel{\underline{\underline{\text{T}}}} [\sim(\exists x)\Phi x]$
$[(x)\Phi x] \mathrel{\underline{\underline{\text{T}}}} [\sim(\exists x)\sim\Phi x]$
$[(\exists x)\Phi x] \mathrel{\underline{\underline{\text{T}}}} [\sim(x)\sim\Phi x]$

練習題

I.在下列的形式證明中有些證明步驟的理據有誤，請加改正。

1. 1. $(x)(Px \supset Sx)$
   2. $(\exists x)(Px \cdot Tx)$
   　$\therefore (\exists x)(Tx \cdot Sx)$
   3. $Pa \cdot Ta$　　　　2（U.I.，U.G.，E.I.，E.G.）？
   4. Pa　　　　　　　3 Simp.
   5. $Pa \supset Sa$　　　1（U.I.，U.G.，E.I.，E.G.）？
   6. Sa　　　　　　　4, 5 M.P.
   7. $Ta \cdot Pa$　　　　3 Com.
   8. Ta　　　　　　　7 Simp.
   9. $Ta \cdot Sa$　　　　6, 8 Conj.
   10. $(\exists x)(Tx \cdot Sx)$　　9（U.I.，U.G.，E.I.，E.G.）？

II.在下面的形式證明中，屬於某些步驟的運算式缺失。請根據為各行提供的理據加以補充。

2. 1. $(x)(Kx \supset \sim Sx)$
   2. $(\exists x)(Sx \cdot Wx)$
   　$\therefore (\exists x)(Wx \cdot \sim Kx)$
   3. ?　　　　　　　　2 E.I.
   4. ?　　　　　　　　1 U.I.
   5. Sa　　　　　　　3 Simp.
   6. $\sim\sim Sa$　　　　5 D.N.
   7. $\sim Ka$　　　　　4, 6 M.T.
   8. $Wa \cdot Sa$　　　　3 Com.

9. Wa 　　　　　　　8 Simp.

10. $Wa \cdot \sim Ka$ 　　　　　7, 9 Conj.

11. ? 　　　　　　　　10 E.G.

Ⅲ.運用關於量詞的推理規則爲下列論證構造形式證明。

3. $(\exists x)(Jx \cdot Kx)$ 　　　　　　　　4. $(x)(Sx \supset \sim Tx)$

　　$(x)(Jx \supset Lx)$ 　　　　　　　　　　$(\exists x)(Sx \cdot Ux)$

　　$\therefore (\exists x)(Lx \cdot Kx)$ 　　　　　　　$\therefore x(Ux \cdot \sim Tx)$

5. $(\exists x)(Yx \cdot Zx)$ 　　　　　　　　$\therefore \exists x(Ux \cdot Tx)$

　　$(x)(Zx \supset Ax)$

　　$\therefore (\exists x)(Ax \cdot Yx)$

Ⅳ.用所給出的記號翻譯下列論證，並構造其有效性的形式證明。

6. 所有舞蹈家都是熱情洋溢的。有些劍術家不是熱情洋溢的。因此，有些劍術家不是舞蹈家。
　　$(Dx，Ex，Fx)$

7. 只有和平主義者是貴格會會員。存在篤信宗教的貴格會會員。因此，有時和平主義者是篤信宗教的。 $(Px，Qx，Rx)$

8. 安妮：沒有野獸是如此兇殘，但又懂得一些憐憫之心的。

　　格洛斯特：而我並不懂得憐憫之心，所以我不是野獸。 $(Bx，Px，g)$

　　　　　　　　　　　　　　　——威廉·莎士比亞，《理查三世》，act 1，sc.2

Ⅴ.下面的每一個公式都邏輯等值於下述四種形式之一的一個實例：(x) $(\Phi x \supset \Psi x)$ 、 (x) $(\Phi x \supset \sim \Psi x)$ 、 $(\exists x)$ $(\Phi x \cdot \Psi x)$ 或 $(\exists x)$ $(\Phi x \cdot \sim \Psi x)$ 利用量詞等值式加上歸屬替換規則的其他等值式，判斷下列公式等值於它們中的哪一個。

9. $\sim (x)(Px \supset \sim Sx)$ 　　　　　　10. $\sim (x)(Dx \supset Gx)$

11. $\sim (x)(Cx \supset \sim \sim Dx)$ 　　　　　12. $\sim (x)(\sim Kx \lor \sim Lx)$

13. $\sim (x) \sim (\sim Ux \cdot \sim Vx)$

Ⅵ.爲下列各論證構造一個有效性證明。

14. $(x)[(Px \supset Qx) \cdot (Rx \supset Sx)]$ 　　　15. $(x)(Gx \supset Qx)$

　　$\sim (x)(Tx \supset Qx)$ 　　　　　　　　　　$(\exists x)(Px \cdot Qx) \supset (x)(Rx \supset Sx)$

　　$(x)(\sim Rx \supset Ux)$ 　　　　　　　　　　$(\exists x)[Px \cdot (\sim Sx \cdot Gx)]$

　　$\therefore (\exists x)[Tx \cdot (Px \supset Ux)]$ 　　　　$\therefore (\exists x)(Rx \supset \sim Hx)$

16. $(x)[Px \supset (Qx \supset Rx)]$ 　　　　　17. $(\exists x)(Qx \cdot \sim Tx)$

　　$(\exists x)(Px \cdot Sx)$ 　　　　　　　　　　$(x)[Qx \supset (Tx \lor \sim Px)]$

　　$(\exists x)(\sim Rx \cdot Tx)$ 　　　　　　　　　$(\exists x)(\sim Tx \cdot Sx)$

　　$(\exists x)(Px \supset \sim Qx) \supset (x) (Sx \supset \sim Rx)$ 　　$(\exists x)(Qx \cdot \sim Px) \supset (x)(Sx \supset Px)$

　　$\therefore (\exists x)(Px \cdot \sim Qx)$ 　　　　　　$\therefore (\exists x)(Sx \cdot \sim Qx)$

18. $(x)[Px \supset (Qx \cdot Rx)]$

　　$(\exists x)(Sx \cdot \sim Rx)$

　　$(\exists x)(Px \cdot Tx)$

　　$[(\exists x)(Sx \cdot \sim Px) \cdot (\exists y)(Qy \cdot Ty)] \supset (\exists z)(Zz \cdot Fz)$

　　$(x)[Fx \supset (Px \lor \sim Zx)]$

　　$\therefore (\exists x)(Zx \cdot Px)$

4. 條件證明與間接證明

在量詞邏輯中構造條件證明和間接證明與在命題邏輯中的程式是一樣的。如果你打算構造一個條件證明，做出一個條件證明假設作爲外加前提，再用一個條件陳述解除該假設。如果你打算構造一個間接證明，則假設你想達到結論的否定作爲外加前提，直到你表明了從經增補的那組前提得到一個陳述及其否定，把該陳述及其否定聯結爲連言，然後通過述出你想達到的結論（你的假設的否定的否定）解除該假設。你可以在一個條件證明的轄域中構造另一個條件證明，但是最後做出的假設必須是最先解除的假設。你可以在一個間接證明的轄域中構造另一個間接證明，但是最後做出的假設必須是最先解除的假設。你可以在一個條件證明的轄域中構造一個間接證明，或者相反。一旦一個假設被解除，在該假設的轄域內推出的那些結論都不能在後來的證明中使用。讓我們來看一些例子。

考慮以下論證：

$$(x)\,(Px \supset Qx)$$
$$(x)\,[\,Qx \supset (Rx \cdot {\sim}Sx)\,]$$
$$\therefore\ (x)\,(Px \supset Rx)$$

結論是全稱陳述。注視該結論。如果你想構造一個條件證明，那麼以結論量詞轄域中的命題函數的前件作爲假設，[9] 進行下去，直到得到結論量詞轄域中的命題函數的後件，解除假設，再用全稱一般化規則。證明如下：

1. $(x)\,(Px \supset Qx)$
2. $(x)\,[\,Qx \supset (Rx \cdot {\sim}Sx)\,]$
$\therefore\ (x)\,(Px \supset Rx)$

	3. Px	A.C.P.
	4. $Px \supset Qx$	1 U.I.
	5. $Qx \supset (Rx \cdot {\sim}Sx)$	2 U.I.
	6. Qx	4, 3 M.P.
	7. $Rx \cdot {\sim}Sx$	5, 6 M.P.
	8. Rx	7 Simp.
9. $Px \supset Rx$		3-8 C.P.
10. $(x)\,(Px \supset Rx)$		9 U.G.

在條件證明中全稱一般化規則的應用是有限制的。在條件證明中不允許引入一個命題函數作爲假設，然後在該條件證明的轄域中對那命題函數進行全稱概括。

9　也就是，你將假設Px。如果你喜歡在進行全稱示例時把變元改爲y或z，那麼就假設Py或Pz，並且用相同的變元進行全稱示例。

如果要爲上述論證構造一個間接證明，所作的假設應是結論的否定。證明看來如下：

  1. (x) $(Px \supset Qx)$

  2. (x) $[$ $Qx \supset (Rx \cdot {\sim}Sx)$ $]$

  ∴ (x) $(Px \supset Rx)$

| 3. ${\sim}$ (x) $(Px \supset Rx)$ A.I.P.
| 4. $(\exists x)$ ${\sim}$ $(Px \supset Rx)$ Q.E.
| 5. ${\sim}$ $(Pa \supset Ra)$ 4 E.I.
| 6. ${\sim}$ $({\sim}Pa{\lor}Ra)$ 6 Impl.
| 7. ${\sim}{\sim}Pa \cdot {\sim}Ra$ 6 De M
| 8. $Pa \cdot {\sim}Ra$ 7 D.N.
| 9. $Pa \supset Qa$ 1 U.I.
| 10. $Qa \supset (Ra \cdot {\sim}Sa)$ 2 U.I.
| 11. Pa 8 Simp.
| 12. Qa 9, 11 M.P.
| 13. $Ra \cdot {\sim}Sa$ 10, 12 M.P.
| 14. Ra 13 Simp.
| 15. ${\sim}Ra \cdot Pa$ 8 Com.
| 16. ${\sim}Ra$ 15 Simp.
| 17. $Ra \cdot {\sim}Ra$ 14, 16 Conj.
  18. (x) $(Px \supset Rx)$ 3-17 C.P.

如同你會推想到的，當在以一致的前提進行間接論證時，總是至少會有一個存在陳述。在剛才的證明中，結論的否定通過量詞的等值式變成一個存在陳述。如果結論是一個存在陳述，它將通過量詞等值式變成一個全稱陳述。考慮以下證明：

  1. (x) $(Px \supset Qx)$

  2. $(\exists x)$ $(Px \cdot Rx)$

  ∴ $(\exists x)$ $(Qx \cdot Rx)$

| 3. ${\sim}$ $(\exists x)$ $(Qx \cdot Rx)$ A.I.P.
| 4. (x) ${\sim}$ $(Qx \cdot Rx)$ 3 Q.E.
| 5. $Pa \cdot Ra$ 2 E.I.
| 6. $Pa \supset Qa$ 1 U.I.
| 7. ${\sim}$ $(Qa \cdot Ra)$ 4 U.I.
| 8. Pa 5 Simp.
| 9. Qa 6, 8 M.P.

10. ~Qa ∨ ~Ra	7 De M.
11. ~~Qa	9 D.N.
12. ~Ra	10, 11 D.S.
13. Ra · Pa	5 Com.
14. Ra	13 Simp.
15. Ra · ~Ra	14, 12 Conj.
16. (∃x)(Qx · Rx)	3-15 I.P.

當然，正如你在進行命題邏輯證明時所做的那樣，可以同時使用條件證明和間接證明。

1. (x)(Px ⊃ Qx)
2. (x)(Qx ⊃ Rx)
∴ (x)(Px ⊃ Rx)

3. Px	A.C.P.
4. ~Rx	A.I.P.
5. Px ⊃ Qx	1 U.I.
6. Qx ⊃ Rx	2 U.I.
7. Qx	5, 2 M.P.
8. Rx	6, 7 M.P.
9. Rx · ~Rx	8, 4 Conj.
10. Rx	4-9 I.P.
11. Px ⊃ Rx	3-10 C.P.
12. (x)(Px ⊃ Rx)	11 U.G.

　　條件證明和間接證明通常比直接證明長。儘管如此，如在命題邏輯中那樣，條件證明和間接證明的規則往往使證明輕鬆得多。

構造量化條件證明和間接證明的拇指規則

　　在構造條件證明和間接證明時，有幾點需要記住：

　　1.如果結論是全稱陳述，進行條件證明時假設作為結論中陳述的前件那個命題函數。一般你不會假設一個量化陳述：如果在你假設它時它是量化的，在你解除該假設時，它必須是量化的。

　　2.如果要證明一個存在陳述，你大概要使用間接證明。

　　3.如果結論是一個聯言陳述，如 (x)(Px ⊃ Qx) · (∃x)(Qx · ~Rx)，你大概要分別處理各聯言支。

　　4.如果結論是一個選言陳述，如 (x)(Px ⊃ Qx) ∨ (∃x)(Qx · ~Rx)，你大概要假設整個

結論的否定。

　　5.如果結論是一個條件陳述，如（x）（Px⊃Qx）⊃（∃x）（Qx・~Rx），你大概要假設前件（那全稱陳述）來構造條件證明。

　　6.如果結論是一個雙條件陳述，如（x）（Px⊃Qx）≡（∃x）（Qx・~Rx），你大概要構造兩個條件證明，首先假設左支來推出右支，然後假設右支來推出左支。

──練習題──

爲下列各論證構造一個條件證明或間接證明。

1. (x)[Px ⊃ (Qx · Rx)]
   ∴ (x)(Px ⊃ Qx)

2. (x)[Px ⊃ (Rx∨~Sx)]
   (x)(Rx ⊃ ~Sx)
   ∴ (x)(Px ⊃ ~Sx)

3. (x)[(Px∨Qx) ⊃ (Rx · Sx)]
   (x)[Rx ⊃ (Qx · ~Sx)]
   ∴ (x)(Qx ⊃ ~Sx)

4. (x)[(Px · Qx) ⊃ Rx]
   (∃x)(Px · ~Rx)
   ∴ (∃x) ~Qx

5. (x)[Px ⊃ (Rx∨~Sx)]
   (∃x)(Px · ~Rx)
   ∴ (∃x)(Px · ~Sx)

6. (x)[(Px∨Qx) ⊃ (Rx · Sx)]
   (x)[Rx ⊃ (Tx∨~Px)]
   ∴ (x)[Qx ⊃ (Px · Tx)]

7. (x)[Px ⊃ (Qx ≡ Rx)]
   (∃x)(Px · Rx)
   ∴ (∃x)(Rx · Qx)

8. (x)[(Qx ≡ Rx) ⊃~Px]
   (x)(Px ⊃ Rx)
   ∴ (x)(Px ⊃ ~Qx)

9. (x)[(Px⊃~Qx) ⊃~ (Px∨Qx)]
   (x)(Qx ⊃ Rx)
   (x)(Rx ⊃ Qx)
   ∴ (∃x)[(Px⊃Rx) · (Rx⊃Px)]

10. (x)[Px ⊃~ (Qx∨Rx)]
    (x)[~Px ⊃~ (~Qx∨~Rx)]
    ∴ (x)(Qx ≡ Rx)

5. 無效性的證明

　　在本節，我們將發展一種逆向眞値表的變體來作爲證明量詞邏輯中無效性的一種手段。記得（第6章第6節）在命題邏輯中構造一個逆向眞値表時，假設前提爲眞結論爲假，然後一致地給那些簡單陳述指派眞値，以使該假設成立。如果能一致地指派眞値，那就證明了該論證無效。如果不能，則證明該論證有效。在量詞邏輯中，這種技法只能證明一個論證的無效性。我們從鋪墊一些關於量化陳述性質的評注和把逆向眞値表技法改而適用於量詞邏輯開始。

　　如果打算把一種眞値表技法應用於量詞邏輯，開始必須考慮量化陳述的眞値條件。一個全稱陳述對所有事物都爲眞。如果一個（x）Φx形式的陳述爲眞，那麼x的所有代入例都關乎

Φ爲眞。另一種表述爲：

$$(x)\ \Phi x \stackrel{\mathsf{T}}{=\!=} [\ \Phi a \cdot \Phi b \cdot \cdots \cdot \Phi w\ ]$$

其中從a到w包括了x的所有代入例。[10] 一個存在命題至少對一個事物爲眞。如果一個形式爲$(x)\ \Phi x$的陳述爲眞，那麼，a是Φ，或b是Φ，或x的其他某個代入例是Φ。另一種表述爲：

$$(\exists x)\ \Phi x \stackrel{\mathsf{T}}{=\!=} [\ \Phi a \vee \Phi b \vee \cdots \vee \Phi w\ ]$$

當我們在量詞邏輯中構造證明時，向來會考慮一個由所有事物組成的論域——論證所關涉的物件集。爲了表明論證形式是無效的，其充分條件是在論域中存在一個物件——變元的一個代入例——使得所有前提都眞而結論假。對一個論域加上一個給那個論域中論證的謂詞的眞值指派的一種詳細列示稱作一個模型。所以，我們可以考慮由不同數目的物件組成的模型，並且能詳細列示它們的眞值條件。

在正好有一個個體的論域中：

$$(x)(\Phi x) \stackrel{\mathsf{T}}{=\!=} \Phi a \stackrel{\mathsf{T}}{=\!=} (\exists x)(\Phi x)$$

在正好有兩個個體的論域中：

$$(x)(\Phi x) \stackrel{\mathsf{T}}{=\!=} [\ \Phi a \cdot \Phi b\ ] \ 和\ (\exists x)(\Phi x) \stackrel{\mathsf{T}}{=\!=} [\ \Phi a \vee \Phi b\ ]$$

在正好有三個個體的論域中：

$$(x)(\Phi x) \stackrel{\mathsf{T}}{=\!=} [\ \Phi a \cdot \Phi b \cdot \Phi c\ ] \ 和\ (\exists x)(\Phi x) \stackrel{\mathsf{T}}{=\!=} [\ \Phi a \vee \Phi b \vee \Phi c\ ]$$

注意，在它們各自的論域中考慮，這些雙條件陳述是套套句，因此那個雙條件陳述的兩個支陳述能夠在它們出現的論證中相互替換。

一個包含量詞的論證是無效的。如果有一個至少包含一個個體的「可能的論域」或模型使得在那模型中該論證的前提都眞而結論假，對於任何一個無效的量化式論證，都有可能描述出一個包含某一定數目的個體的模型，使得該論證邏輯等值的眞值函數展開式能通過眞值指派的方法被證明無效。

證明一個包含概括命題的論證無效性的程式如下：

1.嘗試一個包含個體a的一元素模型，就那個模型相對於a寫出那個邏輯等值的眞值函數的論證。

2.如果該眞值函數的論證能通過給其中的簡單支陳述指派眞值——一種所有的前提爲眞而結論爲假的情況——而被證明爲無效，那麼你就完事了；你已經證明原論證無效。如果不能，實行第3步。

---

10 當然，我們不是說，論域中只有二十三個物件。

3.如果一個一元素模型沒能表明該論證無效，嘗試一個包含個體a和b的兩元素模型。如果原論證包含一個全稱量化的命題函數$(x)(\Phi x)$，用連言聯結Φa和Φb。如果原論證包含存在量化了的命題函數$(\exists x)(\Phi x)$，用選言聯結Φa和Φb。

4.如果這個論證能通過給其中的簡單支陳述指派眞值而被證明爲無效，那麼你就完事了；你已經證明原論證無效。如果不能，實行第5步。

5.如果一個兩元素模型沒能表明該論證是無效的，嘗試包含個體a、b和c的三元素模型。依此類推。

$$(x)(Cx \supset Dx)$$
$$(x)(Ex \supset Dx)$$
$$\therefore (x)(Ex \supset Cx)$$

一個包含一個個體a的一元素模型，相對於a，將給出下面的真值函數論證：

$$Ca \supset Da$$
$$Ea \supset Da$$
$$\therefore Ea \supset Ca$$

現在為這一形式的論證構造一個逆向真值表。在這裡，結論的前件必須為真而後件為假，真值必須到處一致地指派。

$Ca \supset Da$	$Ea \supset Da$	$\therefore Ea \supset Ca$
F F	T T	T F
T	T	F

這表明，該模型無效，因而原論證形式無效。

有時一個物件的論域不能表明一個論證形式是無效的，但是兩個物件的域則可以。

考慮論證形式：

$$(\exists x)(Dx \cdot Ex)$$
$$(\exists x)(Fx \cdot Ex)$$
$$\therefore (\exists x)(Dx \cdot Fx)$$

從正好由一個物件(a)組成的模型開始，構造逆向真值表。由於結論是一個連言——有3種真值指派使得它為假——如果第一種不能表明該論證無效，就需要考慮對結論的其他供選的真值指派：

$Da \cdot Ea$	$Fa \cdot Ea$	$\therefore Da \cdot Fa$
(F/T) T	T T	F T
F	T	F
T T	(F/T) T	T F
T	F	F
(F/T) T	(F/T) T	F F
F	F	F

一個由一個物件(*a*)組成的論域不能表明該論證形式是無效的。一個由兩個物件組成的論域能嗎？能。

$$（Da \cdot Ea）\lor（Db \cdot Eb）\qquad（Fa \cdot Ea）\lor（Fb \cdot Eb）$$

$$\quad F \quad T \quad\quad T \quad T \qquad\qquad T \quad T \quad\quad F \quad T$$

$$\qquad F \qquad\quad T \qquad\qquad\qquad T \qquad\quad F$$

$$\qquad\qquad T \qquad\qquad\qquad\qquad\qquad T$$

$$\therefore（Da \cdot Fa）\lor（Db \cdot Fb）$$

$$\quad F \quad T \qquad T \quad F$$

$$\qquad F \qquad\quad F$$

$$\qquad\qquad F$$

我們現在有一個使得全部前提為真而結論為假的模型。這表明該論證形式無效。

現在考慮如下這個論證形式：

$$（\exists x）（Px \cdot \sim Qx）$$

$$（\exists x）（Px \cdot \sim Sx）$$

$$\therefore （x）（Sx \supset Qx）$$

同樣，一個一元素的模型不能表明此論證形式是無效的：

$$Pa \cdot \sim Qa \quad Pa \cdot \sim Sa \quad \therefore Sa \supset Qa$$

$$T \quad F \qquad T \;\;(T/F) \qquad T \quad F$$

$$\quad T \qquad\qquad T \qquad\qquad F$$

$$T \qquad\qquad F$$

但是一個兩元素的模型則能表明該論證形式是無效的：

$$（Pa \cdot \sim Qa）\lor（Pb \cdot \sim Qb）\qquad（Pa \cdot \sim Sa）\lor（Pb \cdot \sim Sb）$$

$$T \quad F \qquad T \quad T \quad T \qquad\qquad T \quad T \quad\quad T \quad F$$

$$\quad T \qquad\qquad\quad F \qquad\qquad\qquad\quad F \qquad\qquad T$$

$$\quad T \qquad\qquad\quad F \qquad\qquad\qquad\quad F \qquad\qquad T$$

$$\qquad\quad T \qquad\qquad\qquad\qquad\qquad\qquad T$$

$$\therefore （Sa \supset Qa）\cdot（Sb \supset Qb）$$

$$\quad T \quad F \qquad F \quad T$$

$$\qquad F \qquad\qquad T$$

$$\qquad\qquad F$$

更複雜的（非三段論）論證也能用同樣的程式證明其無效。考慮下面的論證：

> 經理和主管不是有能力的工作者，就是老闆的親戚。

> 任何敢抱怨的人不是主管，就是老闆的親戚。

唯獨經理和班組長是有能力的工作者。

有些人敢抱怨。

因此，有些主管是老闆的親戚。

這個論證可以被符號表示爲：

$(x)[(Mx \lor Sx) \supset (Cx \lor Rx)]$

$(x)[Dx \supset (Sx \lor Rx)]$

$(x)(Mx \equiv Cx)$

$(\exists x)Dx$

$\therefore (\exists x)(Sx \cdot Rx)$

我們能通過描述一個包含單個個體a的論域或模型，證明它無效。在那個模型中，上述論證邏輯等值於：

$[(Ma \lor Sa) \supset (Ca \lor Ra)]$

$[Da \supset (Sa \lor Ra)]$

$(Ma \equiv Ca)$

Da

$\therefore (Sa \cdot Ra)$

指派Ca、Da、Fa和Ra爲眞，指派Sa爲假，就產生眞前提和假結論。從而表明有一個原論證的模型使得其前提眞而結論假，所以原論證無效。

—練習題—

Ⅰ. 證明下列論證的無效性。

1. $(x)(Sx \supset \sim Tx)$
   $(x)(Tx \supset \sim Ux)$
   $\therefore (x)(Sx \supset \sim Ux)$

2. $(x)(Sx \supset \sim Tx)$
   $(x)(Ux \supset \sim Tx)$
   $\therefore (x)(Ux \supset \sim Sx)$

3. $(x)(Gx \supset Hx)$
   $(x)(Gx \supset Ix)$
   $\therefore (x)(Ix \supset Hx)$

4. $(x)(Px \supset \sim Qx)$
   $(x)(Px \supset \sim Rx)$
   $\therefore (x)(Rx \supset \sim Qx)$

5. $(\exists x)(Vx \cdot \sim Wx)$
   $(\exists x)(Wx \cdot \sim Xx)$
   $\therefore (\exists x)(Xx \cdot \sim Vx)$

Ⅱ. 運用所給出的記號證明下列論證的無效性。

6. 沒有外交官是極端主義者。有些狂熱者是極端主義者。因此有些外交官不是狂熱者。（Dx，Ex，Fx）

7. 有些醫生是江湖郎中。有些江湖郎中不是負責任的。因此有些醫生不是負責任的。（Px，Qx，Rx）

8. 如果有東西是金屬的，那麼它是易碎的。存在易碎的裝飾品。因此存在金屬的裝飾品。（Mx，Bx，Ox）

III. 運用所提供的縮寫記號翻譯下列論證，然後構造一個其有效性的形式證明，或者證明其無效。

9. 所有的馬都是哺乳動物。有些馬是寵物。因此，所有的寵物都是哺乳動物。（Hx，Mx，Px）

10. 熊是哺乳動物。所有寵物都是哺乳動物。因此，熊是寵物。（Px，Mx，Bx）

11. 教皇是高大的。所有高大的人都是思維敏捷的。因此，教皇都是思維敏捷的。（Px，Tx，Sx）

IV. 對於下列各論證，構造一個其有效性的形式證明，或者證明其無效。如果要證明是無效的，也許需要一個包含多達三個元素的模型。

12. $(x)\{[Ix \supset (Jx \cdot \sim Kx)] \cdot [Jx \supset (Ix \supset Kx)]\}$
   $(\exists x)[(Ix \cdot Jx) \cdot \sim Lx]$
   $\therefore (\exists x)(Kx \cdot Lx)$

13. $(x)[Wx \supset (Xx \supset Yx)]$
   $(\exists x)[Xx \cdot (Zx \cdot \sim Ax)]$
   $(x)[(Wx \supset Yx) \supset (Bx \supset Ax)]$
   $\therefore (\exists x)(Zx \cdot \sim Bx)$

14. $(x)\{[(Lx \lor Mx) \supset \{[(Nx \cdot Ox) \lor Px] \supset Qx\}$
   $(\exists x)(Mx \cdot \sim Lx)$
   $(x)\{[(Ox \supset Qx) \cdot \sim Rx] \supset Mx\}$
   $(\exists x)(Lx \cdot \sim Mx)$
   $\therefore (\exists x)(Nx \supset Rx)$

V. 使用所給出的記號，對下列各論證，構造一個其有效性的形式證明，或者證明其無效。

15. 氫化合物和鈉化合物不是油性的，就是揮發性的。並非所有的鈉化合物都是油性的。因此有些氫化合物是揮發性的。（Ax，Sx，Ox，Vx）

16. 沒有金製成的東西不是昂貴的。沒有武器是用銀製成的。並非所有武器都是昂貴的。因此並非所有東西都是由金或銀製成的。（Gx，Ex，Wx，Sx）

17. 有些攝影師技術精湛但缺乏想像力。只有藝術家是攝影師。攝影師並不都是技術精湛的。任何熟練工都是技術精湛的。因此不是每一個藝術家都是熟練工。（Px，Sx，Ix，Ax，Jx）

18. 打折商品不是殘舊了，就是過時了。沒有什麼殘舊的東西是值得購買的。有些打折商品是值得購買的。因此有些打折商品是過時的。（Cx，Sx，Ox，Wx）

19. 所有邏輯學家都是深沉的思考者和有影響力的作家。爲使作品有影響力，作者須在面對普通讀者時寫得簡潔易懂，在面對專業讀者時寫得綜合廣泛。沒有深沉的思考者在他有能力迎合普通讀者時去迎合專業讀者。一些邏輯學家的作品是綜合廣泛的而不是簡潔易懂的。因此並非所有的邏輯學家都有迎合普通讀者的能力。（Lx，Dx，Wx，Ex，Gx，Cx，Tx，Ax）

20. 金子是值錢的，戒指是裝飾品。因此金戒指是值錢的裝飾品。（Gx，Vx，Rx，Ox）

─章節摘要─

在本章，我們發展了一種符號系統來考察量化命題，這是命題邏輯符號語言的改進。

第2節介紹了這種語言。在這個語言中大寫的字母表示謂詞，小寫字母從 a 到 w 表示個體的名稱（常元）。x、y 和 z 是遍歷個體的變元，希臘字母 Φ 和 Ψ 是遍歷謂詞的變元。符號 (x) 表示全稱量詞，$(\exists x)$ 表示存在量詞或特稱量詞。

　　第3節介紹了4條新加的推理規則。全稱引例規則和存在引例規則允許用一個個體來重述一個量化陳述。全稱引例規則允許你用一個個體常元或個體變元來重述一個量化陳述。存在引例規則允許你只是用一個對該證明是新的個體常元來重述一個量化陳述。全稱一般化規則和存在一般化規則允許引入量詞。給定一個用個體變元斷定的陳述，可以概括爲一個全稱命題。給定一個用個體常元斷定的陳述，可以概括爲一個存在命題。我們還討論了量詞等值式。量詞等值式歸屬於替換規則。當你把否定號（~）移動跨越量詞時，全稱量詞變爲存在量詞，存在量詞變爲全稱量詞。

　　第4節討論了量詞邏輯的條件證明和間接證明。

　　第5節討論了如何運用逆向眞值表證明量詞邏輯中論證形式是無效的。

第 9 章
歸 納

1. 歸納概述

此前6章專注的是演繹論證。一個有效的演繹論證是不可能出現前提眞而結論假的。因此，一個健全的演繹論證允許你確然地斷定其結論。

歸納論證都不是有效的演繹論證。因此，一個歸納論證即使前提爲眞，你也不能確定其結論爲眞。一個歸納論證的結論總可能是假的。歸納論證是可錯的。我們只能以一定程度的概率知道歸納論證的結論之眞。

儘管如此，所有的偶然陳述的眞值都是通過歸納得知的。你構造的論證大多是歸納論證，所有關於自然界的知識——包括科學知識——都依賴於歸納推理。因此，歸納論證具有實踐上的重要性，我們需要有評價歸納論證的標準。

正如我們已經看到的那樣，對於演繹論證有一些準則使我們能夠決定性地確定一個論證形式是否有效。如果一個論證形式是無效的，它也可能提供一些證據，但是它不能爲結論之眞提供決定性證據。有的歸納論證與其他的論證相比爲它們的結論提供了較好的證據——它們是較強的。評價歸納論證的準則是意在表明歸納論證是強還是弱的準則。爲了說明這一點，讓我們來看一種典型的歸納論證，枚舉論證。[1]

你在湖邊觀察天鵝。你看到的第一隻天鵝是白的，第二隻、第三只也是白的。你繼續觀察，你所看到的第n只天鵝也是白的。於是你得出結論：所有的天鵝都是白的。你的論證可表示爲：

> 觀察到的天鵝#1是白的。
> 觀察到的天鵝#2是白的。
> 觀察到的天鵝#3是白的。
> ……
> 觀察到的天鵝#n是白的。
> 所以，（大概）所有的天鵝都是白的。

你有好的理由接受這一結論嗎？沒有。某天在某個湖邊觀察一群天鵝並不能告訴你所有過去、現在、將來、任何地方存在的天鵝全體的情形。你能爲你的結論增加論證的強度嗎？可以，你可以觀察更多的天鵝。與你看到的是哪些天鵝有關係嗎？是有點關係。

1　有人宣稱所有歸納論證都是枚舉論證。如果是這樣，那麼歸納論證／有效演繹論證的區分將不能把所有論證沒有剩餘地分爲兩類了。而且，如我們後面所建議的，枚舉論證不大像是歸納論證最基本的形式。

你是基於一個樣本，即數目有限的一組所調查的那類物件，得出一個歸納概括。在有些情況下，樣本可能是全體。例如：你能夠基於對莎士比亞所有戲劇的分析，得到一個一般性斷定，假定我們已經獲得莎士比亞所有的戲劇。通常，如天鵝的例子，樣本是很有限的。這時，如果你增加樣本中天鵝的數目，那就增加了結論爲眞的概率。但是，如果你和動物相處一段時間，你就會知道在不同地域動物的外表（和遺傳學）會有所不同。例如德克薩斯州的兔子比維吉尼亞州的大，而鹿則相反。所以，你希望在你的樣本中包含這些差異。基於對其他動物的遺傳物質的知識，你得出結論：遺傳差異與地域相關。而且，地理位置的不同或許須是顯著的。[2] 因此，如果你的觀察僅限於明尼蘇達州明尼阿波利斯市郊是不夠的。如果你去南卡羅來納州查爾斯頓、德克薩斯州布朗斯威爾和加利福尼亞州的聖地牙哥觀察，發現遺傳差異的機會就會更大。然而，要得到正確的結論，你還必須環遊世界：去尼加拉瓜、巴西、丹麥、義大利、俄羅斯、中國和澳大利亞。

在澳大利亞的墨爾本，你看到一隻大黑鳥，問導遊：「這是什麼鳥？」「這是天鵝。原來黑天鵝不僅是倫敦一家酒吧的名字！」觀察到一隻不是白色的天鵝表明你的結論「所有天鵝是白的」是假的，這是一個歸納反例。歸納反例是足以表明一個歸納論證結論爲假的事例。你的結論是一個全稱概括，觀察到黑天鵝表明你結論的矛盾命題——「有些天鵝不是白的」——是眞的。

陳述「所有天鵝是白的」是一個強的結論，結論強度由證明結論爲假所需要的證據數量決定。一隻非白色的天鵝就足以表明該結論是假的。你的證據可以足以是表明一個比較弱的結論是眞的。例如：「大部分天鵝是白的。」要證明這個結論爲假，你需要表明超過50%的天鵝不是白的。

因此，我們可以把枚舉歸納論證的評價準則總結爲：

1.隨著觀察物件數量的增加，概括被加強。

2.樣本越多樣，概括的基礎越好。

3.結論越強，論證越弱。

結束我們考察天鵝的全球之旅後，我們有好的理由接受較弱的結論「大部分天鵝是白的」嗎？畢竟，我們已經看到了成千上萬只天鵝，其中只有幾百只是澳洲的黑天鵝。我們有相當好的證據證明大部分現存的天鵝是白的。然而，「大部分天鵝」是指現正存在的、曾經存在的、和將要存在的大多數天鵝。我們的論證提供了好的證據——但不是決定性證據——大部分現存的天鵝是白的。我們不能看到死去較久的天鵝的顏色；我們所能做的只能是去讀歷史記錄，而那肯定是不完全的。未來的天鵝也是另外一回事。

---

2 你應該注意到，這些關於不同地域的天鵝的遺傳構造可能有差異的考慮，是基於天鵝與其他種類動物的相似性的。在其他種類動物中，存在與地域差異相關的遺傳差異。因此，很可能在天鵝中與地理位置對應會存在遺傳差異。這是一個類比論證（argument by analogy）。我們將在下一節考察類比論證。

歸納論證是重要的，原因之一是我們用它們來預測未來。當你還是個孩子時，你可能不止一次碰過滾燙的爐子，你感到很疼，並得出結論如果你再碰爐子，會再次感到疼。從此，你躲開爐子。你可能讀了幾集《哈利波特》，發現每一集都很有趣，並推論下一集也同樣有趣，而期待下一集。你會犯錯嗎？會。說的是，維多利亞女王讀了路易斯·卡羅爾寫的《愛麗絲》系列小說之一，非常喜歡，向卡羅爾要他的下一部著作，他照辦了。那本書是論數學基礎的——我相信那也是很有趣的，儘管女王可能沒有注意到。[3] 我們的假定是，在某個層面上，未來將類似過去。這個假定稱為自然齊一原理（Principle of the Uniformity of Nature）。我們所有的歸納論證都假定它。在我們關於天鵝的論證中，它是這樣起作用的：

> 大多數過去和現在的天鵝都是白色的。
> 未來將類似過去。
> ———————————————
> 所以，大多數未來的天鵝將是白色的。

〔重要提示〕

在工業化前的英國，有一種普通的白色蛾子。同種的蛾子今天通常是黑色的，這種改變可以用自然選擇原理來說明。隨著建築物受到更多煙塵覆蓋，那種蛾子中的黑色成員具有更大的存活價值：它們更不容易被天敵看見。因此，帶有黑性基因的蛾子不斷繁衍；帶有白性基因的蛾子滅絕了。

大概250年前，蘇格蘭哲學家大衛·休姆（1711—1776）懷疑自然齊一原理能否被認為為真。[4] 他爭辯說自然齊一原理不是自明的真理：你至少能想像一個事件發生但並不總是有隨後事件發生的情況。從經驗出發的論證假定自然齊一原理為真。因此，以任何從經驗出發的論證來支持自然齊一原理就是竊取論題。所有論證都或者是從自明的前提出發的論證或者是從經驗出發的論證。所以，沒有論證能夠證明自然齊一原理是真的。因此，沒有辦法知道該原理是真的。因此，任何歸納論證包含一個並非已知為真的隱含前提（自然齊一原理）。注意，自然齊一原理可能是真的，但是無法知道它如此。因此，懷疑歸納論證是有根據的。

當然，我們總是假定自然齊一原理是真的：如果不這樣，就簡直不可能安排我們的生活。但是即使自然齊一原理為真，也不意味著我們能這樣推理：正是因為大部分天鵝都是和曾經是白的，所以，大部分將來的天鵝也是白的。為什麼？因為自然齊一原理只適用於一個很基本的層面上。讓我們想像在2255年有一個事件改變了世界上除了澳洲之外所有天鵝的遺傳構造。從2255年往後，所有非澳洲的天鵝都是藍色的。讓我們假定藍色的天鵝是多產，在整個世界歷史上藍天鵝的數量是白天鵝的2倍。我們關於大部分（過去、現在、將來的）天鵝是白色的之概括就會是假的，但這仍然與自然齊一原理一致。為什麼？天鵝的顏色是由遺傳因素決定的。有可能所有具有某種基因α的天鵝都是白色

---

3 劉易斯·卡羅爾（真名，查理斯·勒特威奇·道奇森）是一位數學家。所以，維多利亞女王的推理——他的上一部書是關於愛麗絲有趣奇遇的，因此，他的下一部書也是——或許不是基於自然齊一原理太簡單的應用；它可能反映了對於她的推理，樣本太小了。

4 David Hume，*An Enquiry Concerning Human Understanding*（1784），Section 4，Part II。

的，而具有一種基因β的那些天鵝都是藍色的，顏色的遺傳說明比外表顏色本身更基本。的確，遺傳學的事實將使我們能說明這種變化。

因此，歸納論證為結論提供了某種並非決定性的證據。關涉未來的論證——因此所有全稱概括——都假定了不能證明為真的自然齊一原理。評價歸納論證的準則是判斷歸納強度的指導方針，它們一般不是決定性宣稱對一個論證是否可接受的根據。

本章餘下的部分將考察類比論證以及科學和日常生活中對最佳說明的論證。

類比論證的特徵

跳棋和國際象棋有很多共同之處。它們都在相同的棋盤上兩人對壘，雙方都試圖吃掉對方的棋子；它們都是博弈，通常有勝負之分，都有一套必須遵守的規則。由於跳棋是一種容易掌握的遊戲，因此國際象棋也是。

這個例子表明了類比論證的一些特徵，以及反駁這樣論證的幾種途徑。跳棋和國際象棋確實具有前提中提到的所有的共同點，但是它們也有重要的區別，其中相當重要的是國際象棋有多種不同的棋子，每一種的走法和吃掉對方棋子的方法都不同，這些區別使得國際象棋比跳棋更難掌握。

---

2. 類比論證

歸納論證有很多種，最常用的或許是類比論證，對兩個或兩個以上實體進行類比是指出它們相似的一個以上的方面。**類比論證是因為兩個或兩個以上事物在某（些）其他方面相似而推論它們在某一方面相似。**由於我們甚至在把物件歸類這樣的基本活動中也使用類比，類比論證可說是歸納論證中最基本的類型。例如，為什麼把鯨歸為哺乳類而不是魚類的一個理由是它們較之典型的魚類——如鱒魚、鱸魚、梭魚——有更多的方面像典型的哺乳類——如狗、貓、牛、人。[5]

類比是許多日常推理的基礎，它用已有的經驗來預測將來。由於類比論證屬於歸納，它們不以有效或無效來區分；它們的結論有不同程度的概率，那是取決於下面要討論的因素而賦予它們的。首先，我們來看兩個類比論證的例子：

> 有些人認為對教師進行雇傭前測驗是不公平的——是一種雙重的危害。「教師們已經是學院的畢業生，」他們說，「為什麼他們還要被測驗呢？」這很簡單。律師也是學院畢業生和專業學校畢業生，而他們必須參加律師資格考試。而且很多其他行業也要求應聘者參加並通過一些考試來證明他們有專業知識：會計師、保險從業員、醫生、建築師。因此，沒有理由就不應該要求教師也這麼做。[6]

5　新近用於生物分類的方法是關注它們的血統。

6　Albert Shanker，"Testing Teachers"，*New York Times*，8 January 1995.

　　這裡所斷定的類比是教師類似於其他專業人士（會計師、醫生、律師等），論證是因為教師類似於給定方面的其他專業人士，因此教師也應該像其他專業人士那樣進行資格考試。

　　　我們觀察到我們所居住的地球與其他行星——土星、木星、火星、金星、水星——有很多的相似之處。它們都像地球那樣圍繞太陽轉，儘管距離和週期不同。它們都像地球那樣從太陽那裡獲得光。有些行星還像地球那樣圍繞地軸自轉，因而有日夜交替。有些行星還像地球那樣有月亮，當太陽不出現時給它們光亮。它們全都像地球那樣在運動中遵從同樣的引力規律。從所有這些相似性看，認為那些行星像我們地球住有不同等級的生物不是沒有道理的。這個從類比得來的結論具有一定的概率。[7]

非論證的類比

　　20世紀初葉，物理學家用關於太陽和行星的普通知識作為一種圖景來想像原子和電子是如何活動的。電子被認為像行星圍繞太陽轉那樣圍繞核子。當然，物理學家清楚地知道這種圖景不是實打實拿過來的，它也不是原子結構真地像太陽系那樣運轉的證據。他們是在以說明而不是論證的方式使用類比。

這裡的類比是太陽系中地球與其他行星之間就物理特徵而言的類比。類比論證則以這組相似性為前提，推出由於地球上有生物，因此太陽系的其他行星上很可能也有生物。論證者意識到這個結論只是在一定程度上或然的。某些方面的類似不能保證存在更多的相似性，而且可能有其他因素降低我們賦予結論的概率。

　　重要的是要注意有很多時候類比並不用作論證。文學中的隱喻和比喻就是類比不用於支援結論的明顯事例。例如，在陳述「在強射燈的照射下，教堂的兩座鐘樓像魁梧地淩駕在長體型的建築物之上」[8] 中，用哨兵作比喻來描述教堂的鐘樓。另一種非論證的類比用法是，在說明中，當我們把類比用於以不熟悉的事物與較熟悉的事物比較時，目的是說明清楚而不是論證。例如，一位數學老師說明如何做某一道題時把它與你已經知道怎麼做的另一道題作比較。

　　每個類比推理都是從兩個或兩個以上事物在一個或多個方面的類似推出那些事物在其他方面的類似。 類比論證的一般形式或結構如下（a、b、c和d表示任何東西，P、Q和R表示這些東西相似的屬性或者「方面」）：

> a、b、c、d都具有屬性P和Q。
> a、b、c都具有屬性R。
> ─────────────────────
> 因此，d也具有屬性R。

把類比論證重述為這種形式有助於識別特別是評價類比論證。

7　Thomas Reid，*Essays on the Intellectual Powers of Man*，Essay 1，1785.

8　Dan Brown，*The Da Vinci Code*（New York：Doubleday，2003），p. 54.

──練習題──■

下列段落含有類比。其中有些包含類比論證，有些則對類比作非論證的使用，請予區分。

1. 你會喜歡這家餐廳的烤寬麵條的。你已經嘗過了他們的比薩、通心粉、細麵條並且你覺得它們都很好吃。

2. 你哥哥是數學專業的，GPA（總平均成績）在3.0以上，他第一學年選修了這門課並且順利通過了。現在你也是數學專業，GPA也在3.0以上，並且你現在也是第一學年，所以你選修這門課也應該能順利通過。

3. 你知道在不用止疼藥的情況下拔掉一顆牙齒是什麼感覺嗎？那就是昨天我去看那個頒獎晚會的感覺。

4. 希臘創造了一個偉大的帝國，然後它衰落了。羅馬創造了一個偉大的帝國，然後它也衰落了。雖然美國現在是一個偉大的帝國，但它終將衰落。

5. 確實，科學變得如此專業化以至於良好的基礎科學教育都不能保證一個人能夠成為所有學科的專家。這種情形同樣出現在非科學的研究領域，比方說歷史學家們已經成為特殊時期或特殊領域（軍事史或者科學史、經濟學史）的專家，這並沒有阻止我們教授歷史。

　　──Bruce J. Sobol，*Current Issues and Enduring Questions*（Boston：St. Martin's Press，1990）

6. 男人和女人擁有不同的生殖策略，但是不能認為兩者有優劣之分，這就像不能認為鳥的翅膀與魚的魚鰭有優劣之分一樣。

　　──David M. Buss，「Where is Fancy Bred？In the Genes or in the Head？」
　　The New York Times，1 June 1999

7. 維特根斯坦常常拿思考與游泳相比：在游泳時我們的身體有向水面浮起的趨勢，以致桀入水底需要耗費很大體力。同樣的，在思考時我們需要耗費很大腦力，使我們的心智遠離膚淺，桀到哲學問題深處。

　　──George Pitcher，*The Philosophy of Wittgenstein*

8. 在學校的孩子就像在醫院裡那樣。他可以漲紅臉告訴自己他的藥效果多好，但是他想的卻是這些藥有害或者這些藥很難吃。如果按照他們自己的想法，一粒藥都不想吃。所以我認為我正領導的這一隊奔向終點的勇敢，而堅定的旅行者表現得卻像一群戴著鐐銬的囚徒，在嚴厲懲罰的威脅之下，行走在崎嶇的只能看清幾步之遙的、不知通往何處的道路上。孩子們對學校的感覺就是如此：他們覺得學校就是一個他們讓你一直前進，不停地做這做那，一旦你有懈怠或者出錯的話，他們就令你很難堪的地方。

　　──John Holt，*How Children Fail*

3. 類比論證的評價

　　沒有一個類比論證是演繹有效的，但有些類比論證比另一些類比論證更有說服力。本節介紹類比論證的評價準則，它們使得我們能夠判斷類比論證的相對強度。

　　類比論證的形式為：**如果一些物件共有一定數量的性質，那麼如果其中除一個外所有物件都具有某另外的性質，那麼很可能剩下那個物件也具有那種性質。**

　　注意，類比有四個基本要素。其一是**類比的依據**，指具有全部所考慮的性質物件。如果有三個物件A、B、C，每個物件都具有性質a、b、c，A和B還具有性質d，問題是C是否具有性質d，那麼，A和B就是類比的依據。其二是**類比的延伸物件**，指與類比的依據相比較的物件，已知它具有若干與類比依據中物件共同的性質。在上例中，C是類比的延伸對象。其三是類比的基礎，包括已知類比依據與類比的延伸物件所共有的那些性質。在上例中，a、b、c是**類比的基礎**。其四是**類比的問題延伸**，指的是類比依據中物件共同具有，但不知道延伸物件是否具有的性質。在上例中，類比的問題延伸是d。

　　我們用兩個平常的例子來說明什麼要素使類比推理有更多（或更少）效力。假設你要選購一雙某類型的鞋，因為你曾經穿過而且很滿意類似的鞋；又假設你選擇某個品種的狗，因為同品種別的狗表現出很討你喜歡的性格。這兩個例子都依賴類比論證。為了評價這兩個樣本論證其實是所有類比論證的強度，可有如下六個準則：

　　1.**實體數目**　如果我關於某類型鞋的經驗僅限於我穿過和喜歡的一雙，我會因為再次買表面類似的鞋發現意外的缺點而感到失望。但是，如果我已經多次購買我喜歡的那類鞋，我就有理由認為下一雙與之前穿過的一樣好。對同類事項多次的同類經驗比單獨一個事例給予結論──這次購買是稱心的──更多的支持。每一個實例可以看成一個增補的實體，實體的數目是評價類比論證的第一準則。

　　一般而言，比較的實體數目越大（類比的依據越大），論證越強。但是實體數目與結論的概率之間沒有簡單的比例。與聰明溫順的黃金獵犬相處的六次愉快經驗使你推論，下一隻黃金獵犬也是聰明溫順的。但是，前提中具有六個實例的類比論證結論其概率並非正好三倍於前提只有兩個實例的相似論證結論的。實體數目的增加是重要的，但還要考慮其他因素。

　　2.**相似方面的數目**　前提中提及的實例可能有各種相似性：或許是鞋子的款式、價格和用料相同；或許是狗的品種相同、來自相同年齡的相同飼養者，等等。前提中提及的實例彼此相似而且也與結論中實例相似的所有那些方面，都增加了結論中的實例具有該論證所指望的其他屬性──在新鞋的例子中是令人相當滿意，在新狗的例子中是天性溫順可人──的概率。

　　這個準則也植根於常識：**結論中實體似於前提中實體的方面的數目越大（包括在類比基礎中的性質越多），結論為真的概率就越大**。但是在結論與所辨認的相似方面的數目之間不存在簡單的數字比例。

　　3.**前提中實例的多樣性**　如果物件以若干種方式相似，則所提物件間特徵的差別可以增加類比的強度。如果之前的好鞋子既有購自百貨店的又有購自專賣店的；既有紐約製造的又有加州製造的；既有郵購的又有直銷的；我會相信令我滿意的是鞋子本身而不是導購。如果之前的黃金獵犬既有雄性的又有雌性的，獲得時既有來自飼養者的幼犬又有來自動物保護會的成年犬，我會更相信是它們的品種──而不是它們的性別或年齡或來源──令我早先滿意。**當相當數目的物件在相當數目的方面相似時（當論證的依據和基礎很強時），類比的依據中物件間的差別能增強類比的結論證據**。

4.**相關性**　與相似方面的數目同樣重要的，是前提中實例與結論中實例相似方面的種類。如果那雙新鞋與之前的那些一樣都是在週二買的，那是一種與對它們的滿意度沒有關係的相似性；但是如果那雙新鞋與所有之前的那些一樣，來自同一製造商，那自然就很有關係了。**當相似方面是相關的時候，它們能增加論證的強度，而一個高度相關的因素比一堆不相關的相似性對論證的貢獻都更大。**

有時對於哪些屬性在建立我們結論的相似性中相關有不同意見。但是相關本身的含義是沒有爭議的。一種屬性與另一種屬性相關，當兩者是有聯繫的，當它們之間有某種因果關係時。這是為什麼識別這類那類因果聯繫在類比論證中是關鍵性的，也是為什麼建立這樣的聯繫往往對在法庭上確定證據可承認相關與否是關鍵性的。[9]

類比論證無論它們是由因到果還是由果到因，都可以是概率大的。甚至在前提中的屬性既不是結論中屬性的因也不是它的果時，只要二者都是同一原因的結果，它們也可以是概率大的。醫生知道病人的某個病徵，就可能準確預見另一個病徵，不是因為其一是另一的原因，而是因為它們由同一病徵導致。車的顏色與它的表現或可靠性無關，但是車的顏色會與推銷員能否儘快把車賣出去有關。

5.**不類似處**　不類似處（disanalogy）就是差別點，是關於類比依據中的物件與那些延伸物件不同的一個相關方面。考慮買鞋的例子。如果我們計畫買的鞋子看起來像我們已有的鞋，但更便宜，製造商也不同，這些不類似處會使我們有理由懷疑那雙鞋能否令我們滿意。

上面所說的相關性在這裡也是重要的。當識別到的差異點是相關的，與我們尋求的結果有因果聯繫時，不類似處會損害類比論證。投資者往往基於它成功的「跟蹤記錄」購買一支股票基金，他們推論由於之前購買獲得資本增值，將來的購買也將如此。但是如果我們知道它盈利時期的基金經理已經換人了，我們就面對一個大為減弱那個類比論證強度的不類似處。

不類似處削弱類比論證。它們往往被用來攻擊類比論證的進行。作為批評者我們可以試著表明結論中的情況與之前的情況有重要差別，而對之前情況成立的不大會對結論中的情況成立。在法律上，使用類比是普遍的，有些先前的案件常被提到法庭上作為審理當前案件的先例，這種論證就是類比論證，而辯護律師則會尋找當前案件與先前案件之間的差別。就是說，律師會設法表明，因為當前案件中的事實與那些先前案件中的事實有關鍵性的差別，在眼下的問題上它們不能充當好的先例。如果那些差別是巨大的，不類似處是關鍵性的，就能夠成功地駁倒已經提出的類比論證。

因為不類似處是反駁類比推理的基本武器，凡能抑制潛在不類似處的都能加強那個類比論證。這就說明了為什麼如第三個準則所說，前提中實例的多樣性增加論證的力量。前提中實例彼此之間越不相同，批評者指出它們全部與結論之間的、會弱化論證的相關不類似處的

9　你可能正確地推論，第三和第四種考慮之間有聯繫。當類比論證的依據中的物件在性質有顯著差異時，那些對它們來說不是共同的性質就沒有因果關聯。

可能性就越小。舉例說：金‧庫馬是大學一年級學生，她的十位中學校友已經在同一所大學成功地完成學業。我們可以用類比推斷，她很可能也獲得成功。但是，如果所有其他那些學生都在與大學生活有關的某方面彼此相似，卻在那個方面——例如，學習用功，善於支配時間——與金‧庫馬不同，這個不類似處將損害金‧庫馬能成功的論證。但是，如果我們得知十位成功的學長之間在許多地方——經濟背景、家庭關係、宗教信仰等——各不相同，那麼他們之間的差異就抑制了這樣的潛在不類似處。金‧庫馬能成功的論證將得到加強——如同我們之前看到的——如果前提中提到金‧庫馬的那些中學校友彼此不怎麼相像而表現出實質性差異的話。

　　要避免一種混淆，不類似處削弱類比論證的原理與前提之間的差異增強這樣的論證原理是相對立的。前者，差別在前提中的實例與結論中的實例之間；後者，差別只在前提中的諸實例之間。不類似處是我們已有經驗的事例與就之做結論的事例之間的差別。提出不類似處來進行反駁，我們可以說結論是沒有道理的，因為關鍵事例中的情境與以往事例中的情境並不相似。那樣的類比被說成是牽強附會的、那個類比不成立。然而，當我們指出前提之間的不相似時，我們是在加強論證，其實是在說，該論證具有廣泛的效力，它在這樣的事例中也在其他的事例中成立，因此前提中實例各異的那些方面與結論所關注的事情沒有關聯。

類比論證

　　這是來自20世紀50年代民防系統短片的一個類比論證。

　　「我們都知道原子彈是多麼的危險。由於它可能被用來攻擊我們，我們必須做好防備，正如我們一直以來防備周圍許多其他危險一樣。火是危險的，如果有人粗心大意，它可能燒掉整座大廈。然而，我們有防火準備。我們有很好的消防部門去救火，學校裡也有消防教育教你怎麼做。機動車也是危險的，它們有時引發事故。然而，我們有所防備。我們有汽車司機和行人都必須遵守的安全法規。現在我們必須防備一種新的危險原子彈。」該論證的結構如下：

> 火是危險的，機動車是危險的，原子彈是危險的。
>
> 我們能通過防備和知道怎麼做來避免火和機動車的危險。
> ———————————————————————————————
> 因此，我們能通過防備和知道怎麼做來避免原子彈攻擊的危險。

這個論證易受許多可能的不類似處的攻擊。例如，儘管火、機動車和原子彈都能造成危險，但是它們所造成的危險是不可比的，原子彈的破壞性比火和機動車的要巨大得多。又如，預防失火和機動車事故的措施其效能是已知的，而另一方面預防原子彈攻擊的措施其效能是未知的——值得懷疑的。

　　總之：不類似處損害類比論證；前提間的不相似點（dissimilarity）增強它。而兩者都系於相關性問題：不類似處是要表明存在著結論中的事例不同於前提中的那些事例的相關的方面；前提間的不相似點則是要表明，可能已被認為與所關心的屬性有因果聯繫的，其實是完全無關的。

　　注意，第一個準則是關於說該類比在其間成立的個體物件的數目的，它也與相關性有關聯。所訴之於實例數目越大，在它們之間成立的不相似點的數目就越大。因此增加個體物件

的數目是值得期待的——但是隨著個體物件的增加，每個新增事例的影響力減弱了，因爲它可能提供的多樣性很可能已由先前的實例提供了——在那種情況下它對保護結論免受不類似處損害貢獻甚少，甚至全無。

6.**結論所做的斷言** 每個論證都宣稱前提提供了接受結論的理由。很容易看到，宣稱的越多，支撐那個宣稱的負擔就越大，這對每個類比論證都成立。結論相對於前提較弱或要求不過分，對確定推理的價值是關鍵性的。

如果我的朋友開他的新車一加侖汽油能行駛30英里，我會推論，如果我買同樣牌子同樣型號的車，一加侖汽油至少能行駛20英里。這個結論較弱，因此非常有可能。如果我的結論相當強——比如一加侖汽油至少能行駛29英里——這將從我的證據得到不那麼好的支持。一般地，**結論越弱，加給前提的負擔就越小，該論證就越強；結論越強，加給前提的負擔就越大，該論證就越弱**。記住，結論的強度由證明結論爲假的容易程度決定。

要加強一個類比論證，可以是通過在所肯定的前提基礎上降低結論的強度，也可以通過保持斷言不變而用新加的或更強有力的前提來支持它。同樣，如果一個類比論證的結論被加強了而它的前提保持不變，或者斷言保持不變而支持它的證據被發現有漏洞，那麼這個類比論證就被削弱了。

━練習題━

I.下面的每個類比論證，各有6個供選前提。請指認出各個類比和基於它的論證，然後確定各個供選前提如果添加到原來的論證中之後是會增強還是削弱結論。在每一情況下請說出你判斷所依據的類比論證準則，並說明那個準則是如何適用的。

1. 兩個內科醫生正在討論一個病人的病情：「我們的檢查顯示病人白血球低，血壓低，腹部出現皮疹，食欲不振。這些都是瑞特·巴特勒綜合症的典型症狀。儘管這是一種罕見病，但是仍然至少有1000多例患者的記錄，患者男女都有。因此我們要給這位很可能患有該病的病人開出所推薦的處方。」
   (1)假設只有五個病例有與該病相連的症狀。
   (2)假設以前所有的病例都是男性患者，而當前的患者是女性。
   (3)假設發現當前的病人與所記錄的病例都有另外兩個症狀。
   (4)假設我們注意到所有所記錄的病例病人都有居中的名字，而這名患者沒有。
   (5)假設發現所有所記錄的病例病人都不是O型血，而這名患者是O型血。
   (6)假設醫學文獻表明，在所有具有這四個特別症狀的人們中，只有70%的人確實是得了那種病。
2. 州立大學的一位忠實校友被州立大學橄欖球隊最近的四連勝所鼓舞，他決定拿錢出來賭球隊下一場仍會獲勝。
   (1)假設自從上一場比賽後，州立大學傑出的四分衛在訓練中不幸受傷，而整個賽季剩下的時間都要躺在醫院裡。
   (2)假設四連勝的場次中有兩個客場兩個主場。
   (3)假設在比賽即將開始之前宣佈，州立大學化學系有人獲得了諾貝爾獎。

(4)假設州立大學代表隊不僅贏了最近的四場比賽，其實最近六場比賽都取得了勝利。

(5)假設球隊先前的四場比賽都是在大雨中進行的，而天氣預報說下週六還會有雨。

(6)假設最近的四場比賽都至少勝出四個觸地得分。

3. 貝爾選了三門歷史課並且發現它們很令人興奮而且有用。所以他又選了一門歷史課，並且很有信心地預期這也是值得的。

(1)假設他原先選的三門課分別是古代史、現代歐洲史和美國史。

(2)假設他原先選的三門課都是由同一個教授授課的，而這位教授被安排教現在的這門課。

(3)假設他原先選的三門課授課老師是史密斯教授，並且現在這門歷史課的授課老師是鐘斯教授。

(4)假設貝爾發現選修先前三門歷史課程成為他人生中最激動人心的智慧經歷。

(5)假設他原先選的三門課是早晨九點上課，而現在這門的上課時間仍是早晨九點。

(6)假設除了那三門歷史課之外，貝爾還選了人類學、經濟學、政治學和社會學，並且他都非常感興趣。

II.分析下面段落中類比論證的結構，使用已經說明的六個準則對它們進行評估。

4. 動植物的每一個物種都是由經過超出幾萬年的極精細選擇選定的大量生殖物質決定的。現在我們可以理解為什麼這些精細選擇的有機體中的變異幾乎始終是有害的。這種情況可以用J.B.S.霍爾丹博士的一句話來諷示：我的鐘走時並不精準。如果我往鐘裡射進一顆子彈，它有可能變得更準確，這是可以想像的，但更大的可能是它會根本停止不走了。喬治‧比德爾教授與此相聯問道：「排版錯誤會改善《哈姆雷特》，這種機會有多大呢？」

——Linus Pauling，*No More War*！

5. 如果單獨一個細胞在合適的條件下，在幾年的時間內便可以長大成人，那麼確實不難理解，一個細胞是怎樣在合適的條件下，在好幾百萬年的時間，產生出人類種族起源的。

——Herbert Spencer，*Principles of Biology*

6. 我們不能要求所有的東西都能被定義，就像我們不能要求化學家會分解所有的物質。簡單的東西不能被分解，並且那些邏輯上簡單的東西不能有真正的定義。

——Gottlob Frege，"On Concept and Object"

4. 說明與假說

　　說明要回答的問題是「為什麼？」或「怎麼樣？」說明增加我們對世界的認識。當我們不知道為什麼發生某事時，我們提出一個假說。假說是所提出的一個「為什麼？」問題的答案或一個「怎麼樣？」問題的解決。假說，如果是真的，就能說明某一**現象**，所要說明的事件或情境，為什麼會那樣。

　　本節我們考察評價說明的準則，討論評價假說的準則。我們考察那些準則是如何應用於不同情境並考察幾個例子。在運用這些準則時你要假定假說具有論述所要求的所有性質。(a)假說不能只是換個說法重述該現象；(b)假說必須沒有歧義；(c)假說必須是一致的，沒有衍涵自相矛盾的陳述；(d)假說和基於該假說的預測必須是精確的。

　　假說說明為什麼一個現象是那樣的，它為**預測**（prediction）和**倒推**（retrodiction）提供基礎。預測是宣稱某現象將會在一組特定情況下出現。倒推則宣稱某現象已經在一組特定情

況下出現。倒推通用於史學研究中。預測和倒推爲檢驗假說提供基礎。因此，假說的恰當性的第一個準則是：

H1：假說必須是可檢驗的

怎樣檢驗一個假說呢？

假設某天早晨我上自己的車，轉動鑰匙，卻沒有任何反應。我的車怎麼沒有發動呢？我提出假說：電池沒電了。這能說明爲什麼車沒有打著。檢驗這個假說必須有一個程式。懂點汽車，我提出如下條件句：

> 如果電池沒電了，且我用跨接電線把我的電池與另一輛啓動了的車上的電池連接起來，那麼我的車就會啓動。

因此，我用跨接電線連接我的車和我兒子的車，啓動他的車，然後試著啓動我的。哇！發動了。我已經找到問題的原因了嗎？很可能。雖然我們知道還有別的考慮來增強證據，這個檢驗趨於證實我的假說。證據傾向於表明我的假說是眞的。這反映了關於假說的可接受性的第二個準則：

H2：如果基於假說的預測為真，那麼傾向於表明該假說是真的

假說是廉價的，只有可檢驗的假說才是有價值的。例如，如果我的假說是：「今天早上通用汽車的神對我皺眉頭了」，我就無法檢驗它了。假說的價值主要不在於我的預測是可行的這一事實，而在於事實：如果我的預測失敗，那就表明該假說是假的。記住，我並不知道問題出在電池上。我所知道的是，如果假說是眞的，那麼該檢驗程式將使車啓動。該檢驗程式，當它成功時，爲電池沒電提供了證據。你是在從結果（車能啓動）推斷假定的原因（電池沒電了）。這是一個肯定後件的例子。[10]

如果車仍未能啓動會怎麼樣？那就表明該假說是假的。這是否定後件式的例子。論證進行如下：

> 如果電池沒電而我用跨接電線把我的電池與另一輛啓動的車上的電池連接，那麼我的車會啓動。
>
> 我的車沒有啓動。
> _____
> 所以，（據否定後件式）並非既是電池沒電而我又用跨接電線把我的電池與另一輛啓動的車上的電池連接。
>
> 因此，（據德摩根律）或者電池並非沒電，或者我沒有用跨接電線把我的電池與另一輛啓動的車上的電池連接。
>
> 我已經用跨接電纜把我的電池與另一輛啓動的車上的電池連接。

---

10 問題可能不是電池沒電了。例如，可能是電池的連接端生銹了，而當我在連接跨接電線時刮去夠多的銹，使得電路又通了。

　　　因此，（據雙重否定律和選言三段論）電池並非沒電。

這足以**證偽**那個假說，就是說，證明該假說是假的。[11] 注意，由於沒有檢驗假說的程式，「今天早上通用汽車的神對我皺眉頭了」這一假說是不可能被證偽的。

　　評價假說的第三個準則是：

H3：如果一個假說有一個更廣的說明域，也就是說，如果它比其他供選假說能說明更多的現象，那麼，該假說就更可能是真的

　　把我兒子從響亮的鼾聲中弄醒來啟動他的車之前，我可能自問我的假說能否說明比我的車不能啟動更多的事實。懂點汽車電子系統，我假定如下一串假說：

　　　如果電池沒電，我開車燈，車燈就不會亮。
　　　如果電池沒電，我打開收音機，收音機就不會響。
　　　如果電池沒電，我試圖打開車窗，車窗就不會打開。
　　　如果電池沒電，我開動雨刷，雨刷就不會動。

我做了相應的檢驗，每個預測都應驗了。這些檢驗，加上連接電線的檢驗，反映出**一致性**（consilience）。一致性是指幾種不同形式的歸納證據指向同一個結論的傾向性。

　　在實踐中，當一個假說要說明**反常現象**（anomaly），即一個不能基於已接受假說或理論來說明的事實時，這個準則尤其重要。能說明反常現象，還能說明基於先前假說所能說明的事實，往往是宣稱新假說優於舊假說的基礎。

　　你應該注意到，這個例子中我只考慮電池沒電這個假定。我可以有更複雜的假說，例如，電池沒電並且油泵不起作用了。電池沒電假說在牽涉較少理論假定的意義上是比較簡單的。一般地說：

H4：如果兩個假說都能說明某一個現象，並且其中一個假說牽涉較少的理論假定，那麼，那個牽涉較少假定的假說更有可能是真的

　　這有時被稱為簡約原則，或奧坎剃刀，因力主此原則的那位13世紀英國哲學家而得名。簡約原則，就像說明域的考慮，傾向於整合我們對一種或一組現象的認識。進一步，理論假定的數目越小，越容易證偽該假說（理論）。因此，如果能只基於電池沒電來說明為什麼汽車不能啟動，那就比電池沒電並且還有其他問題更有可能是其原因。更有趣的例子是，如果基於生理現象（神經系統的狀態）來說明所有的心理現象，那麼一種對心理狀態的物理說明則很可能是真的。

　　你也應該注意，我的假說不是憑空捏造的。如幾乎所有已駕駛了幾年車的人一樣，我對於汽車的運作只是略知一二。我知道，例如，汽車不是由松鼠蹬輪子提供動力的。我的假說

　　11　至少，在這個簡單例子中它是充分的。在一種複雜的情況下，諸如與科學理論相關的假說，預測失敗表明或者該假說是假的，或者科學理論的某個因素是假的。例子見後文。

與自動機器理論相一致。一般地，

H5：一個假說，如果它與最好的通行理論說明相一致，則它更有可能是真的

這需要注意如下幾點。(1)該理論引導你考慮什麼是很有可能的相關假說。我可能對汽車的運轉知之甚少，但是我知道如果它不能啓動，通常是電力系統或者動力系統出問題。我也會知道電池沒電是汽車不啓動的最常見原因。因此，我從這那裡開始。(2)理論說明。如果有一種廣泛認可的理論——電力的、化學的或機械的等理論——它說明了爲什麼你的假說是有道理的，你就有理由相信你的假說是眞的。如我們下面將要看到的，一個假說被接受的基礎是它順應一個已經建立的理論框架。這是一個理論一致性問題。(3)理論說明是保守的。如果已經有了一個對一種現象的說明，新的說明必須基於其他接受假說的準則表明它優於那個已被接受的說明。特別是，它必須說明一些已被接受的理論所不能說明的事物。

還有一個理論上的品德應該提到，這個品德是不能加於我們電池沒電的例子。

H6：一個假說，如果它是富有成果的，即能預測先前未知的現象，則它更有可能是真的

一個假說如果能正確預測先前未知的現象，就是富有成果的。愛因斯坦廣義相對論預見的現象之一是光線靠近巨型物體會彎曲。這個預測能在日食時被檢驗。在日食過程中，月亮擋住太陽的光線，離太陽邊緣很近的星星變得可以看見了。這是因爲從這些星星發出的光經過太陽的引力場。如果愛因斯坦廣義相對論是正確的，那麼它應該能正確預見日食時這些星星的表面位置。1919年日全食時的觀察表明那些星星的表面位置正如愛因斯坦所預測的。他的理論是富有成果的。

既然我們提出假說用來解決日常生活中的問題，讓我們從一些故障排查的例子開始，然後再轉向科學理論的證實。

我們每天都從事故障排查。對於很多人，這是日常工作的主要部分——他們稱之爲「診斷」。當故障排查時，準則H1、H2和H5起主導作用，H3起次要作用。典型情況是，你在尋找現象的一個原因，因此，H4（簡約性）是隱含的。例如，假定某個晚上你走進自己的公寓，按開關開燈，可毫無反應。馬上在你腦中浮現若干假說，它們都能說明爲什麼燈不亮：

1. 整個城市停電了。
2. 你的房子停電了。
3. 燈泡燒壞了。
4. 開關壞了。
5. 電線短路了。

以上每條都是基於你對電燈會亮的理論了解（H5）。如果你的證據與假說不一致，假說就會被拒絕。你看一眼窗外，看到街燈亮著，鄰居家的燈也亮著，由此(1)被拒絕。你打開另一盞燈的開關，燈亮了。由此(2)被拒絕，基於你對燈泡的認識，(3)是個好假說。你檢驗這個假說（H1），換燈泡，但是燈仍然不亮，於是你拒絕(3)。現在情況變得嚴峻了。要檢驗(4)，你必須去商店買一個新的開關換上。於是，你可能會跳過(4)，來到(5)。如果電路短

路，有時會引起斷路開關跳閘。於是你去檢查斷路閘盒來檢驗這個假說（H3），斷路開關沒有跳斷電路。如果電路短路，有時輕搖電線能讓燈閃爍。你試了，沒什麼動靜。現在，你比較相信問題出在開關。換了開關，安上原來的燈泡，燈亮了。所以，問題就出在開關上，對吧？

有一天，我在聽我喜歡的磁帶時，我的收錄機停了。根據經驗，我提出三個假說。

1. 電源線不通了。

2. 機器內部電路不通，不是在(a)錄放器內就是在(b)機器的其他地方。

3. 帶動錄放器的皮帶斷了。

我做了個簡單測試。我把按鈕從「放音」轉到「收音」，有相應聲響了。這傾向表明電源線沒毛病（不是假說1），而且機器內除錄放器外其他部分也沒有壞（不是假說2b）。當然，我對電源線有經驗。我知道電源線不通有時可以通過輕柔觸動而接通，可能我把按鈕轉向收音時就發生這種事了。於是，我幾次抖動、扭曲、押拉電源線，收音持續良好。我有更多理由相信問題不出在電源線上（不是假說1）。於是，回到假說（2b）和(3)。如果錄放器的電路不通，就要買個新的了。我不知道怎麼檢查電路不通或電晶體損壞。我喜歡的身歷聲維修師傅的格言是：「我不修理錄放影機，因為你買一個新的會更便宜。」但是檢驗假說(3)很容易。把錄放影機放置了幾天後——總是有注意電聚集的警告，所以必須小心！——我打開錄放影機後蓋，皮帶斷了。於是我換了一條新的，合上後蓋，放入磁帶。錄放器運轉了，但是磁帶聽起來音質不好。為什麼呢？又有三個假說：

1. 磁頭髒了。（它們很久沒清洗了。）

2. 磁帶不好了。

3. 被我修糟了。

清潔磁頭並沒有改變音質。於是，我換了一盤較新的商製磁帶，音質變好了。於是，我得出結論：(a)答錄機的問題是皮帶斷了，(b)我解決問題的方法是換皮帶，(c)我屋子裡至少有一盤有毛病的磁帶。

在所有這些例子中，我們都考慮了諸供選假說。當我們基於某個假說所作的預測被證偽時，我們就拒絕它。當我們基於某個假說所作的預測被證實時，我們就採用它作為相信假說為真的理由。診斷一個問題的原因時，對諸供選假說一視同仁是重要的。

有一天我從桌子邊走過，感到腳部劇痛並有血從傷口流出。我在傷口上貼了個止血貼就沒再想它了——除了走路時。由於在我桌子板上有個突起的釘子，我假定我的腳後跟撞到了釘子頭。我打的破傷風針是新出的，於是我不管它。幾天後，傷口化膿了。醫書上說：「如果傷口化膿了，就要去看醫生」。於是，我去看醫生並告訴他我撞到釘子的假說。我也提到滲出的膿裡有些灰色的斑點。「傷口裡的那些大灰斑是木屑嗎？」「不是。」他說：「那就是感染了。」他開了抗生素藥膏和藥片給我。

醫生是對的嗎？是，也不是。服藥幾天後，傷口沒有膿了。於是我假定是傷口感染了，傷口裡的大灰斑仍在，還感覺就像走在一個小板上似的。幾周後，我剪掉死皮並剔掉了一根

不小的灰色木刺，我確信說出我的釘子假說使醫生忽視了其他供選假說。

─練習題─

給出一個或一組假設來說明爲什麼會出現下述現象。設計一個檢驗程式確定哪個假設最可能是正確的，並說明你爲什麼相信你的程式。

1. 現在是上午十點，你錯過了早晨八點的考試。你本來是打算去考試的，但是你沒有聽到你的鬧鐘響。這是怎麼回事？

2. 你公寓裡的抽水馬桶偶爾會自己「運行」。你沖了一下水，一切正常，但是一個小時之後就會出現水箱灌水的聲音，大概持續三十秒。水箱從不溢水。你檢查了水箱裡的東西，然後你推斷問題關係到(1)浮子，(2)沖水閥，(3)水箱球，(4)球底座（水箱球下的密封墊圈）。你知道當你沖水的時候水箱球升起。當浮子到達某個水平線的時候水箱就注滿水了，這時沖水閥關閉。你怎麼判定問題產生的可能原因呢？

3. 你的自動咖啡壺偶爾讓咖啡渣倒入咖啡瓶裡，這證明咖啡壺的過濾網已經鬆垮了。通常這沒什麼問題。通常當你倒咖啡時，濕漉漉的過濾網會緊緊地貼在咖啡籠的邊緣上。通常只有當你倒到接近過濾盒的底部並且過濾網跟咖啡籠契合不好時，才會有咖啡中混入渣子的問題。你怎麼解決這個問題呢？

5. 對最佳說明的論證

故障排查的事例提供了對最佳說明的論證的例解，你給出了如果是真的就將說明該現象供選假說，你檢驗它們。當你得到想要的結果時，你認爲你的假說是正確的。故障排查採取不要玩弄成功的觀點來選擇最佳說明。如果你成功了，難道不意味著你的假說是正確的嗎？不是那樣的。有時在「修理」某個東西時，你無意中改變了別的東西，而那才是問題的實際原因。我們全都在不時「修理」什麼東西，可是發現幾天或幾周後問題又再次出現。這表明我們所接受的假說是假的，或者，我們對該現象的說明是不完整的。更換熔斷的保險絲能說明爲什麼你的麵包機停工了。但是如果你把一片麵包放入麵包機，結果新的保險絲又熔斷了，那麼就需要檢查爲什麼電路超負荷了。

知識隨著時間緩慢地增長，我們提出假說並檢驗之。假說需要用更一般的假說或理論來說明。一個說明性的理論包括若干經證實的、彼此相關的、能說明特定類型現象的假說。更一般的假說或自然法則陳述說明較具體的假說。理論統攝各種各樣的現象，它們的說明域寬廣（H3）。讓我們一起來看飛機墜毀的可能說明以及一些證實科學假說的事例。

1974年8月2日，英國夢幻號客機離開阿根廷的布宜諾賽勒斯，前往智利的聖地牙哥。但是它沒有到達終點。4名資深的機組成員在預定到達聖地牙哥前4分鐘聯繫地面控制中心，表明它當時正在航線上，它還用摩爾斯電碼發來「S.E.N.D.E.C.」。當控制塔要求說明時，這

個資訊又發來了兩次，然後飛機就消失了。當時民航飛機還未採用雷達監控，也沒有無線導航系統。當時地空聯繫只能靠摩爾斯電碼，除非飛機很靠近目的地。

航空調查在進行中，什麼也沒發現。這引出不同的假設：(1)飛機被蓄意破壞。這能說明在相同航線上彼此相隔幾個月另外兩架飛機的失蹤（H3）。(2)由於飛機上有一名乘客是國王喬治六世的信使，而當時英國和阿根廷的關係緊張，飛機可能是被炸毀的。(3)還有個UFO假說：飛機被外星人綁架了。據說這也許還能說明夢幻號最後發出的神秘信號（H3）。

沒有一個說明是很好的。如果飛機是被蓄意破壞的或被炸毀的，那應該能找到飛機殘骸，但是沒有。關於蓄意破壞還有另外一個問題。如果飛機是被破壞的——如果有過破壞飛機的陰謀——只有找到有個陰謀的證據，那假說才是合情理的。陰謀論很流行，歷史學家說陰謀論往往促就糟糕的歷史。如果有一個陰謀，你必須表明不同的人為一個特別的目的一起工作。為了表明這是可能的，必定有一種同謀者之間聯絡的方式。有望有些同謀者同一時間在同一地點出現。沒有同謀者會面的證據，就不大會存在一個陰謀。即使嫌疑人相識並且聚在一起，除非有進一步的證據，否則沒有根據宣稱很可能存在陰謀。書面證據（信件和文書）或者已知積極參與行動本身也是陰謀的證據。基於這些考慮，暗殺林肯總統和撞毀世界貿易中心雙子塔的陰謀都有很好的證據，而存在暗殺甘迺迪總統的陰謀其證據則少多了。[12]沒有證據證明夢幻號是被陰謀破壞的。沒有指認出任何可能的陰謀者。由於飛機完全消失了，沒有飛機被蓄意破壞的物證。因此，陰謀論假說純屬推測。

UFO假說在理論根據上是可疑的，合情理的說明總是謹慎的。它們基於最好的通行理論（H5）。外星人並不與當前對世界的科學說明相契合。而且，把外星生命形式引入說明性理論會產生一個比當前通行者複雜得多的理論。因此，簡約性（H4）的考慮提示，如果該現象能不引入外星人來說明，根據準則H4和H5，那將是一個更優的說明。進一步，儘管UFO假說可以說明其他奇異現象（H3）——莊稼怪圈，所謂的受害者關於外星人綁架的稱述，天空的奇異光亮，等等——它不是可檢驗的（H1），也不能在夢幻號的事例中為預測提供基礎（H2）。所以，UFO假說也純屬推測。

夢幻號失蹤了53年後，在距離聖地牙哥50英里的圖蓬加托山上找到了一些夢幻號飛機殘骸和人類遺骨，這使得UFO假說更可疑了。智利軍方探查隊在方圓約1公里範圍內找到約10%的飛機殘骸。殘骸的散播廣度與炸彈炸機應有的情況不吻合，這使得飛機遭蓄意破壞的假說更加可疑。而且，推進器的損壞表明飛機是直接撞向山的。

在偏離航線50英里處智利最高峰之一的一條冰川底部發現飛機殘骸，引起一連串問題。飛機怎麼會偏離航線這麼遠？飛機殘骸散落的地方就是飛機撞機的現場嗎？

在格陵蘭島250英尺冰下發現一架第二次世界大戰戰機。它與另外5架戰機被遺棄在那

12　其中一個原因是對事實有爭議。所有的子彈都是從教科書儲存大樓射出的嗎？還是有的子彈是從那個小草丘射出的呢？如果子彈是從幾個地方射出的，那麼就有某種存在陰謀的證據，但是它要與宣稱有幾個獨立刺殺總統密謀的那些事實相一致。

裡，隨著雪越積越厚，飛機被凍在格陵蘭冰川裡。如果夢幻號在山的較高處撞毀，殘骸最後也會變成冰川的一部分。冰川會借地心引力從山上往下移動，到達比較溫暖的地方後溶化，從而吐露它含有的東西。因此，調查者有了假說：夢幻號在山脈高處撞毀，引起雪崩，成為冰川的一部分。這個假說能這樣來檢驗，看看是否如預測的那樣，未來幾年能在該冰川底部找到更多的飛機殘骸以及乘客和機組人員的遺骨。因此，此假說是可檢驗的（H1），辦法是預測未來將會出現的事件（H2）。而且，它與科學通行的最好理論相吻合（H5）。如果它是正確的，它還能說明其他現象（H3）。夢幻號失事後，圖蓬加托山頂附近地域被搜索過，但沒有任何發現。冰川地區的巨響聲和震動往往導致雪崩。因此，相當可能的是，飛機撞擊冰川導致雪崩，覆蓋了殘骸。這能說明為什麼在1947年調查者飛越該地域上空時沒有看見任何殘骸的痕跡。於是，根據準則H1、H2、H3和H5，這個假說優於空難後的推測性假說。此外，與其他任何供選假說相比，它都是理論上較簡單的（H4）。因此，它是目前對夢幻號失蹤的最佳說明，但是那沒有說明為什麼飛機偏離航線50英里。

1947年8月2日是個有風暴的日子。在有風暴的日子裡，飛行員在雲層上面飛行。夢幻號是由蘭開斯特式轟炸機改裝的，它是當時最強大的飛機之一，因此能夠飛越高山。飛機氣流在高於風暴的高度漂浮。飛機氣流在1974年是未知的。因此，飛機氣流的作用未被納入夢幻號的導航計算中，這也許能說明航空術的失誤。這是唯一說明嗎？不是，但它很可能是最佳說明。你能說明為什麼嗎？

當然，這些假說沒有一個能說明摩爾斯電碼「S.E.N.D.E.C.」，那仍然是個謎。[13]

讓我們轉過來看某些科學發現以及上述準則是如何被用來確證那些假說的。先來看瑪麗·居里發現鐳的事例。

居里夫人 19世紀初，物理學和化學都尊崇數學模型。自然法則如牛頓運動定律用數學方法來描述。數學方程必須兩邊相等。亨利·貝克勒爾發現鈾具有放射性後，科學家能使用靜電計確定定量樣本鈾的放射量。瑪麗·居里對鈾產生了興趣並考察了瀝青鈾礦的樣本。這時方程的兩邊並不相等。給定瀝青礦和其他已知成分中鈾的總量，其放射性比它應有的要高。這直接引發瑪麗·居里假設瀝青礦中有另一種未知的、她稱之為鐳的放射性元素。她的假說提供了預測和檢驗程式的基礎（H1）。如果她對鈾礦提純，將能分離出一種元素而它具有能說明為什麼方程兩邊不等的性質。瑪麗·居里的假說很簡單，她最初的想法是那種放射性上的差異能由出現一種未知的元素得到說明（H4）。皮埃爾·居里和瑪麗·居里花了3年時間從幾噸瀝青礦中提煉出1分克（1/10克）的純鐳。然而，她的假說需要修改。有兩種元素來說明那種放射性上的差異。在分離出鐳幾個月前，他們分離出當時也是未知的釙。由於她的預見是真的，這傾向於確證她的假說（H2），她的假說是富有成果的（H6）。如同瑪麗·居里後來的工作所證實的，它擴展了多個方向——包括醫學——探究的領域。

但是她的假說的確證不只是從幾噸瀝青礦提煉出新元素的事例，還涉及表明她的發現在

13　對夢幻號更完全的討論見http：//www.pbs.org/wgbh/nova/vanished/resources.html以及後面的連結。

當時科學理論中的地位（H5）。當時的理論爲甚至在她分離出那元素之前宣稱她的鐳假說合乎情理提供了基礎。

德米特里・伊凡諾維奇・門捷列耶夫在19世紀後期研發的元素週期表，爲已知元素提供了系統的理解。這使得門捷列耶夫能在1871年預見鎵、鍺和鈧這些隨後發現的元素的存在及其化學性質。也使得瑪麗・居里能夠把鐳置入一個一般的架構中並系統地描述它的化學性質。這種外部一致性，即有支持證據的居里夫人的假說之斷言與當時科學理論假說的一致性，是人們接受釙和鐳發現的部分原因。

巴里・馬歇爾　有時候一個假說與「常識」相悖——因而似乎違反H5——但是，後來證明它是眞的。在某些情況下，存在不同的說明模型，而問題是一個在某個其他領域成功的說明模型能否推廣到當前事例。

考慮胃潰瘍（胃裡的瘍）的事例。20年前，關於它們的原因知之甚少。

> 一片胃潰瘍是發生在胃內膜上約30毫米寬的潰爛面。這種潰瘍的確切原因還不知道。而有證據表明，來自十二指腸的膽汁對胃內膜的刺激是原因之一。[14]

潰瘍的原因被假定爲是遺傳因素與環境因素的共同作用，[15] 承受壓力或對壓力的反應被認爲對出現潰瘍起作用。[16] 潰瘍的典型處方是抗酸藥和休息。但是，約95%這樣治療過的病人會在2年內復發。

於是，巴里・馬歇爾和J・羅賓・沃倫兩位博士上場了。1982年馬歇爾和沃倫博士研究了100例潰瘍病人的活組織，發現87%的病人體內有類似彎曲桿菌的細菌。他們從未在沒有潰瘍或胃炎（潰瘍的一種常見先兆）的患者身上發現過這種細菌。他們提出假說，這種病菌至少是絕大部分病人得潰瘍的原因。通過文獻研究，馬歇爾發現早在1893年，科學家已經知道胃裡有細菌，而1940年的一篇論文中指出非處方藥鉍看來能治癒某些潰瘍。最後他發現了用一種鉍和抗生素的調理處置能治癒75%的病人的潰瘍——患者兩年內沒有復發，而他們又花了差不多10年時間來說服醫學界。[17]

注意最初的問題。有過被廣泛接受的關於潰瘍原因的說法。馬歇爾的假說與其不一致。那麼，基於H5，它被視爲不大可能的。另一方面，細菌致病理論自巴斯德時期以來都被證明是很富於成果的（H6）。由於馬歇爾的假說與一個富於成果的一般理論聯繫緊密，它應

14　Jeffrey R. M. Kunz，ed. -in-chief，*The American Medical Association Family Medical Guide*（New York：Random House，1982），p.465

15　Editors of Prevention Magazine Health Books，*Everyday Health Tips*：*2000 Practical Hints for Better Health and Happiness*（Emmaus，PA：Rodale Press，1988），p.19.

16　Sharon Faelton，David Diamond，and the Editors of Prevention Magazine，*Take Control of Your Life*：*A Complete Guide to Stress Relief*（Emmaus，PA：Rodale Press，1988），pp.205-208.

17　關於馬歇爾的探索的某些細節，見Suzanne Chazin，"The Doctor Who Wouldn't Accept No"，*Reader's Digest*，October 1993，pp.119-124，以及其中援引的醫學雜誌論文。

該被視爲很有可能的（H5）。理論上，與H5有關的這兩種考慮是勢不兩立的。實踐中，任何與「常識」相悖的假說都面臨艱辛的鬥爭，其原因與純理論的考慮相比更多的是基於「心理慣性」。[18]

馬歇爾的假說是，潰瘍與其他疾病一樣都是由細菌引起的。如果該假說是眞的而且能找到抗生素的正確組合，那麼病人服用抗生素就能治癒潰瘍（H1）。檢驗的結果是好的（H2），事實上比標準的潰瘍治療方案有效。他的假說並不比壓力假說複雜（H4）。而該假說的說明範圍比壓力假說的廣泛（H3）。馬歇爾的假說說明了爲什麼某種細菌若且唯若有胃潰瘍或胃炎時就也才在患者腸胃中找到。只有在馬歇爾說服其他人進行臨床試驗，而試驗結果與馬歇爾的假說一致之後，他的假說才被接受。

芭芭拉·麥克林托克　現在考慮一個科學之社會學的例子。芭芭拉·麥克林托克（1902—1992）是一位美國遺傳學家，1983年因植物遺傳學方面的工作而獲得諾貝爾生理學獎。貫穿她的職業生涯，她的研究專注於玉米的遺傳學。芭芭拉·麥克林托克的早期工作被廣泛接受，且早期的論文屬於遺傳理論的經典。1944年，她開始研究玉米中不穩定的變異。她的假說是有些變異出現不是源自DNA鏈上通常攜帶特性的基因，而是源自臨近的基因。芭芭拉·麥克林托克的假說是新穎的，很激進，以至被忽視了10年以上。

爲什麼她的工作被忽視了呢？考慮以下三個假說：(1)麥克林托克是性別歧視的受害者；(2)她的假說不合情理；(3)沒人關注。上述三個假說哪個是最佳說明呢？爲什麼？要回答這個問題，需要回顧一些歷史事實。

從歷史背景看，麥克林托克的假說是不合情理的（H5）。她於1951年發表她的假說。當時大多數遺傳學研究集中於果蠅和細菌，特別是大腸桿菌。當時認爲，任何在相當簡單的組織中的遺傳變更都對應於較複雜組織諸如玉米筍中的遺傳變更。而且，遺傳學研究的一個基本假設是在DNA中的遺傳信息不能支配變更，除非借助變異。麥克林托克的研究不僅專注於當時不太行時的物件（玉米），而且它還敢於衝擊當時遺傳學研究的基本現行假設。

20世紀60年代早期，弗朗索瓦·雅各和雅克·莫諾論辯說，細菌中的蛋白質合成不是受結構DNA基因本身調控，而是受與結構基因相鄰的兩個基因調控。這是對10年前的基本假設的拒絕，它把麥克林托克的工作帶入遺傳學研究的主流。

那麼，什麼是麥克林托克在科學上短暫失寵的最佳說明呢？是否(1)她是一位在男性處支配地位領域的女性，因此，她是性別歧視的犧牲者？讓我們承認這個不愉快的事實，女性，特別是在某些領域裡，是性別歧視的受害者。但是性別歧視假說不能說明麥克林托克早期工作被廣泛接受的事實，也不能說明後來她被喝彩的事實。因此，假說(1)似乎不是麥克林托克在20世紀40—50年代的工作被拒絕的最佳說明。是否(2)她的假說被視爲不合情理呢？這確實至少是部分說明。她的假說衝擊了當時遺傳學研究的基本假定。在這一方面，

18　一位物理學家有一次告訴我，量子力學之被接受，賴於老一輩的、在引入量子力學之前受訓練的物理學家相繼去世。

偵探小說迷應該會意識到最佳說明的論證是虛構的偵探的老生常談。柯林·德克斯特筆下的偵探莫爾斯的神秘故事給出了絕妙的例子，它們事關如何提出和檢驗——有時是駭人聽聞的——假說以及持續磨礪它們。《少女之死》很棒，它講的是一百多年前的謀殺案。傑佛瑞·迪弗的《骨殖搜集者》以及林肯·萊姆的系列小說也都是例示最佳說明的論證的好讀物。

麥克林托克的假說與馬歇爾的潰瘍假說相像。給定假說提出時的知識狀態，它是不合情理的。這說明了爲什麼麥克林托克假說曾遭拒絕。這也說明了爲什麼它最終被接受。20世紀60年代早期，她的關於玉米筍遺傳行爲的假說也能說明細菌的遺傳行爲。她假說提供了兩種組織的遺傳行爲最可行的說明，同時，DNA鏈上的資訊並不支配變更主體的假定被拋棄。因此，這個說明比(1)好，理由有二：第一，它說明了爲什麼她的假說開始被拒絕而最終被接受；第二，科學史提供了很多接受一個正確假說需時久遠而且需要更替基礎理論假設的例子。

這個說明比(3)沒人關注更好嗎？好像是。某些後來被認爲是重要的發現曾經被忽視一段時間。亞歷山大·弗萊明在1929年宣佈他發現了青黴素。它被忽視了10年，只有當第二次世界大戰爆發後，青黴素的潛在重要性才被承認。麥克林托克的假說是純理論的，她的假說本身不能救人，它不能提供一種更好的雜交玉米，不能產生任何直接的經濟效益或人道主義效益。這是一個只有遺傳學研究者才感興趣的假說——他們從不同的角度探尋，因爲麥克林托克的假說與當時遺傳學中的主導理論假設不一致。基於這個原因，假說(2)看似提供了麥克林托克在科學上短暫失寵的最佳說明。

在問題解決與拼圖遊戲之間好有一比，各拼圖塊拼湊得當，就能得到想要的畫面。類似的，當一點一滴的證據搭配得當時——當你有一個能說明所有那些證據的假說時——這個假說一定是正確的。這個類比並不完美。如果有一套拼圖塊能用不同的方式拼湊出不同的畫面，那麼，這個類比就更接近完美了，因爲你不能確定你的說明是正確的——總有供選的假說。儘管如此，如果你遵循評價對最佳說明的論證準則，而當有更多的證據變得可用時，你願意不斷修改你的結論，那你就應該得到概率不斷增大的結論。

練習題

1. 下面的一段文字來自亞瑟·柯南·道爾爵士的著作《血字的研究》中的《演繹的科學》一章，爲什麼把它描述爲對最好的說明的論證比把它說成一個演繹事例更合適呢？

夏洛克·福爾摩斯說道：「我在解決這個問題時運用了大量專業知識，這使得事情變得大爲容易。你所蔑視的那篇文章中出現的那些推理規則在實際工作中對我來說毫無用處。觀察對我來說是第二天性。當我們第一次見面時，我說你來自阿富汗，當時你感到很驚訝。」

「你說過，沒錯。」

「根本不是那麼回事。我知道你來自阿富汗。我長期有個習慣，思考的火車在我腦海裡迅速的駛過，意識不到中間步驟，直達我的結論。然而其中有那麼幾個步驟。其推理路數是：『這是

一位從事醫療行業的紳士，同時又有軍人氣質。顯然是名軍醫。他剛從熱帶地區來，因爲他的面色黝黑，而那並不是他天生的膚色，因爲他的手腕是淺色的。他遭受過艱辛和病痛，憔悴的臉色顯露無疑。他的左臂受過傷，因爲姿勢僵硬而不自然。熱帶的哪個地方能使一位英國軍醫飽受痛苦並且手臂負傷呢？不用說，那是阿富汗。』整個思路用不了一秒鐘。於是我說你來自阿富汗，而你很驚愕。」

2. 請使用評價對最佳說明的論證準則來評價下面的論證。

　　遠東元素像一股濃烈的香氣彌漫在披頭士1965－1967年的唱片中。喬治‧哈里森把能發出嗡嗡響聲的西塔琴引入披頭士的樂曲中。披頭士樂隊第一次經歷了逆向錄音和引入玄學主題，然而並不是每一個人都對樂隊的突然變化感到開心。

　　看起來美國大衆拒絕接受他們偶像的新變化。如果披頭士樂隊眞的有什麼變化的話，必須有其原因。在披頭士樂隊發行了1967－1969年的專輯之後，過去狂熱的粉絲就變成了現在的審訊者。這就需要一個替罪羊，當「保羅死了」的謠言於1969年10月出現的時候，那些帶有不安全感的粉絲只是極急切地尋找爲披頭士行事的稀奇變化提供答案的線索。

　　答案是明顯的：保羅‧麥卡特尼確實是死了，來了一位招搖撞騙者接手他的位置。

　　　　——R. Gary Patterson，*The Walrus Was Paul: The Great Beatle Death Clues*
　　　　　　　　　　　（New York：Fireside Books，1998），p. 37

3. 在1692年麻塞諸塞州的一個叫賽倫的村莊裡，許多年輕的婦女對該村和附近的很多女人和男人的巫術提出指控。19人被以巫術的罪名判罪並被處以絞刑。
下面是三個對此現象的說明。根據評價假說的準則，哪個是那現象的最好說明？爲什麼？如果你不能確定，那就說明你打算如何確定什麼是最好的說明。

(1)科頓‧馬瑟（1663－1728）是因克瑞斯‧馬瑟的兒子，約翰‧柯頓和理查‧馬瑟的孫子。作爲一個第三代的清教徒，科頓‧馬瑟因他的神學研究和對科學的興趣而聞名。1692年，他出版了一本名爲《論巫術》的書。那書是多種論述巫術和鑒定巫師的理論彙編。他列出的表明一個人很可能是巫師的特徵如下：(a)有中過他的巫術的人證；(b)不尋常的身體標記；(c)過著「荒淫無恥的生活」；(d)不一致的證言；(e)與惡魔立下契約並且拒絕神的榮耀；(f)特定的手勢；(g)與他們熟悉的對象談話（例如貓或者其他動物）；(h)擁有畫像和玩偶；(i)有持續一段時間的狂喜；(j)承認自己的巫術並且譴責他人是巫師。所有因巫術被指控的人都表現出上述幾個特徵。被指控的人是巫師。

(2)劇作家亞瑟‧米勒（1915－2005：上過密西根大學）在他的劇作《嚴酷的考驗》中提出了另外一個說明。這個劇本寫于麥卡錫聆訊期間，在那個時期衆多著名的人物被叫到參議院回答對他們是共產主義者或共產主義同情者的指控。米勒暗示這類似於對巫術的審訊。他寫道：

　　上文所談論的賽倫悲劇生發自一個悖論。這是一個我們現在仍然生活在其掌握之中的悖論，而且還看不到解決它的前景。簡單地說是這樣的：從好的方面講，賽倫的人民創造了一個神權政治、一個行政和宗教權力聯合的機構，它的功能是保持社區的凝聚，阻止任何形式的分裂，而任何物質的或意識形態的敵人可以促使分裂成爲毀滅。它是爲了一個必要的目標而建，並且達到了這個目標。但是所有的組織都應該基於排斥和禁止的理念，就像兩個物體不能佔據同一個空間一樣。很明顯，在新英格蘭，這樣的時候到了：秩序的壓制重於組織該秩序來對抗的那些危險所似乎要保證的。抓捕巫師的行動，是在天平開始偏向更大的個人自由的時候，對存在於各階層中間恐慌的一種荒謬宣示。

[*The Crucible*，Act I（New York：Penguin Book，1954），pp. 6-7.]

(3)瑪麗・斯塔基（波士頓大學的文學學士和碩士）是一名記者，她曾經在好幾個學校教書，其中包括位於新倫敦的康乃狄克大學。她寫的書《麻塞諸塞的惡魔：一個關於賽倫巫術審判事件的現代探索》（1949）把這種現象稱爲歇斯底里。

事發時對賽倫村來說並沒有新的特殊情況。相似的群衆歇斯底里而且規模大得多的例子不斷地在中世紀出現，就像這次一樣，作爲重壓和社會無組織狀態的結果，總是在戰爭或者黑死病流行之後。曾經有兒童十字軍、自鞭身教徒、聖維托斯舞儀教，以及一次又一次巫術的爆發。瑞典最近就曾經發生過一次，並且論起規模來，賽倫事件實在是小巫見大巫。

並沒有哪些人更容易感受從世上消逝的「鬼魂附體」。一次激奮的宗教復興就會激起賽倫村當時經歷的事情；一次私判死刑，一個希特勒也將如此，死亡的電影明星或是活著的憂怨歌手也將如此。那些女孩中有些並不比一群漏網逍遙的少女更嚴重地著魔。痛苦眞是夠多的，值得研究和治療，但是幾乎沒有得到什麼這類研究和治療。

從長遠來看值得我們注意的不是女孩們的滑稽表現而是社區對她們行爲的反應。正是該社區——延長至包括整個海灣殖民地——結果遭受到財富的極具破壞性的攻擊，不僅是愚昧無知的心靈，而且是最優秀的心靈。差不多普遍存在對惡魔和巫術信服這一點並不能單獨說明所發生理性的屈服。事實上，全體國民並不比那些女孩們較少渴望它的酒神節神秘儀式。一個天性長時間被他們的嚴苛信仰所控制的人，他的安全感因恐懼和焦慮日漸削弱以至於再也不能忍受下去，要求被淨化。受惡魔破壞他們達不到，他們需要一個替罪羊和一個大規模的私判死刑。他們做到了。

還眞是沒人在「密謀」，尤其是不幸的瑪麗〔華倫〕。社區一般都被巫術控制，地方長官不比那些女孩們好多少——中了愚蠢的催眠術，一方面的表現是恐慌，另一方面的表現是參加鬥爭的熱誠。在這種情況下，理性的聲音總聽起來像是褻瀆神明，而持異議者都屬於惡魔。奇怪的不是瑪麗的變節被譴責而是它應該已經受到仁慈對待。（*The Devil in Massachusetts*，pp. 46-47，102）

4. 1844—1848年間維也納綜合醫院中的衆多產婦在產後不久就死亡。死亡的原因是一種叫產褥熱的病症。醫院有兩個婦產科。在第一婦產科8.8%的產婦在1844—1847年間死於產褥熱，在第二婦產科同期僅有2.33%的產婦死於產褥熱；醫學院的學生在第一婦產科實習，助產士在第二婦產科實習。伊格納・塞麥爾維斯（1818—1865）受命調查此事。

這裡有好幾個假說。(1)這簡單地是一種流行病。但這種說法既不能說明爲什麼在第一婦產科比在第二婦產科更流行，也不能說明爲什麼第一婦產科產婦的產褥熱死亡率高於該醫院之外。(2)過於擁擠和通風不良是所提出的兩個假說，但是這些因素在第一婦產科與第二婦產科之間並沒有什麼不同。(3)有人提出醫學院實習生的檢查技術很粗糙，但是那些技術與第二婦產科助產士的也並無二致，而且產婦在生產過程中自然產生的受傷害要多於檢查引起的。(4)在第一婦產科，而不在第二婦產科，施行臨終禮拜的神父由一個搖鈴的隨從導引。搖鈴儀式隨著死亡率沒有變化而停止了。(5)在第一婦產科，產婦仰臥接生，在第二婦產科，產婦側臥接生。在第一婦產科改變接生姿勢後死亡率沒有變化。

1847年塞麥爾維斯的一個同事去世了，奪取他生命的病症的徵候跟產褥熱的相符。在得病之前他同事的手曾經在實行屍體解剖時被手術刀刺破。醫學院的實習生在照料第一婦產科的產婦之前經常解剖屍體。塞麥爾維斯提出了一個新假說和一種檢驗法，這個假說是醫學院實習生攜帶著來自屍體的一種感染物。他要求醫學生在給產婦做醫療檢查時用石灰氯化物（漂白粉）溶液洗乾淨手，以此檢驗他的假設。在1848年，第一婦產科的產婦死亡率降到1.27%，相比之下第二婦產科的死亡率是1.33%。

爲什麼相比之下塞麥爾維斯的假說有更大的概率是眞的呢？

5. 1857年，路易・巴斯德試圖去找出有些批次的葡萄酒和啤酒會變壞的原因。那時葡萄酒是通過在大桶裡壓碎葡萄，然後使果汁發酵得到的。這不同於啤酒的生產過程，新啤酒是通過添加從以前成功釀制的啤酒獲得的酵母釀制而成。巴斯德之前的時代就有很好的證據表明酵母是某些活的生物。他關於啤酒釀制的研究表明，該批酵母的數量會極大的增加直到糖被耗盡，這時發酵結束。路易・巴斯德得出的結論是酵母的存在對酒的生產是必要的，而他的假說是那些「壞的」批次的啤酒和葡萄酒是有害的微生物造成的。他同時也在研究優酪乳製作發酵。路易・巴斯德後半生研製出預防炭疽病和狂犬病的疫苗。

在巴斯德之前，疾病被認爲是由化學反應引起的，而關於微生物在發酵中的作用則缺乏認識。請說明爲什麼巴斯德關於發酵是微生物作用的結果之假說可以被視爲「富有成果的」呢？

─章節摘要─

歸納論證提供證據證明結論很可能是眞的。不像有眞前提有效的演繹論證，沒有歸納論證能確定性地表明其結論是眞的。

第1節中簡要地考察了枚舉論證。一個枚舉論證的強度隨著樣本（即爲結論提供根據的物件）的增大和樣本的更多樣而增強。樣本的多樣性由取樣在時空中不同的所在決定。最後，結論越強，證據對它的支持就越弱。結論的強度由找到它反例的容易程度決定。一個歸納反例能表明結論是假的。例如，陳述「所有的天鵝都是白的」是很強的斷言，後來只要找到一隻非白色的天鵝就足以表明該陳述爲假的反例。

第2節─第3節中考察了類比論證。類比是基於事物之間的比較。一個類比論證認爲因爲兩個或更多事物在某些方面是相似的，那些物件中除一個外全都具有另一種性質，所以很可能剩下的物件也具有該性質。評價類比論證的六個準則爲：

1.比較的事物的數目越大（類比的依據越多），支援結論的證據就越強。

2.比較的物件相似的方面越多（類比的基礎越大），支持結論的證據就越強。

3.當相當多的事物在相當多的方面相似時（當類比的依據和基礎都很強時），類比依據中物件之間的差異能增強支持結論的證據。

4.那些方面當它們相關時能增加論證的力量。單個高度相關的因素對論證的貢獻大於一堆非相關的相似性。

5.不類似處降低類比論證的強度。

6.結論越弱——越難證明結論是假的——前提的負擔就越小，該論證就越強；結論越強，前提的負擔就越大，論證就越弱。

第4節─第5節中考察了說明與對最佳說明的論證。評價假說的六個準則是：

H1：假說必須是可檢驗的。

H2：如果基於假說的預測是眞的，那就傾向於表明該假說是眞的。

H3：如果一個假說有一個更廣闊的說明域，也就是說，如果它比其他供選假說能說明更多的現象，那麼，該假說更有可能是眞的。

H4：如果兩個假說都能說明某一現象，而其中一個假說包含更少的理論假定，那麼，

那個包含更少假定的假說更有可能是真的。

　　H5：一個假說，如果它與通行的最好理論說明相一致，則它更有可能是真的。

　　H6：一個假說，如果它是富有成果的，即能預見先前未知的現象，則它更有可能是真的。

　　這些準則不僅用於判斷一個個假說是否很可能是真的，而且還用於評判諸供選假說確定兩個以上假說中哪個提供了對現象的最佳（最有可能的）說明。對最佳說明的論證在科學研究和日常生活中都是很常見的。

附錄

眞值樹

　　眞值樹提供了一種判定命題邏輯中的任一論證是否有效的方法，這種方法也能證明量詞邏輯中有效論證的有效性。與眞值表一樣，眞值樹的判定程式也是完全機械的：如果正確地遵循程式，就能證明某一論證的有效性，不用制定證明策略。它假定結論的否定（假定結論是假的）作爲一個新增前提，這一點很像逆向眞值表和間接證明。

1. 命題邏輯

　　眞值樹的判定程式是直截了當的。那些前提構成樹幹。

　　1.把結論的否定添加到樹幹中。

　　2.應用下列規則把那些複合陳述分解成其簡單支陳述。這樣一來，就從樹幹產生出樹枝，將分解結果置於那個複合陳述之下每個開放的枝上。在應用規則的時候，要在被施行了一條規則的每個複合陳述旁邊劃一個鉤號（驗訖通過記號√）。

真值樹的分枝規則			
條件句	連言	選言	雙條件陳述式
$p \supset q$	$p \cdot q$	$p \vee q$	$p \equiv q$
/ \	p	/ \	/ \
~p　q	q	p　q	p　~p
			q　~q
條件句的否定	連言的否定	選言的否定	雙條件陳述式的否定
~$(p \supset q)$	~$(p \cdot q)$	~$(p \vee q)$	~$(p \equiv q)$
p	/ \	~p	/ \
~q	~p　~q	~q	~p　p
			q　~q
消去所有的雙波浪號（~~）			

　　3.自下而上檢查樹枝和樹幹，查看是否同時有一個簡單陳述及其否定。

　　4.如果在從樹枝往上直達樹根的一條連續路徑上同時有一個簡單陳述及其否定，就在那個枝的末梢打一個叉號（×），將其封閉。對一個封閉的枝下面不要再加什麼東西了。

　　5.如果還有枝是開放的，並且還有未曾應用規則的複合陳述，就對這個複合陳述應用規則並打個√，把分解結果附加到每個開放的枝之下。

　　6.如果所有的枝都是封閉的，原論證就是有效的。如果樹中所有的複合陳述都已經應用了規則，並且至少有一個枝是開放的，則原論證是無效的。

　　下面通過考察幾個例子，就清楚這個程式了。

如何用一個真值樹來證明選言三段論的有效性呢？選言三段論的形式是：

$p \vee q$

$\sim p$

$\therefore q$

首先，把結論的否定添加到樹幹中：

$p \vee q$

$\sim p$

$\therefore q$

$\sim q$

對第一個前提應用選言分解規則。這就產生了兩個分枝，左邊分枝上是p，右邊分枝上是q：

$\sqrt{} p \vee q$

$\sim p$

$\therefore q$

$\sim q$

$/ \ \backslash$

$p \quad q$

從該樹的末梢出發，向上追查每個枝子，看是否有一個簡單陳述及其否定。向上追查左邊的枝，發現既有p又有$\sim p$。向上追查右邊的枝，發現既有q又有$\sim q$。

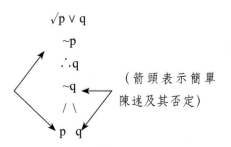

（箭頭表示簡單陳述及其否定）

每當在單獨一個枝中出現一個陳述及其否定，就要在該枝的末梢打一個×，宣佈該枝是封閉的。

$$\sqrt{p \lor q}$$
$$\sim p$$
$$\therefore q$$
$$\sim q$$
$$/\ \backslash$$
$$p \quad q$$
$$\times \quad \times$$

由於所有的枝都是封閉的，因此該真值樹表明原論證是有效的。

如果某論證形式是無效的，例如否定前件式，那麼它的真值樹就不會是所有的枝都是封閉的。否定前件式是：

$$p \supset q$$
$$\sim p$$
$$\therefore \sim q$$

把該結論的否定添加到樹幹中：

$$p \supset q$$
$$\sim p$$
$$\therefore \sim q$$
$$\sim \sim q$$

由於這裡有一個雙波浪號，我們先把它消去，然後對這裡的條件句應用規則：

$$\sqrt{p \supset q}$$
$$\sim p$$
$$\therefore \sim q$$
$$q$$
$$/\ \backslash$$
$$\sim p \quad q$$

這時，兩個枝都不封閉。沒有p來封閉末梢是~p的那一枝，也沒有~q來封閉末梢是q的那一枝。如果對一個論證中所有複合陳述都應用那些規則後還剩下哪枝是開放的，那麼這個論證就是無效的。因此，否定前件式是無效的論證。

至此，我們考慮的論證都相當簡單。當論證變得更複雜時，判定程式是一樣的。試考慮如下論證：

$$p \supset (q \cdot r)$$
$$\sim r \lor s$$
$$\therefore \sim (p \cdot \sim s)$$

附加上結論的否定，並消去雙波浪號：

$$p \supset (q \cdot r)$$
$$\sim r \lor s$$
$$\therefore \sim (p \cdot \sim s)$$
$$(p \cdot \sim s)$$

現在對所有複合陳述應用規則。從哪一個陳述開始在邏輯上並無區別，這樣，就先從第一個前提開始進行下去。對這個條件句應用規則，就產生了一個分杈的枝，左邊分枝上是~p，右邊分枝上是（q·r）：

~p這一枝上沒有p來使該枝封閉，右邊分枝上的陳述仍然是複合的。因此，此真值樹的兩個枝子都不是封閉的。

　　如果順著真值樹的樹幹往下做，那接下來就要圖解第二個前提，這需要應用選言分解規則。這將需要在每個開放的枝下面附加分杈的枝：

對每個開放的枝，向上追查。在有~r的任何枝上都沒有r，在有s的任何枝上都沒有~s。因此，所有的枝子都不是封閉的。

　　接下來，對（p·~s）運用連言分解規則。這就在每個開放的枝下面都產生了一個直接

的枝：

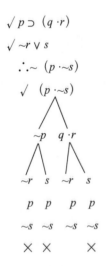

這時，有的枝是封閉的了。在最左邊的枝中，從*p*往上追查，發現有一個~*p*，所以這一枝是封閉的。在左邊第二個枝中，從~*s*往上追查，發現這一枝上不但有~*s*而且還有一個*s*，所以這一枝也是封閉的。在左邊第三個枝上，往上追查那些簡單陳述，沒有發現那些簡單陳述的否定，所以這一枝仍是開放的。在最右邊的枝上，發現既有~*s*又有*s*，所以我們能將這一枝封閉。這樣，現在我們得到的眞值樹看來是這樣的：

$$\sqrt{\ } \ p \supset (q \cdot r)$$
$$\sqrt{\ } \ {\sim}r \lor s$$
$$\therefore {\sim} (p \cdot {\sim}s)$$
$$\sqrt{\ } \ (p \cdot {\sim}s)$$

```
              ~p      q·r
             /  \    /  \
           ~r    s ~r    s
            p    p  p    p
           ~s   ~s ~s   ~s
            ×    ×        ×
```

我們會注意到，還有一個複合陳述仍未對它運用分解規則，即（*q* · *r*）。故而，我們對這個陳述運用連言分解規則，並將所得結果附加於那個開放的枝之下：

$\sqrt{\ } p \supset (q \cdot r)$

$\sqrt{\ } \sim r \vee s$

$\therefore \sim (p \cdot \sim s)$

$\sqrt{\ } (p \cdot \sim s)$

```
            ~p    q·r
           /\    /\
          ~r  s ~r  s
          p   p  p   p
          ~s  ~s ~s  ~s
          ×   ×  q    ×
                 r
```

現在，從這一枝末梢的 r 往上追查，發現有一個 $\sim r$。可見，這一枝是封閉的。因此，原論證形式是有效的：

$\sqrt{\ } p \supset (q \cdot r)$

$\sqrt{\ } \sim r \vee s$

$\therefore \sim (p \cdot \sim s)$

$\sqrt{\ } (p \cdot \sim s)$

```
            ~p    √q·r
           /\    /\
          ~r  s ~r  s
          p   p  p   p
          ~s  ~s ~s  ~s
          ×   ×  q    ×
                 r
                 ×
```

正如我們上面提到的那樣，把那些規則運用到那些前提、結論的否定和新產生的複合陳述之上的順序，邏輯上沒有區別。因此，我們剛剛所構造的真值樹不存在什麼錯誤。然而，當論證變得更複雜的時候，讓真值樹是「修剪了的」，這會使日子更好過。如果在運用其他規則之前先運用能產生直接的枝的規則（關於連言、條件句的否定、選言的否定的規則），那就會產生比較少的分枝。隨著對那些規則更加熟悉，你還會選擇運用那些會加快封閉一個枝的分杈規則。因而，上述論證的真值樹也可以是這樣的：

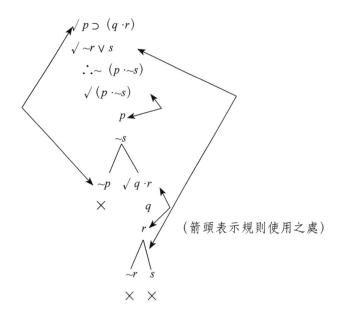

（箭頭表示規則使用之處）

─────練習題─────■

用眞值樹方法檢驗第6章第5節的1─17題。

2. 量詞邏輯

　　量詞邏輯中的眞值樹用到命題邏輯中的規則，外加三個涉及量詞的附加新規則。一旦去掉量詞，就正好是按照在命題邏輯中構造眞值樹時那樣去做。然而，這裡有兩個不同點。其一，因爲會對量化陳述進行示例，即借助一個常元（a，b，c……w）來重述該命題，所以許多時候會不止一個常元來爲一個給定的量化陳述示例。其二，在量詞邏輯中，如果一個論證的眞值樹是封閉的，那麼這個眞值樹就證明了該論證有效。然而，若一個眞值樹不封閉，那並不證明那個論證是無效的。要證明一個量化式論證是無效的，需要遵循8.5中所說的程式。

　　要想弄明白我們爲什麼需要更多的規則，以及如何使用那些規則，不妨集中考慮下面的論證：

$$(x)\,(Mx \supset Px) \qquad\qquad (x)\,(Mx \supset Px)$$
$$(\exists x)\,(Sx \cdot Mx) \qquad\qquad (x)\,(Sx \supset Mx)$$

$$\therefore (\exists x)(Sx \cdot Px) \qquad\qquad \therefore (x)(Sx \supset Px)$$

量詞否定

　　在構造一個眞值樹時，我們總是首先把結論的否定添加到樹中。這樣，如果結論是（∃x）（Sx · Px），我們就要把~（∃x）（Sx · Px）添加到樹幹中。如果結論是（x）（Sx ⊃ Px），我們就把~（x）（Sx ⊃ Px）添加到樹幹中。正如我們不久就會看到的，只有在量詞統轄整個陳述時，才能對這個陳述進行示例。如果在一個量詞的左邊有一個波浪號，那麼在進行示例之前就需要先把這個波浪號移過那個量詞。**量詞否定規則告訴我們，當把一個波浪號移過一個量詞時，全稱量詞（x）變為存在量詞（∃x），而存在量詞（∃x）變為全稱量詞（x）**。你要在對之運用量詞否定規則的陳述旁邊打個（√），並將得到的陳述直接寫在它的下面。

$$
\begin{array}{ll}
(x)(Mx \supset Px) & (x)(Mx \supset Px) \\
(\exists x)(Sx \cdot Mx) & (x)(Sx \supset Mx) \\
\therefore (\exists x)(Sx \cdot Px) & \therefore (x)(Sx \supset Px) \\
\sqrt{}\ \sim(\exists x)(Sx \cdot Px) & \sqrt{}\ \sim(x)(Sx \supset Px) \\
(x)\sim(Sx \cdot Px) & (\exists x)\sim(Sx \supset Px)
\end{array}
$$

存在示例

　　在量詞邏輯中構造一個眞值樹時，要將所有的變元替換爲常元，即個體的名字（a，b，c……w）。**存在示例這條規則允許將一個存在陳述中的一個變元替換為一個常元，而那個常元對該真值樹來說是新的**。那個常元必須對於該眞值樹來說是新的（該眞值樹中先前沒有出現過的）。爲什麼？讓我們假設，給定這樣一個陳述，「有的美國國務卿是精於彈奏鋼琴的」。這個陳述對於康多莉莎·賴斯是成立的，但對於前任國務卿科林·鮑威爾就不成立。常元的選擇是任意的：你不知道它適用於誰，但是不管它適用於誰，所得的陳述都會是眞的。限制對新常元意味著，對同一常元，要在用它做全稱陳述示例之前，先用它做存在陳述示例。因此，要先驗出存在陳述，並引進一個新的常元。如果要示例爲a，就在鉤號（√）上記上一個小a（$\sqrt[a]{}$），以此表明已經就常元a爲它示例。

$$
\begin{array}{l}
(x)(Mx \supset Px) \\
\sqrt[a]{}\ (\exists x)(Sx \cdot Mx) \\
\therefore (\exists x)(Sx \cdot Px) \\
\sqrt{}\sim(\exists x)(Sx \cdot Px) \\
(x)\sim(Sx \cdot Px) \\
Sa \cdot Ma
\end{array}
$$

因為第二個前提是一個存在陳述，所以在為任何全稱陳述示例之前先要為那個陳述示例。

$(x)\ (Mx \supset Px)$

$(x)\ (Sx \supset Mx)$

$\therefore\ (x)\ (Sx \supset Px)$

$\sqrt{}\ \sim (x)\ (Sx \supset Px)$

$\overset{a}{\sqrt{}}\ (\exists x) \sim (Sx \supset Px)$

$\sim (Sa \supset Ma)$

由於對此論證的結論使用量詞否定規則的結果是個存在陳述，因而在為任何全稱陳述示例之前先要為那個陳述示例。

全稱示例

全稱引例規則允許將全稱陳述中的一個變元替換為任一常元。因此，如果已經就 a 為存在陳述示例了，就要就 a 驗出全稱陳述（記上），並用 a 去替換那些變元。

$\overset{a}{\sqrt{}}\ (x)\ (Mx \supset Px)$

$\overset{a}{\sqrt{}}\ (\exists x)\ (Sx \cdot Mx)$

$\therefore\ (\exists x)\ (Sx \cdot Px)$

$\sqrt{}\ \sim (\exists x)\ (Sx \cdot Px)$

$\overset{a}{\sqrt{}}\ (x) \sim (Sx \cdot Px)$

$Sa \cdot Ma$

$Ma \supset Pa$

$\sim (Sa \cdot Pa)$

$\overset{a}{\sqrt{}}\ (x)\ (Mx \supset Px)$

$\overset{a}{\sqrt{}}\ (x)\ (Sx \supset Mx)$

$\therefore\ (x)\ (Sx \supset Px)$

$\sqrt{}\ \sim (x)\ (Sx \supset Px)$

$\overset{a}{\sqrt{}}\ (\exists x) \sim (Sx \supset Px)$

$\sim (Sa \supset Pa)$

$Ma \supset Pa$

$Sa \supset Ma$

現在，就要像在命題邏輯中構造真值樹那樣繼續進行了。為了讓真值樹修剪得當，要先運用能得到直接的枝的規則，然後再運用得出分枝的規則，並封閉那些含有一個陳述及其否定的枝。

$\overset{a}{\sqrt{}}\ (x)\ (Mx \supset Px)$

$\overset{a}{\sqrt{}}\ (\exists x)\ (Sx \cdot Mx)$

$$\therefore\ (\exists x)\,(Sx \cdot Px)$$

$$\sqrt{}\ \sim (\exists x)\,(Sx \cdot Px)$$

$$\overset{a}{\sqrt{}}\ (x)\sim (Sx \cdot Px)$$

$$\sqrt{}\ Sa \cdot Ma$$

$$\sqrt{}\ Ma \supset Pa$$

$$\sqrt{}\ \sim (Sa \cdot Pa)$$

$$Sa$$

$$Ma$$

$$\diagup\quad\diagdown$$

$$\sim\!Ma \qquad Pa$$

$$\times\qquad \diagup\quad\diagdown$$

$$\sim\!Sa\quad \sim\!Pa$$

$$\times\qquad\times$$

$$\overset{a}{\sqrt{}}\ (x)\,(Mx \supset Px)$$

$$\overset{a}{\sqrt{}}\ (x)\,(Sx \supset Mx)$$

$$\therefore\ (x)\,(Sx \supset Px)$$

$$\sqrt{}\ \sim (x)\,(Sx \supset Px)$$

$$\overset{a}{\sqrt{}}\ (\exists x)\sim (Sx \supset Px)$$

$$\sqrt{}\ \sim (Sa \supset Ma)$$

$$\sqrt{}\ Ma \supset Pa$$

$$\sqrt{}\ Sa \supset Ma$$

$$Sa$$

$$\sim\!Pa$$

$$\diagup\quad\diagdown$$

$$\sim\!Ma \qquad Pa$$

$$\diagup\quad\diagdown\quad \times$$

$$\sim\!Sa\quad Ma$$

$$\times\qquad\times$$

這兩個真值樹都是封閉的。因此，這兩個論證都是有效的。

　　如果有幾個存在命題，那就需要用不同的常元來為每一個存在命題示例。如果在同一論證中只包含單獨一個全稱命題，那就可以對這個命題多次示例。

考慮下面這個論證：

$$(\exists x)\,(Px \cdot Qx)$$
$$(\exists x)\,(Qx \cdot \sim Rx)$$
$$(x)\,[\,Px \supset (Sx \cdot Rx)\,]$$
$$\therefore (\exists x)\,(Px \cdot Sx) \cdot (\exists x)\,(Qx \cdot \sim Px)$$

我們注意到，此論證的結論是兩個存在命題的連言。添加這個連言式的否定最終會產生一對分杈的枝。若想讓真值樹修剪得當，或許要在對結論的否定式運用規則之前，先為那些前提示例並且對經過為那些前提示例所得到的陳述運用規則。下面是構造此真值樹的一種方式：

$$\overset{a}{\sqrt{}}(\exists x)\,(Px \cdot Qx)$$
$$\overset{b}{\sqrt{}}(\exists x)\,(Qx \cdot \sim Rx)$$
$$\overset{b}{\sqrt{}}\ \overset{a}{\sqrt{}}(x)\,[\,Px \supset (Sx \cdot Rx)\,]$$
$$\therefore (\exists x)\,(Px \cdot Sx) \cdot (\exists x)\,(Qx \cdot \sim Px)$$
$$\sim [\,(\exists x)\,(Px \cdot Sx) \cdot (\exists x)\,(Qx \cdot \sim Px)\,]$$

$$\sqrt{}\,Pa \cdot Qa$$
$$\sqrt{}\,Qb \cdot \sim Rb$$
$$Pa$$
$$Qa$$
$$Qb$$
$$\sim Rb$$
$$\sqrt{}\,Pa \supset (Sa \cdot Ra)$$
$$Pb \supset (Sb \cdot Rb)$$

注意：我們已就 a 和 b 為全稱命題示例。

```
                    /    \
                  ~Pa    √Sa · Ra
                   ×      Sa
                          Ra
                         /  \
                      ~Pb    √Sb · Rb
                       /\     Sb
                      /  \    Rb
                     /    \    ×
       √~ (∃x) (Px · Sx)      √~ (∃x) (Qx · ~Px)
       √(x) ~ (Px · Sx)       √(x) ~ (Qx · ~Px)
        √~ (Pa · Sa)           √~ (Qb · ~Pb)
          /  \                   /  \
       ~Pa   ~Sa              ~Qb    Pb
        ×     ×                ×     ×
```

我們注意到，由於從結論的否定式得到的那些枝都含有全稱式，就可以就任何東西為這些全稱式示例。通過其中一枝就 a 示例，另一枝就 b 示例，我們就能封閉這株樹。如果我們都就 a 為它們示例，那麼右邊的枝子就還不得不再就 b 示例，才能達致封閉。

──練習題──▪

為第8章第3節的3─5和14─18題的論證構造真值樹。

──附錄摘要──▪

真值樹提供了一種機械的方法，據以判定命題邏輯中的任一論證有效與否，這種方法也能證明量詞邏輯中的任一有效論證是有效的。

在命題邏輯中，將結論的否定添加到前提中形成樹幹。運用如下規則把複合陳述轉為直接的或分权的枝：

真值樹的分枝規則			
條件句	連言	選言	雙條件陳述式
$p \supset q$	$p \cdot q$	$p \vee q$	$p \equiv q$
$/\backslash$	p	$/\backslash$	$/\backslash$
$\sim p \quad q$	q	$p \quad q$	$p \quad \sim p$
			$q \quad \sim q$
條件句的否定	連言的否定	選言的否定	雙條件陳述式的否定
$\sim (p \supset q)$	$\sim (p \cdot q)$	$\sim (p \vee q)$	$\sim (p \equiv q)$
p	$/ \quad \backslash$	$\sim p$	$/ \quad \backslash$
$\sim q$	$\sim p \quad \sim q$	$\sim q$	$\sim p \quad p$
			$q \quad \sim q$
消去所有的雙波浪號（∼∼）			

如果所得之樹的每一枝都是封閉的，即每一枝都含有一陳述及其否定，那麼該真值樹就證明了原論證是有效的；如果有任何一枝是開放的，則證明該論證是無效的。

真值樹方法的程式在量詞邏輯中也是相似的，但是增加了另外三條規則：將否定記號移過量詞和消去量詞的規則。量詞否定規則告訴我們，當把一個波浪號移過量詞時，全稱量詞 (x) 變為特稱量詞 $(\exists x)$，存在量詞 $(\exists x)$ 變為全稱量詞 (x)。存在引例規則允許存在陳述裡的一個變元替換為對該真值樹來說是新的常元。全稱引例規則允許全稱陳述裡的一個變元替換為任一常元。當運用示例規則時，在所針對的那個陳述旁邊劃驗訖號（√），要標明所例示的那個常元（a，b，c ⋯⋯ w）（比方說記為 $\overset{a}{\checkmark}$）。每次運用存在引例規則的時候，

所引進的常元必須是新的。一個全稱命題能就任何常元來示例，而且可以在同一真值樹裡就幾個常元被示例。然後，就運用規則將複合陳述分解為簡單陳述。如果真值樹的所有枝都是封閉的，即每個枝都含有一個陳述及其否定，那麼該真值樹就證明了原論證是有效的。然而，對於一個量化式論證的真值樹來說，如果至少有一個枝沒有封閉，這並不證明該論證是無效的。

重要詞彙

Argument Against the Person, Fallacy of 人身攻擊謬誤　如果在回應一個論證的時候抨擊的不是論證本身而是抨擊做出論證的那個人，就犯了人身攻擊這種非形式謬誤。人身攻擊謬誤有三種形式：(1)誹謗型的人身攻擊論證攻擊的是論證者的人格。(2)情境型的人身攻擊論證訴諸某種情境，被攻擊者從那情境中發現他或她自己成爲其論證不可信的一個理由。(3)「你也是」型專注於攻擊論證與論證者行爲的不一致。人身攻擊是一種非形式相干性謬誤，041-042，065

Argument form 論證形式　論證形式是展示邏輯結構 的符號序列。它包含陳述變元而不是陳述，使得用陳述一致地替換陳述變元後其結果是一個論證， 017-018，020-021，034，053，065，068，100，102-103，106，109，141-142，164-173，175-180，182-184，186，197，200，202-203，207，209，211，213，216-217，240-242，245，248

Aristotelian logic 亞里斯多德邏輯　亞里斯多德邏輯是關於三段論推理的傳統理論，其中預先假定了對定言命題的某些確定解釋。特別是，全稱命題被認爲具有存在含義。在這方面，它是與對定言命題的現代符號邏輯的或布林的解釋相對立的，068，082，142

Aristotle 亞里斯多德　034，047，067-068，073，078-080，082，085-086，088，093-096，114，142，222

Association（Assoc.）結合律　結合律是歸屬替換規則的一種邏輯等值運算式。據此，$[p \lor (q \lor r)]$ 可以替換爲$[(p \lor q) \lor r]$，反之亦然；同時，$[p \cdot (q \cdot r)]$可以替換爲$[(p \cdot q) \cdot r]$，反之亦然，191，192，198，203

Authority, Fallacy of Appeal to Illegitimate 訴諸不當權威謬誤　如果一個論證當作相關領域的權威來援引某人或某事物作爲理由，而他／它實際上不是，那麼該論證就犯了訴諸不當權威謬誤（*ad verecundiam*）。訴諸不當權威是一種非形式的相干性謬誤，038，046，065

B

Begging the Question 竊取論題　如果一個論證把它著手證明的結論假定爲一個前提，它就是竊取論題。竊取論題謬誤出現的三種情況爲：(1)論證的結論只是前提的複述。(2)在一個論證鏈條中，最後一個論證的結論是第一個論證的前提（循環論證）。(3)論證的前提中使用了假定結論所斷定的內容的詞語（性質詞語竊取論題，question-begging epithet）。竊取論題是一種非形式的假定性謬誤，033，050，054，064，066，250

Biconditional Proposition, or Biconditional Statement 雙條件命題，或雙條件陳述

這是一種複合陳述或命題，它斷定其兩個分支陳述具有相同的眞值，因而是實質等值的。顧名思義，既然兩個分支陳述同眞或同假，則它們相互蘊涵。雙條件陳述用符號表示爲$p \equiv q$，可讀作「p若且唯若q」。亦見實質等值（Material Equivalence）

Boolean Interpretation 布林型解釋　布林型解釋是本書採納的對定言命題的現代解釋。因英國邏輯學家喬治·布林（1815－1864）而得名。在布林型解釋下，全稱命題（A命題和E命題）沒有存在含義。073

C

Categorical Proposition 定言命題　定言命題是一種可被分析爲關於類或範疇的命題，它肯定或否定一個類S全部或部分地包含於另一個類P中。傳統上區分四種標準形式的定言命題：A：全稱肯定命題（所有的S是P）；E：全稱否定命題（沒有S是P）；I：特稱肯定命題（有些S是P）；O：特稱否定命題（有些S不是P），067-075，077-079，081，085-086，089，091-092，094-096，098-099，103，111，121-123，125，127-128，130-132，134-135，143，160，220，222-224

classes and 類與定言命題

symbolism and Venn diagrams for 定言命題的符號表示和范恩圖　067，072

translating into standard form 定言命題翻譯爲標準形式

Categorical Syllogism 定言三段論　定言三段論是一個由三個定言命題組成的演繹論證，其中正好包含三個詞，每個詞均在三段論中始終具有相同的意義，而且

正好分別出現在其中兩個命題中，069，097-101，103-104，109-112，117-119，122，132，134，136，139-140，142-143，220，231

Venn diagram technique for testing 檢驗定言三段論的范恩圖方法

rules for testing 定言三段論的檢驗規則

亦見選言三段論（Disjunctive Syllogism）、假言三段論（Hypothetical Syllogism）、三段論論證（Syllogistic Argument）

Circular Argument 循環論證　見竊取論題（Begging the Question）050，054，066

Class 類　所有都具有某種特有特徵的物件的彙集，003-004，007，009，012，016，021-023，025，030-032，034-035，037，039-040，044-047，050-051，053，056-061，063-073，075-077，079，082，086，088-092，095-096，098-099，102-104，108，110-114，118，124-125，127-131，134，139，143，147，149，154-155，160，163，165，170，175，186，213，222-223，232，241，247-258，263-264，266，268-271

Classical logic 經典邏輯　見亞里斯多德邏輯（Aristotelian logic）

Commutation（Com.）交換律　交換律是歸屬替換規則的一種邏輯等值運算式，它允許連言陳述或選言陳述的分支可以有效地變換順序。根據交換律，$(p \vee q)$與$(q \vee p)$可相互替換，$(p \cdot q)$與$(q \cdot p)$亦如此，191-192，197-198，203

Complement, or Complementary Class 補，或補類　一個類的補是不屬於該類的所有事物的彙集，013，015-016，032，047，051，088-089，091，096，122-124，136，138-140，234，236，254

Complex argumentative passages 複雜的論

245

Constructive dilemma（C.D.）建設性兩難規則　建設性兩難規則是一條邏輯推理規則，九個基本的有效論證形式之一。它允許從一對條件陳述前件的選言推導出這對條件陳述後件的選言。符號表示為：$(p \supset q) \cdot (r \supset s)，p \lor r，\therefore q \lor s$，185-188，199-200，203，214

Contingent Statement 偶真陳述　偶真陳述的真值取決於世上的事實，160

Contingent Statement Form 偶真式　偶真（陳述的形）式既非套套句也非矛盾式的陳述形式。偶真式至少在一個真值賦值下為真，同時也至少在一個真值賦值下為假，160，163-164，179

Contradiction 矛盾式　矛盾式是必然為假的陳述。它是一種由於其邏輯形式而不能有真的代入例的陳述形式，159-160，163，179-180，213-214

Contradictories 矛盾關係　如果兩個命題中任何一個命題都是另外一個命題的拒斥或否定，則這兩個命題是矛盾關係（相矛盾的）。在邏輯的四角對當表中，相矛盾的兩個命題由四角的對角線表示。A命題和O命題以及E命題和I命題分別具有矛盾關係，067，080

Contraposition，Contrapositive 換質位法，換質位元命題　在定言邏輯中，把一個定言命題主詞和謂詞對換（互換位置）且分別替換成它們的補，就得到該命題的換質位命題。「所有人都是哺乳動物」的換質位命題是「所有非哺乳動物都是非人」。A和O命題分別與它們的換質位元命題邏輯等值，而E和I命題則不然，091，123

Contraries 相反關係　如果兩個命題雖能同假但不能同真，則這兩個命題具有相反關係（是相反的）。在傳統四角對當表中，A和E命題具有相反關係；但在布林解釋下，因為它們可以同時為真，A和E命題不具有相反關係，067，081

Converse, Conversion 換位法，換位元命題　在定言邏輯中，通過把一個命題的主詞和謂詞互換位置就得到它的換位命題。E和I命題與它們的換位元命題邏輯等值，A和O命題則不然。被換位的命題稱作被換位命題，123

Converse Accident, Fallacy of 輕率概括謬誤　如果一個論證所得出的一般性斷言——不管是普遍的還是統計的——基於不充分的證據，特別是，當支援這個概括的樣本是非典型的時候，就是犯了輕率概括謬誤（逆意外謬誤）。輕率概括是一種非形式的假定性謬誤，052，054，060，066

Copula 系詞　系詞是任一形式的動詞「是」，被用來連接定言命題的主詞和謂詞，069-070，121，127

Corresponding propositions 對應命題　具有相同的主詞和謂詞且同質但量不同的命題叫做對應命題

D

De Morgan's Theorem（De M.）德摩根律　德摩根律（德摩根定理）是歸屬替換規則的一個邏輯等值運算式，它允許選言的否定與其選言因子的否定連言互換：$\sim(p \lor q) \underset{T}{=} (\sim p \cdot \sim q)$；並且允許連言的否定與其連言因子的否定選言互換：$\sim(p \cdot q) \underset{T}{=} (\sim p \lor \sim q)$，163，191，194，198，202-203，207，233，259

Deduction 演繹　演繹（論證）是傳統上區分的兩大類型的論證之一，另一種是歸納。演繹論證要求為結論提供確定性的根據。若一個演繹論證是有效

的，則不可能出現前提眞而結論假的情況，001，004，013-014，016-018，020-022，025，027-028，031-032，034，042，050，053，068，098，103-104，142，181-182，185，189，195，201-202，205，215-217，220，233，248，253，268，271

Denying the Antecedent 否定前件　否定前件是一種形式謬誤。之所以這樣稱呼是因爲論證中的非條件前提~p否定了條件前提中的前件而不是後件。符號表示爲：$p \supset q$，$\sim p$，$\therefore \sim q$，034，169，175

Disanalogy 不類似處　在一個類比論證中，不類似處是前提中提及的事例與結論中提及的事例的不同點，255-257，271

Disjunct 選言因子　選言因子是選言命題的支命題，145，149，156，160，162-163，192，206，233

Disjunction 選言　選言是意指「或者」的眞值函數聯結詞。若選言中至少有一個選言因子爲眞且選言因子可以都眞，則稱爲弱選言或相容選言，用選言符號（∨）表示。當選言中至少一個選言因子爲眞且至少一個選言因子爲假時，則稱爲強選言或不相容選言。不相容選言的符號表示爲：$(p \lor q) \cdot \sim(p \cdot q)$。除非有特別理由，一個選言陳述才被認爲是不相容選言，一般情況下選言被當成相容選言看待，025，053-054，066，141，145，149，156-157，159-160，162-163，165，167，171，184-188，191-192，197-198，202-203，206，213-215，233，238，241，260

Disjunctive Statement Form 選言陳述形式　選言陳述形式是一種用符號表示爲$p \lor q$的陳述形式。它的代入例是一個選言陳述

Disjunctive Syllogism（D.S.）選言三段論　選言三段論是一種推理規則。它是一種有效的論證形式，其中一個前提是選言命題，另一個前提是選言命題中第一個選言因子的否定，結論是第二個選言因子爲眞。符號表示爲：$p \lor q$，$\sim p$，$\therefore q$，025，053-054，066，165，167，184，186，188，198，202，214-215，260

Distribution（Dist.）分配律　分配律是歸屬替換規則的一個邏輯等値運算式。分配律允許某些特定的成對的符號運算式的互換。用符號形式表示：
$[p \cdot (q \lor r)] \; \underline{\underline{T}} \; [(p \cdot q) \lor (p \cdot r)]$；
$[p \lor (q \cdot r)] \; \underline{\underline{T}} \; [(p \lor q) \cdot (p \lor r)]$，191-192，198，203，208

Distribution（in categorical logic）（定言邏輯中的）周延　在定言邏輯中，如果一個詞述及一類事物的全部，則它是周延的。A命題的主詞是周延的，E命題主詞和謂詞都周延，I命題主詞和謂詞都不周延，O命題的謂詞周延，067，075-077，079，086-088，096-097，111-115，118，126，133，137-138，231

Division, Fallacy of 分稱謬誤　如果一個論證非法地宣稱一個對整體成立的詞對部分也成立，或者一個對一類事物成立的詞對那個類中的一個成員也成立，它就犯了分稱謬誤，059-061，066

Dot 圓點　表示連言的符號（·）。具有p·q形式的陳述爲眞若且唯若p和q都爲眞，144-145，149，155-159，193

Double Negation（D.N.）雙重否定律　雙重否定律是歸屬替換規則中的一個邏輯等値運算式，它斷言陳述p的雙重否定邏輯等値於p，用符號表示爲：$p \equiv \sim\sim p$，191-193，198，200，203，260

E

E Proposition　E命題　見全稱否定命題（Universal Negative Proposition）071，076，080-083，087，090，092-093，095-096，099，113，125

Elementary Valid Argument Form　基本的有效論證形式　基本的有效論證形式是指一組特定的演繹論證形式，它們被用來作爲推理規則因此也可以被用來構造有效性的形式證明，184，203，217

Emotional Appeal, Fallacy of　訴諸情感謬誤　如果一個論證以相信某命題爲眞可使人「感覺良好」作爲相信一個命題爲眞的充分理由，則犯了非形式的訴諸情感（*ad populun*）謬誤。訴諸情感是一種相干性謬誤，042，046，065

Enthymeme　省略三段論　省略三段論是一個未完全陳述出來的論證，未陳述出來的那部分被認爲是理所當然的，121，136，138-140

Enumeration　枚舉　見枚舉歸納（Induction by Enumeration）248-249，271

Equivocation, Fallacy of　歧義謬誤　如果在論證過程中語詞或短語的含義有所轉移，那麼該論證就犯了非形式的歧義謬誤。歧義是一種含糊性謬誤，055-056，060，066

Exceptive Proposition　除外命題　除外命題是這樣一種命題，它斷言某個類除其中的一個子類的成員外所有成員都是另外某個類的成員。除外命題都是複合命題，因爲它既斷言了一項類的包含關係又斷言了一項類的排斥關係。例如，「除雇員外所有人都是明智的」就是一個除外命題，其中既斷言「所有非雇員是明智的」又斷言「沒有雇員是明智的」，121，131，140

Exclusive（or Strong）Disjunction　不相容（或強）選言　見選言（Disjunction）

Exclusive Premise, Fallacy of　前提皆否定謬誤　當一個定言三段論包含兩個否定前提時，就犯了前提皆否定的形式謬誤

Exclusive Proposition　區別命題　區別命題是一種定言命題，它斷言謂詞惟獨（排他性地）適用於所指明的主詞。例如「除了將軍沒有人佩戴金星」斷言謂詞「佩戴金星」只適用於將軍（「所有佩戴金星的軍官都是將軍」），121，130-131，139

Existential Fallacy　存在謬誤　在對定言邏輯作布林解釋下，如果一個定言三段論從兩個全稱前提推出特稱結論，那麼就犯了存在謬誤。存在謬誤只適用於作布林解釋的定言邏輯，126

Existential Generalization（E.G.）存在概括　量詞理論中的一條推理規則，說的是從命題函數的任一代入例可以有效推出該命題函數的存在量化式。用v表示個體常元，Φ表示謂詞變元，x表示個體變元，存在量化可以符號表示爲：Φv，$\therefore (\exists x)\Phi x$，234

Existential Import　存在含義　存在含義是平常斷言某特定種類的物件存在的命題的一種屬性。特稱命題（I命題和O命題）總是有存在含義；因此，「有些狗是溫順的」斷言了狗的存在。至於全稱命題（A命題和E命題）是否具有存在含義，對命題的亞里斯多德解釋和布林解釋有所不同，067，077-079，082，085-086，096，114

Existential Instantiation（E.I.）存在示例　存在示例是量詞理論中的一條推理規則，說的是允許從一個命題函數的存在量化式有效地推出這個量化式的代入例，但要求代入的須是在那一語脈中先

前未曾出現過的任一個體常元。用a表示該證明中的新的個體常元，Φ表示謂詞變元，x表示個體變元，存在示例可用符號表示爲：$(\exists x)\Phi x$，$\therefore \Phi a$，其中a是證明中的新常元，231-232，234

Existential Presupposition 存在預設 在亞里斯多德邏輯中，存在預設是無限制地預先假定命題所述及的任何類都有成員，079

Existential Quantifier 特稱量詞 特稱量詞（$\exists$）是現代量詞理論中的符號，它表示緊隨其後的任何命題函數都有眞的代入例；「$(\exists x)Fx$」意思爲「存在x具有性質F」，222-234，244

Explanation 說明 說明是回答「爲什麼」或（有時是）「如何」問題的陳述。在科學說明中，通常依據一條自然律和一個關於前提條件的陳述得到對要說明的現象的一種描述，001，005-008，010-011，018-022，026，031-032，035，039-040，044，047，061-062，070，073，075-077，088，091，094-095，117-118，136，139-140，166，173，182，188，230，247-248，250-252，254-255，257-261，263-272

Exportation（Exp.）移出律 移出律是歸屬替換規則的一個邏輯等値運算式，它允許$(p \cdot q) \supset r$形式的陳述與$p \supset (q \supset r)$形式的陳述互換，即$[(p \cdot q) \supset r] \equiv [p \supset (q \supset r)]$，196-198，203-205

F

Fallacy 謬誤 謬誤是指推理中的錯誤。它是一類論證，看似正確，經驗證後實際上並非如此。謬誤可以是形式的也可以是非形式的，033-038，041-066，068，097，110-119，124，126，132，135，166，169，175，230

False Cause, Fallacies of 錯誤原因謬誤 一個論證當它把一個不是原因的事物當成原因時，就犯了錯誤原因的非形式謬誤。當存在一條所說的因果鏈而其中至少有一個因果斷言是假的時候，就出現「滑坡」謬誤。在滑坡論證中，事情開始是很單純的，但是沿著鏈條前進，事情逐漸變得越來越糟，就像你從斜坡上滑下來。錯誤原因謬誤是一種非形式的假定性謬誤，049，054，058，066

False Dichotomy, Fallacy of 錯誤二分法謬誤 錯誤二分法是一個包含假的選言前提的選言三段論。錯誤二分法是一種非形式的假定性謬誤，054，066

Falsity, truth/validity and 假、眞／有效性與錯誤二分法謬誤

Figure of a Standard-Form Categorical Syllogism 標準形式的定言三段論的格 由中詞在前提中的位置決定的三段論的邏輯樣式。與中詞的四種可能位置相對應，三段論分成四個格。第一格：中詞是大前提的主詞，小前提的謂詞；第二格：中詞在兩個前提中均爲謂詞；第三格：中詞在兩個前提中均爲主詞；第四格：中詞是大前提的謂詞，小前提的主詞

Force, Fallacy of Appeal to 訴諸暴力謬誤 如果一個論證隱含無根據的（或不適當的）威脅，那就犯了訴諸暴力（*Ad baculum*）的非形式謬誤。訴諸暴力是一種非形式的相干性謬誤，044，046，065

Formal Proof of Validity 有效性的形式證明 有效性的形式證明是一個陳述序列，其中每一陳述或者是一給定論證的前提或者是運用推理規則從序列中前面的陳述推導而來，而該序列中最後一個陳述是要證明其有效性的那個論證的結論，

Inconsistency 不一致　不一致是包含不能同時為真的命題的集合或含有矛盾前提的論證的特徵，022，042，046，058，065，104，177，201-202，213，215，261，266，268-269

Individual Constant 個體常元　邏輯記法中用來表示個體的符號（按常規一般是小寫字母a到w），221，224，231-232，245

Individual Variable 個體變元　用來表示一個個體常元的占位元的符號（按常規一般是小寫字母x、y或z）。全稱量詞（x），意指「對所有x……」，存在量詞（$\exists x$），意指「存在一個x使得……」，221，230，233，245

Induction 歸納　歸納是傳統上區分的兩大類型的論證之一，另一種是演繹。歸納論證宣稱其前提只為結論提供一定或然的而非確定性的支援，001，004，014，016，021-022，025，028，031-032，034，042，051-052，247-251，260，271。亦見類比論證（Analogical Argument）、枚舉歸納（Induction by Enumeration）、歸納概括（Inductive Generalization）、概率（Probability）、運用邏輯類比進行的反駁（Refutation by Logical Analogy）

Induction by Enumeration 枚舉歸納　枚舉歸納是一種類型的歸納概括，其諸前提是關於兩類現象在某場合重複相伴顯現的事例，據此得出結論，這兩類現象在那樣的場合總是或通常是會相伴顯現的，249

Inductive Generalization 歸納概括　歸納概括是從特殊經驗事實達到一般性的或全稱的命題程式，022，028，032，051-052，249

Inference 推理　以一個或多個其他命題作為起點，在此基礎上，得出並肯定一個命題的過程，3。亦見直接推理（Immediate Inference）022，027，029-030，034，048，059-060，065，079，082，084，142，161，182-186，188，191-193，197-200，202-203，205，207，217，229-230，233，235，245，248，250-252，254-255，257-268

Inference, Rules of 推理規則　在演繹邏輯中，推理規則是可用於構造有效性的形式證明的規則，包括一組基本的有效論證形式、一條替換規則、一組引入和消去量詞的規則，184-185，188，191-193，197-198，202-203，207，216，229-230，233，235，245，268

Instantiation 示例　在量詞理論中，示例是用一個個體常元或個體變元代換一個一般性陳述中的變元程式。它是允許陳述出一般性命題的一個「例子」的規則，229-234，236

Interwoven arguments 交織的論證　001，025

Invalid 無效　如果一個論證形式有可能其所有前提都真而結論為假，那麼該論證形式就是無效的（非有效的）。它是一個形式特徵，就是說，是論證形式的特徵，014，017-021，032，034，057，079，100-102，104，106，108-114，117，124，130，132-133，135-137，141，165-167，169-171，173-179，182，219-220，231，239-245，248，251

Irrelevant Conclusion 結論不相干　當論證得出不是前提所啟示的結論時，就犯了非形式的結論不相干（Ignoratio Elenchi；non sequitur 轉移論題，推不出）的謬誤。它的兩種普通的變體是紅鯡魚和稻草人。紅鯡魚：回應一個論證時轉移主題。稻草人：回應一個論證時

攻擊一個被認爲是未述出的（其實並未採取的）前提，或者歪曲結論並攻擊之，033，045-046，065

L

Limitation，Conversion by and Contraposition by 限制換位和限制換質位　在定言邏輯的亞里斯多德解釋下，給定一個A命題爲眞，可以推出相應的I命題爲眞然後加以換位。這就是限制換位或等差換位。在定言邏輯的亞里斯多德解釋下，給定一個E命題爲眞，可以推出相應的O命題爲眞然後加以換質位。這就是限制換質位或等差換質位

Logical Equivalence 邏輯等值　若兩個命題在相同條件下眞假一致，則它們是邏輯等值的，067，086-094，096，121，123，131，160-164，179-180，191-192，196，200，203，209，217，223，229，235，240，243

M

Major Premise 大前提　在標準形式的定言三段論中，大前提是包含大詞的那個前提，098-101，104-105，107-108，111-112，115，118，122，137

Major Term 大詞　定言三段論的大詞是以標準形式給出結論中的謂詞，097-101，103，109，112-115，117-118，133，137-138

Material Equivalence 實質等值　實質等值是一種眞值函數關係（符號表示爲 ≡）。兩個陳述是實質等值的若且唯若在對它們的簡單支陳述的所有眞值賦值條件下它們都有相同的眞值賦值。實質等值的兩陳述總是相互實質蘊涵，141，

146，162，164，196，197，198，202，203，205，210。亦見邏輯等值（Logical Equivalence）

Material Equivalence（Equiv.）實質等值律　是歸屬替換規則的一個邏輯等值式的名稱，它允許引入或消去三杠號（≡）。符號表示爲：

$(p \equiv q) \underset{\text{T}}{\equiv} [(p \supset q) \cdot (q \supset p)]$，並且，

$(p \equiv q) \underset{\text{T}}{\equiv} [(p \cdot q) \vee (\sim q \cdot \sim p)]$，196-198，203，205，210

Material Implication 實質蘊涵　一種聯結兩個陳述的眞值函數關係（符號表示爲馬蹄鐵號，⊃）。除非p眞而q假，否則p ⊃ q形式的陳述都爲眞，141，145-146，163，196-198，200，205，209，213

Material Implication（Impl.）實質蘊涵律　是歸屬替換規則的一個邏輯等值式的名稱，它允許「p ⊃ q」與「~p ∨ q」形式的陳述相互替換，196-198，200，205，209，212-213

Middle Term 中詞　在標準形式的定言三段論中，中詞是在兩個前提中均出現但不在結論中出現的詞，087，097-100，103，109，111-115，117-118，121-122，126，128，137-139

Minor Premise 小前提　在標準形式的定言三段論中，小前提是包含小詞的那個前提，098-101，104-105，109，111，113，115，118，122-123，132，137

Minor Term 小詞　在定言三段論中，小詞是以標準形式給出的結論中的主詞，097-101，103，109，113-115，117-118，137-138

Modus Ponens（M.P.）肯定前件式　肯定前件式是九個基本的有效論證形式之一。它作爲推理規則允許：如果假定條件前提爲眞且該條件前提的前件爲眞，就可以推出條件前提的後件爲眞。符號

表示爲：$p \supset q$，p，$\therefore q$，167-169，176，179，184，186-188，194，203，209，214-215，230

Modus Tollens（M.T.）否定後件式　否定後件式是九個基本的有效論證形式之一。它作爲推理規則允許：如果假定條件前提爲眞且該條件前提的後件爲假，就可以推出條件前提的前件爲假。符號表示爲：$p \supset q$，$\sim q$，$\therefore \sim p$，167-168，170，183，186，188，193，202-203，214-215，259

Mood 式　定言三段論的一種特徵，由它含有的標準形式命題的形式決定。既然正好有A、E、I、O四種形式的命題：而每個三段論正好包含三個這樣的命題，因此三段論正好有64個式。每個式由組成三段論的命題的三個字母表示，AAA、AAI、AAE……直到OOO式，其中字母的順序依次代表大前提、小前提和結論，001-002，005，009-014，016-021，023-026，029-038，040，042-044，046-051，053，055-056，058，062-065，068-075，077-079，086，088-089，092，094-112，117-119，121-135，137-143，145-146，148，153-156，159-173，175-209，211，213-217，220-226，228-237，239-242，244-245，248，252-254，259-260，263-265，268-270

N

Necessary and Sufficient Conditions 充分必要條件　在演繹推理中，兩個實質等值的陳述由於相互蘊涵而互爲充分必要條件（充要條件）。因此，實質等值符號 $\equiv$ 可以讀作「若且唯若」，146

Necessary Condition 必要條件　必要條件是這樣一種情況，沒有它另外某種情況便不成立。在演繹推理中，條件命題的後件是該命題前件的必要條件，146，150-151

Negation 否定　否定或否認一般用波浪號表示。$\sim p$ 的意思爲「並非p」。一個命題爲眞，其否定就爲假，一個命題爲假，其否定就爲眞，002，022，031，034，047，069-071，075，079-081，089，095-097，099，104，108，113-116，118，125，129，132，137-138，141，144，147-149，155，160-163，167-170，175，183-184，186，188，191-193，197-198，200-203，213-215，218，223，228-229，231，233，236-237，239，245，259-260

Non Causa Pro Causa 無因之因　見錯誤原因（False Cause）

Non Sequitur 推不出　見結論不相干（Irrelevant Conclusion）038，083，132

Nonstandard-Form Categorical Propositions 非標準形式的定言命題　非標準形式的定言命題是任何不具有標準形式的定言命題。亦見標準形式的定言命題（Standard-Form Categorical Propositions）。

Techniques for translating into standard form 翻譯爲標準形式的方法

O

O Propositions O命題　見特稱否定命題（Particular Negative Propositions）071，077，080-084，088，090-091，093-094，096，099，113，125，132，137

Obversion, Obverse 換質法，換質命題　在定言邏輯中，對一個給定命題換質就是改變該命題的質（從肯定變爲否定，

從否定變爲肯定），並且把該陳述的謂詞替換爲它的補。任一定言命題的換質命題與給定的命題（被換質命題）邏輯等值。因此，對命題「所有狗都是哺乳動物」換質就得到「沒有狗是非哺乳動物」

Ockham's Razor 奧坎剃刀 見簡約原則（Parsimony，Principle of）260

Opposition 對當關係 對當關係是四角對當表中所展現的幾類定言命題（A、E、I、O）間的各種邏輯關係，包括等差關係，079，085

P

Parameter 參項 參項是對命題進行統一翻譯時所引入的一個輔助符號或短語，旨在表述一個正好含三個項的三段論，使它能被準確驗證，134-135，140

Paraphrasing arguments 解析論證 001，023

Parsimony, Principle of 簡約原則 簡約原則也常被稱爲奧坎剃刀，它斷言如果兩個假說被用來說明某現象，那麼其中涉及較少理論設定的那個假說更有可能是眞的，260

Particular Affirmative（I）Proposition 特稱肯定（I）命題 用S表示主詞，P表示謂詞，則特稱肯定命題就是具有形式「有些S是P」的命題

Particular Negative（O）Proposition 特稱否定（O）命題 用S表示主詞，P表示謂詞，則特稱否定命題就是具有形式「有些S不是P」的命題

Particular Proposition 特稱命題 特稱命題是一種述及類的部分成員但不一定是全體成員的命題。特稱肯定命題（習慣上稱爲I命題）說的是「有些S是P」。特稱否定命題（習慣上稱爲O命題）說的是「有些S不是P」。在傳統的和現代的邏輯中，特稱命題都具有存在含義。在量詞理論中，它們都用存在量詞符號來表示，070，077，079，082，085，095-096，114，119，125-126，219-220，222-223，225，233

Petitio Principii 預期理由 見竊取論題（Begging the Quenstion）

Pity, Appeal to 訴諸憐憫 非形式的訴諸憐憫（*argumentum ad misercordiam*）謬誤是把對不幸情境的情感反應作爲以某種方式相信或行動的理由。訴諸憐憫是一種相干性謬誤，033，043，044，046，064，065

Poisoning the Well 投毒入井 見人身攻擊謬誤（Argument Against the Person, Fallacy of）041-042

Post hoc ergo proptor hoc 以先後爲因果 見錯誤原因（False Cause）

Premise-indicators 前提指示詞 前提指示詞是某些特定詞語或短語（如「因爲」和「由於」），可以表示緊隨其後的是用作前提的陳述。它們是諸如「由於……是眞的」短語的簡說。由於同一詞語也被用於非論證性脈絡，出現指示詞並不保證就有了一個論證，001，009-010

Premise 前提 在論證中，前提是推理所依據的那些命題，它們是宣稱爲承認結論是眞的提供根據或理由的命題，001，003-026，028-032，034-038，040-043，045-046，050-052，054，056-057，059-061，065-066，068，097-109，111-116，118-119，122-126，131-132，135-140，165-167，169-171，173-180，182-189，193-194，197，200-204，207-209，212-214，216-217，220，222，

Q

Quantifier 量詞　在定言邏輯中，量詞說明命題就其作斷言的物件的數目。標準形式的定言命題的三個標準量詞是「所有」、「沒有」、「有些」。在量詞邏輯中，量詞是一些符號，表明該陳述是全稱的（x）還是特稱的（$\exists x$），068-070，095，099，121，128-129，131-133，139-140，219-220，222-225，228-231，233-237，239-240，244-245

Quantity 量　量是定言命題都有的一種屬性，取決於該命題述及的是其主詞所指示的類的「所有」成員還是僅只「有些」元素。因此，就量而言，每一定言命題都或者是全稱的或者是特稱的，004，016，029-031，035，037，039，043，047，051-052，055，059-060，064，068-071，079-080，082，088，093，095-096，099，121-122，128-129，131-133，137，139-140，219-220，222-225，228-241，244-245，249-250，253，255，258，265，267-268，271

R

Red Herring 紅鯡魚　見結論不相干（Irrelevant Conclusion）045-046，066

Reducing the Number of Terms in a Categorical Syllogism 定言三段論中詞數目的歸約　常需從三段論中消去同義詞和補類的名稱，來減少定言三段論中詞的數目，以保證三段論正好含有三個項。這是將一個三段論翻譯為標準形式以便驗證其有效性之過程的一部分

Reduction to Standard Form 歸約為標準形式　歸約為標準形式是指重新表述定言三段論的前提和結論使得每個陳述都是標準形式的定言命題以及該論證中正好有三個詞。又叫翻譯為標準形式

Refutation by Logical Analogy 借助邏輯類比進行的反駁　借助邏輯類比的反駁可用來表明一個無效的演繹論證的無效性。為反駁該論證，須構建一個具有相同形式但前提明顯為真而結論明顯為假的論證

Relevance, Fallacies of 相干性謬誤　當前提與結論不相關聯，因而不能確立結論為真時，就犯了那些非形式的相干性謬誤。亦見人身攻擊謬誤（Argument Against the Person, Fallacy of）、訴諸權威謬誤（Authority, Fallacy of Appeal to Illegitimate）、訴諸情感謬誤（Emotional Appeal, Fallacy of）、訴諸無知謬誤（Ignorance, Fallacy of Appeal to）、訴諸暴力謬誤（Force, Fallacy of Appeal to）、結論不相干謬誤（Irrelevant Conclusion, Fallacy of）、訴諸憐憫謬誤（Pity, Fallacy of Appeal to）　033，035-036，046-047，064-065

Replacement, Rule of 替換規則　替換規則是一條推理原則，它斷言歸屬於它的所有相互邏輯等值的運算式，無論出現在一個證明的何處，都可以相互替換，181，185，191，196，198，200，203，207，209，216，229，233，235，245

046，065，253

U

Undistributed Middle, Fallacy of 中詞不周延的謬誤　中詞不周延的謬誤是一種三段論的謬誤，指定言三段論的中詞在兩個前提中均不周延，112，115，118

Uniform Translation 統一翻譯　統一翻譯在於使得有可能把三段論論證重述成標準形式的技術（常需使用輔助符號），121，134，140

Uniformity of Nature, Principle of 自然齊一原理　自然齊一原理是施行於歸納論證的一種假設，它假設過去成立的自然律將來也成立，250-251

Unit Class 單元類　單元類是只包含一個成員的類，125

Universal Affirmative（A）Proposition 全稱肯定（A）命題　全稱肯定命題斷言其主詞類全部地包含于其謂詞類之中。用S表示主詞，P表示謂詞，它是具有「所有S是P」形式的陳述

Universal Generalization（U.G.）全稱概括　全稱概括是量詞理論中的一條推理規則，它允許從一個給定對任一任意選定的個體的真運算式（借助個體變元給定的一個陳述）有效推出一個全稱量化運算式。令Φ是變程爲謂詞的謂詞變元，x和y是個體變元，可用符號表示爲：Φy，$\therefore (x)\Phi x$，230-231，233，236，249，251

Universal Instantiation（U.I.）全稱示例　全稱示例是量詞理論中的一條推理規則，它允許從一個命題函數的全稱量化式有效地推出該命題函數的代入例。令Φ是變程爲謂詞的謂詞變元，v是變程爲個體常元的變元，x和y是個體變元，可

用符號表示爲：$(x)\Phi x$，$\therefore \Phi y$；$(x)\Phi x$，$\therefore \Phi v$，230-231，233，23

Universal Negative（E）Proposition 全稱否定（E）命題　全稱否定命題斷言其主詞類全部排斥于其謂詞類之外。用S表示主詞，P表示謂詞，它是具有「沒有S是P」形式的陳述

Universal Proposition 全稱命題　全稱命題是述及一整個類的命題。全稱肯定命題（習慣上稱A命題）說的是「所有S都是P」。全稱否定命題（習慣上稱E命題）說的是「沒有S是P」。070，075，077-079，081-082，085-086，095-096，114，119，125-126，219-220，222-224，231-233，245在亞里斯多德解釋下全稱命題有存在含義，73；在布林解釋下全稱命題沒有存在含義。在現代符號邏輯中，全稱命題沒有存在含義且用全稱量詞作符號表示，亦見定言命題（Categorical Proposition）

Universal Quantifier 全稱量詞　全稱量詞是量詞理論中的符號(x)，它被置於命題函數之前，用來斷言緊隨其後的謂詞對所有事物都成立。因此，「$(x)Fx$」意思是「給定任一x，F都對它成立」，128，222-223，230，233，244-245

Unstated propositions 未陳述的命題　001，013

V

Valid（Validity）有效的（有效性）　一個演繹論證是有效的若且唯若其所有前提爲眞而結論爲假是不可能的，013-014，017-022，025，031-032，044，050-051，056，068，079，088，093，100-107，109，112，118-119，124，126，132，135，138，140，142，165-167，

W

練習題答案

答案目錄

第1章　基本的邏輯概念

3. 論證、前提和結論

1. 前提：管理得當的民兵組織對於一個自由國家的安全是必要的。
   結論：人民保存和持有武器的權利不得侵犯。
2. 前提：我的粥都沒了。
   結論：一定有人吃了它。
3. 前提：所有的事物都是有顏色的。
   結論：這不可能是堪薩斯。
4. 前提：雪是白的。
   前提：該物不是白的。
   結論：該物不是雪。
5. 前提：週一、週三、週五我們都有課。
   前提：今天是週一。
   結論：今天我們一定有課。
6. 前提：你從不給你的車換油。
   前提：你從不檢查冷卻劑。
   結論：你的發動機不久就會出毛病。
7. 前提：我們都是罪人。
   結論：不要去審判別人。
8. 前提：上帝就是愛。
   結論：不知道愛就不知道上帝。
9. 前提：合法的墮胎導致少生「多餘的」嬰兒。
   前提：「多餘」的嬰兒更容易受到虐待和忽視，因此在以後的生活中更容易捲入犯罪。
   結論：墮胎應該是合法的。
10. 前提：（對性騷擾的）起訴是建立在「實施」而非意圖的基礎上的。
    結論：如果起訴者相信被告是有罪的，被告就是有罪的。

4. 論證和說明

I

1. 論證
2. 說明，對人們為什麼迷戀異教的說明。
3. 說明，對電腦價格下跌的說明。
4. 說明，對我為什麼頭痛的說明。
5. 論證：結論是最後一個命題。

Ⅱ

6. 論證

7. 論證

8. 這是對爲什麼傳統上丘比特被畫成盲人的說明，從而也是說明，爲什麼在愛的影響下有那麼多的行爲不是理性的。

9. 一個支持如下的斷言論證：不斷增長的監禁率並沒有導致犯罪率的下降。還有一個說明，說明爲什麼沒有多少罪犯被關押。

10.說明，說明爲什麼馬森拒絕簽署該憲法。

5. 論證的辨識

(1) 前提和結論指示詞

1. 前提：基因和蛋白質是被發現而不是被發明的。
   前提：發明是可以取得專利的，發現則不然。
   結論：蛋白質的專利權實在是有缺陷的。

2. 前提：在城中區，床岩接近地表。
   結論：在城中區，蓄水層接近地表。

3. 前提：經濟不平等關係到政治的不穩定。
   前提：經濟不平等關係到暴力犯罪。
   前提：經濟不平等關係到期望壽命的降低。
   前提：主管的薪酬是普通雇員的幾百倍，這在道義上是不正當的。
   結論：財富差距是不好的，應該受到譴責。

4. 前提：已婚者比單身者身體更健康，經濟更穩定。
   前提：已婚者的子女在各項指標上都做得更好。
   結論／前提：婚姻是一種對社會負責任的行爲。
   隱含的前提：對社會負責任的行爲應當受到獎勵。
   結論：應該有某種辦法在稅收法規中貫徹支持婚姻的原則。

5. 前提：今天是星期四。
   結論／前提：你並沒有一直等到星期天。
   前提：如果一定會通過而投票只是形式問題，那麼你會一直等到星期天才告訴我。
   結論：並非一定會通過而投票只是形式問題。

   前提：今天是星期四。
   結論／前提：你並沒有一直等到星期五晚上做禮拜時。
   前提：如果很有可能會通過但沒有絕對把握的話，你或許會在下次碰見我時提到它，那將是星期五晚上做禮拜時。
   結論：並非很有可能會通過但沒有絕對把握。

   前提：如果看起來投票結果很難說甚至很有可能反對我，那麼，你就會因爲怕擾亂安息日而不想在星期五晚上提到它。
   前提：你不想擾亂安息日。
   結論：你今天晚上來只能意味著你有理由相信我不會被重新任命。

(4) 未陳述的命題

I

1. 前提：最高法院鑒於有充分證據表明以往聯邦政府本身曾有歧視行為，只是認定存在聯邦種族歧視。

 前提：近20年來，聯邦政府已經特別優待少數族裔承包商而不是反對他們。

 結論：在政府採購上聯邦政府對少數族裔有所偏愛。

2. 前提：不繫安全帶駕駛是十分危險的。

 前提：統計學顯示，如果你不繫安全帶，你在交通事故中受傷的可能性是繫安全帶的10倍。

 前提：在我國，如果你被抓到不繫安全帶駕駛，將被罰款一百美金。

 結論：即使在很短的距離內駕駛，你也應當繫安全帶。

3. 前提：如果婚姻是以信任作為基礎的話，那麼，「如果你沒有與你愛的人在一起，那就愛與你在一起的那個人吧！」這一說法就不是擁有成功的婚姻的好忠告。

 結論：「分離使感情變得更美好」是擁有幸福婚姻的好忠告。

4. 前提：如果未來的科學家找到一種逆時向發送信號的方法，那我們就應該已經收到他們的信號了。

 前提：我們尚未收到他們發送的信號。

 結論：未來的科學家不會找到一種逆時向發送信號的方法。

5. 前提：在一個人履行其義務而使自己成為他的決策的制訂者時，他將……否認他有遵守國家法律的義務，僅僅因為它們是法律。

 結論：個人自由和被公認的國家權威之間的衝突不會消解。

II

6. 前提：市郊擴張的主要特徵是，社區的各個組成部分——住房、購物中心、公園、城市的社會事業機構——被分離，物理上相互分離，使得市郊的居民要花費大量的時間和費用從一個地方到另一個地方。

 前提：幾乎每個人都單獨駕車。

 結論：甚至人口稀少的地區都會產生一個相當大的傳統城市才會有的交通流量。

7. 前提：在高等院校的體育運動特別是在一些重要的、有錢的項目中存在一些陳規陋習。

 前提：這些陳規陋習植根於制度的冷漠、校長的忽視，以及與不擇手段地取勝相關聯的，不斷增長的體育商業化趨勢。

 子結論：太多的校園內獲利豐厚的運動已經失控。

 結論：運動對高等教育的所有積極貢獻受到一些陳規陋習的威脅。

8. 前提：酶由基因構成。

 前提：酶影響大腦中的神經化學作用。

 前提：認知（即智力）功能依賴於大腦中的神經化學作用。

 結論：如果智力功能不受基因的影響，那將是令人不可思議的。

9. 前提：中間等級下層的小資本不足以經營大工業，經不起較大的資本家的競爭。

 前提：中間等級下層的手藝已經被新的生產方法弄得一錢不值的。

 子結論：中間等級下層逐漸都降落到無產階級的隊伍裡來了。

 結論：無產階級就是這樣從居民的所有階級中得到補充的。

10. 前提：高等教育機構來自政府財政專案的收入在某些情況下是基於該機構為學生花費的整個費用總額的。

 子結論：削減學費會減少那些機構來自於政府財政資助專案的收入。

 隱藏的前提：高等教育機構無意削減其收入。

 結論：在高等教育機構降低學費問題上有一個內在的制約因素。

9. 論證的分析

1. 前提：藝術作品是理應得到支援的珍貴商品。

    前提：我們通過購買藝術家們的作品來支援藝術家。

    前提：無償使用別人的藝術作品是對本應得到作品使用費的藝術家的剝奪。

    前提：沒有合理的作品使用費，藝術家就不能生存。

    結論：所以，我們應該起訴那些盜竊版權作品的人。

2. 前提：(1)如果你穿衣服慢了，那麼我們參加舞會就會遲到。

    前提／結論：(2)如果我們參加舞會遲到了，我們就必須待在那裡直到舞會結束。

    前提：(3)如果我們參加舞會遲到了並且提前離開，主人將不認為我們很高興參加這次舞會，但我們希望主人認為很高興參加這次舞會。

    前提：(4)如果我們待在那裡直到舞會結束，我們就不能準時參加你母親的舞會。

    前提：(5)如果我們不能準時參加你母親的舞會，你母親就會認為你不再愛她。

    結論：(6)如果你穿衣服慢了，你母親就會認為你不再愛她。

    隱藏的結論：

    結論：(7)如果你穿衣服慢了，我們就必須待在那裡直到舞會結束。

    結論：(8)如果你穿衣服慢了，我們就不能準時參加你母親的舞會。

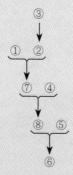

3. 前提：(1)德克薩斯1990年監獄中新增的人數比紐約監獄中全部的人數還要多。

    結論：(2)（同時是下面論證的前提）如果監獄是預防犯罪的辦法，那麼從控制犯罪這一點看，德克薩斯應該比紐約做得好得多。

    前提：(3)1990—1998年，在犯罪率下降方面，紐約超過德克薩斯26%。

    結論：過分依賴監獄來預防犯罪是沒有用的。

10. 複雜的論證性語段

1. ①由於為了生存你的大半生活都必須工作，②你應該選擇一個你所喜歡的職業。③當然，並不總是能夠正確地預言你將會多麼喜歡某一職業。④有時候，從外面看某一職業感覺很好，但當你真正做了一段時間以後，它就失去了吸引力。⑤接受廣泛的教育使你能獲得可應用於許多職業的一般技能。⑥有時候，過早的專業化將把你局限在一個你可能日後並不喜歡的領域內。⑦這些都是為什麼說接受文科教育可能是一個好的決定的理由。

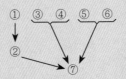

2. ①父親的基因和母親的基因會互相對抗。②就懷孕來說，在大部分哺乳動物中，母親的身體將不斷長大的胚胎當作入侵者，而③努力限制胚胎對其體內營養的攝取。④當然，父親不生產後代，⑤不必考慮這類問題。其基因的重要性是無疑的：促進胚胎發育，保護其不受母體自我防衛的影響。因此，⑥只有男性才貢獻促進稱為胎盤的胚胎保護器官生長的基因；⑦女性則不然。⑧單獨由母親的基因創造的單性鼠類卵細胞，也能發育成正常的胚胎，但是這個胚胎沒有胎盤，因此⑨不那麼活躍。

3. 想一想為什麼聯邦政府會向學生貸款？①這是因為從國家利益考慮需要有一個受過教育的群體。②從平均數看，大學畢業生所掙的年薪幾乎是高中畢業生的兩倍。③通過提高生產力和增加國家收入，國家用於學生貸款的教育費用得到許多倍的報償。④通過為數以百萬計的美國人提供高等教育，聯邦政府資助的學生貸款為美國國庫和學生們創造了巨大的回報，學生們的收入，和他們所交的稅，隨著他們高等教育學位的提高而大大增加。⑤但是，大多數大學生都不是值得信任的借貸人。⑥典型的學生是沒有什麼現錢，⑦幾乎沒有可供抵押的資產，⑧平常掙錢很少以至貸款信用度不高。⑨如果這樣的借貸人能夠得到一筆貸款的話，那麼往往百分之百會抬高利息——高得足以讓許多學生做出不再繼續受高等教育的決定。這就是為什麼⑩學生貸款需要由聯邦資金支援而對所付利息加以封堵的原因。

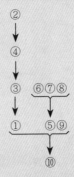

4. 與量子研究相關的最困難的問題之一就是如何在使其不受影響的自然狀態下觀察亞原子的粒子，可以說，不加破壞地觀察它們。①之所以困難，原因有二。②第一，原子和亞原子的粒子

是物質的最小成分。因爲③任何用來觀察它們的工具都放射自身具有的能量，④那個能量一定會影響被觀察的粒子的能量。⑤第二，在孤立狀況下，原子的組成部分同時以兩種量子狀態存在——粒子和波。⑥它們就好像是一捆捆的統計概率，⑦只有在它們與其他組成部分相互作用時，它們才展示這種或那種表現形式。

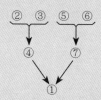

5. ①取消關於婚姻的稅收聽起來像一個好主意，但是②這樣的想法也是合理的：對富人徵收較高的稅並且③對全部收入相同的家庭徵收同樣多的稅而不管配偶雙方是如何分計的。④沒有哪一個稅法能夠同時實現上述三個目標。⑤個人收入低至只能被徵收15%的稅的兩個人，按照累進稅制，當他們的收入被合計時，他們就進入稅率爲28%的階層。⑥國會可以取消婚姻稅，但只能通過犧牲累進稅制的辦法。

第2章　非形式謬誤

2. 相干性謬誤

Ⅰ

1. 訴諸憐憫
2. 訴諸不當權威
3. 人身攻擊，情境型的
4. 訴諸暴力
5. 訴諸暴力
6. 結論不相干
7. 結論不相干
8. 結論不相干
9. 訴諸情感
10. 結論不相干
11. 訴諸情感
12. 訴諸情感
13. 人身攻擊，誹謗型的；也是訴諸情感
14. 訴諸無知
15. 訴諸不當權威

Ⅱ

16. 人身攻擊，情境型的，儘管韋爾奇先生相信對通用電器公司的攻擊是基於一個假的前提。

17. 訴諸無知，而且訴諸讀者的恐懼。

18. 是否不適當的訴諸權威確實是有爭議的。佛洛伊德是一位偉大的思想家，他對人類心理及其需求的理解是敏銳的，通常很明智。但是，佛洛伊德關於出於開通的現代人的宗教信仰之「不可能」或不合情理，這樣的判斷是否具權威性，完全是不清楚的。很可能，在宗教信仰方面，作爲一位偉大的心理分析家和理論家，他的權威性消失了，而在這個領域訴諸他的著作是錯誤的。

3. 假定性謬誤

1. 錯誤原因
2. 複合問句
3. 隱藏證據
4. 錯誤二分法
5. 錯誤原因
6. 竊取論題
7. 偶性或錯誤原因
8. 輕率概括。關於大多數人喜歡戰鬥和冒險的電腦遊戲的概括，是這裡的一個隱含的前提，而它被非法地應用於一個它並不必定支配的事例。
9. 錯誤二分法
10.這是老套子的一個事例：失業的人被認為是不關心正義的。由於過寬地使用一個概括，犯了偶性的謬誤。
11.錯誤原因
12.錯誤二分法
13.錯誤原因。總的說不大可能，聯邦政府之涉足公共教育（由於州政府和地方政府的長久持續的失誤這看來是不可避免的過程）本身是美國擁有為數很多職能白丁的原因。

4. 含糊性謬誤

Ⅰ
1. 合稱   2. 歧義
3. 模稜兩可   4. 歧義
5. 模稜兩可

Ⅱ
6. 合稱   7. 歧義
8. 模稜兩可

Ⅲ
9. 在「this／這」上歧義   10. 分稱

Ⅳ
11. 訴諸暴力   12. 訴諸情感
13. 訴諸情感   14. 錯誤原因
15. 複合問句   16. 模稜兩可
17. 沒有謬誤：哥倫尼爾‧奧克代爾有成為導火線權威的憑證。
18. 訴諸暴力   19. 訴諸憐憫
20. 結論不相干（稻草人）   21. 錯誤二分法
22. 人身攻擊   23. 合稱
24. 訴諸情感   25 訴諸暴力
26. 偶性   27. 錯誤原因（滑坡謬誤）
28. 在「euthanasia/youth in Asia」上一詞（同音詞語）多義
29. 複合問句   30. 結論不相干

31.訴諸不當權威　　　　　　　　　　32. 竊取論題

33.分稱　　　　　　　　　　　　　　34. 訴諸憐憫

35.錯誤原因

36.這是一個有趣的謬誤雜燴：主要包括竊取論題、錯誤原因和詭詐的結論不相干。但是阿拉巴馬小姐無疑很可愛。

37.最索然無味的一種訴諸情感。如同很多廣告那樣，在這裡人們被敦促去做什麼事，簡單地因爲「人人」都如此。

38.不說這段話出言不遜，其中論證作爲詭詐的結論不相干是錯誤的：許多民族都車禍連連，人們粗心大意或蠢笨地開車自殺或殺人，可無論如何這不能證明他們抗議核強權是昏了頭。

39.前提認爲宗教是重要的，而神秘主義是宗教的一部分。結論斷定因此神秘主義是重要的，這是從整體的性質推出其部分的性質，犯了分稱的謬誤。

40.如果把這段話落看作一個論證——我們永生的問題是最明白易懂的問題，因爲它是最重要的問題——這明擺著是錯誤的，詭詐的結論不相干，道地的推不出。但是這段話可能並不那麼旨在作爲一個論證，而是一個斷言：永生的問題是極其重要而且完全明白易懂的問題。

第3章　定言命題

2. 定言命題與類

1. A命題　主詞：博弈表演，謂詞：智力刺激表演

2. E命題　主詞：鸚鵡，謂詞：我的祖父

3. O命題　主詞：黃道帶符號，謂詞：幸運的符號

4. O命題　主詞：笑話，謂詞：好笑的東西

5. E命題　主詞：生命形式，謂詞：封閉的熱力系統

6. O命題　主詞：鸚鵡，謂詞：我的祖母

7. E命題　主詞：血統不純的狗，謂詞：美國肯諾俱樂部發起的正式狗選秀活動中蘭綬帶的候選者

8. O命題　主詞：正確服用時療效很好的藥，謂詞：所有醫藥箱都應該貯存的安全藥品

3. 定言命題的符號表示和范恩圖

1. A命題

$B\overline{H}=0$

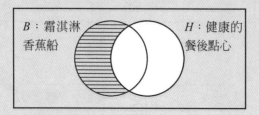

B：霜淇淋香蕉船　　　H：健康的餐後點心

2. E命題
$HS=0$

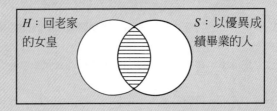

3. A命題
$P\bar{F}=0$

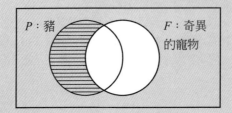

4. I命題
$OD \neq 0$

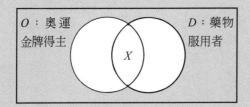

5. A命題
$K\bar{P}=0$

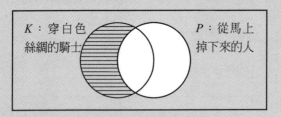

6. E命題
$DP=0$

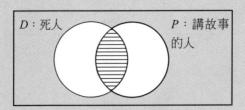

7. A命題
   $T\overline{C}=0$

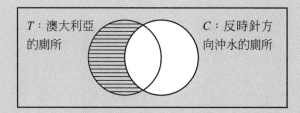

8. E命題
   $PA=0$

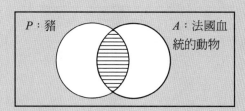

9. A命題
   $T\overline{O}=0$

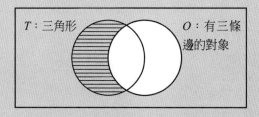

10. O命題
    $M\overline{P} \neq 0$

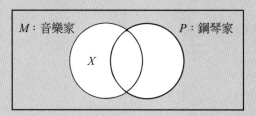

11. E命題
    $MP=0$

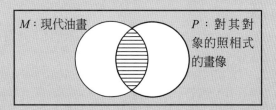

12. O命題
$P\overline{S} \neq 0$

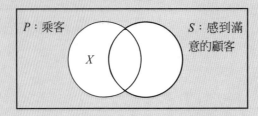

13. A命題
$\overline{PM} \neq 0$

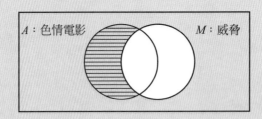

4. 周延性

1. A命題，主詞周延，謂詞不周延
2. E命題，主、謂詞均周延
3. E命題，主、謂詞均周延
4. E命題，主、謂詞均周延
5. O命題，主詞不周延，謂詞周延
6. A命題，主詞周延，謂詞不周延
7. I命題，主、謂詞均不周延
8. A命題，主詞周延，謂詞不周延

6. 亞里斯多德型四角對當表和直接推論

I

1. 有些蜘蛛不是九條腿的生物。
2. 不存在對當關係，因為它們的謂詞不同。
3. 能推出「有些火箭科學家不是思維遲鈍的人」為真。
4. 該斷定是真的，因為它們具有次相反關係。
5. 不能得到任何推論。

II

6. 如果a真，那麼b為假（它是a的相反命題），c為真（它是a的下位命題），d為假（它是a的矛盾命題）。如果a為假，則只能推出與其具有矛盾關係的命題d為真。

7. 如果a是真的，那麼，只能推出與其具有矛盾關係的命題d為假。如果a為假，則可以推出與其具有次相反關係的命題b為真，與其具有矛盾關系的命題d為真，其上位命題c為假。

8. 邏輯等值和直接推論

Ⅰ

1.「有些整形外科的結果是令人難以置信的。」
   換位：有些令人難以置信的是整形外科的結果。
   換質：有些整形外科的結果不是並非令人難以置信的。
   換質位元（並非邏輯等值）：有些並非令人難以置信的是非整形外科結果。它沒有認出與被換質位命題相同的類。

2.「沒有VCR是很容易程式化的東西。」
   換位：沒有很容易程式化的東西是VCR。
   換質：所有VCR都是不容易程式化的東西。
   換質位元（並非邏輯等值）：沒有不容易程式化的東西是非VCR。被換質位命題斷言不存在同時在主詞類和謂詞類中的東西，而換質位命題斷言不存在同時在兩個類的補中的東西。

3.「沒有巧克力方糖塊是對你的氣色有好處的東西。」
   換位：沒有對你的氣色有好處的東西是巧克力方糖塊。
   換質：所有巧克力方糖塊是並非對你的氣色有好處的東西。
   換質位元（並非邏輯等值）：沒有並非對你氣色有好處的東西是非巧克力方糖塊。換質位命題經換質得（用更口語化的方式說）：所有並非對你氣色有好處的東西是巧克力方糖塊。並非對你氣色有好處的東西的類包括巧克力方糖塊之外的東西，所以換質位命題不等值於給定的命題。

4.「所有的菸草都是致癌的東西。」
   換位元（並非邏輯等值）：所有致癌的東西都是菸草。
   換質：沒有菸草是非致癌的東西。
   換質位：所有非致癌的東西都是非菸草。

5.「所有UFO都是不明飛行物。」這裡我們需要作一區分。真正說來，「UFO」是英文「不明飛行物（unidentified flying object）」的首字母簡稱。在這種理解下，該陳述說的是「所有UFO是UFO」，即其主詞和謂詞相同，因此，你可以對它進行換位、換質和換質位。但是，也可以把「UFO」理解為是指外星（extraterrestrial）飛行物（EFO），如果作此理解，即認為給定陳述說的是「所有EFO都是不明飛行物」，則其換位命題為「所有不明飛行物是EFO」，這是假的：在空中交通控制雷達上常有不明就裡的影像，而它們極少（如果有的話）被證明是EFO。當然，其換質命題「沒有EFO是非不明飛行物」和換質位命題「所有非不明飛行物都是非EFO」都是邏輯等值於「所有EFO都是不明飛行物」的。

Ⅱ

6.「沒有不注意交通規則的魯莽駕駛者是關心別人的人」：邏輯等值。
7.「有些溫血動物不是爬行動物」：不邏輯等值。

Ⅲ

8.「有些牧師是非戒酒者。」

Ⅳ

9.「有些非官員不是非戰士。」：邏輯等值。
10.「所有並非不高於4英尺的物品都是並非重量小於50磅的東西。」：邏輯等值。

V

11. 在兩種解釋下都眞：它是給定陳述的換質位。

VI

12. 在亞里斯多德解釋下爲假（將給定的命題，然後將相對應的A命題亦即與給定命題相反的命題換質位）。在布林解釋下，我們沒有引入存在假定，其眞值是未定的。

13. 在亞里斯多德解釋下爲眞，在布林解釋下未定。

VII

14. 「所有的殉道者都是非聖徒」可以換質爲「沒有殉道者是聖徒」，再換位爲「沒有聖徒是殉道者」，這個命題與給定命題具有矛盾關系。因此，如果給定命題是眞的，那麼該陳述在兩種解釋下都是假的。

15. 在兩種解釋下都未定。

VIII

16. 「沒有商人是非海盜」可以換質爲「所有商人都是海盜」，這與給定命題具有矛盾關系，所以，在兩種解釋下，它都是假的。

17. 「沒有海盜是非商人」可以換質爲「所有海盜都是商人」，給定命題與這個全稱肯定命題都不能換位。因此，不能以相同的主、謂詞來重述這兩個陳述。所以，在兩種解釋下其眞值都是不確定的。

第4章　定言三段論

1. 標準形式定言三段論

Ⅰ．

1. 大詞是「紳士」，小詞是「賭徒」。EAE-1

2. 大詞是「廂型貨車」，小詞是「汽車」。EAE-3

3. 大詞是「優秀棋手」，小詞是「烏奇族人」。AAA-1

4. 大詞是「墨蹟」，小詞是「蝴蝶」。AOO-2

5. 大詞是「印度藝術品」，小詞是「客廳飾品」。AEE-4

6. 大詞是「瘋人院」，小詞是「布朗克斯的地方」。EIO-4

7. 大詞是「電梯」，小詞是「幽閉恐怖的地方」。AAI-1

8. 大詞是「未注明日期的證件」，小詞是「不重要的證件」。EEE-3

Ⅱ．

9. 有些崇拜的對像是冷杉樹。
　　所有冷山樹都是常青樹。
　　∴有些常青樹是崇拜的對象。
　　IAI-4

10. 有些少年犯是破裂家庭的產物。
　　有些少年犯是破裂家庭的產物。
　　∴有些與環境格格不入的個體是破裂家庭的產物。
　　IAI-3

2. 三段論論證的性質

1. 形式：EEI-4。反駁：
   沒有大象是共和黨人。
   沒有共和黨人是民主黨人。
   ∴有些民主黨人是大象。

2. 形式：AII-4。反駁：
   所有狗都是哺乳動物。
   有些哺乳動物是貓。
   ∴有些貓是狗。

3. 形式：AAA-2。反駁：
   所有鴨子都是鳥。
   所有鵝都是鳥。
   ∴所有鵝都是鴨子。

4. 形式：AAA-4。反駁：
   所有果膠豆都是糖製作的東西。
   所有糖製作的東西都是吸引年輕人的東西。
   ∴所有吸引年輕人的東西都是果膠豆。

5. 形式：EEA-1。反駁：
   沒有北極熊是海豹。
   沒有禿鷹是北極熊。
   ∴所有禿鷹是海豹。

6. 形式：EAA-2。反駁：
   沒有烏鴉是牛。
   所有赫爾斯坦因奶牛都是牛。
   ∴所有赫爾斯坦因奶牛都是烏鴉。

7. 形式：OEI-4。反駁：
   有些哺乳動物不是狗。
   沒有狗是爬行動物。
   ∴有些爬行動物是哺乳動物。

8. 形式：AOO-1。反駁：
   所有哺乳動物是脊椎動物。
   有的魚不是哺乳動物。
   ∴有的魚不是脊椎動物。

3. 用於檢驗三段論的范恩圖方法

Ⅰ.

1. AEE-1
   所有 M 是 P。
   沒有 S 是 M。
   ∴沒有 S 是 P。

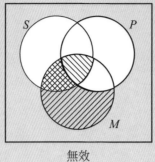

無效

2. AAA-4

　　所有P是M。
　　所有M是S。
　　∴所有S是P。

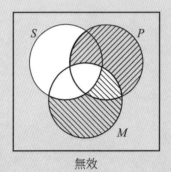

無效

3. OAO-3

　　有些M不是P。
　　所有M是S。
　　∴有些S不是P。

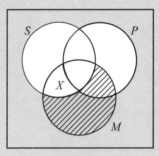

有效

4. AOO-1

　　所有*M*是*P*。

　　有些*S*不是*M*。

　　∴有些*S*不是*P*。

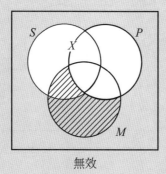

無效

5. EIO-3

　　沒有*M*是*P*。

　　有些*M*是*S*。

　　∴有些*S*不是*P*。

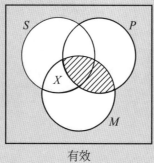

有效

II．

6. 有些哲學家是數學家。

　　所有科學家都是數學家。

　　∴有些科學家是哲學家。

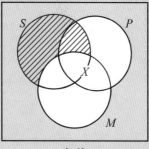

無效

7. 沒有遊艇是水下之船。
　 所有水下之船都是潛艇。
　　∴沒有潛艇是遊艇。

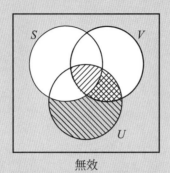

無效

8. 所有的勞工領袖都是自由主義者。
　 沒有懦夫是自由主義者。
　　∴沒有懦夫是勞工領袖。

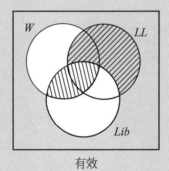

有效

9. 有些花不是樹。
　 所有玫瑰都是花。
　　∴沒有玫瑰是樹。

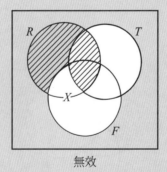

無效

10. 所有的犀都是大型動物。
　　有些象不是犀。
　　∴有些象是大型動物。

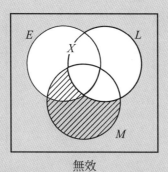

無效

11. 有些異常的人是過平穩生活的人。
　　有些過平穩生活的人不是古怪的人。
　　∴所有古怪的人都是異常的人。

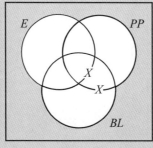

無效

12. 所有象都是大型動物。
　　沒有老鼠是大型動物。
　　∴沒有老鼠是象。

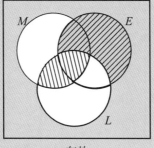

有效

13. 所有制造糖果的人都是喜歡甘草的人。
    有些嗜食巧克力者不是制造糖果的人。
    ∴有些嗜食巧克力者是喜歡甘草的人。

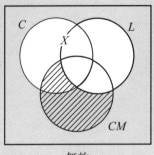

無效

14. 所有成功的作家都是喝咖啡上癮的人。
    沒有幼稚園教師是成功的作家。
    ∴有些幼稚園教師是喝咖啡上癮的人。

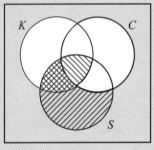

無效

15. 有些成功的街頭小販是有創業精神的企業家。
    有些賣熱狗的小販不是有創業精神的企業家。
    ∴有些賣熱狗的小販不是成功的街頭小販。

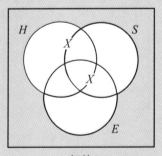

無效

4. 三段論規則和三段論謬誤

I．

1. AAA-3

所有*M*是*P*。

所有*M*是*S*。

∴所有*S*是*P*。

無效：規則3，小詞不當周延

2. EOI-2

沒有*P*是*M*。

有些*S*不是*M*。

∴有些*S*是*P*。

無效：規則4，前提皆否定；規則5，從否定推肯定

3. IIO-4

有些*P*是*M*。

有些*M*是*S*。

∴有些*S*不是*P*。

無效：規則2，中詞不周延；規則3，大詞不當周延

4. OEO-4

有些*P*不是*M*。

沒有*M*是*S*。

∴有些*S*不是*P*。

無效：規則3，大詞不當周延；規則5，前提皆否定

5. EAO-3

沒有*M*是*P*。

所有*M*是*S*。

∴有些*S*不是*P*。

無效：規則6，存在

II．

6. 規則1，四項謬誤：「criminal actions」歧義。在第一個前提中，a criminal action是一個罪犯的行為；在第二個前提中，a criminal action是針對一個罪犯採取的一個合法行為。

7. 規則5：從否定推肯定。

8. 規則1，四項謬誤：「most hungry」歧義。在大前提中，「most hungry」意指「吃之前極饑餓的」，而在小前提中意指「吃之後極饑餓的」。

III．

9. 所有蛇都是爬行動物。

有些蛇不是危險動物。

所以，有些危險動物不是爬行動物。

無效：規則3，大詞不當周延

10. 這個論證違反規則1，犯有四項謬誤：民主主義者／民主黨人（democrats/Democrats）含糊不清。前者指「持有政治信條的人」，而後者指「一個政治黨派的成員」。可見，此論證不是一個三段論。因而，它也就不能陳述為定言三段論的標準形式。

11. 所有河馬都是大型動物。
　　有些馬是大型動物。
　　所以，有些馬不是河馬。
　　無效：規則2，中詞不周延

12. 所有做出這些題的人都是勤奮的學生。
　　有些教師不是勤奮的學生。
　　所以，有些教師是做出這些題的人。
　　無效：規則5，從否定推肯定

13. 沒有杜賓犬是比特犬。
　　有些狗不是比特犬。
　　所以，有些狗不是杜賓犬。
　　無效：規則4，前提皆否定

14. 有些汽車是福特車。
　　有些福特車不是皮蒂亞克。
　　所以，所有皮蒂亞克都是汽車。
　　無效：規則2，中詞不周延；規則5，從否定推肯定

15. 所有土豚都是哺乳動物。
　　有些哺乳動物不是鳥。
　　所以，有些鳥不是土豚。
　　無效：規則2，中詞不周延

第5章　日常語言中的論證

2. 三段論論證中詞數量的歸約

以下答案不是惟一的，可有其他的方式來歸約爲標準形式。

1. 有些學者是一絲不苟的學者。
　　沒有同學是學者。
　　∴有些同學是一絲不苟的學者。
　　形式：IEI-1

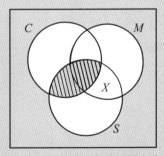

無效，違反規則5，從否定前提得出肯定結論

2. 所有聰明的動物都是人類的最好朋友。
　　所有狗都是聰明的動物。
　　∴所有狗都是人類的最好朋友。
　　三段論形式：AAA-1

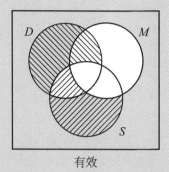

有效

3. 所有交戰國都是德國或英國的盟邦。
　　有些亞洲國家不是德國或英國的盟邦。
　　∴有些亞洲國家不是交戰國。
　　三段論形式：AOO-2

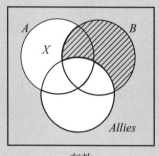

有效

4. 所有物質的東西都是可變的東西。
　　所有財物都是物質性的東西。
　　∴所有財物都是可變的東西。
　　三段論形式：AAA-1

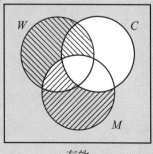

有效

5. 所有可見的對象都是逝去的東西。
　　所有刺激物都是逝去的東西。
　　∴所有刺激物都是可見對象。
　　三段論形式：AAA-2

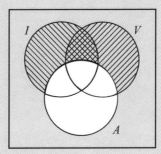

　　　　無效：規則2，中詞不周延

3. 定言命題的標準化

(1) 單稱命題
1. 所有是穆罕默德‧阿里的人是拳擊手。有些是穆罕默德‧阿里的人是拳擊手。
2. 所有是我的牙醫的人是喜歡白牙齒的人。有些是我的牙醫的人是喜歡白牙齒的人。
3. 所有是喬治‧布希的人是共和黨人。有些是喬治‧布希的人是共和黨人。
4. 所有是布萊德‧彼特的人是演員。有些是布萊德‧彼特的人是演員。
5. 所有是海倫‧凱勒的人是作家和演說家。有些是海倫‧凱勒的人是作家和演說家。

(2) 謂詞是形容詞或形容詞短語的定言命題
1. 所有是穆罕默德‧阿里的人是最偉大的人。或者，有些是穆罕默德‧阿里的人是最偉大的人。
2. 所有是我的私人醫生的人都是不入時的人。或者，有些是我的私人醫生的人是不入時的人。
3. 所有宇航員都是勇敢無畏的人。
4. 有些房屋不是為六口人以上的家庭建造的房屋。
5. 所有瑞典肉丸是用牛肉或豬肉做的肉丸。

(3) 動詞不是標準形式系詞「是」的定言命題
1. 所有是穆罕默德‧阿里的人都是像蜜蜂蜇人一樣去攻擊的人。或者，有些是穆罕默德‧阿里的人是像蜜蜂蜇人一樣去攻擊的人。
2. 所有是我的私人醫生的人是不按照我的私人醫生的建議行事的人。或者，有些是我的私人醫生的人是不按照我的私人醫生的建議行事的人。
3. 所有牛是吃草的動物。
4. 所有在我左邊的人是有股難聞氣味的人。或者，有些在我左邊的人是有股難聞氣味的人。
5. 所有著色的房屋都是會在幾年之後褪色的房屋。或者，有些著色的房屋都是會在幾年之後褪色的房屋。

(4) 語詞不按標準順序排列的定言命題
1. 所有拳擊手是崇拜穆罕默德‧阿里的人。
2. 所有醫生是有其過錯的人。
3. 所有時候是貧窮伴隨你的時候。

4. 來到這裡的人是放棄一切希望的人。

5. 沒有一輛雪佛萊是克爾維特。

(5) 量詞不標準的定言命題

1. 有些偉大的拳擊手不是具有穆罕默德‧阿里的才能的人。

2. 沒有醫生在（is in）。或者，有些醫生是不在的人。

3. 有些這一組的問題不是困難的問題。

4. 所有參加了昨晚的遊戲的人是目睹了一個令人激動的結局的人。

5. 所有狗都是哺乳動物。

(6) 區別命題

1. 所有能入內的人是懂幾何的人。

2. 所有擁有自己叢書的猴子是等同於好奇的喬治的猴子。

3. 所有能想出如何翻譯「none but」的人是聰明人。

4. 所有馬是哺乳動物。

5. 所有這個班裡發現區別命題很有趣的人是等同於卡特里娜的人。

(10) 另外的複雜量詞

1. 所有貓是好奇的動物。

2. 有些牧師不是單調乏味的演說者。

3. 所有邏輯學家都是分析論證的人。

4. 所有時候是你必須看一看生活充滿希望的一面的時候。

5. 有些人是在悔恨虛度青春中度日的人。

6. 沒有面朝太陽的人是看到自己影子的人。

7. 所有知道了自己局限性的人是開心的人。

8. 所有溫柔的回答是可以息怒的回答。

9. 所有非無賴都是渴望說出真相的人，同時沒有無賴是渴望說出真相的人。

10. 有些本節中的練習題是可能富有挑戰性的練習題。

4. 統一翻譯

Ⅰ

1. 沒有時間是蘇珊在辦公桌上吃午餐的時間。

2. 所有得到寬恕的錯誤事例是無心之過的錯誤事例。

3. 所有他選來散步之處是他散步之處。

4. 所有她會去之處是她試圖銷售人身保險之處。

5. 所有時間是燈亮著的時間。

Ⅱ

6. 所有可預見的都是進入成對矛盾中的東西。

　　沒有名稱是進入成對矛盾中的東西。

　　∴沒有名稱是可預見的。

　　AEE-2

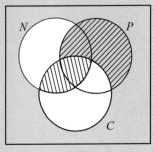

有效

7. 所有相互爭鬥的兩個人（pair of persons）是不會同時說謊的兩個人。
　等同於第一個和第三個當地人的那兩個人是相互爭鬥的兩個人。
　∴等同於第一個和第三個當地人的那兩個人是不會同時說謊的兩個人。
　單稱的前提和結論允許你把它看成AAA-1或AII-1

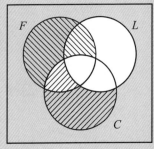 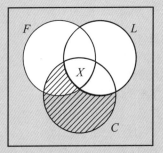

有效

8. 所有人都是思考者。
　所有橋牌玩家都是人。
　∴所有橋牌玩家都是思考者。
　AAA-1

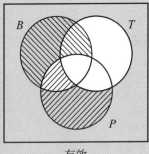

有效

9. 所有與鄰居的爭鬥是邪惡的行為。

　　所有與底比斯人的爭鬥是與鄰居的爭鬥。

　　∴所有與底比斯人的爭鬥是邪惡的行為。

　　AAA-1

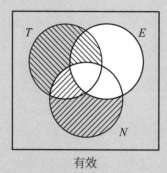

有效

10. 所有辛西婭讚揚亨利的時候都是亨利興高采烈的時候。

　　這個時候是亨利興高采烈的時候。

　　∴這個時候是辛西婭讚揚亨利的時候。

　　小前提和結論是單稱的，因此可把它看成AAA-2或AII-2。

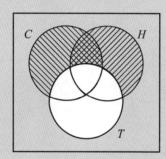 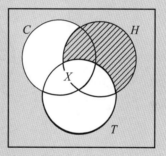

無效：規則2，中詞不周延

11. 所有不在此月臺停車的列車是特快列車。

　　剛過去的那一列車是不在此站停車的列車。

　　∴剛過去的那一列車是特快列車。

　　小前提和結論是單稱的，因此可把它看成AAA-1或AII-1。

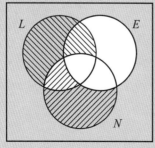 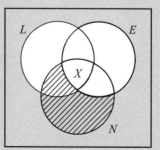

有效

12. 有些男人是英俊瀟灑的生物。
   所有卑鄙的生物是男人。
   ∴有些卑鄙的生物是英俊瀟灑的生物。
   IAI-1

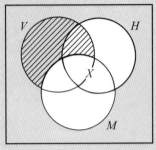

無效：規則2，中詞不周延

13. 所有身無分文的人都是被定罪的人。
   有些有罪的人不是被定罪的人。
   ∴有些有罪的人不是身無分文的人。
   AOO-2

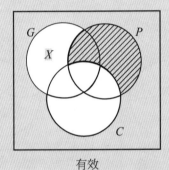

有效

5. 省略三段論

1. 所有舉止文雅的人是誠實的人。
   哈爾是舉止文雅的人。
   ∴哈爾是誠實的人。

2. 所有謹慎駕駛的人都是保險費率很低的人。
   蘇珊娜是謹慎駕駛的人。
   ∴蘇珊娜是保險費率很低的人。

3. 哈爾是一個是電腦的東西。
   所有是電腦的東西都是不說謊的東西。
   ∴哈爾是不說謊的東西。

4. 所有不斷運動的東西是不滅的東西。
   貫穿她整個軀體的靈魂是不斷運動的東西。
   ∴貫穿她整個軀體的靈魂是不滅的東西。

5. 所有相信所有存在的都是精神的人是唯心主義者。
　　我是相信所有存在的都是精神的人。
　　∴我是一個唯心主義者。

6. 前提和結論都是單稱的。因此它們都可以被陳述爲全稱肯定或特稱肯定命題。無論如何，大前提都必須是全稱肯定。所以，該三段論是：
　　所有魚兒不上鉤的時候是剛下過雨的時候。
　　（所有／有些）這時候魚兒不上鉤。
　　∴（所有／有些）這時候是剛下過雨的時候。
　　如同任一釣魚的人會告訴你，問題是所假定的前提是假的。

7. 沒有省略論證是完整的論證。
　　這個論證是省略的論證。
　　∴這個論證不是完整的論證。

8. 沒有罪人是應該首先發難的人。
　　所有這裡的人都是罪人。
　　∴沒有這裡的人是應該首先發難的人。

9. 所有責任是大多數人恐懼的東西。
　　所有自由是責任。
　　∴所有自由是大多數人恐懼的東西。

10. 所有將買賣雙方聯繫起來的東西是幾乎在任何社會中發揮至關重要作用的東西。
　　所有廣告是將買賣雙方聯繫起來的東西。
　　∴所有廣告是幾乎在任何社會中發揮至關重要作用的東西。

第6章　符號邏輯

2. 符號語101：命題邏輯的語言

Ⅰ

1. T	2. F	3. F	4. T	5. F
6. T	7. T	8. T	9. F	10. F
11. T	12. T	13. F		

Ⅱ

14. T	15. T	16. T	17. T	18. F
19. T	20. T	21. T	22. F	23. F
24. F	25. F			

Ⅲ

26. F	27. F	28. 不確定	29. T	30. 不確定
31. T	32. F	33. T	34. T	35. T
36. F	37. T	38. 不確定		

IV

39. $R \supset T$

40. $S \lor L$

41. $S \equiv K$

42. $J \equiv \sim Y$

43. $\sim(B \supset W)$

44. $L \supset \sim W$

45. $\sim(S \cdot D)$

46. $\sim Y \cdot \sim A$或者$\sim(Y \lor A)$

47. $M \equiv (J \cdot A)$

48. $(L \lor T) \cdot Z$

49. $L \supset (G \lor M)$

50. $(R \supset F) \lor C$

51. $(B \lor M) \supset \sim G$

52. $(M \cdot B) \supset H$

53. $\sim O \supset (\sim S \lor C)$

54. $(S \lor \sim I) \supset (W \cdot R)$

55. $(B \supset G) \supset (H \equiv R)$

56. $(\sim T \supset H) \cdot \sim(T \supset \sim H)$

57. $\sim(S \supset J) \cdot (\sim C \supset B)$

58. $L \supset [N \lor (M \equiv O)]$

59. $(C \supset D) \supset \sim(N \supset L)$

60. $C \supset [B \supset (H \supset N)]$

61. $\sim(F \lor A) \supset (B \lor \sim D)$

62. $(N \equiv D) \equiv [J \supset (B \supset S)]$

63. $(L \supset N) \supset [(I \lor J) \supset G]$

3. 作為複合命題分析工具的真值表

I

1. $p \supset \sim q$

p	q	$\sim q$	$p \supset \sim q$
T	T	F	F
T	F	T	T
F	T	F	T
F	F	T	T

2. $(p \lor q) \supset \sim q$

p	q	$p \lor q$	$\sim q$	$(p \lor q) \supset \sim q$
T	T	T	F	F
T	F	T	T	T
F	T	T	F	F
F	F	F	T	T

3. $(p \equiv \sim q) \supset (\sim q \supset \sim p)$

p	q	$\sim q$	$p \equiv \sim q$	$\sim p$	$\sim q \supset \sim p$	$(p \equiv \sim q) \supset (\sim q \supset \sim p)$
T	T	F	F	F	T	T
T	F	T	T	F	F	F
F	T	F	T	T	T	T
F	F	T	F	T	T	T

4. $(p \supset \sim q)\equiv[q \supset(p \cdot \sim q)]$

p	q	~p	p ⊃ ~p	~q	p · ~q	q ⊃(p · ~q)	(p ⊃ ~q)≡[q ⊃(p · ~q)]
T	T	F	F	F	F	F	T
T	F	F	F	T	T	T	F
F	T	T	T	F	F	F	F
F	F	T	T	T	F	T	T

5. $(\sim p \vee q)\equiv(\sim q \cdot r)$

p	q	r	~p	~p ∨ q	~q	~q · r	(~p ∨ q)≡(~q · r)
T	T	T	F	T	F	F	F
T	T	F	F	T	F	F	F
T	F	T	F	F	T	T	F
T	F	F	F	F	T	F	T
F	T	T	T	T	F	F	F
F	T	F	T	T	F	F	F
F	F	T	T	T	T	T	T
F	F	F	T	T	T	F	F

6. $\sim(\sim p \equiv q) \cdot (\sim q \supset r)$

p	q	r	~p	~p ≡ q	~(~p ≡ q)	~q	~q ⊃ r	(~p ≡ q) · (~q ⊃ r)
T	T	T	F	F	T	F	T	T
T	T	F	F	F	T	F	T	T
T	F	T	F	T	F	T	T	F
T	F	F	F	T	F	T	F	F
F	T	T	T	T	F	F	T	F
F	T	F	T	T	F	F	T	F
F	F	T	T	F	T	T	T	T
F	F	F	T	F	T	T	F	F

7. $[\sim p \vee \sim(\sim q \cdot \sim r)] \vee p$

p	q	r	~r	~q	~q · ~r	~(~q · ~r)	~p	~p ∨ ~(~q · ~r)	[~p ∨ ~(~q · ~r)] ∨ p
T	T	T	F	F	F	T	F	T	T
T	T	F	T	F	F	T	F	T	T
T	F	T	F	T	F	T	F	T	T
T	F	F	T	T	T	F	F	F	T
F	T	T	F	F	F	T	T	T	T
F	T	F	T	F	F	T	T	T	T
F	F	T	F	T	F	T	T	T	T
F	F	F	T	T	T	F	T	T	T

8. ~[(p ∨ ~q) · r] ∨ ~s

p	q	r	s	~q	p ∨ ~q	(p ∨ ~q) · r	~[(p ∨ ~q) · r]	~s	~[(p ∨ ~q) · r] ∨ ~s
T	T	T	T	F	T	T	F	F	F
T	T	T	F	F	T	T	F	T	T
T	T	F	T	F	T	F	T	F	T
T	T	F	F	F	T	F	T	T	T
T	F	T	T	T	T	T	F	F	F
T	F	T	F	T	T	T	F	T	T
T	F	F	T	T	T	F	T	F	T
T	F	F	F	T	T	F	T	T	T
F	T	T	T	F	F	F	T	F	T
F	T	T	F	F	F	F	T	T	T
F	T	F	T	F	F	F	T	F	T
F	T	F	F	F	F	F	T	T	T
F	F	T	T	T	T	T	F	F	F
F	F	T	F	T	T	T	F	T	T
F	F	F	T	T	T	F	T	F	T
F	F	F	F	T	T	F	T	T	T

Ⅱ

9. B · (C ∨ ~D)

B	C	D	~D	C ∨ ~D	B·(C ∨ ~D)
T	F	F	T	T	T

10. A · B

A	B	A · B
T	T	T

11. A · ~B

A	B	~B	A · ~B
T	T	F	F

12. B · (A ∨ D)

A	B	D	A ∨ D	B · (A ∨ D)
T	T	F	T	T

13. [B ⊃ (C ∨ D)] · (A ≡ B)

A	B	C	D	C ∨ D	B⊃(C ∨ D)	A ≡ B	[B ⊃ (C ∨ D)] · (A ≡ B)
T	T	F	F	F	F	T	F

Ⅲ

14. B ⊃ Y

B	Y	B ⊃ Y
T	F	F

15. $(X \supset Y) \supset Z$

X	Y	Z	$X \supset Y$	$(X \supset Y) \supset Z$
F	F	F	T	F

16. $(X \supset Y) \supset C$

X	Y	C	$X \supset Y$	$(X \supset Y) \supset C$
F	F	T	T	T

17. $[(A \supset B) \supset C] \supset Z$

A	B	C	Z	$A \supset B$	$(A \supset B) \supset C$	$[(A \supset B) \supset C] \supset Z$
T	T	T	F	T	T	F

18. $[A \supset (B \supset Y)] \supset X$

A	B	X	Y	$B \supset Y$	$A \supset (B \supset Y)$	$[A \supset (B \supset Y)] \supset X$
T	T	F	F	F	F	T

19. $[(A \supset Y) \supset B] \supset Z$

A	B	Y	Z	$A \supset Y$	$(A \supset Y) \supset B$	$[(A \supset Y) \supset B] \supset Z$
T	T	F	F	F	T	F

20. $[(A \cdot X) \vee (\sim A \cdot \sim X)] \supset [(A \supset X) \cdot (X \supset A)]$

A	X	$A \cdot X$	$\sim A$	$\sim X$	$\sim A \cdot \sim X$	$(A \cdot X) \vee (\sim A \cdot \sim X)$	$A \supset X$
T	F	F	F	T	F	F	F

$(A \supset X) \cdot (X \supset A)$	$[(A \cdot X) \vee (\sim A \cdot \sim X)] \supset [(A \supset X) \cdot (X \supset A)]$
F	T

IV

21. $X \supset Q$

X	Q	$X \supset Q$
F	T	T
F	F	T

22. $(P \cdot A) \supset B$

A	B	P	$P \cdot A$	$(P \cdot A) \supset B$
T	T	T	T	T
T	T	F	F	T

23. $(P \cdot X) \supset Y$

X	Y	P	$P \cdot X$	$(P \cdot X) \supset Y$
F	F	T	F	T
F	F	F	F	T

24. $(P \supset X) \supset (X \supset P)$

X	P	$P \supset X$	$X \supset P$	$(P \supset X) \supset (X \supset P)$
F	T	F	T	T
F	F	T	T	T

25.$[(P \supset B) \supset B] \supset B$

B	P	$P \supset B$	$(P \supset B) \supset B$	$[(P \supset B) \supset B] \supset B$
T	T	T	T	T
T	F	T	T	T

26.$(X \supset P) \supset (\sim X \supset Y)$

X	Y	P	$X \supset P$	$\sim X$	$\sim X \supset Y$	$(X \supset P) \supset (\sim X \supset Y)$
F	F	T	T	T	F	F
F	F	F	T	T	F	F

27.$\sim(A \cdot P) \supset (\sim A \vee \sim P)$

A	P	$A \cdot P$	$\sim(A \cdot P)$	$\sim A$	$\sim P$	$\sim A \vee \sim P$	$\sim(A \cdot P) \supset (\sim A \vee \sim P)$
T	T	T	F	F	F	F	F
T	F	F	T	F	T	T	T

28.$[P \supset (A \vee X)] \supset [(P \supset A) \supset X]$

A	X	P	$A \vee X$	$P \supset (A \vee X)$	$P \supset A$	$(P \supset A) \supset X$	$[P \supset (A \vee X)] \supset [(P \supset A) \supset X]$
T	F	T	T	T	T	F	F
T	F	F	T	T	T	F	F

4. 套套的、矛盾的和適然的陳述形式

I

1. $[p \supset (p \supset q)] \supset q$

p	q	$[p \supset (p \supset q)] \supset q$		
T	T	T	T	T
T	F	F	F	T
F	T	T	T	T
F	F	T	T	F

偶眞式

2. $[(p \supset \sim q) \supset p] \supset p$

p	q	$[(p \supset \sim q) \supset p] \supset p$			
T	T	F	F	T	T
T	F	T	T	T	T
F	T	T	F	F	T
F	F	T	T	F	T

套套句

3. $p \cdot \sim p$

p	$p \cdot \sim p$	
T	F	F
F	F	T

矛盾式

4. $p \vee q$

p	q	$p \vee q$
T	T	T
T	F	T
F	T	T
F	F	F

偶眞式

II

5. $(p \supset q) \equiv (\sim q \supset \sim p)$

p	q	$(p \supset q)$	$\equiv$	$(\sim q$	$\supset$	$\sim p)$
T	T	T	T	F	T	F
T	F	F	T	T	F	F
F	T	T	T	F	T	T
F	F	T	T	T	T	T

套套句

6. $[p \cdot (q \vee r)] \equiv [\sim((\sim q \cdot \sim r) \vee \sim p)]$

p	q	r	$[p \cdot$	$(q \vee r)]$	$\equiv$	$[\sim$	$((\sim q \cdot \sim r)$	$\vee$	$\sim p)]$
T	T	T	T	T	T	T	F FF	F	F
T	T	F	T	T	T	T	F FT	F	F
T	F	T	T	T	T	T	F FF	F	F
T	F	F	F	F	T	F	T TT	T	F
F	T	T	F	T	T	F	F FF	T	T
F	T	F	F	T	T	F	F FT	T	T
F	F	T	F	T	T	F	F FF	T	T
F	F	F	F	F	T	F	F TT	T	T

套套句

7. $p \equiv (p \vee p)$

p	$p \equiv (p \vee p)$
T	T　T
F	T　F

套套句

8. $p \supset [(p \supset q) \supset q]$

p	q	$p \supset [(p \supset q) \supset q]$
T	T	T　　T　T
T	F	T　　F　T
F	T	T　　T　T
F	F	T　　T　F

套套句

9. $p \supset [\sim p \supset (q \lor \sim q)]$

p	q	$p \supset [\sim p \supset (q \lor \sim q)]$
T	T	T F T T F
T	F	T F T T T
F	T	T T T T F
F	F	T T T T T

套套句

10. $[p \supset (q \supset r)] \supset [(p \supset q) \supset (p \supset r)]$

p	q	r	$[p \supset (q \supset r)] \supset [(p \supset q) \supset (p \supset r)]$
T	T	T	T T T T T T
T	T	F	F F T T F F
T	F	T	T T T F T T
T	F	F	T T T F T F
F	T	T	T T T T T T
F	T	F	T F T T T T
F	F	T	T T T T T T
F	F	F	T T T T T T

套套句

Ⅲ

11. $(p \supset q) \equiv (\sim p \supset \sim q)$

p	q	$(p \supset q) \equiv (\sim p \supset \sim q)$
T	T	T T F T F
T	F	F F F T T
F	T	T F T F F
F	F	T T T T T

不是套套句

12. $[p \supset (q \supset r)] \equiv [q \supset (p \supset r)]$

p	q	r	$[p \supset (q \supset r)] \equiv [q \supset (p \supset r)]$
T	T	T	T T T T T
T	T	F	F F T F F
T	F	T	T T T T T
T	F	F	T T T T F
F	T	T	T T T T T
F	T	F	T F T T T
F	F	T	T T T T T
F	F	F	T T T T T

套套句

13. $p \equiv [p \lor (p \supset q)]$

p	q		p	$\equiv$	$[p$	$\lor$	$(p$	$\supset$	$q)]$
T	T			T		T			T
T	F			T		T			F
F	T			F		T			T
F	F			F		T			T

不是套套句

14. $p \equiv [p \lor (q \lor \sim q)]$

p	q		p	$\equiv$	$[p$	$\lor$	$(q$	$\lor$	$\sim q)]$
T	T		T		T		T		TF
T	F		T		T		T		FT
F	T		F		T		T		TF
F	F		F		T		T		FT

不是套套句

15. $[p \lor (q \cdot r)] \equiv [(p \lor q) \cdot (p \lor r)]$

p	q	r		$[p$	$\lor$	$(q$	$\cdot$	$r)]$	$\equiv$	$[(p$	$\lor$	$q)$	$\cdot$	$(p$	$\lor$	$r)]$
T	T	T			T		T		T		T		T		T	
T	T	F			T		F		T		T		T		T	
T	F	T			T		F		T		T		T		T	
T	F	F			T		F		T		T		T		T	
F	T	T			T		T		T		T		T		T	
F	T	F			F		F		T		T		F		F	
F	F	T			F		F		T		F		F		T	
F	F	F			F		F		T		F		F		F	

套套句

5. 檢驗論證有效性之真值表

I

a. 2以a為代入例並且2是a的特有形式。

c. 3是c的特有形式。

e. 2是e的特有形式。

g. 5是g的特有形式。

i. 6是i的特有形式。

k. 10以k為代入例。

m. 4以m為代入例。

o. 9以0為代入例。

1. 有效

p	q	$p \supset q$	$\sim p$	$\sim q$	$\sim q \supset \sim p$
T	T	T	F	F	T
T	F	F	T	F	F√
F	T	T	F	T	T
F	F	T	T	T	T

2. 有效

p	q	$p \cdot q$	p
T	T	T	T
T	F	F	T
F	T	F	F√
F	F	F	F√

3. 無效

p	q	p	$p \supset q$
T	T	T	T
T	F	T	F√
F	T	F	T
F	F	F	T

4. 有效

p	q	$(p \lor q) \supset (p \cdot q)$		$(p \supset q) \cdot (q \supset p)$	
T	T	T T	T	T T	T
T	F	T F	F	F F	T
F	T	T F	F	T F√	F
F	F	F T	T	T T	T

5. 有效

p	q	$p \supset q$	$\sim q$	$\sim p$
T	T	T	F	F√
T	F	F	T	F√
F	T	T	F	T
F	F	T	T	T

6. 無效

p	q	r	$p \supset q$	$p \supset r$	$q \lor r$
T	T	T	T	T	T
T	T	F	T	F	T
T	F	T	F	T	T
T	F	F	F	F	F√
F	T	T	T	T	T
F	T	F	T	T	T
F	F	T	T	T	T
F	F	F	T	T	F√

7. 有效

p	q	r	p ⊃ (q ⊃ r)	p ⊃ q	p ⊃ r
T	T	T	T　T	T	T
T	T	F	F　F	T	F√
T	F	T	T　T	F	T
T	F	F	T　T	F	F√
F	T	T	T　T	T	T
F	T	F	T　F	T	T
F	F	T	T　T	T	T
F	F	F	T　T	T	T

8. 無效

p	q	r	p ⊃ (q ⊃ r)	q ⊃ (p ⊃ r)	(p ∨ q) ⊃ r
T	T	T	T　T	T　T	T　T
T	T	F	F　F	F　F	T　F√
T	F	T	T　T	T　T	T　T
T	F	F	(T　T)	T　F	T　F√
F	T	T	T　T	T　T	T　T
F	T	F	(T　F)	T　T	T　F√
F	F	T	T　T	T　T	F　T
F	F	F	T　T	T　T	F　T

9. 有效

p	q	r	s	(p ⊃ q) · (r ⊃ s)	~q ∨ ~s	~p ∨ ~s
T	T	T	T	T　T　T	F　F　F	F　F√　F
T	T	T	F	T　F　F	F　T　T	F　T　T
T	T	F	T	T　T　T	F　F　F	F　F√　F
T	T	F	F	T　T　T	F　T　T	F　T　T
T	F	T	T	F　F　T	T　T　F	F　F√　F
T	F	T	F	F　F　F	T　T　T	F　T　T
T	F	F	T	F　F　T	T　T　F	F　F√　F
T	F	F	F	F　F　T	T　T　T	F　T　T
F	T	T	T	T　T　T	F　F　F	T　T　T
F	T	T	F	T　F　T	F　T　T	T　T　T
F	T	F	T	T　T　T	F　F　F	T　T　F
F	T	F	F	T　T　T	F　T　T	T　T　T
F	F	T	T	T　T　T	T　T　F	T　T　T
F	F	T	F	T　F　F	T　T　T	T　T　T
F	F	F	T	T　T　T	T　T　F	T　T　F
F	F	F	F	T　T　T	T　T　T	T　T　T

10. 有效

p	q	r	s	p ⊃ (q ⊃ r)		(q ⊃ r) ⊃ s		p ⊃ s
T	T	T	T	T	T	T	T	T
T	T	T	F	T	T	T	F	F√
T	T	F	T	F	F	F	T	T
T	T	F	F	F	F	F	T	F√
T	F	T	T	T	T	T	T	T
T	F	T	F	T	T	T	F	F√
T	F	F	T	T	T	T	T	T
T	F	F	F	T	T	T	F	F√
F	T	T	T	T	T	T	T	T
F	T	T	F	T	T	T	F	T
F	T	F	T	T	F	F	T	T
F	T	F	F	T	F	F	T	T
F	F	T	T	T	T	T	T	T
F	F	T	F	T	T	T	F	T
F	F	F	T	T	T	T	T	T
F	F	F	F	T	T	T	F	T

11. 有效

p	q	(p ∨ q) ⊃ (p · q)			~(p ∨ q)	~(p · q)
T	T	T	T	T	F	F√
T	F	T	F	F	F	T
F	T	T	F	F	F	T
F	F	F	T	F	T	T

12. 有效

p	q	r	s	(p · q) ⊃ (r · s)			(p · q) ⊃ [(p · q) · (r · s)]	
T	T	T	T	T	T	T	T	T
T	T	T	F	T	F	F	F√	F
T	T	F	T	T	F	F	F√	F
T	T	F	F	T	F	F	F√	F
T	F	T	T	F	T	T	T	F
T	F	T	F	F	T	F	T	F
T	F	F	T	F	T	F	T	F
T	F	F	F	F	T	F	T	F
F	T	T	T	F	T	T	T	F
F	T	T	F	F	T	F	T	F
F	T	F	T	F	T	F	T	F
F	T	F	F	F	F	F	T	F
F	F	T	T	F	T	T	T	F
F	F	T	F	F	T	F	T	F
F	F	F	T	F	T	F	T	F
F	F	F	F	F	T	F	T	F

Ⅱ

13. 無效

p	q	p ⊃ q	q ⊃ p	p ∨ q
T	T	T	T	T
T	F	F	T	T
F	T	T	F	T
F	F	T	T	F√

14. 有效

p	q	r	p ⊃ (q ∨ ~r)	q ⊃ ~r	p ⊃ ~r
T	T	T	T	F	F√
T	T	F	T	T	T
T	F	T	F	T	F√
T	F	F	T	T	T
F	T	T	T	F	T
F	T	F	T	T	T
F	F	T	T	T	T
F	F	F	T	T	T

15. 有效

C	D	(C ∨ D) ⊃ (C · D)	C · D	C ∨ D
T	T	T	T	T
T	F	F	F	T
F	T	F	F	T
F	F	T	F	F√

16. 有效

G	H	(G ∨ H) ⊃ (G · H)	~(G · H)	~(G ∨ H)
T	T	T	F	F√
T	F	F	T	F√
F	T	F	T	F√
F	F	T	T	T

17. 有效

O	P	Q	(O ∨ P) ⊃ Q	Q ⊃ (O · P)	(O ∨ P) ⊃ (O · P)
T	T	T	T	T	T
T	T	F	F	T	T
T	F	T	T	F	F√
T	F	F	F	T	F√
F	T	T	T	F	F√
F	T	F	F	T	F√
F	F	T	T	F	T
F	F	F	T	T	T

Ⅲ

18. $D \supset (E \supset F)$
E
$\therefore D \supset F$
有效

D	E	F	$D \supset (E \supset F)$	E	$D \supset F$
T	T	T	T	T	T
T	T	F	F	T	F√
T	F	T	T	F	T
T	F	F	T	F	F√
F	T	T	T	T	T
F	T	F	T	T	T
F	F	T	T	F	T
F	F	F	T	F	T

19. $M \supset (N \supset O)$
N
$\therefore O \supset M$
無效

M	N	O	$M \supset (N \supset O)$	N	$O \supset M$
T	T	T	T	T	T
T	T	F	F	T	T
T	F	T	T	F	T
T	F	F	T	F	T
F	T	T	T	T	F√
F	T	F	T	T	T
F	F	T	T	F	F√
F	F	F	T	F	T

20. $R \supset (A \lor U)$
$\sim A$
$\therefore \sim U \supset \sim R$
有效

R	A	U	$R \supset (A \lor U)$	$\sim A$	$\sim U \supset$	$\sim R$
T	T	T	T	F	F	F
T	T	F	T	F	T	F√
T	F	T	T	T	F	F
T	F	F	F	T	T	F√
F	T	T	T	F	F	T
F	T	F	T	F	T	T
F	F	T	T	T	F	T
F	F	F	T	T	T	T

6. 不完全真值表和逆向真值表

(1) 不完全真值表

1. 有效

p	q	p ⊃ ~q	q	~p
T	T	F F̶	T	F√
T	F		F	F√
F	T			T
F	F			T

2. 無效

p	q	p ∨ ~p	q · (p · q)
T	T		T T
T	F	T F̶	F√ F
F	T		F√ F
F	F		F√ F

3. 有效

p	q	r	p ⊃ (q ∨ ~r)	~q	p ⊃	~r
T	T	T		F	F√	F
T	T	F			T	T
T	F	T	F F̶ F̶	T	F√	F
T	F	F			T	T
F	T	T			T	F
F	T	F			T	T
F	F	T			T	F
F	F	F			T	T

4. 無效

p	q	r	p	p ⊃ (q · ~r)	r
T	T	T			T
T	T	F	T	T F̸ F̸	F√
T	F	T			T
T	F	F			F√
F	T	T			T
F	T	F			F√
F	F	T			T
F	F	F			F√

5. 無效

p	q	r	s	p · [(q ∨ r) ⊃ s]	~s ∨ ~p	~q	·	~r
T	T	T	T		F F F̶	F	F √	F̶
T	T	T	F	F T̶ F̶	T̶ T F̶	F	F √	F
T	T	F	T		F̶ F F̶	F	F √	T
T	T	F	F	F T̶ F̶	T̶ T F̶	F	F √	T
T	F	T	T		F̶ F F̶	T	F √	F̶
T	F	T	F	F T̶ F̶	T̶ T F̶	T	F √	F
T	F	F	T		F̶ F F̶	T	T	T
T	F	F	F	T F̶ T̶	T̶ T F̶	T	T	T
F	T	T	T			F	F √	F̶
F	T	T	F			F	F √	F
F	T	F	T			F	F √	T
F	T	F	F			F	F √	T
F	F	T	T			T	F √	F̶
F	F	T	F			T	F √	F
F	F	F	T			T	T	T
F	F	F	F			T	T	T

(2) 逆向真值表

1. 有效

```
假 ：      T          T            F
          p          q        ∴p ≡ q
          T        (F/T)        T  F
                                   F
        (F/T)        T          F  T
                                   F
```

2. 有效

```
假 ：          T          T            F
        (p · q) · r    p ∨ ~r      ∴q
         T (F/T)T      T   T         F
         F             F
             F         T
```

3. 無效

```
假 ：          T           T           F
        (p ⊃ q) ∨ r     r ⊃ ~p      ∴q
         F F T  T        T   F         F
         T                  T
            T
```

4. 無效

```
假 ：      T               T            F
       p ≡ (r ⊃ ~q)     ~p ⊃ r      ∴~q · p
        F T T  T         F  T         T  F
            F            T            F
          F              T
        T
```

5. 有效

假：　　T　　　　　　　T　　　　　F

$p \equiv (r \supset \sim q)$　　$\sim p \supset r$　　$\therefore \sim q \supset p$

(F/T) T F　　　　F T　　　　F F

　　　　T　　　　　　T　　　　　T

　　　　T　　　　　　T　　　　　F

　　　　F

6. 無效

$p \vee (q \equiv \sim r)$　$r \cdot (p \vee \sim q)$　$\therefore p \equiv q$

T T T T　　T T T　　T T

　　F　　　　F　　　　F

　　F　　　　T　　　　F

T　　　　　T

7. 有效

$p \supset [q \vee (r \cdot s)]$　$p \vee \sim s$　$q \vee \sim r$　$\therefore \sim p \vee q$

T F T T　　　T F　　F (T/F)　　T F

　　T　　　　　T　　　F　　　　F

　　T　　　　　T　　　F　　　　F

　　T

8. 無效

$p \equiv [\sim q \cdot (r \equiv s)]$　$p \vee \sim s$　$\sim q \cdot r$　$\therefore \sim p \cdot s$

T F T T　　　T T　　F T　　　T T

T　　T　　　　　F　　T　　　F

　　T　　　　　T　　　T　　　T

T

9. 無效

$p \vee [q \supset (\sim r \equiv s)]$　$\sim p \supset \sim s$　$(p \cdot \sim s) \supset r$　$\therefore \sim p \supset q$

F F T F　　　　F F　　F F F　　　F F

　　F　　　　　T T　　T　　　　T

　　F　　　　　T　　　F　　　　F

T　　　　　　　　　　T

10. 有效

$p \vee [q \supset (\sim r \equiv s)]$　$\sim p \supset t$　$\sim p \equiv (\sim t \supset s)$　$(\sim p \vee s) \supset \sim t$　$\therefore \sim s \vee t$

F F T T　　　F (F/T)　F F T　　　F T F　　　T F

　　F　　　　　T　　　T T　　　T　T　　　F

　　F　　　　　F　　　T T　　　T　　　　F

T　　　　　　　　T　　　T

T

第7章　演繹方法

2. 有效性的形式證明

I

1. C.D. 　　　2. Add. 　　　3. M.T. 　　　4. M.P. 　　　5. M.P.

6. M.T. 　　　7. Conj. 　　　8. C.D.

II

9. (1) $I \supset J$

(2) $J \supset K$

(3) $L \supset M$

(4) $I \lor L$

　$\therefore K \lor M$

(5) $I \supset K$ 　　　　　　　　1, 2 H.S.

(6) $(I \supset K) \cdot (L \supset M)$ 　　　5, 3 Conj.

(7) $K \lor M$ 　　　　　　　　6, 4 C.D.

10. (1) $(A \lor B) \supset C$

(2) $(C \lor B) \supset [A \supset (D \equiv E)]$

(3) $A \cdot D$

　$\therefore D \equiv E$

(4) A 　　　　　　　　　　3 Simp.

(5) $A \lor B$ 　　　　　　　　4 Add.

(6) C 　　　　　　　　　　1, 5 M.P.

(7) $C \lor B$ 　　　　　　　　6 Add.

(8) $A \supset (D \supset E)$ 　　　　2, 7 M.P.

(9) $D \equiv E$ 　　　　　　　　8, 4 M.P.

III

11. (1) $D \supset E$ 　　　　　　　　12. (1) $P \cdot Q$

(2) $D \cdot F$ 　　　　　　　　　　(2) R

　$\therefore E$ 　　　　　　　　　　　$\therefore P \cdot R$

(3) D 　　　2 Simp. 　　　　　(3) P 　　　1 Simp.

(4) E 　　　1, 3 M.P. 　　　　(4) $P \cdot R$ 　　　3, 2 Conj.

13. (1) $Y \supset Z$ 　　　　　　　14. (1) $\sim(K \cdot L)$

(2) Y 　　　　　　　　　　　　(2) $K \supset L$

　$\therefore Y \cdot Z$ 　　　　　　　　　$\therefore \sim K$

(3) Z 　　　1, 2 M.P. 　　　　(3) $K \supset (K \cdot L)$ 　　2 Abs.

(4) $Y \cdot Z$ 　　2, 4 Conj. 　　(4) $\sim K$ 　　　3, 1 M.T.

15. (1) $(Z \cdot A) \supset (B \cdot C)$ 　　16. (1) $(K \supset L) \supset M$

(2) $Z \supset A$ 　　　　　　　　　(2) $\sim M \cdot \sim(L \supset K)$

　$\therefore Z \supset (B \cdot C)$ 　　　　　$\therefore \sim(K \supset L)$

(3) $Z \supset (Z \cdot A)$ 　　2 Abs. 　(3) $\sim M$ 　　　2 Simp.

(4) $Z \supset (B \cdot C)$ 　　3, 1 H.S. 　(4) $\sim(K \supset L)$ 　　1, 3 M.T.

17. (1) $A \supset B$
 (2) $A \lor C$
 (3) $C \supset D$
 　∴$B \lor D$
 (4) $(A \supset B) \cdot (C \supset D)$　　1, 3 Conj.
 (5) $B \lor D$　　4, 2 C.D.

18. (1) $(M \supset N) \cdot (O \supset P)$
 (2) $N \supset P$
 (3) $(N \supset P) \supset (M \lor O)$
 　∴$N \lor P$
 (4) $M \lor O$　　3, 2 M.P.
 (5) $N \lor P$　　1, 4 C.D.

IV

19. (1) $(H \supset I) \cdot (H \supset J)$
 (2) $H \cdot (I \lor J)$
 　∴$I \lor J$
 (3) H　　2 Simp.
 (4) $H \lor H$　　3 Add.
 (5) $I \lor H$　　1, 4 C.D.

20. (1) $Q \supset R$
 (2) $R \supset S$
 (3) $\sim S$
 　∴$\sim Q \cdot \sim R$
 (4) $\sim R$　　2, 3 M.T.
 (5) $\sim Q$　　1, 4 M.T.
 (6) $\sim Q \cdot \sim R$　　5, 4 Conj.

21. (1) $\sim X \supset Y$
 (2) $Z \supset X$
 (3) $\sim X$
 　∴$Y \cdot \sim Z$
 (4) Y　　1, 3 M.P.
 (5) $\sim Z$　　2, 3 M.T.
 (6) $Y \cdot \sim Z$　　5, 4 Conj.

22. (1) $(H \supset I) \cdot (J \supset K)$
 (2) $K \lor H$
 (3) $\sim K$
 　∴I
 (4) H　　2, 3 D.S.
 (5) $H \supset I$　　1 Simp.
 (6) I　　5, 4 M.P.

23. (1) $(T \supset U) \cdot (V \supset W)$
 (2) $(U \supset X) \cdot (W \supset Y)$
 (3) T
 　∴$X \lor Y$
 (4) $T \lor V$　　3 Add.
 (5) $U \lor W$　　1, 5 C.D.
 (6) $X \lor Y$　　2, 5 C.D.

V

24. (1) $(K \lor L) \supset (M \lor N)$
 (2) $(M \lor N) \supset (O \cdot P)$
 (3) K
 　∴O
 (4) $(K \lor L) \supset (O \cdot P)$　　1, 2 H.S.
 (5) $K \lor L$　　3 Add.
 (6) $O \cdot P$　　4, 5 M.P
 (7) O　　6 Simp.

25. (1) $A \supset B$
 (2) $C \supset D$
 (3) $A \lor C$
 　∴$(A \cdot B) \lor (C \cdot D)$
 (4) $A \supset (A \cdot B)$　　1 Abs.
 (5) $C \supset (C \cdot D)$　　2 Abs.
 (6) $[A \supset (A \cdot B)] \cdot [C \supset (C \cdot D)]$　　4, 5 Conj.
 (7) $(A \cdot B) \lor (C \cdot D)$　　6, 3 C.D.

26. (1) $[(A \lor B) \supset C] \cdot [(X \cdot Y) \supset Z]$
 (2) $\sim C$
 (3) $(A \lor B) \lor (Y \supset X)$
 (4) $\sim X$
 　∴$\sim Y \lor (X \equiv Y)$

(5) $(A \lor B) \supset C$ 1 Simp.
(6) $\sim(A \lor B)$ 5, 2 M.T.
(7) $Y \supset X$ 3, 6 D.S.
(8) $\sim Y$ 7, 4 M.T.
(9) $\sim Y \lor (X \equiv Y)$ 8 Add.

VI

27. (1) $(B \supset P) \cdot (P \supset \sim L)$
    (2) $T \supset L$
    (3) $B \lor T$
      $\therefore P \lor L$
    (4) $B \supset P$ 1 Simp.
    (5) $(B \supset P) \cdot (T \supset L)$ 4, 2 Conj.
    (6) $P \lor L$ 5, 3 C.D.

28. (1) $A \supset B$
    (2) $(A \cdot B) \supset (C \lor D)$
    (3) $(C \lor D) \supset \sim E$
    (4) $(A \supset \sim E) \supset F$
      $\therefore F$
    (5) $A \supset (A \cdot B)$ 1 Abs.
    (6) $A \supset (C \lor D)$ 5, 3 H.S.
    (7) $A \supset \sim E$ 6, 3 H.S.
    (8) F 4, 7 M.P.

29. (1) $(G \supset L) \cdot (\sim T \supset J)$
    (2) $G \cdot T$
    (3) $\sim L$
      $\therefore (J \cdot G) \lor (\sim L \supset T)$
    (4) G 2 Simp.
    (5) $G \lor \sim T$ 4 Add.
    (6) $L \lor J$ 1, 5 C.D.
    (7) J 6, 3 D.S.
    (8) $J \cdot G$ 7, 4 Conj.
    (9) $(J \cdot G) \lor (\sim L \supset T)$ 8 Add.

30. (1) $(L \supset G) \cdot (H \supset X)$
    (2) $(P \supset S) \cdot (M \supset D)$
    (3) L
    (4) $(G \lor S) \supset (B \supset C)$
    (5) $\sim C$
      $\therefore \sim B$
    (6) $L \supset G$ 1 Simp.
    (7) $P \supset S$ 2 Simp.
    (8) $(L \supset G) \cdot (P \supset S)$ 6, 7 Conj.
    (9) $L \lor P$ 3 Add.
    (10) $G \lor S$ 8, 9 C.D.
    (11) $B \supset C$ 4, 10 M.P.
    (12) $\sim B$ 11, 5 M.T.

31. (1) H
    (2) $H \supset (M \cdot S)$
    (3) $H \supset (C \cdot K)$
    (4) $(M \cdot C) \supset L$
    (5) $L \supset (P \lor R)$
    (6) $\sim P$
    (7) $R \supset D$
      $\therefore D$
    (8) $M \cdot S$ 2, 1 M.P.
    (9) $C \cdot K$ 3, 1 M.P.
    (10) M 8 Simp.
    (11) C 9 Simp.
    (12) $M \cdot C$ 10, 11 Conj.
    (13) $(M \cdot C) \supset (P \lor R)$ 4, 5 H.S.

(14) $P \lor R$　　　　　13, 12 M.P.

(15) R　　　　　　　14, 6 D.S.

(16) D　　　　　　　7, 15 M.P.

3. 替換規則(1)

Ⅰ

1. De M.　　　　2. Dist.　　　　3. De M.　　　　4. D.N.　　　　5. Dist.

Ⅱ

6. (1) $(p \cdot q) \lor (r \cdot s)$

(2) $[(p \cdot q) \supset t] \cdot (s \supset w)$

　$\therefore t \lor w$

(3) $[(p \cdot q) \lor r] \cdot [(p \cdot q) \lor s]$　　　1 Dist.

(4) $[(p \cdot q) \lor s] \cdot [(p \cdot q) \lor r]$　　　2 Com.

(5) $(p \cdot q) \lor s$　　　　　4 Simp.

(6) $t \lor w$　　　　　　　2, 5 C.D.

7. (1) $\sim p \lor (q \lor \sim r)$

(2) $\sim\sim(p \cdot r)$

　$\therefore q \lor \sim(t \cdot \sim s)$

(3) $\sim p \lor (\sim r \lor q)$　　　1 Com.

(4) $(\sim p \lor \sim r) \lor q$　　　3 Assoc.

(5) $\sim(p \cdot r) \lor q$　　　4 De M.

(6) q　　　　　　5, 2 D.S.

(7) $q \lor \sim(t \cdot \sim s)$　　6 Add.

8. (1) $p \lor (q \cdot s)$

(2) $\sim q$

(3) $p \supset s$

　$\therefore \sim\sim s$

(4) $(p \lor q) \cdot (p \lor s)$　　　1 Dist.

(5) $p \lor q$　　　　　4 Simp.

(6) $q \lor p$　　　　　5 Com.

(7) p　　　　　　6, 2 D.S.

(8) s　　　　　　7, 3 M.P.

(9) $\sim\sim s$　　　　8 D.N.

9. (1) $p \supset q$

(2) $(q \cdot p) \supset (r \lor s)$

(3) $\sim r$

(4) $s \supset r$

　$\therefore \sim p$

(5) $\sim s$　　　　　4, 3 M.T.

(6) $\sim r \cdot \sim s$　　　3, 5 Conj.

(7) $\sim(r \lor s)$　　　6 De M.

(8) $\sim(q \cdot p)$　　　2, 7 M.T.

(9) $\sim(p \cdot q)$　　　9 Com.

(10) $p \supset (p \cdot q)$　　1 Abs.

(11) $\sim p$　　　　　10, 9 M.T.

10. (1) $\sim p \lor (q \cdot \sim r)$

(2) $\sim(p \cdot r) \supset \sim[r \cdot (s \lor t)]$

　$\therefore \sim(r \cdot t)$

(3) $(\sim p \lor q) \cdot (\sim p \lor \sim r)$　　1 Dist.

(4) $(\sim p \lor \sim r) \cdot (\sim p \lor q)$　　3 Com.

(5) $\sim p \lor \sim r$　　　　4 Simp.

(6) $\sim(p \cdot r)$　　　　5 De M.

(7) $\sim[r \cdot (s \lor t)]$　　2, 6 M.P.

(8) $\sim r \lor \sim(s \lor t)$　　7 De M.

(9) $\sim r \lor (\sim s \cdot \sim t)$　　8 De M.

(10) $(\sim r \lor \sim s) \cdot (\sim r \lor \sim t)$　　9 Dist.

(11) $(\sim r \lor \sim t) \cdot (\sim r \lor \sim s)$　　10 Com.

(12) $\sim r \lor \sim t$　　　11 Simp.

(13) $\sim(r \cdot t)$　　　12 De M.

Ⅲ

11. (1) $A \cdot \sim B$
　　 $\therefore \sim B$
　 (2) $\sim B \cdot A$　　　　　　　　　1 Com.
　 (3) $\sim B$　　　　　　　　　　　2 Simp.

13. (1) $E \supset (G \lor H)$
　 (2) $(\sim G \cdot \sim H)$
　　 $\therefore \sim E$
　 (3) $\sim (G \lor H)$　　　　　　　　2 De M.
　 (4) $\sim E$　　　　　　　　　　　1, 3 M.T.

15. (1) $(A \cdot B) \supset C$
　　 $\therefore (A \cdot B) \supset [C \cdot (A \cdot B)]$
　 (2) $(A \cdot B) \supset [(A \cdot B) \cdot C]$　1 Abs.
　 (3) $(A \cdot B) \supset [C \cdot (A \cdot B)]$　2 Com.

17. (1) $(E \cdot F) \supset (G \cdot H)$
　 (2) $F \cdot E$
　　 $\therefore G \cdot H$
　 (3) $E \cdot F$　　　　　　　　　　2 Com.
　 (4) $G \cdot H$　　　　　　　　　　1, 3 M.P.

12. (1) $A \lor (B \cdot C)$
　　 $\therefore A \lor B$
　 (2) $(A \lor B) \cdot (A \lor C)$　　　1 Dist.
　 (3) $A \lor B$　　　　　　　　　　2 Simp.

14. (1) $(A \supset B) \cdot (C \supset D)$
　 (2) $C \lor A$
　　 $\therefore B \lor D$
　 (3) $A \lor C$　　　　　　　　　　2 Com.
　 (4) $B \lor D$　　　　　　　　　　1, 3 C.D.

16. (1) $B \cdot (C \cdot D)$
　　 $\therefore C \cdot (D \cdot B)$
　 (3) $(C \cdot D) \cdot B$　　　　　　1 Com.
　 (4) $C \cdot (D \cdot B)$　　　　　　3 Assoc.

18. (1) $[(A \lor B) \cdot (A \lor C)] \supset D$
　 (2) $A \lor (B \cdot C)$
　　 $\therefore D$
　 (3) $[A \lor (B \cdot C)] \supset D$　　1 Dist.
　 (4) D　　　　　　　　　　　　3, 2 M.P.

Ⅳ

19. (1) $A \lor \sim (B \lor C)$
　　 $\therefore A \lor \sim B$
　 (3) $A \lor (\sim B \cdot \sim C)$　　　　1 De M.
　 (4) $(A \lor \sim B) \cdot (A \lor \sim C)$　3 Dist.
　 (5) $A \lor \sim B$　　　　　　　　　4 Simp.

21. (1) $(N \lor O) \cdot (N \lor P)$
　 (2) $\sim N$
　　 $\therefore O$
　 (3) $N \lor (O \cdot P)$　　　　　　1 Dist.
　 (4) $O \cdot P$　　　　　　　　　　3, 2 D.S.
　 (5) O　　　　　　　　　　　　4 Simp.

23. (1) $E \lor (F \cdot G)$
　　 $\therefore E \lor G$
　 (2) $E \lor (G \cdot F)$　　　　　　1 Com.
　 (3) $(E \lor G) \cdot (E \lor F)$　　　2 Dist.
　 (4) $E \lor G$　　　　　　　　　　3 Simp.

20. (1) $(P \lor Q) \lor R$
　 (2) $\sim Q$
　　 $\therefore P \lor R$
　 (3) $(Q \lor P) \lor R$　　　　　　1 Com.
　 (4) $Q \lor (P \lor R)$　　　　　　3 Assoc.
　 (5) $P \lor R$　　　　　　　　　　4, 2 D.S.

22. (1) $\sim (\sim U \cdot \sim P)$
　 (2) $\sim U$
　　 $\therefore P$
　 (3) $\sim\sim (U \lor P)$　　　　　　1 De M.
　 (4) $U \lor P$　　　　　　　　　　3 D.N.
　 (5) P　　　　　　　　　　　　4, 2 D.S.

Ⅴ

24. (1) $p \cdot (q \cdot r)$
　　 $\therefore r$
　 (2) $(p \cdot q) \cdot r$　　　　　　　1 Assoc.
　 (3) $r \cdot (p \cdot q)$　　　　　　　2 Com.

25. (1) $\sim p \supset \sim q$
　 (2) q
　　 $\therefore p$
　 (3) $\sim\sim q$　　　　　　　　　　2 D.N.

(4) r	3 Simp.

26. (1) $p \lor (q \lor r)$
(2) $\sim q$
　$\therefore p \lor r$

(3) $(p \lor q) \lor r$	1 Assoc.
(4) $(q \lor p) \lor r$	3 Com.
(5) $q \lor (p \lor r)$	4 Assoc.
(6) $p \lor r$	5, 2 D.S.

28. (1) $\sim[(p \lor q) \lor r]$
　$\therefore q$

(2) $\sim(p \lor q) \cdot \sim r$	1 De M.
(3) $\sim(p \lor q)$	2 Simp.
(4) $\sim p \cdot \sim q$	3 De M.
(5) $\sim q \cdot \sim p$	4 Com.
(6) $\sim q$	5 Simp.

30. (1) $\sim[p \lor (q \cdot r)]$
(2) r
　$\therefore \sim q$

(3) $\sim p \cdot \sim(q \cdot r)$	1 De M.
(4) $\sim(q \cdot r) \cdot \sim p$	3 Com.
(5) $\sim(q \cdot r)$	4 Simp.
(6) $\sim q \lor \sim r$	5 De M.
(7) $\sim r \lor \sim q$	6 Com.
(8) $\sim\sim r$	2 D.N.
(9) $\sim q$	7, 8 D.S.

32. (1) $(p \cdot q) \lor (\sim p \cdot \sim q)$
　$\therefore (\sim p \lor q) \cdot (\sim q \lor p)$

(2) $[(p \cdot q) \lor \sim p] \cdot [(p \cdot q) \lor \sim q]$	1 Dist.
(3) $(p \cdot q) \lor \sim p$	2 Simp.
(4) $[(p \cdot q) \lor \sim q] \cdot [(p \cdot q) \lor \sim p]$	2 Com.
(5) $(p \cdot q) \lor \sim q$	4 D.N.
(6) $\sim p \lor (p \cdot q)$	5 Com.
(7) $(\sim p \lor p) \cdot (\sim p \lor q)$	6 Dist.
(8) $(\sim p \lor q) \cdot (\sim p \lor p)$	7 Com.
(9) $\sim p \lor q$	8 Simp.
(10) $\sim q \lor (p \cdot q)$	5 Com.
(11) $(\sim q \lor p) \cdot (\sim q \lor q)$	10 Dist.

(4) $\sim\sim p$	1, 3 M.T.
(5) p	4 D.N.

27. (1) $(p \supset q) \cdot (r \supset s)$
(2) $p \lor (q \cdot r)$
　$\therefore q \lor s$

(3) $p \lor (r \cdot q)$	2 Com.
(4) $(p \lor r) \cdot (p \lor q)$	3 Dist.
(5) $p \lor r$	4 Simp.
(6) $q \lor s$	1, 5 C.D.

29. (1) $(p \supset q) \cdot (q \supset p)$
　$\therefore (p \supset p) \cdot (q \supset q)$

(2) $p \supset q$	1 Simp.
(3) $(q \supset p) \cdot (p \supset q)$	1 Com.
(4) $q \supset p$	3 Simp.
(5) $p \supset p$	2, 4 H.S.
(6) $q \supset q$	4, 2 H.S.
(7) $(p \supset p) \cdot (q \supset q)$	5, 6 Conj.

31. (1) $p \lor \sim(q \lor r)$
(2) $\sim(\sim p \cdot q) \supset s$
(3) $s \supset w$
　$\therefore (s \cdot w) \lor (t \cdot z)$

(4) $(\sim\sim p \lor \sim q) \supset s$	2 De M.
(5) $(p \lor \sim q) \supset s$	4 D.N.
(6) $p \lor (\sim q \cdot \sim r)$	1 De M.
(7) $(p \lor \sim q) \cdot (p \lor \sim r)$	6 Dist.
(8) $p \lor \sim q$	7 Simp.
(9) s	5, 8 M.P.
(10) $s \supset (s \cdot w)$	3 Abs.
(11) $s \cdot w$	10, 9 M.P.
(12) $(s \cdot w) \lor (t \cdot s)$	11 Add.

(12) ~q ∨ p　　　　　　　　11 Simp.

(13) (~p ∨ q) · (~q ∨ p)　　9, 12 Conj.

33. (1) (p · q) ∨ (p · r)

(2) ~(~q · ~r) ⊃ t

(3) ~t ∨ (x · z)

　　∴(x ∨ a) · (x ∨ z)

(4) ~~(q ∨ r) ⊃ t　　　　2 De M.

(5) (q ∨ r) ⊃ t　　　　　4 D.N.

(6) p · (q ∨ r)　　　　　1 Dist.

(7) (q ∨ r) · p　　　　　6 Com.

(8) q ∨ r　　　　　　　7 Simp.

(9) t　　　　　　　　　5, 8 M.P.

(10) ~~t　　　　　　　9 D.N.

(11) x · z　　　　　　　3, 10 D.S.

(12) x　　　　　　　　11 Simp.

(13) x ∨ (a · z)　　　　12 Add.

(14) (x ∨ a) · (x ∨ z)　13 Dist.

4. 替換規則(2)

Ⅰ

1. Equiv.　　　2. Exp.　　　3. Equiv.　　　4. Exp.　　　5. Impl.

6. Assoc.　　　7. Equiv.　　　8. Dist.

Ⅱ

9. (1) (M ∨ N) ⊃ (O · P)　　　　　10. (1) A ⊃ B

(2) ~O　　　　　　　　　　　　　(2) B ⊃ C

　　∴~M　　　　　　　　　　　　(3) C ⊃ A

(3) ~O ∨ ~P　　　2 Add.　　　　　(4) A ⊃ ~C

(4) ~(O · P)　　　3 De M.　　　　　∴~A · ~C

(5) ~(M ∨ N)　　　1, 4 M.T.　　　　(5) A ⊃ C　　　　　1, 2 H.S.

(6) ~M · ~N　　　5 De M.　　　　　(6) (A ⊃ C) · (C · A)　5, 3 Conj.

(7) ~M　　　　　6 Simp.　　　　　(7) A ≡ C　　　　　6 Equiv.

　　　　　　　　　　　　　　　　(8) (A · C) ∨ (~A · ~C)　7 Equiv.

　　　　　　　　　　　　　　　　(9) ~A ∨ ~C　　　　4 Impl.

　　　　　　　　　　　　　　　　(10) ~(A · C)　　　　9 De.M.

　　　　　　　　　　　　　　　　(11) ~A · ~C　　　　8, 10 D.S.

Ⅲ

11. (1) A　　　　　　　　　　　12. (1) C

(2) ~B ⊃ ~A　　　　　　　　　　(2) (C · D) ⊃ E

　　∴B　　　　　　　　　　　　　∴D ⊃ E

(3) A ⊃ B　　　2 Trans.　　　　　(3) C ⊃ (D ⊃ E)　　2 Exp.

(4) B　　　　　3, 1 M.P.　　　　　(4) D ⊃ E　　　　　3, 1 M.P.

13. (1) $Q \supset [R \supset (S \supset T)]$
　　(2) $Q \supset (Q \cdot R)$
　　　$\therefore Q \supset (S \supset T)$
　　(3) $(Q \cdot R) \supset (S \supset T)$　　　　1 Exp.
　　(4) $Q \supset (S \supset T)$　　　　2, 3 H.S.

14. (1) $W \supset X$
　　(2) $\sim Y \supset \sim X$
　　　$\therefore W \supset Y$
　　(3) $X \supset Y$　　　　2 Trans.
　　(4) $W \supset Y$　　　　1, 3 H.S.

15. (1) $F \equiv G$
　　(2) $\sim(F \cdot G)$
　　　$\therefore \sim F \cdot \sim G$
　　(3) $(F \cdot G) \vee (\sim F \cdot \sim G)$　　　1 Equiv.
　　(4) $\sim F \cdot \sim G$　　　　3, 2 D.S.

16. (1) $(S \cdot T) \vee (U \cdot V)$
　　(2) $\sim S \vee \sim T$
　　　$\therefore U \cdot V$
　　(3) $\sim(S \cdot T)$　　　　2 De M.
　　(4) $U \vee V$　　　　1, 3 D.S.

17. (1) $(A \vee B) \supset (C \vee D)$
　　(2) $\sim C \cdot \sim D$
　　　$\therefore \sim(A \vee B)$
　　(3) $\sim(C \vee D)$　　　　2 De M.
　　(4) $\sim(A \vee B)$　　　　1, 3 M.T.

18. (1) $(M \supset N) \cdot (\sim O \vee P)$
　　(2) $M \vee O$
　　　$\therefore N \vee P$
　　(3) $(M \supset N) \cdot (O \supset P)$　　　1 Impl.
　　(4) $N \vee P$　　　　3, 2 C.D.

19. (1) $(Y \supset Z) \cdot (Z \supset Y)$
　　　$\therefore (Y \cdot Z) \vee (\sim Y \cdot \sim Z)$
　　(2) $Y \equiv Z$　　　　1 Equiv.
　　(3) $(Y \cdot Z) \vee (\sim Y \cdot \sim Z)$　　　2 Equiv.

20. (1) $(J \cdot K) \supset [(L \cdot M) \vee (N \cdot O)]$
　　(2) $\sim(L \cdot M) \cdot \sim(N \cdot O)$
　　　$\therefore \sim(J \cdot K)$
　　(3) $\sim[(L \cdot M) \vee (N \cdot O)]$　　　2 De M.
　　(4) $\sim(J \cdot K)$　　　　1, 3 M.T.

Ⅳ

21. (1) $\sim B \vee (C \cdot D)$
　　　$\therefore B \supset C$
　　(2) $(\sim B \vee C) \cdot (\sim B \vee D)$　　　1 Dist.
　　(3) $\sim B \vee C$　　　　2 Simp.
　　(4) $B \supset C$　　　　3 Impl.

22. (1) $H \cdot (I \cdot J)$
　　　$\therefore J \cdot (I \cdot H)$
　　(2) $(H \cdot I) \cdot J$　　　　1 Assoc.
　　(3) $J \cdot (H \cdot I)$　　　　2 Com.
　　(4) $J \cdot (I \cdot H)$　　　　3 Com.

23. (1) $Q \supset (R \supset S)$
　　(2) $Q \supset R$
　　　$\therefore Q \supset S$
　　(3) $(Q \cdot R) \supset S$　　　　1 Exp.
　　(4) $Q \supset (Q \cdot R)$　　　　2 Abs.
　　(5) $Q \supset S$　　　　4, 3 H.S.

24. (1) $W \cdot (X \vee Y)$
　　(2) $\sim W \vee \sim X$
　　　$\therefore W \cdot Y$
　　(3) $(W \cdot X) \vee (W \cdot Y)$　　　1 Dist.
　　(4) $\sim(W \cdot X)$　　　　2 De M.
　　(5) $W \cdot Y$　　　　3, 4 D.S.

25. (1) $G \supset H$
　　(2) $H \supset G$
　　　$\therefore (G \cdot H) \vee (\sim G \cdot \sim H)$
　　(3) $(G \supset H) \cdot (H \supset G)$　　　1, 2 Conj.
　　(4) $G \equiv H$　　　　3 Equiv.
　　(5) $(G \cdot H) \vee (\sim G \cdot \sim H)$　　　4 Equiv.

V

26. (1) $\sim A$
　　　$\therefore A \supset B$
　　(2) $\sim A \lor B$　　　　　　　1 Add.
　　(3) $A \supset B$　　　　　　　2 Impl.

28. (1) $K \supset L$
　　　$\therefore K \supset (L \lor M)$
　　(2) $(K \supset L) \lor M$　　　　1 Add.
　　(3) $(\sim K \supset L) \lor M$　　2 Impl.
　　(4) $\sim K \lor (L \lor M)$　　　3 Assoc.
　　(5) $K \supset (L \lor M)$　　　4 Impl.

27. (1) $E \supset (F \supset G)$
　　　$\therefore F \supset (E \supset G)$
　　(2) $(E \cdot F) \supset G$　　　　1 Exp.
　　(3) $(F \cdot E) \supset G$　　　　2 Com.
　　(4) $F \supset (E \supset G)$　　　3 Exp.

29. (1) $(Q \lor R) \supset S$
　　　$\therefore Q \supset S$
　　(2) $\sim(Q \lor R) \lor S$　　　　1 Impl.
　　(3) $(\sim Q \cdot \sim R) \lor S$　　2 De M.
　　(4) $S \lor (\sim Q \cdot \sim R)$　　3 Com.
　　(5) $(S \lor \sim Q) \cdot (S \lor \sim R)$　3 Dist.
　　(6) $S \lor \sim Q$　　　　　　　5 Simp.
　　(7) $\sim Q \lor S$　　　　　　　6 Com.
　　(8) $Q \supset S$　　　　　　　7 Impl.

30. (1) $W \supset X$
　　(2) $Y \supset X$
　　　$\therefore (W \lor Y) \supset X$
　　(3) $\sim X \supset \sim W$　　　　1 Trans.
　　(4) $\sim X \supset \sim Y$　　　　2 Trans.
　　(5) $X \lor \sim W$　　　　　　3 Impl.
　　(6) $X \lor \sim Y$　　　　　　4 Impl.
　　(7) $(X \supset \sim W) \cdot (X \supset \sim Y)$　5, 6 Conj.
　　(8) $X \lor (\sim W \lor \sim Y)$　　7 Dist.
　　(9) $(\sim W \lor \sim Y) \lor X$　　8 Com.
　　(10) $\sim(W \cdot Y) \lor X$　　　9 De M.
　　(11) $(W \lor Y) \supset X$　　　10 Impl.

VI

31. (1) p
　　(2) $\sim p \lor q$
　　　$\therefore q$
　　(3) $p \supset q$　　　　　　　2 Impl.
　　(4) q　　　　　　　　　　3, 1 M.P.

32. (1) $p \equiv q$
　　(2) $\sim q$
　　　$\therefore \sim p \cdot \sim q$
　　(3) $(q \supset p) \cdot (q \supset p)$　　1 Equiv.
　　(4) $p \supset q$　　　　　　　3 Simp.
　　(5) $\sim p$　　　　　　　　　4, 2 M.T.
　　(6) $\sim p \cdot \sim q$　　　　　5, 2 Conj.

33. (1) $(p \supset q) \cdot (r \supset s)$
　　(2) $\sim q \lor \sim s$
　　　$\therefore \sim p \lor \sim r$
　　(3) $(\sim q \supset \sim p) \cdot (r \supset s)$　1 Trans.
　　(4) $(\sim q \supset \sim p) \cdot (\sim s \supset \sim r)$　3 Trans.
　　(5) $\sim q \lor \sim s$　　　　　4, 2 C.D.

34. (1) $p \supset q$
　　(2) $\sim\sim p$
　　　$\therefore \sim\sim q$
　　(3) $\sim q \supset \sim p$　　　　1 Trans.
　　(4) $\sim\sim q$　　　　　　　3, 2 M.T.

35. (1) $p \supset (q \lor {\sim}s)$
    $\therefore p[p \supset ({\sim}s \lor {\sim}{\sim}q)]$
    (2) $p \supset ({\sim}q \supset {\sim}s)$ 1 Impl.
    (3) $p \supset ({\sim}{\sim}s \supset {\sim}{\sim}q)$ 2 Trans.
    (4) $p \supset ({\sim}s \supset {\sim}{\sim}q)$ 3 Impl.
    (5) $(p \cdot p) \supset ({\sim}s \lor {\sim}{\sim}q)$ 4 Taut.
    (6) $p \supset [p \supset ({\sim}s \lor {\sim}{\sim}q)]$ 5 Exp.

36. (1) $p \equiv q$
    (2) ${\sim}p \supset r$
    $\therefore {\sim}q \supset r$
    (3) $(p \supset q) \cdot (q \supset p)$ 1 Equiv.
    (4) $p \supset q$ 3 Simp.
    (5) ${\sim}q \supset {\sim}p$ 4 Trans.
    (6) ${\sim}q \supset r$ 5, 2 H.S.

37. (1) ${\sim}p$
    (2) ${\sim}p \supset {\sim}s$
    $\therefore {\sim}({\sim}r \supset {\sim}q) \supset {\sim}s$
    (3) ${\sim}s$ 2, 1 M.P.
    (4) ${\sim}s \lor ({\sim}r \supset {\sim}q)$ 3 Add.
    (5) $s \supset ({\sim}r \supset {\sim}q)$ 4 Impl.
    (6) ${\sim}({\sim}r \supset {\sim}q) \supset {\sim}s$ 5 Trans.

38. (1) $q \supset {\sim}p$
    (2) $p \equiv q$
    (3) ${\sim}{\sim}p \supset ({\sim}q \supset r)$
    $\therefore {\sim}{\sim}p \supset r$
    (4) ${\sim}{\sim}p \supset {\sim}q$ 1 Trans.
    (5) ${\sim}{\sim}p \supset ({\sim}{\sim}p \cdot {\sim}q)$ 4 Abs.
    (6) $({\sim}{\sim}p \cdot {\sim}q) \supset r$ 3 Exp.
    (7) ${\sim}{\sim}p \supset r$ 5, 6 H.S.

VII

39. (1) $(G \supset {\sim}H) \supset I$
    (2) ${\sim}(G \cdot H)$
    $\therefore I \lor {\sim}H$
    (3) $({\sim}G \lor {\sim}H) \supset I$ 1 Impl.
    (4) ${\sim}(G \cdot H) \supset I$ 3 De M.
    (5) I 4, 2 M.P.
    (6) $I \lor {\sim}H$ 5 Add.

40. (1) $[(Y \cdot Z) \supset A] \cdot [(Y \cdot B) \supset C]$
    (2) $(B \lor Z) \cdot Y$
    $\therefore A \lor C$
    (3) $(Z \lor B) \cdot Y$ 2 Com.
    (4) $Y \cdot (Z \lor B)$ 3 Com.
    (5) $(Y \cdot Z) \cdot (Y \cdot B)$ 4 Dist.
    (6) $A \lor C$ 1, 5 C.D.

41. (1) $M \supset N$
    (2) $M \supset (N \supset O)$
    $\therefore M \supset O$
    (3) $M \supset (M \cdot N)$ 1 Abs.
    (4) $(M \cdot N) \supset O$ 2 Exp.
    (5) $M \supset O$ 3, 4 H.S.

42. (1) ${\sim}B \lor [(C \supset D) \cdot (E \supset D)]$
    (2) $B \cdot (C \lor E)$
    $\therefore D$
    (3) B 2 Simp.
    (4) ${\sim}{\sim}B$ 3 D.N.
    (5) $(C \supset D) \cdot (E \supset D)$ 1, 4 D.S.
    (6) $(C \lor E) \cdot B$ 2 Com.
    (7) $C \lor E$ 6 Simp.
    (8) $D \lor D$ 5, 7 C.D.
    (9) D 5 Taut.

43. (1) $(M \supset N) \cdot (O \supset P)$
    (2) ${\sim}N \lor {\sim}P$
    (3) ${\sim}(M \cdot O) \supset Q$
    $\therefore Q$
    (4) $({\sim}N \supset {\sim}M) \cdot (O \supset P)$ 1 Trans.
    (5) $({\sim}N \supset {\sim}M) \cdot ({\sim}P \supset {\sim}O)$ 4 Trans.
    (6) ${\sim}M \lor {\sim}O$ 5, 2 C.D.
    (7) ${\sim}(M \cdot O)$ 6 De M.
    (8) Q 3, 7 M.P.

VIII

44. (1) ~(F ∨ ~A)

∴A

(2) ~F · ~~A　　　　1 De M.

(3) ~~A · ~F　　　　2 Com.

(4) ~~A　　　　　　3 Simp.

(5) A　　　　　　　4 D.N.

46. (1) F ⊃ W

∴(F · S) ⊃ W

(2) ~F ∨ W　　　　　1 Impl.

(3) (~F ∨ W) ∨ ~S　2 Add.

(4) ~F ∨ (W ∨ ~S)　3 Assoc.

(5) ~F ∨ (~S ∨ W)　4 Com.

(6) (~F ∨ ~S) ∨ W　5 Assoc.

(7) ~(F · S) ∨ W　　6 De M.

(8) (F · S) ⊃ W　　7 Impl.

45. (1) U ⊃ C

(2) L ∨ U

(3) ~L

∴C

(4) U　　　　　　　2, 3 D.S.

(5) C　　　　　　　1, 4 M.P.

47. (1) (T ∨ C) ⊃ (V · P)

(2) P ⊃ O

(3) ~O

∴~T

(4) ~P　　　　　　　2, 3 M.T.

(5) ~P ∨ ~V　　　　4 Add.

(6) ~V ∨ ~P　　　　5 Com.

(7) ~(V · P)　　　　6 De M.

(8) ~(T ∨ C)　　　　1, 7 M.T.

(9) ~T · ~C　　　　　8 De M.

(10) ~T　　　　　　　9 Simp.

48. (1) D ∨ (I · S)

(2) (D ⊃ L) · (L ⊃ S)

∴S

(3) (D ∨ I) · (D ∨ S)　1 Dist.

(4) (D ∨ S) · (D ∨ I)　3 Com.

(5) D ∨ S　　　　　　4 Simp.

(6) S ∨ D　　　　　　5 Com.

(7) ~~S ∨ D　　　　　6 D.N.

(8) ~S ⊃ D　　　　　7 Impl.

(9) (L ⊃ S) · (D ⊃ L)　2 Com.

(10) D ⊃ L　　　　　　2 Simp.

(11) L ⊃ S　　　　　　9 Simp.

(12) ~S ⊃ L　　　　　8, 10 H.S.

(13) ~S ⊃ S　　　　　12, 11 H.S.

(14) ~~S ∨ S　　　　13.Impl.

(15) S ∨ S　　　　　14.D.N.

(16) S　　　　　　　15.Taut.

IX

49. (1) (M ⊃ T) · (~M ⊃ H)

(2) M ∨ (H ≡ A)

(3) ~T

∴A · (T ⊃ H)

(4) ~T ∨ H　　　　　3 Add.

(5) T ⊃ H　　　　　4 Impl.

50. (1) (H ∨ C) · [(R ∨ ~D) ⊃ V]

(2) R ⊃ (C ⊃ D)

(3) V ⊃ (H ⊃ T)

(4) ~T

∴D ∨ C

(5) (V · H) ⊃ T　　　3 Exp.

(6) $M \supset T$	1 Simp.	(6) $\sim(V \cdot H)$	5, 4 M.T.
(7) $\sim M$	6, 3 M.T.	(7) $\sim V \vee \sim H$	6 De M.
(8) $H \equiv A$	2, 7 D.s.	(8) $V \supset \sim H$	7 Impl.
(9) $(H \supset A) \cdot (A \supset H)$	8 Equiv.	(9) $H \vee C$	1 Simp.
(10) $H \supset A$	9 Simp.	(10) $\sim\sim H \vee C$	9 D.N.
(11) $(\sim M \supset H) \cdot (M \supset T)$	1 Com.	(11) $\sim H \supset C$	10 Impl.
(12) $\sim M \supset H$	11 Simp.	(12) $V \supset C$	8, 11 H.S.
(13) H	12, 7 M.P.	(13) $[(R \vee \sim D) \supset V] \cdot (H \vee C)$	1 Com.
(14) A	10, 13 M.P.	(14) $(R \vee \sim D) \supset V$	13 Simp.
(15) $A \cdot (T \supset H)$	14, 5 Conj.	(15) $(R \vee \sim D) \supset C$	14, 12 H.S.
		(16) $\sim(R \vee \sim D) \vee C$	15 Impl.
		(17) $(\sim R \cdot \sim\sim D) \vee C$	16 De M.
		(18) $(\sim R \cdot D) \vee C$	17 D.N.
		(19) $C \vee (\sim R \cdot D)$	18 Com.
		(20) $(C \vee \sim R) \cdot (C \vee D)$	19 Dist.
		(21) $(C \vee D) \cdot (C \vee \sim R)$	20 Com.
		(22) $C \vee D$	21 Simp.
		(23) $D \vee C$	22 Com.

51. (1) $P \supset [Q \supset (R \supset S)]$		52. (1) $A \supset C$	
(2) $R \cdot P$		(2) $(A \cdot C) \supset (G \vee J)$	
(3) $(S \supset T) \cdot (T \supset \sim S)$		(3) $(E \vee D) \supset H$	
$\therefore \sim Q$		(4) $A \vee M$	
(4) $S \supset T$	3 Simp.	(5) $M \supset E$	
(5) $(T \supset \sim S) \cdot (S \supset T)$	3 Com.	$\therefore J \vee (G \vee H)$	
(6) $T \supset \sim S$	4 Simp.	(6) $A \supset (A \cdot C)$	1 Abs.
(7) $S \supset \sim S$	4, 6 H.S.	(7) $A \supset (G \vee J)$	6, 2 H.S.
(8) $\sim S \vee \sim S$	7 Impl.	(8) $\sim(E \vee D) \vee H$	3 Impl.
(9) $\sim S$	8 Taut.	(9) $(\sim E \cdot \sim D) \vee H$	8 De M.
(10) $P \cdot R$	2 Com.	(10) $H \vee (\sim E \cdot \sim D)$	9 Com.
(11) P	10 Simp.	(11) $(H \vee \sim E) \cdot (H \vee \sim D)$	10 Dist.
(12) $Q \supset (R \supset S)$	1, 11 M.P.	(12) $H \vee \sim E$	11 Simp.
(13) $(Q \cdot R) \supset S$	12 Exp.	(13) $\sim\sim H \vee \sim E$	12 D.N.
(14) $(R \cdot Q) \supset S$	13 Com.	(14) $\sim H \supset \sim E$	13 Impl.
(15) $R \supset (Q \supset S)$	14 Exp.	(15) $\sim E \supset \sim M$	5 Trans.
(16) R	2 Simp.	(16) $\sim H \supset \sim M$	14, 15 H.S.
(17) $Q \supset S$	15, 16 M.P.	(17) $\sim\sim A \vee M$	4 D.N.
(18) $\sim Q$	17, 9 M.T.	(18) $\sim A \supset M$	17 Impl.
		(19) $\sim M \supset \sim\sim A$	18 Trans.
		(20) $\sim M \supset A$	19 D.N.
		(21) $\sim H \supset A$	16, 20 H.S.
		(22) $\sim H \supset (G \vee J)$	21, 7 H.S.
		(23) $\sim\sim H \vee (G \vee J)$	22 Impl.

(24) $H \lor (G \lor J)$　　　　23 D.N.
(25) $(H \lor G) \lor J$　　　　24 Assoc.
(26) $J \lor (H \lor G)$　　　　25 Com.
(27) $J \lor (G \lor H)$　　　　26 Com.

53. (1) $(A \supset B) \cdot (C \supset D)$
(2) $(A \cdot C) \supset (D \supset E)$
(3) $\sim E \cdot C$
∴$\sim A \cdot (B \lor D)$
(4) $\sim E$　　　　3 Simp.
(5) $C \cdot \sim E$　　　　3 Com.
(6) C　　　　5 Simp.
(7) $(C \cdot A) \supset (D \supset E)$　　　　2 Com.
(8) $C \supset [A \supset (D \supset E)]$　　　　7 Exp.
(9) $A \supset (D \supset E)$　　　　8, 6 M.P.
(10) $(A \cdot D) \supset E$　　　　9 Exp.
(11) $\sim (A \cdot D)$　　　　10, 4 M.T.
(12) $\sim A \lor \sim D$　　　　11 De M.
(13) $A \supset \sim D$　　　　12 Impl.
(14) $(C \supset D) \cdot (A \supset B)$　　　　1 Com.
(15) $C \supset D$　　　　14 Simp.
(16) D　　　　15, 6 M.P.
(17) $\sim\sim D$　　　　16 D.N.
(18) $\sim A$　　　　13, 17 M.T.
(19) $D \lor B$　　　　16 Add.
(20) $B \lor D$　　　　19 Com.
(21) $\sim A \cdot (B \lor D)$　　　　18, 20 Conj.

X

54. (1) $(H \supset P) \cdot (S \supset W)$
∴$(H \cdot S) \supset (P \cdot W)$
(2) $H \supset P$　　　　1 Simp.
(3) $(H \supset P) \lor \sim S$　　　　2 Add.
(4) $(\sim H \lor P) \lor \sim S$　　　　3 Impl.
(5) $\sim H \lor (P \lor \sim S)$　　　　4 Assoc.
(6) $\sim H \lor (\sim S \lor P)$　　　　5 Com.
(7) $(\sim H \lor \sim S) \lor P$　　　　6 Assoc.
(8) $\sim (H \cdot S) \lor P$　　　　7 De M.
(9) $(S \supset W) \cdot (H \supset P)$　　　　1 Com.
(10) $S \supset W$　　　　9 Simp.
(11) $(S \supset W) \lor \sim H$　　　　10 Add.
(12) $\sim H \lor (S \supset W)$　　　　11 Com.
(13) $\sim H \lor (\sim S \lor W)$　　　　12 Impl.
(14) $(\sim H \lor \sim S) \lor W$　　　　13 Assoc.

(15) ~(H · S) ∨ W　　　　　　　　14 De M.
(16) [~(H · S) ∨ P] · [~(H · S) ∨ W]　　8, 15 Conj.
(17) ~(H · S) ∨ (P · W)　　　　　16 Dist.
(18) (H · S) ⊃ (P · W)　　　　　17 Impl.

55. (1) G

∴ H ∨ ~H

(2) G ∨ ~H　　　　　　　　1 Add.
(3) ~H ∨ G　　　　　　　　2 Com.
(4) H ⊃ G　　　　　　　　3 Impl.
(5) H ⊃ (H · G)　　　　　　4 Abs.
(6) ~H ∨ (H · G)　　　　　5 Impl.
(7) (~H ∨ H) · (~H ∨ G)　　6 Dist.
(8) ~H ∨ H　　　　　　　　7 Simp.
(9) H ∨ ~H　　　　　　　　8 Com.

5. 條件證明

1. (1) p ∨ q
　(2) ~p
　∴ r ⊃ q
　| (3) r　　　　　　A.C.P.
　| (4) q　　　　　　1, 2 D.S.
　(5) r ⊃ q　　　　　3-4 C.P.

2. (1) p
　(2) (p · q) ⊃ r
　∴ ~r ⊃ ~q
　| (3) ~r　　　　　A.C.P.
　| (4) ~(p · q)　　　2, 3 M.T.
　| (5) ~p ∨ ~q　　　4 De M.
　| (6) ~~p　　　　　1 D.N.
　| (7) ~q　　　　　5, 6 D.S.
　(8) ~r ⊃ ~q　　　3-7 C.P.

3. (1) (p · q) ⊃ r
　(2) p ⊃ q
　∴ (s · p) ⊃ r
　| (3) s · p　　　　A.C.P.
　| (4) p · s　　　　3 Com.
　| (5) p　　　　　4 Simp.
　| (6) q　　　　　2, 5 M.P.
　| (7) p · q　　　　5, 6 Conj.
　| (8) r　　　　　1, 7 M.P.
　(9) (s · p) ⊃ r　　3-8 C.P.

4. (1) p ⊃ q
　(2) ~r ⊃ ~q
　∴ p ⊃ (p ⊃ r)
　| (3) p　　　　　A.C.P.
　| | (4) p　　　　　A.C.P.
　| | (5) q　　　　　1, 3 M.P.
　| | (6) q ⊃ r　　　2 Trans.
　| | (7) r　　　　　6, 5 M.P.
　| (8) p ⊃ r　　　4-7 C.P.
　(9) p ⊃ (p ⊃ r)　3-8 C.P.

5. (1) [p · (q ∨ r)] ⊃ s
　(2) ~q ⊃ r
　(3) ~p ⊃ r
　∴ ~r ⊃ (q · s)
　| (4) ~r　　　　　A.C.P.
　| (5) ~~p　　　　3, 4 M.T.
　| (6) p　　　　　5 D.N.

6. (1) (p ⊃ q) · (r ⊃ s)
　∴ (p ∨ r) ⊃ (q ∨ s)
　| (2) p ∨ r　　　　A.C.P.
　| (3) q ∨ s　　　　1, 2 C.D.
　(4) (p ∨ r) ⊃ (q ∨ s)　2-3 C.P.

	(7) ~~q	2, 4 M.T.
	(8) q	7 D.N.
	(9) q ∨ r	8 Add.
	(10) p · (q ∨ r)	6, 9 conj.
	(11) s	1, 10 M.P.
	(12) q · s	8, 11 Conj.
(13) ~r ⊃ (q · s)	4-12 C.P.

7. (1) ~(p · q)
　(2) ~q ⊃ r
　(3) ~r ∨ p
　∴r ≡ p

	(4) r	A.C.P.
	(5) ~~r	(4) D.N.
	(6) p	3, 5 D.S.
(7) r ⊃ p	4-6 C.P.
	(8) p	A.C.P.
	(9) ~p ∨ ~q	1 De M.
	(10) ~~p	8 D.N.
	(11) ~q	9, 10 D.S.
	(12) r	2, 11 M.P.
(13) p ⊃ r	8-12 C.P.
(14) (r ⊃ p) · (p ⊃ r)	7, 13 Conj.
(15) r ≡ p	14 Equiv.

8. (1) p ⊃ (q · s)
　(2) ~q ∨ s
　(3) (q · s) ⊃ (r ⊃ t)
　(4) ~t
　∴~p ∨ (t ≡ r)

	(5) p	A.C.P.
	(6) q · s	1, 5 M.P.
	(7) r ⊃ t	3, 6 M.P.
	(8) ~t ∨ r	4 Add.
	(9) t ⊃ r	8 Impl.
	(10) (t ⊃ r) · (r ⊃ t)	9, 7 Conj.
	(11) t ≡ r	10 Equiv.
(12) p ⊃ (t ≡ r)	5-11 C.P.
(13) ~p ∨ (t ≡ r)	12 Impl.

9. (1) p ⊃ [(q · r) ⊃ s]
　(2) ~s
　(3) p · q
　∴~r

	(4) r	A.C.P.
	(5) p	3 Simp.
	(6) q · p	3 Com.
	(7) q	6 Simp.
	(8) [(q · r) ⊃ s]	1, 5 M.P.
	(9) q · r	7, 4 Conj.
	(10) s	8, 9 M.P.
	(11) s ∨ ~r	10 Add.
	(12) ~r	11, 2 D.S.
(13) r ⊃ ~r	4-12 C.P.
(14) ~r ∨ ~r	13 Impl.
(15) ~r	14 Taut.

10. (1) p ≡ (q ∨ r)
　(2) r
　(3) (p · r) ⊃ (s ∨ t)
　(4) ~t
　∴s

	(5) ~s	A.C.P.
	(6) ~s · ~t	5, 4 Conj.
	(7) ~(s ∨ t)	6 De M.
	(8) ~(p · r)	3, 7 M.T.
	(9) ~(r · p)	8 Com.
	(10) ~r ∨ ~p	9 De M.
	(11) ~~r	2 D.N.
	(12) ~p	10, 11 D.S.
	(13) [p ⊃ (q ∨ r)] · [(q ∨ r) ⊃ p]	1 Equiv.
	(14) [(q ∨ r) ⊃ p] · [p ⊃ (q ∨ r)]	13 Com.
	(15) (q ∨ r) ⊃ p	14 Simp.
	(16) ~(q ∨ r)	15, 12 M.T.
	(17) ~q · ~r	16 De M.
	(18) ~r · ~q	17 Com.
	(19) ~r	18 Simp.

	(20) $r \lor s$	2 Add.
	(21) s	20, 19 D.S.
(22) $\sim s \supset s$		5-21 C.P.
(23) $s \lor s$		22 Impl.
(24) s		23 Taut.

6. 間接證明

I

1. (1) p
$\therefore q \lor \sim q$
　(2) $\sim(q \lor \sim q)$　　　　A.I.P.
　(3) $\sim q \cdot \sim\sim q$　　　　2 Dem.
(4) $q \lor \sim q$　　　　2-3 I.P.

2. (1) $m \supset g$
(2) $g \supset a$
(3) $a \supset p$
(4) $p \supset i$
(5) m
$\therefore i$
　(6) $\sim i$　　　　A.I.P.
　(7) g　　　　1, 5 M.P.
　(8) a　　　　2, 7 M.P.
　(9) p　　　　3, 8 M.P.
　(10) i　　　　4, 9 M.P.
　(11) $i \cdot \sim i$　　　　10, 6 Conj.
(12) i　　　　6-11 I.P.

3. (1) $\sim p \supset (o \cdot g)$
(2) $g \equiv p$
$\therefore o \supset p$
　(3) $\sim(o \supset p)$　　　　A.I.P.
　(4) $\sim(\sim o \lor p)$　　　　3 Impl.
　(5) $\sim\sim o \cdot \sim p$　　　　4 De M.
　(6) $\sim p \cdot \sim\sim o$　　　　5 Com.
　(7) $\sim p$　　　　6 Simp.
　(8) $o \cdot g$　　　　1, 7 M.P.
　(9) $g \cdot o$　　　　8 Com.
　(10) g　　　　9 Simp.
　(11) $(g \supset p) \cdot (p \supset g)$　　　　2 Equiv.
　(12) $g \supset p$　　　　11 Simp.
　(13) p　　　　12, 10 M.P.
　(14) $p \cdot \sim p$　　　　13, 7 Conj.
(15) $o \supset p$　　　　3-14 I.P.

4. (1) $p \supset [\sim q \lor (r \cdot s)]$
(2) $\sim s \cdot q$
$\therefore \sim p$
　(3) p　　　　A.I.P.
　(4) $\sim q \lor (r \cdot s)$　　　　1, 3 M.P.
　(5) $\sim s$　　　　2 Simp.
　(6) $q \cdot \sim s$　　　　2 Com.
　(7) q　　　　6 Simp.
　(8) $\sim\sim q$　　　　7 D.N.
　(9) $r \cdot s$　　　　4, 8 D.S.
　(10) $s \cdot r$　　　　9 Com.
　(11) s　　　　10 Simp.
　(12) $s \cdot \sim s$　　　　11, 5 Conj.
(13) $\sim p$　　　　3-12 I.P.

5. (1) $m \supset g$
(2) $g \supset (c \lor h)$
(3) $h \supset d$
(4) $\sim d$
(5) $c \supset a$

∴~m ∨ a

(6) $m \supset (c \vee b)$	1, 2 H.S.
(7) ~(~m ∨ a)	A.I.P.
(8) ~~m · ~a	7 De M.
(9) ~~m	8 Simp.
(10) ~a · ~~m	8 Com
(11) ~a	10 Simp.
(12) m	9 D.N.
(13) c ∨ h	6, 12 M.P.
(14) ~c	5, 11 M.T.
(15) h	3, 14 D.S.
(16) ~h	3, 4 M.T.
(17) h · ~h	5, 16 Conj.
(18) ~m ∨ a	7-17 I.P.

Ⅱ

6. (1) $(m \cdot f) \supset (a \vee \sim c)$
  (2) $g \supset c$
  (3) $\sim f \supset j$
  (4) ~a · g
  ∴~ m ∨ j

(5) ~(~m ∨ j)	A.I.P.
(6) ~~m · ~j	5 De M.
(7) ~j · ~~m	6 Com.
(8) ~j	7 Simp.
(9) ~~f	3, 8 M.T.
(10) f	9 D.N.
(11) ~~m	6 Simp.
(12) m	11 D.N.
(13) m · f	12, 10 Conj.
(14) a ∨ ~c	1, 14 M.P.
(15) ~a	4 Simp.
(16) ~c	14, 15 D.S.
(17) ~g	2, 16 M.T.
(18) g · ~a	4 Com.
(19) g	18 Simp.
(20) g · ~g	19, 17 Conj.
(21) ~m ∨ j	5-20 I.P.

7. (1) $p \supset (\sim q \cdot r)$
  (2) $(q \vee \sim r) \supset s$
  (3) ~s ∨ p
  ∴~q

(4) q	A.I.P.
(5) q ∨ ~r	4 Add.
(6) s	2, 5 M.P.
(7) ~~s	6 D.N.
(8) p	3, 7 D.S.
(9) ~q · r	1, 8 M.P.
(10) ~q	9 Simp.
(11) q · ~q	4, 10 Conj.
(12) ~q	-11 I.P.

8. (1) n ≡ (h ∨ s)
  (2) $h \supset (b \cdot m)$
  (3) $s \supset e$
  (4) ~e · n
  ∴b · m

9. (1) a ∨ [g · (~d · ~e)]
  (2) g ≡ e
  ∴ ~a $\supset$ ~(d · ~e)

(3) ~a	A.C.P
(4) g · (~d · ~e)	1, 3 D.S.

(5) ~e	4 Simp.	(5) g	4 Simp.
(6) n · ~e	4 Com.	(6) (~d · ~e) · g	4 Com.
(7) n	6 Simp.	(7) ~d · ~e	6 Simp.
(8) [n ⊃ (h ∨ s)] · [(h ∨ s) ⊃ n]	1 Equiv.	(8) ~e · ~d	7 Com.
(9) ~(b · m)	A.I.P.	(9) ~e	8 Simp.
(10) ~h	2, 9 M.T.	(10) (g ⊃ e) · (e ⊃ g)	2 Equiv.
(11) ~s	3, 5 M.T.	(11) g ⊃ e	10 Simp.
(12) ~h · ~s	10, 11 Conj.	(12) e	11, 5 M.P.
(13) ~(h ∨ s)	12 De M.	(13) e ∨ ~(d · ~e)	12 Add.
(14) n ⊃ (h ∨ s)	8 Simp.	(14) ~(d · ~e)	13, 9 D.S.
(15) ~n	14, 13 M.T.	(15) ~a ⊃ ~(d · ~e)	3-14 C.P.
(16) n · ~n	7, 15 Conj.		
(17) b · m	9-16 I.P.		

10. (1) (h · m) ⊃ (k · b)
    (2) (k ∨ b) ⊃ (f ∨ s)
    (3) h · ~s
    ∴ m ⊃ f

11. (1) a ⊃ (b · ~c)
    (2) ~a ≡ b
    ∴ a ⊃ d

(4) m	A.C.P.	(3) (~a ⊃ b) · (b ⊃ ~a)	2 Equiv.
(5) ~f	A.I.P.	(4) a	A.C.P.
(6) h	3 Simp.	(5) b · ~c	1, 4 M.P.
(7) ~s · h	3 Com.	(6) b	5 Simp.
(8) ~s	7 Simp.	(7) (b ⊃ ~a) · (~a ⊃ b)	3 Com.
(9) ~f · ~s	5, 8 Conj.	(8) b ⊃ ~a	7 Simp.
(10) ~(f ∨ s)	9 De M.	(9) ~~a	4 D.N.
(11) ~(h · m)	1, 10 M.T.	(10) ~b	8, 9 M.T.
(12) ~h ∨ ~m	11 De M.	(11) b ∨ d	6 Add.
(13) ~~h	6 D.N.	(12) d	11, 10 D.S.
(14) ~m	12, 13 D.S.	(13) a ⊃ d	4-12 C.P.
(15) m · ~m	4, 14 Conj.		
(16) f	5-15 I.P.		
(17) m ⊃ f	5-16 C.P.		

12. (1) [w · (c ∨ g)] ⊃ [g ≡ (o ⊃ r)]
    (2) g
    (3) g ⊃ (~r · w)
    ∴ ~g ∨ ~o

(4) ~(~g ∨ ~o)	A.I.P.
(5) ~~(g · o)	4 De M.
(6) g · o	5 D.N.
(7) o · g	6 Com.
(8) o	7 Simp.
(9) ~r · w	3, 2 M.P.
(10) ~r	9 Simp.
(11) w · ~r	9 Com.

	(12) w	11 Simp.
	(13) $g \lor c$	2 Add.
	(14) $c \lor g$	13 Com.
	(15) $w \cdot (c \lor g)$	12, 14 Conj.
	(16) $g \equiv (o \supset r)$	1, 15 M.P.
	(17) $[g \supset (o \supset r)] \cdot [(o \supset r) \supset g]$	16 Equiv.
	(18) $g \supset (o \supset r)$	17 Simp.
	(19) $o \supset r$	18, 2 M.P.
	(20) r	19, 8 M.P.
	(21) $r \cdot \sim r$	20, 10 Conj.
(22) $\sim g \lor \sim o$		4-21 I.P.

13. (1) $\sim[p \equiv (q \lor \sim r)]$
    (2) $p \cdot \sim s$
    $\therefore q \equiv s$

(3) p	2 Simp.
(4) $\sim s \cdot p$	2 Com.
(5) $\sim s$	4 Simp.
(6) $\sim \{ [p \cdot (q \lor \sim r)] \lor [\sim p \cdot \sim(q \lor \sim r)] \}$	1 Equiv.
(7) $\sim[p \cdot (q \lor \sim r)] \cdot \sim[\sim p \cdot \sim(q \lor \sim r)]$	6 De M.

	(8) q	A.C.P
	(9) $\sim[p \cdot (q \lor \sim r)]$	7 Simp.
	(10) $\sim p \lor \sim(q \lor \sim r)$	9 De M.
	(11) $p \supset \sim(q \lor \sim r)$	10 Impl.
	(12) $\sim(q \lor \sim r)$	11, 3 M.P.
	(13) $\sim q \cdot \sim\sim r$	12 De M.
	(14) $\sim q$	13 Simp.
	(15) $q \lor s$	8 Add.
	(16) s	15, 14 D.S.
(17) $q \supset s$		8-16 C.P.
(18) $\sim s \lor q$		5 Add.
(19) $s \supset q$		18 Impl.
(20) $(q \supset s) \cdot (s \supset q)$		17, 19 Conj.
(21) $q \equiv s$		20 Equiv.

Ⅲ

14. (1) $I \supset (B \cdot F)$
    (2) $(F \supset L) \cdot (H \lor M)$
    (3) $(M \supset F) \supset S$
    (4) I
    $\therefore S$

	(5) $\sim S$	A.I.P.
	(6) $B \cdot F$	1, 4 M.P.
	(7) $F \cdot B$	6 Com

15. (1) $(I \lor B) \equiv H$
    (2) $H \supset (S \cdot F)$
    (3) $F \supset O$
    (4) I
    $\therefore O$

	(5) $\sim O$	A.I.P.
	(6) $\sim F$	3, 5 M.T.
	(7) $\sim F \lor \sim S$	6 Add.

(8) F	7 Simp.	
(9) $\sim(M \supset F)$	3, 5 M.T.	
(10) $\sim(\sim M \vee F)$	9 Impl.	
(11) $\sim\sim M \cdot \sim F$	10 De M.	
(12) $\sim F \cdot \sim\sim M$	11 Com.	
(13) $\sim F$	12 Simp.	
(14) $F \cdot \sim F$	8, 13 Conj.	
(15) S	5-14 I.P.	

(8) $\sim S \vee \sim F$	7 Com.
(9) $\sim(S \cdot F)$	8 De M.
(10) $\sim H$	2, 9 M.T.
(11) $[(I \vee B) \supset H] \cdot [H \supset (I \vee B)]$	1 Equiv.
(12) $(I \vee B) \supset H$	11 Simp.
(13) $I \vee B$	4 Add.
(14) H	12, 13 M.P.
(15) $H \cdot \sim H$	14, 10 Conj.
(16) O	5-15 I.P.

16. (1) $(I \cdot \sim V) \supset (\sim B \vee M)$
   (2) $M \supset V$
   (3) $V \supset (L \cdot H)$
   $\therefore (L \cdot M) \supset V$

(4) $L \cdot M$	A.C.P.
(5) $M \cdot L$	4 Com.
(6) M	5 Simp.
(7) V	2, 6 M.P.
(8) $(L \cdot M) \supset V$	4-7 C.P.

17. (1) $[B \vee (F \vee L)] \supset T$
   (2) $\sim L \equiv (T \cdot I)$
   (3) $I \supset \sim(B \cdot L)$
   (4) $\sim T$
   $\therefore I \cdot V$

(5) $\sim(I \cdot V)$	A.I.P.
(6) $\sim I \vee \sim V$	5 De M.
(7) $[\sim L \supset (T \cdot I)] \cdot [(T \cdot I) \supset \sim L]$	2 Equiv.
(8) $\sim L \supset (T \cdot I)$	7 Simp.
(9) $\sim T \vee \sim I$	4 Add.
(10) $\sim(T \cdot I)$	9 De M.
(11) $\sim\sim L$	10, 8 M.T.
(12) $\sim[B \vee (F \vee L)]$	1, 4 M.T.
(13) $\sim B \cdot \sim(F \vee L)$	12 De M.
(14) $\sim B$	13 Simp.
(15) $\sim(F \vee L) \cdot \sim B$	13 Com.
(16) $\sim(F \vee L)$	15 Simp.
(17) $\sim F \cdot \sim L$	16 De M.
(18) $\sim L \cdot \sim F$	17 Com.
(19) $\sim L$	18 Simp.
(20) $\sim L \cdot \sim\sim L$	19, 11 Conj.
(21) $I \cdot V$	5-20 I.P.

18. (1) $(B \cdot F) \supset (I \cdot V)$
　　(2) $\sim F \equiv (T \vee I)$
　　(3) B
　　(4) $(B \supset M) \cdot (M \supset V)$
　　(5) $(\sim I \supset \sim L) \cdot (T \supset L)$
　　$\therefore I$

	(6) $\sim I$	A.I.P.
	(7) $\sim I \supset \sim L$	5 Simp.
	(8) $\sim L$	7, 6 M.P.
	(9) $(T \supset L) \cdot (\sim I \supset \sim L)$	5 Com.
	(10) $T \supset L$	9 Simp.
	(11) $\sim T$	10, 8 M.T.
	(12) $[\sim F \supset (T \vee I)] \cdot [(T \vee I) \supset \sim F]$	2 Equiv.
	(13) $\sim F \supset (T \vee I)$	12 Simp.
	(14) $\sim T \cdot \sim I$	11, 6 Conj.
	(15) $\sim (T \vee I)$	14 De M.
	(16) $\sim\sim F$	13, 15 M.T.
	(17) F	16 D.N.
	(18) $B \cdot F$	3, 17 Conj.
	(19) $I \cdot V$	1, 18 M.P.
	(20) I	19 Simp.
	(21) $I \cdot \sim I$	20, 6 Conj.
	(22) I	6-21 I.P.

第8章　量詞理論

2. 符號語102：量詞邏輯的語言

I

1. $(x) (Ax \supset Mx)$　　　　　　　　2. $(\exists x) (Mx \cdot Fx)$
3. $(\exists x) [(Ax \cdot Cx) \cdot \sim Rx]$　　　　4. $Cf \supset (x) (Sx \supset Cx)$
5. $(x) [(Dx \cdot Ex) \supset \sim Bx]$　　　　6. $Do \equiv (\exists x) (Px \cdot Dx)$
7. $(\exists x) (Px \cdot Cx) \supset Ch$　　　　8. $(\exists x) (Dx \cdot Mx) \equiv (x) (Dx \supset Vx)$
9. $(x) [Wx \supset (Ex \vee Ox)]$　　　　10. $(x) (Mx \supset Sx) \supset (x) (Mx \supset \sim Ix)$
11. $(x) (Px \supset Vx) \cdot \{(x) (Nx \supset Cx) \cdot (x) [Bx \supset (Vx \cdot Cx)]\}$
12. $(x) \{(Tx \cdot Mx) \supset [(Dx \cdot Hx) \supset Ax]\}$　　13. $(x) [(Px \cdot Dx) \supset Cx]$

II

14. $(\exists x) (Mx \cdot \sim Ax)$　　　　　　15. $(x) (Px \supset Gx)$
16. $(\exists x) (Rx \cdot Px)$　　　　　　　17. $(x) (Bx \supset \sim Cx)$
18. $(\exists x) (Cx \cdot Px)$　　　　　　　19. $(x) (Dx \supset Bx)$
20. $(\exists x) (Ax \cdot \sim Hx)$

3. 有效性證明

I

1. 第3行據E.I.
　　第5行據U.I.
　　第10行據E.G.

II

2. 第3行：$Sa \cdot Wa$
　　第4行：$Ka \supset \sim Sa$
　　第11行：$(\exists x)(Wx \cdot \sim Kx)$

III

3. (1) $(\exists x)(Jx \cdot Kx)$
　　(2) $(x)(Jx \supset Lx)$
　　∴$(\exists x)(Lx \cdot Kx)$

(3) $Ja \cdot Ka$	1 E.I.
(4) Ja	3 Simp.
(5) $Ka \cdot Ja$	3 Com.
(6) Ka	5 Simp.
(7) $Ja \supset La$	2 U.I.
(8) La	7, 4 M.P
(9) $La \cdot Ka$	8, 6 Conj.
(10) $(\exists x)(Lx \cdot Kx)$	9 E.G.

4. (1) $(x)(Sx \supset \sim Tx)$
　　(2) $(\exists x)(Sx \cdot Ux)$
　　∴$(\exists x)(Ux \cdot \sim Tx)$

(3) $Sa \cdot Ua$	2 E.I.
(4) $Sa \supset \sim Ta$	1 U.I.
(5) Sa	3 Simp.
(6) $\sim Ta$	4, 5 M.P.
(7) $Ua \cdot Sa$	3 Com.
(8) Ua	7 Simp.
(9) $Ua \cdot \sim Ta$	8, 6 Conj.
(10) $(\exists x)(Ux \cdot \sim Tx)$	9 E.G.

5. (1) $(\exists x)(Yx \cdot Zx)$
　　(2) $(x)(Zx \supset Ax)$
　　∴$(\exists x)(Ax \cdot Yx)$

(3) $Ya \cdot Za$	1 E.I.
(4) $Za \supset Aa$	2 U.I.
(5) Ya	3 Simp.
(6) $Za \cdot Ya$	3 Com.
(7) Za	6 Simp.
(8) Aa	4, 7 M.P.
(9) $Aa \cdot Ya$	8, 5 Conj.
(10) $(\exists x)(Ax \cdot Yx)$	9 E.G.

IV

6. (1) $(x)(Dx \supset Ex)$
　　(2) $(\exists x)(Fx \cdot \sim Ex)$
　　∴$(\exists x)(Fx \cdot \sim Dx)$

(3) $Fa \cdot \sim Ea$	2 E.I.
(4) $Da \supset Ea$	1 U.I.
(5) Fa	3 Simp.
(6) $\sim Ea \cdot Fa$	3 Com.

7. (1) $(x)(Qx \supset Px)$
　　(2) $(\exists x)(Px \cdot Qx)$
　　∴$(\exists x)(Px \cdot Rx)$

(3) $Ra \cdot Qa$	2 E.I.
(4) $Qa \supset Pa$	1 U.I.
(5) Ra	3 Simp.
(6) $Qa \cdot Ra$	3 Com.

(7) ~Ea	6 Simp.	(7) Qa	6 Simp.
(8) ~Da	4, 7 M.T.	(8) Pa	4, 7 M.P.
(9) Fa · ~Da	5, 8 Conj.	(9) Pa · Ra	8, 5 Conj.
(10) (∃x) (Fx · ~Dx)	9 E.G.	(10) (∃x) (Px · Rx)	9 E.G.

8. (1) (x) (Bx ⊃ Px)

   (2) ~Pg

   ∴~Bg

(3) Bg ⊃ Pg	1 U.I.
(4) ~Bg	3，2 M.T.

V

9. (1) ~(x) (Px ⊃ ~Sx)

		10. (1) ~(x) (Dx ⊃ Gx)	
(2) (∃x) ~(Px ⊃ ~Sx)	1 Q.E.	(2) (∃x) ~(Dx ⊃ Gx)	1 Q.E.
(3) (∃x) ~(~Px ∨ ~Sx)	2 Impl.	(3) (∃x) ~(~Dx ∨ Gx)	2 Impl.
(4) (∃x) ~~(Px · Sx)	3 De M.	(4) (∃x) (~~Dx · ~Gx)	3 De M.
(5) (∃x) (Px · Sx)	5 D.N.	(5) (∃x) (Dx · ~Gx)	4 D.N.

11. (1) ~(x) (Cx ⊃ ~~Dx)

		12. (1) ~(x) (~Kx ∨ Lx)	
(2) ~(x) (Cx ⊃ Dx)	1 D.N.	(2) (∃x) ~(~Kx ∨ ~Lx)	1 Q.E.
(3) (∃x) ~(Cx ⊃ Dx)	2 Q.E.	(3) (∃x) ~~(Kx · Lx)	2 De M.
(4) (∃x) ~(~Cx ∨ Dx)	3 Impl.	(4) (∃x) (Kx · Lx)	3 D.N.
(5) (∃x) (~~Cx · ~Dx)	4 De M.		
(6) (∃x) (Cx · ~Dx)	5 D.N.		

13. (1) ~(x) ~(~Ux · ~Vx)

(2) (∃x) (~Ux · ~Vx)	1 Q.E.

VI

14. (1) (x) [(Px ⊃ Qx) · (Rx ⊃ Sx)]

   (2) ~(x) (Tx ⊃ Qx)

   (3) (x) (~Rx ⊃ Ux)

   ∴(∃x) [Tx · (Px ⊃ Ux)]

		15. (1) (x) (Gx ⊃ Qx)	
(4) (∃x) ~(Tx ⊃ Qx)	2 Q.E.	(2) (∃x) (Px · Qx) ⊃ (x) (Rx ⊃ Sx)	
(5) (∃x) ~(~Tx ∨ Qx)	4 Impl.	(3) (∃x) [Px · (~Sx · Gx)]	
(6) (∃x) (~~Tx · ~Qx)	5 De M.	∴(∃x) (Rx ⊃ ~Hx)	
(7) (∃x) (Tx · ~Qx)	6 D.N.	(4) Pa · (~Sa · Ga)	3 E.I.
(8) Ta · ~Qa	7 E.I.	(5) Ga ⊃ Qa	1 U.I.
(9) Ta	8 Simp.	(6) Pa	4 Simp.
(10) ~Qa · Ta	8 Com	(7) (~Sa · Ga) · Pa	4 Com.
(11) ~Qa	10 Simp.	(8) ~Sa · Ga	7 Simp.
(12) (Pa ⊃ Qa) · (Ra ⊃ Sa)	1 U.I.	(9) Ga · ~Sa	8 Com.
(13) Pa ⊃ Qa	12 Simp.	(10) Ga	9 Simp.
(14) ~Pa	13, 11 M.T.	(11) Qa	5, 10 M.P.
(15) ~Pa ∨ Ua	14 Add.	(12) Pa · Qa	6, 11 Conj.
(16) Pa ⊃ Ua	15 Impl.	(13) (∃x) (Px · Qx)	12 E.G.
		(14) (x) (Rx ⊃ Sx)	2, 13 M.T.
		(15) Ra ⊃ Sa	14 U.I.
		(16) ~Sa	8 Simp.

(17) $Ta \cdot (Pa \supset Ua)$　　9, 16 Conj.
(18) $(\exists x)\,[Tx \cdot (Px \supset Ux)\,]$　　17 E.G.

16. (1) $(x)\,[Px \supset (Qx \supset Rx)\,]$
(2) $(\exists x)\,(Px \cdot Sx)$
(3) $(\exists x)\,(\sim Rx \cdot Tx)$
(4) $(\exists x)\,(Px \supset \sim Qx) \supset (x)\,(Sx \supset \sim Rx)$
$\therefore (\exists x)\,(Px \cdot \sim Qx)$
(5) $Pa \cdot Sa$　　2 E.I.
(6) $\sim Rb \cdot Tb$　　3 E.I.
(7) $Pb \supset (Qb \supset Rb)$　　1 U.I.
(8) $(Pb \cdot Qb) \supset Rb$　　7 Exp.
(9) $\sim Rb$　　6 Simp.
(10) $\sim(Pb \cdot Qb)$　　8, 9 M.T.
(11) $\sim Pb \lor \sim Qb$　　10 De M.
(12) $Pb \supset \sim Qb$　　11 Impl.
(13) $(\exists x)\,(Px \supset \sim Qx)$　　12 E.G.
(14) $(x)\,(Sx \supset \sim Rx)$　　4, 13 M.P.
(15) $Sa \supset \sim Ra$　　14 U.I.
(16) $Sa \cdot Pa$　　5 Com.
(17) Sa　　16 Simp.
(18) $\sim Ra$　　15, 17 M.P.
(19) $Pa \supset (Qa \supset Ra)$　　1 U.I.
(20) Pa　　5 Simp.
(21) $Qa \supset Ra$　　19, 20 M.P.
(22) $\sim Qa$　　21, 18 M.T.
(23) $Pa \cdot \sim Qa$　　20, 22 Conj.
(24) $(\exists x)\,(Px \cdot \sim Qx)$　　23 E.G.

(17) $\sim Ra$　　15, 16 M.T.
(18) $\sim Ra \lor \sim Ha$　　17 Add.
(19) $Ra \supset \sim Ha$　　19 Impl.
(20) $(\exists x)\,(Rx \supset \sim Hx)$　　19 E.G.

17. (1) $(\exists x)\,(Qx \cdot \sim Tx)$
(2) $(x)\,[Qx \supset (Tx \lor \sim Px)\,]$
(3) $(\exists x)\,(\sim Tx \cdot Sx)$
(4) $(\exists x)\,(Qx \cdot \sim Px) \supset (x)\,(Sx \supset Px)$
$\therefore (\exists x)\,(Sx \cdot \sim Qx)$
(5) $Qa \cdot \sim Ta$　　1 E.I.
(6) $Qa \supset (Ta \lor \sim Pa)$　　2 U.I.
(7) Qa　　5 Simp.
(8) $Ta \lor \sim Pa$　　6, 7 M.P.
(9) $\sim Ta \cdot Qa$　　5 Com.
(10) $\sim Ta$　　9 Simp.
(11) $\sim Pa$　　9, 10 D.S.
(12) $Qa \cdot \sim Pa$　　7, 11 Conj.
(13) $(\exists x)\,(Qx \cdot \sim Px)$　　12 E.G.
(14) $(x)\,(Sx \supset Px)$　　4, 13 M.P.
(15) $\sim Tb \cdot Sb$　　3 E.I.
(16) $\sim Tb$　　15 Simp.
(17) $Sb \cdot \sim Tb$　　15 Com.
(18) Sb　　17 Simp.
(19) $Sb \supset Pb$　　14 U.I.
(20) Pb　　19, 18 M.P.
(21) $\sim\sim Pb$　　20 D.N.
(22) $Qb \supset (Tb \lor \sim Pb)$　　2 U.I.
(23) $\sim Tb \cdot \sim\sim Pb$　　16, 21 Conj.
(24) $\sim(Tb \lor \sim Pb)$　　23 De M.
(25) $\sim Qb$　　22, 24 M.T.
(26) $Sb \cdot \sim Qb$　　18, 25 Conj.
(27) $(\exists x)\,(Sx \cdot \sim Qx)$　　26 E.G.

18. (1) $(x)\,[Px \supset (Qx \cdot Rx)\,]$
(2) $(\exists x)\,(Sx \cdot \sim Rx)$
(3) $(\exists x)\,(Px \cdot Tx)$
(4) $[(\exists x)\,(Sx \cdot \sim Px) \cdot (\exists y)\,(Qy \cdot Ty)\,] \supset (\exists z)\,(Zz \cdot Fz)$
(5) $(x)\,[Fx \supset (Px \lor \sim Zx)\,]$
$\therefore (\exists x)\,(Zx \cdot Px)$
(6) $Sa \cdot \sim Ra$　　2 E.I.
(7) $Pa \supset (Qa \cdot Ra)$　　1 U.I.
(8) $\sim Pa \lor (Qa \cdot Ra)$　　7 Impl.
(9) $\sim Pa \lor (Ra \cdot Qa)$　　8 Com.
(10) $(\sim Pa \lor Ra) \cdot (\sim Pa \lor Qa)$　　9 Dist.

(11) ~Pa ∨ Ra	10 Simp.
(12) Pa ⊃ Ra	11 Impl.
(13) Sa	6 Simp.
(14) ~Ra · Sa	6 Com.
(15) ~Ra	14 Simp.
(16) ~Pa	12, 15 M.T.
(17) Sa · ~Pa	13, 16 Conj.
(18) (∃x) (Sx · ~Px)	17 E.G.
(19) Pb · Tb	3 E.I.
(20) Pb	19 Simp.
(21) Tb · Pb	19 Com.
(22) Tb	21 Simp.
(23) Pb ⊃ (Qb · Rb)	1 U.I.
(24) Qb · Rb	23, 20 M.P.
(25) Qb	24 Simp.
(26) Qb · Tb	25, 22 Conj.
(27) (∃y) (Qy · Ty)	26 E.G.
(28) (∃x) (Sx · ~Px) · (∃y) (Qy · Ty)	18, 27 Conj.
(29) (∃z) (Zz · Fz)	4, 28 M.P.
(30) Zc · Fc	29 E.I.
(31) Zc	30 Simp.
(32) Fc · Zc	30 Com.
(33) Fc	32 Simp.
(34) Fc ⊃ (Pc ∨ ~Zc)	5 U.I.
(35) Pc ∨ ~Zc	34, 33 M.P.
(36) ~Zc ∨ Pc	35 Com.
(37) Zc ⊃ Pc	36 Impl.
(38) Pc	37, 31 M.P.
(39) Zc · Pc	38, 31 Conj.
(40) (∃x) (Zx · Px)	39 E.G.

Q.E.D.

4. 條件證明與間接證明

1. (1) (x) [Px ⊃ (Qx · Rx)]
　　∴(x) (Px ⊃ Qx)

	(2) Px	A.C.P.
	(3) Px ⊃ (Qx · Rx)	1 U.I.
	(4) Qx · Rx	3, 2 M.P.
	(5) Qx	4 Simp.
(6) Px ⊃ Qx	2-5 C.P.
(7) (x) (Px ⊃ Qx)	6 U.G.

2. (1) (x) [Px ⊃ (Rx ∨ ~Sx)]
　　(2) (x) (Rx ⊃ ~Sx)
　　∴(x) (Px ⊃ ~Sx)

	(3) Px	A.C.P.
	(4) Px ⊃ (Rx ∨ ~Sx)	1 U.I.
	(5) Rx ⊃ ~Sx	2 U.I.
	(6) Rx ∨ ~Sx	4, 3 M.P.
	(7) ~Sx ∨ Rx	6 Com.
	(8) Sx ⊃ Rx	7 Impl.

(9) $Sx \supset \sim Sx$	8, 5 H.S.
(10) $\sim Sx \lor \sim Sx$	9 Impl.
(11) $\sim Sx$	10 T*aut*.
(12) $Px \supset \sim Sx$	3-11 C.P.
(13) $(x) (Px \supset \sim Sx)$	12 U.G.

3. (1) $(x) [(Px \lor Qx) \supset (Rx \cdot Sx)]$
   (2) $(x) [Rx \supset (Qx \cdot \sim Sx)]$
   ∴$(x) (Qx \supset \sim Sx)$

(3) Qx	A.C.P.
(4) $(Px \lor Qx) \supset (Rx \cdot Sx)$	1 U.I.
(5) $Rx \supset (Qx \cdot \sim Sx)$	2 U.I.
(6) $Qx \lor Px$	3.Add.
(7) $Px \lor Qx$	6 Com.
(8) $Rx \cdot Sx$	4, 7 M.P.
(9) Rx	8 Simp.
(10) $Qx \supset \sim Sx$	5, 9 M.P.
(11) $\sim Sx \cdot Qx$	10 Com.
(12) $\sim Sx$	11 Simp.
(13) $Qx \supset \sim Sx$	3-12 C.P.
(14) $(x) (Qx \supset \sim Sx)$	13 U.G.

5. (1) $(x) [Px \supset (Rx \lor \sim Sx)]$
   (2) $(\exists x) (Px \cdot \sim Rx)$
   ∴$(\exists x) (Px \cdot \sim Sx)$

(3) $Pa \cdot \sim Ra$	2 E.I.
(4) $\sim (\exists x) (Px \cdot \sim Sx)$	A.I.P.
(5) $(x) \sim (Px \cdot \sim Sx)$	Q.E.
(6) $Pa \supset (Ra \lor \sim Sa)$	1 U.I.
(7) $\sim (Pa \cdot \sim Sa)$	5 U.I.
(8) Pa	3 Simp.
(9) $\sim Pa \lor \sim\sim Sa$	7 De M.
(10) $\sim\sim Pa$	8 D.N.
(11) $\sim\sim Sa$	9, 10 D.S.
(12) $Ra \lor \sim Sa$	6, 8 M.P.
(13) $\sim Ra \cdot Pa$	3 Com.
(14) $\sim Ra$	13 Simp.
(15) $\sim Sa$	12, 14 D.S.
(16) $\sim Sa \cdot \sim\sim Sa$	15, 11 Conj.
(17) $(\exists x) (Px \cdot \sim Sx)$	4-16 I.P.

7. (1) $(x) [Px \supset (Qx \equiv Rx)]$
   (2) $(\exists x) (Px \cdot Rx)$
   ∴$(\exists x) (Rx \cdot Qx)$

(3) $\sim (\exists x) (Rx \cdot Qx)$	A.I.P
(4) $(x) \sim (Rx \cdot Qx)$	3 Q.E.

4. (1) $(x) [(px \cdot Qx) \supset Rx]$
   (2) $(\exists x) (Px \cdot \sim Rx)$
   ∴$(\exists x) \sim Qx$

(3) $\sim (\exists x) \sim Qx$	A.I.P.
(4) $(x) Qx$	Q.E.
(5) $Pa \cdot \sim Ra$	2 E.I.
(6) Pa	5 Simp.
(7) $\sim Ra \cdot Pa$	6 Com.
(8) $\sim Ra$	7 Simp.
(9) $(Pa \cdot Qa) \supset Ra$	1 U.I.
(10) Qa	4 U.I.
(11) $Pa \cdot Qa$	6, 10 Conj.
(12) Ra	9, 11 M.P.
(13) $Ra \cdot \sim Ra$	12, 8 Conj.
(14) $(\exists x) \sim Qx$	3-13 I.P.

6. (1) $(x) [(Px \lor Qx) \supset (Rx \cdot Sx)]$
   (2) $(x) [Rx \supset (Tx \lor \sim Px)]$
   ∴$(x) [Qx \supset (Px \supset Tx)]$

(3) Qx	A.C.P.
(4) Px	A.C.P.
(5) $(Px \lor Qx) \supset (Rx \cdot Sx)$	1 U.I.
(6) $Px \lor Qx$	4 Add.
(7) $Rx \supset Sx$	5, 6 M.P.
(8) Rx	7 Simp.
(9) $Rx \supset (Tx \lor \sim Px)$	2 U.I.
(10) $Tx \lor \sim Px$	9, 8 M.P.
(11) $\sim Px \lor Tx$	10 Com.
(12) $Px \supset Tx$	11 Impl.
(13) Tx	12, 4 M.P.
(14) $Px \supset Tx$	4-14 C.P.
(15) $Qx \supset (Px \supset Tx)$	3-15 C.P.
(16) $(x) [Qx \supset (Px \supset Tx)]$	15 U.G.

8. (1) $(x) [(Qx \equiv Rx) \supset \sim Px]$
   (2) $(x) (Px \supset Rx)$
   ∴$(x) (Px \supset \sim Qx)$

(3) Px	A.C.P.
(4) $(Qx \equiv Rx) \supset \sim Px$	1 U.I.

	(5) $Pa \cdot Ra$	2 E.I.
	(6) Pa	5 Simp.
	(7) $Ra \cdot Pa$	5 Com.
	(8) Ra	7 Simp.
	(9) $Pa \supset (Qa \equiv Ra)$	1 U.I.
	(10) $Qa \equiv Ra$	9, 6 M.P.
	(11) $\sim(Ra \cdot Qa)$	4 U.I.
	(12) $\sim Ra \lor \sim Qa$	11 De M.
	(13) $Ra \supset \sim Qa$	12 Impl.
	(14) $\sim Qa$	13, 8 M.P.
	(15) $(Qa \supset Ra) \cdot (Ra \supset Qa)$	10 Equiv.
	(16) $(Ra \supset Qa) \cdot (Qa \supset Ra)$	15 Com.
	(17) $Ra \supset Qa$	16 Simp.
	(18) Qa	17, 8 M.P.
	(19) $Qa \cdot Qa$	18, 14 Conj.
(20) $(\exists x)(Rx \cdot Qx)$	3-19 I.P.

	(5) $Px \supset Rx$	2 U.I.
	(6) Rx	5, 3 M.P.
	(7) $\sim\sim Px$	3 D.N.
	(8) $\sim(Qx \equiv Rx)$	4 M.T.
	(9) $\sim[(Qx \cdot Rx) \lor (\sim Qx \cdot \sim Rx)]$	8 Equiv.
	(10) $\sim(Qx \cdot Rx) \cdot \sim(\sim Qx \cdot \sim Rx)$	9 De M.
	(11) $\sim(Qx \cdot Rx)$	10 Simp.
	(12) $\sim(Rx \cdot Qx)$	11 Com.
	(13) $\sim Rx \lor \sim Qx$	12 De M.
	(14) $\sim\sim Rx$	6 D.N.
	(15) $\sim Qx$	13, 14 D.S.
(16) $Px \supset \sim Qx$	3-15 C.P.
(17) $(x)(Px \supset \sim Qx)$	16 U.G.

9. (1) $(x)[(Px \supset \sim Qx) \supset \sim(Px \lor Qx)]$

(2) $(x)(Qx \supset Rx)$

(3) $(x)(Rx \supset Qx)$

∴ $(\exists x)[(Px \supset Rx) \cdot (Rx \supset Px)]$

	(4) $\sim(\exists x)[(Px \supset Rx) \cdot (Rx \supset Px)]$	A.I.P.
	(5) $\sim(\exists x)(Px \equiv Rx)$	4 Equiv.
	(6) $(Pa \supset \sim Qa) \supset \sim(Pa \lor Qa)$	1 U.I.
	(7) $Qa \supset Ra$	2 U.I.
	(8) $Ra \supset Qa$	3 U.I.
	(9) $(\sim Pa \lor \sim Qa) \supset \sim(Pa \lor Qa)$	6 Impl.
	(10) $\sim(Pa \cdot Qa) \supset \sim(Pa \lor Qa)$	9 De M.
		(11) Pa	A.C.P.
		(12) $Pa \lor Qa$	11 Add.
		(13) $\sim\sim(Pa \lor Qa)$	12 D.N.
		(14) $\sim\sim(Pa \cdot Qa)$	9, 13 M.T.
		(15) $Pa \cdot Qa$	14 D.N.
		(16) $Qa \cdot Pa$	15 Com.
		(17) Qa	16 Simp.
		(18) Ra	7, 17 M.P.
	(19) $Pa \supset Ra$	11-18 C.P.
		(20) Ra	A.C.P.
		(21) Qa	8, 20 M.P.
		(22) $Qa \lor Pa$	21 Add.
		(23) $Pa \lor Qa$	22 Com.
		(24) $\sim\sim(Pa \lor Qa)$	23 D.N.
		(25) $\sim\sim(Pa \cdot Qa)$	9, 24 M.T.
		(26) $Pa \cdot Qa$	25 D.N.
		(27) Pa	26 Simp.

| (28) $Ra \supset Pa$ | 20-27 C.P. |

| (29) $(Pa \supset Ra) \cdot (Ra \supset Pa)$ | 19, 28 Conj. |

| (30) $Pa \equiv Ra$ | 29 Equiv. |

| (31) $(\exists x)(Px \equiv Rx)$ | 30 E.G. |

| (32) $(\exists x)(Px \equiv Rx) \cdot \sim(\exists x)(Px \equiv Rx)$ | 31, 5 Conj. |

(33) $(\exists x)[(Px \supset Rx) \cdot (Rx \supset Px)]$　4-32 I.P.

10. (1) $(x)[Px \supset \sim(Qx \vee Rx)]$

  (2) $(x)[\sim Px \supset \sim(\sim Qx \vee \sim Rx)]$

  $\therefore (x)(Qx \supset Rx)$

| (3) Qx | A.C.P. |

| (4) $Px \supset \sim(Qx \vee Rx)$ | 1 U.I. |

| (5) $\sim Px \supset \sim(\sim Qx \vee \sim Rx)$ | 2 U.I. |

| (6) $Qx \vee Rx$ | 3 Add. |

| (7) $\sim\sim(Qx \vee Rx)$ | 6 D.N. |

| (8) $\sim Px$ | 4, 7 M.T. |

| (9) $\sim(\sim Qx \vee \sim Rx)$ | 5, 8 M.P. |

| (10) $\sim\sim(Qx \cdot Rx)$ | 9 De M. |

| (11) $Qx \cdot Rx$ | 10 D.N. |

| (12) $Rx \cdot Qx$ | 11 Com. |

| (13) Rx | 12 Simp. |

(14) $Qx \supset Rx$　　3-13 C.P.

(15) $(x)(Qx \supset Rx)$　15 U.G.

5. 無效性的證明

I

1. $Sa \supset \sim Ta$　$Ta \supset \sim Ua$　$\therefore Sa \supset \sim Ua$
  T　F　　F　T　　　T　T
    T　　　　F　　　　　F
    T　　　　T　　　　　F

2. $Sa \supset \sim Ta$　$Ua \supset \sim Ta$　$\therefore Ua \supset \sim Sa$
  T　F　　T　F　　　T　T
    T　　　　T　　　　　F
    T　　　　T　　　　　F

3. $Ga \supset Ha$　$Ga \supset Ia$　$\therefore Ia \supset Ha$
  F　F　　F　T　　　T　F
    T　　　　T　　　　　T

4. $Pa \supset \sim Qa$　$Pa \supset \sim Ra$　$\therefore Ra \supset \sim Qa$
  F　T　　F　T　　　T　T
    F　　　　F　　　　　F
    T　　　　T　　　　　F

5. $(Va \cdot \sim Wa) \vee (Vb \cdot \sim Wb)$　$(Wa \cdot \sim Xa) \vee (Wb \cdot \sim Xb)$　$\therefore (Xa \cdot \sim Va) \vee (Xb \cdot \sim Vb)$
  T　T　T　T　F　　T　T　F　F　F　　F　T　F　T　T
    F　　　　T　　　　　T　　　　T　　　　F　　　　F
    F　　　　T　　　　　T　　　　F　　　　F　　　　F
      T　　　　　　　　　T

II

6. $(x)(Dx \supset \sim Ex)$ $Da \supset \sim Ea$ $Fa \cdot Ea$ $\therefore Da \cdot \sim Fa$

    $(\exists x)(Fx \cdot Ex)$ F   T   T   T   F   T

    $\therefore (\exists x)(Dx \cdot \sim Fx)$ F   T   F

                             T   F

7. $(\exists x)(Px \cdot Qx)$

    $(\exists x)(Qx \cdot \sim Rx)$

    $\therefore (\exists x)(Px \cdot \sim Rx)$

    $(Pa \cdot Qa) \vee (Pb \cdot Qb)$ $(Qa \cdot \sim Ra) \vee (Qb \cdot \sim Rb)$ $\therefore (Pa \cdot \sim Ra) \vee (Pb \cdot \sim Rb)$

     T   T   F   T   T   T   T   F   T   T   F   F

         T   F   F   T   F   T

             T   F   T   F   F

                        T   F   T   F

8. $(x)(Mx \supset Bx)$

    $(\exists x)(Ox \cdot Bx)$

    $\therefore (\exists x)(Ox \cdot Mx)$

     $Ma \supset Ba$ $Oa \cdot Ba$ $\therefore Oa \cdot Ma$

      F   T   T   T   T   F

        T   T   F

III

9. $(x)(Hx \supset Mx)$

    $(\exists x)(Hx \cdot Px)$

    $\therefore (x)(Px \supset Mx)$

    $(Ha \supset Ma) \cdot (Hb \supset Mb)$ $(Ha \cdot Pa) \vee (Hb \cdot Pb)$ $\therefore (Pa \supset Ma) \cdot (Pb \supset Mb)$

      F   F   T   T   F   T   T   T   T   F   T   T

         T   T   F   T   F   T

             T   T   F

10. $(x)(Bx \supset Mx)$

    $(x)(Px \supset Mx)$

    $\therefore (\exists x)(Bx \cdot Px)$

     $Bx \supset Mx$ $Px \supset Mx$ $\therefore Bx \cdot Px$

      F   F   F   F   F   F

        T   T   F

11. (1) $(x)(Px \supset Tx)$

    (2) $(x)(Tx \supset Sx)$

    $\therefore (x)(Px \supset Sx)$

    (3) $Px \supset Tx$ 1 U.I.

    (4) $Tx \supset Sx$ 2 U.I.

    (5) $Px \supset Sx$ 3, 4 H.S.

    (6) $(x)(Px \supset Sx)$ 5 U.G.

IV

12. (1) $(x) \{ [Ix \supset (Jx \cdot \sim Kx)] \cdot [Jx \supset (Ix \supset Kx)] \}$

    (2) $(\exists x)[(Ix \cdot Jx) \cdot \sim Lx]$

    $\therefore (\exists x)(Kx \cdot Lx)$

(3) $(Ia \cdot Ja) \cdot \sim La$	2 E.I.
(4) $Ia \cdot Ja$	3. Simp.
(5) $[Ia \supset (Ja \cdot \sim Ka)] \cdot [Ja \supset (Ia \supset Ka)]$	1 U.I.
(6) $Ia \supset (Ja \cdot \sim Ka)$	5 Simp.
(7) Ia	4 Simp.
(8) $Ja \cdot \sim Ka$	6, 7 M.P.
(9) Ja	8 Simp.
(10) $\sim Ka \cdot Ja$	8 Com.
(11) $\sim Ka$	10 Simp.
(12) $[Ja \supset (Ia \supset Ka)] \cdot [Ia \supset (Ja \cdot \sim Ka)]$	5 Com.
(13) $Ja \supset (Ia \supset Ka)$	12 Simp.
(14) $Ia \supset Ka$	13, 9 M.P.
(15) $\sim Ia$	14, 11 M.T.
(16) $Ia \lor (\exists x)(Kx \cdot Lx)$	7 Add.
(17) $(\exists x)(Kx \cdot Lx)$	16, 15 D.S.

13. (1) $(x)[Wx \supset (Xx \supset Yx)]$
  (2) $(\exists x)[Xx \cdot (Zx \cdot \sim Ax)]$
  (3) $(x)[(Wx \supset Yx) \supset (Bx \supset Ax)]$
  $\therefore (\exists x)(Zx \cdot \sim Bx)$

(4) $Xa \cdot (Za \cdot \sim Aa)$	2 E.I.
(5) Xa	4 Simp.
(6) $(Za \cdot \sim Aa) \cdot Xa$	4 Com.
(7) $Za \cdot \sim Aa$	6 Simp.
(8) Za	7 Simp.
(9) $\sim Aa \supset Za$	7 Com.
(10) $\sim Aa$	9 Simp.
(11) $Wa \supset (Xa \supset Ya)$	1 U.I.
(12) $(Wa \cdot Xa) \supset Ya$	11 Exp.
(13) $(Xa \cdot Wa) \supset Ya$	12 Com.
(14) $Xa \supset (Wa \supset Ya)$	13 Exp.
(15) $Wa \supset Ya$	14, 5 M.P.
(16) $(Wa \supset Ya) \supset (Ba \supset Aa)$	3 U.I.
(17) $Ba \supset Aa$	16, 15 M.P.
(18) $\sim Ba$	17, 10 M.T.
(19) $Za \cdot \sim Ba$	8, 18 Conj.
(20) $(\exists x)(Zx \cdot \sim Bx)$	19 E.G.

14. (1) $(x)\left\{(Lx \lor Mx) \supset \left\{[(Nx \cdot Ox) \lor Px] \supset Qx\right\}\right\}$
  (2) $(\exists x)(Mx \cdot \sim Lx)$
  (3) $(x)\left\{[(Ox \supset Qx) \cdot \sim Rx] \supset Mx\right\}$
  (4) $(\exists x)(Lx \cdot \sim Mx)$
  $\therefore (\exists x)(Nx \supset Rx)$

(5) $La \cdot \sim Ma$	4 E.I.
(6) La	5 Simp.

(7) $(La \lor Ma) \supset \{[(Na \cdot Oa) \lor Pa] \supset Qa\}$　　　1 U.I.

(8) $La \lor Ma$　　　6 Add.

(9) $[(Na \cdot Oa) \lor Pa] \supset Qa$　　　7, 9 M.P.

(10) $[(Oa \supset Qa) \cdot {\sim}Ra] \supset Ma$　　　3 U.I.

(11) ${\sim}Ma \cdot La$　　　5 Com.

(12) ${\sim}Ma$　　　11 Simp.

|　(13) $Na \cdot Oa$　　　A.C.P.

|　(14) $(Na \cdot Oa) \lor Pa$　　　13 Add.

|　(15) Qa　　　9, 14 M.P.

(16) $(Na \cdot Oa) \supset Qa$　　　13-15 C.P.

(17) $Na \supset (Oa \cdot Qa)$　　　16 Exp.

(18) $(Oa \supset Qa) \supset ({\sim}Ra \supset Ma)$　　　10 Exp.

(19) $Na \supset ({\sim}Ra \supset Ma)$　　　17, 18 H.S.

|　(20) Na　　　A.C.P.

|　(21) ${\sim}Ra \supset Ma$　　　19, 20 M.P.

|　(22) ${\sim}{\sim}Ra$　　　21, 12 M.T.

|　(23) Ra　　　22 D.N.

(24) $Na \supset Ra$　　　20-23 C.P.

(25) $(\exists x)(Na \supset Rx)$　　　24 E.G.

V

15.　$(x)[(Ax \lor Sx) \supset (Ox \lor Vx)]$

　　$(\exists x)(Sx \cdot {\sim}Ox)$

　　$\therefore (\exists x)(Ax \cdot Vx)$

$(Aa \lor Sa) \supset (Oa \lor Va)$	$Sa \cdot {\sim}Oa$	$Aa \cdot Va$
F　T　　F　T	T　F	F　T
T　　　　T	T	F
T	T	

16. (1) $(x)(Gx \supset Ex)$

　　(2) $(x)(Wx \supset {\sim}Sx)$

　　(3) $(\exists x)(Wx \cdot {\sim}Ex)$

　　$\therefore (Ex)[{\sim}(Gx \lor Sx)]$

　　(4) $Wa \cdot {\sim}Ea$　　　3 E.I.

　　(5) Wa　　　4 Simp.

　　(6) ${\sim}Ea \cdot Wa$　　　4 Com.

　　(7) ${\sim}Ea$　　　6 Simp.

　　(8) $Ga \supset Ea$　　　1 U.I.

　　(9) $Wa \supset {\sim}Sa$　　　2 U.I.

　　(10) ${\sim}Ga$　　　8, 7 M.T.

　　(11) ${\sim}Sa$　　　9, 4 M.P.

　　(12) ${\sim}Ga \cdot {\sim}Sa$　　　10, 11 Conj.

　　(13) ${\sim}(Ga \lor Sa)$　　　12 De M.

　　(14) $(\exists x)[{\sim}(Gx \lor Sx)]$　　　13 E.G.

17. (1) $(\exists x)[Px \cdot (Sx \cdot {\sim}Ix)]$

　　(2) $(x)(Px \supset Ax)$

　　(3) $(\exists x)(Px \cdot {\sim}Sx)$

　　(4) $(x)(Jx \supset Sx)$

　　$\therefore (\exists x)(Ax \cdot {\sim}Jx)$

　　(5) $Pa \cdot {\sim}Sa$　　　3 E.I.

　　(6) Pa　　　5 Simp.

　　(7) ${\sim}Sa \cdot Pa$　　　5 Com.

　　(8) ${\sim}Sa$　　　7 Simp.

　　(9) $Ja \supset Sa$　　　4 U.I.

　　(10) ${\sim}Ja$　　　9, 8 M.T.

　　(11) $Pa \supset Aa$　　　2 U.I.

　　(12) Aa　　　11, 6 M.P.

　　(13) $Aa \cdot {\sim}Ja$　　　12, 10 Conj.

　　(14) $(\exists x)(Ax \cdot {\sim}Jx)$　　　13 E.G.

18. (1) $(x) [Cx \supset (Sx \lor Ox)]$

 (2) $(x) (Sx \supset {\sim}Wx)$

 (3) $(\exists x) (Cx \cdot Wx)$

 $\therefore (\exists x) (Cx \cdot Ox)$

 (4) $Ca \cdot Wa$ 3 E.I.

 (5) Ca 4 Simp.

 (6) $Wa \cdot Ca$ 4 Com.

 (7) Wa 6 Simp.

 (8) $Ca \supset (Sa \lor Oa)$ 1 U.I.

 (9) $Sa \supset {\sim}Wa$ 2 U.I.

 (10) $Sa \lor Oa$ 8, 5 M.P.

 (11) ${\sim}{\sim}Wa$ 7 D.N.

 (12) ${\sim}Sa$ 9, 11 M.T.

 (13) Oa 10, 12 D.S.

 (14) $Cx \cdot Ox$ 5, 13 Conj.

 (15) $(\exists x) (Cx \cdot Ox)$ 15 E.G.

19. $(x) [Lx \supset (Dx \cdot Wx)]$

 $(x)\ \{Wx \supset [(Gx \supset Ex) \cdot (Tx \supset Cx)]\}$

 $(x) [(Dx \supset Ax) \supset {\sim}Tx]$

 $(\exists x) [Lx \cdot (Cx \cdot {\sim}Ex)]$

 $\therefore (\exists x) (Lx \cdot {\sim}Ax)$

$$La \supset (Da \cdot Wa) \qquad Wa \supset [(Ga \supset Ea) \cdot (Ta \supset Ca)]$$

 T T T   T F F   F T

    T   T   T

  T   F

            T

$$(Da \cdot Aa) \supset {\sim}Ta \qquad Lx \cdot (Cx \cdot {\sim}Ex)$$

 T T F   T T F

  T T   T

   T   T

 $\therefore La \cdot {\sim}Aa$

  T T

   F

  F

20. (1) $(x) (Gx \supset Vx)$

 (2) $(x) (Rx \supset Ox)$

 $\therefore (x) [(Gx \cdot Rx) \supset (Vx \cdot Ox)]$

 | (3) $Gx \cdot Rx$ A.C.P.

 | (4) Gx 3 Simp.

 | (5) $Rx \cdot Gx$ 3 Com.

 | (6) Rx 5 Simp.

 | (7) $Gx \supset Vx$ 1 U.I.

 | (8) Vx 7, 4 M.P.

	(9) $Rx \supset Ox$	2 U.I.
	(10) Ox	9, 6 M.P.
	(11) $Vx \cdot Ox$	8, 11 Conj.
(12) $(Gx \cdot Rx) \supset (Vx \cdot Ox)$		3-11 C.P.
(13) $(x)[(Gx \cdot Rx) \supset (Vx \cdot Ox)]$		12 U.G.

第9章　歸納

2. 類比論證

1. 類比論證。說話者是用一個類比來支持你會喜歡烤寬麵條的斷言。
2. 類比論證。關于你哥哥的證據是用來支持結論的。
3. 類比的非論證性使用。
4. 類比論證。結論是美國最終將衰落，而理由是類似的帝國過去都已衰落。
5. 類比論證。結論是儘管科學中的專業化增進了，我們也不應該不繼續教授科學。
6. 類比論證。結論是斷言男人和女人的生殖策略有優劣之分沒有什麼意義。
7. 類比的非論證性使用。
8. 類比的非論證性使用。

3. 類比論證的評價

I

1. (1) 減少可能；準則1，實體數目減少。
   (2) 減少可能；準則5，前提中的實例與結論中的實例之間現在有重大的不類似處。
   (3) 增大可能；準則2，前提中實例與結論中實例之間的相似方面的數目增多。
   (4) 沒變化；準則4，差異不相干。
   (5) 減少可能；準則5，這可能是那些類之間的重大的不類似處（除非我們有別的理由認爲血型是不相干的）。
   (6) 減少可能；準則6，結論與新的醫學資訊證言相比魯莽了些。
2. (1) 減少可能；準則5，引發重大的不類似處。
   (2) 增大可能；準則3，前提中事例間的不相似性增加。
   (3) 沒變化；準則4，新加前提不相干。
   (4) 增大可能；準則1，實體數目增加。
   (5) 增大可能；準則2，相似方面的數目增多。
   (6) 增大可能；準則6，結論弱化。
3. (1) 增大可能；準則3，前提間的不相似性增加。
   (2) 增大可能；準則2，增加了一個新的方面。
   (3) 減少可能；準則5，引入一個重大的不類似處。
   (4) 增大可能；準則6，增加的前提使結論相對更謹慎。
   (5) 沒變化。可是，雖說上課時點與課程的實質無關，然而比爾可能覺得清早他更機敏和／或更睿智，這樣就會增加另一個值得注意的方面，而該結論就據準則2變得更有可能。
   (6) 增大可能；準則1，由於所有提到的課程都屬於社會科學，實體數目因添加那個前提而增加。

II

4. 基因變異幾乎始終是有害的，這個結論由基因與時鐘的類比支援。子彈使時鐘走得更好是可能的，但大為可能的是使時鐘走得糟糕了。類似地，一個適應性好的物種的基因變異更可能是有害而不是有利的。外加的關於排版錯誤會改進《哈姆雷特》的類比，引入新加的、該類比在其間成立的事物，因而增強了結論。但是，大體上該結論並沒有得到這兩個類比之一（或雙重）強有力的支持，因為在有機體與時鐘（或戲劇）之間有很多重要的不類似處。也許那些類比的意圖主要是解說而不是證明，改變一個工作系統更可能對其功能有害而不是有利，這個原理一般來說是正確的。

5. 此類比很弱，因此結論也很弱。類比弱，因為從細胞「變成」一個人與它們「變成」整個人類是很不一樣的，兩者之間有很顯著的不類似處。

6. 這個關於化學分解與邏輯分析的類比相當強。很顯然，化學物質與語句之間有很大差異，但是那些差異與解析問題沒有關系。這裡重要的是存在被包含簡單的東西，而簡單的東西是不可再分的。如果確實化學的和邏輯的分析最終都達到簡單物，那麼就確實並非所有事物都能被定義，如果定義被認為是指表明被定義項由哪些部分組成的話。

4. 說明與假說

1. 你可能給出一組假說：(1) 鬧鐘沒電了，所以沒有響。(2) 我忘了設定鬧鐘。(3) 鐘點或鬧點差了十二小時。(4) 我的室友捉弄我。如果你用的是電子鬧鐘，電池沒電了，那麼鬧鐘的顯示幕會閃爍。如果你沒有看到，你或許會看看鬧鐘是否被設定了。如果是，你就要檢查鐘點和鬧點的上下午指示是否都正確。如果這些都沒有問題，那麼你就該與室友談談了。

2. 這可能不是浮子或沖水閥的問題，因為當沖水時浮子會上升，到一定程度時沖水閥合上，堵住水流。當水平面連同浮子下降時，沖水閥合上，這給出更多理由相信問題出在水箱球或球底座上。你可以檢查球看看是否有毛病，或者直接更換它看看能否解決問題——水箱球比較便宜，容易更換。如果不行，就可以下結論問題在球底座，而那就需要收拾水箱了。

3. 你可能提出一些假說。一般地可能是過濾盒底部的過濾網損壞了，但這不能說明為什麼有時較高層的過濾網也有這個問題，而且，實在令人不解，經過製作和包裝，損壞的過濾網總是在盒子底部。比較以往的情況，你注意到沒有問題時過濾網濕了並且貼在咖啡籠子的邊緣上。於是，你提出假說，在排出咖啡渣前弄濕過濾網就能解決問題。然後檢驗此假說。如果試了幾次後，咖啡裡面都沒有渣子了，那麼或許問題就解決了。

5. 對最佳說明的論證

1. 沒有演繹推理。福爾摩斯在解釋，華生去了阿富汗的假定是怎樣通過觀察來說明的。

2. 假說能說明披頭士的行為的變化，但是只要沒有確鑿的證據（指紋和DNA檢驗）表明保羅·麥卡特尼仍然在世，它就是不恰當的。

3. 馬瑟的女巫假說並不好，因為我們現在能用其他方式來說明那些年輕婦女的行為，正如實際上能說明其他一度歸之於巫術的現象那樣。在米勒的假說和斯塔基的歇斯底里假說之間作選擇是困難的。歇斯底里的假說，如同米勒的社會進化假說，能說明其他的類似的現象。它們事實上是並行不悖的。它們之間的選擇需要依據是否在預測和說明其他的歷史現象上更富有成果。

4. 傳染感染源的假說是最好的，因為它是可檢驗的，檢驗能產生預測的結果，而且它是富有成果的：它可以用來預測其他疾病的病因。

5. 巴斯德的假說說明了基於生物作用的發酵。他嚴重質疑當時盛行的對疾病的化學解釋。他是富有成果的，使他能預見人類疾病也是微生物作用的結果。

附錄　眞值樹

1. 命題邏輯

1. $\sqrt{p \supset q}$
$\therefore \sim q \supset \sim p$
$\sqrt{\sim(\sim q \supset \sim p)}$
　　　$\sim q$
　　　p
　　／　＼
　　$\sim p$　q
　　×　×
有效

2. $\sqrt{p \cdot q}$
$\therefore p$
　$\sim p$
　p
　q
　×
有效

3. p
$\therefore p \supset q$
$\sim(p \supset q)$
　p
　$\sim q$
無效

4. 　　　　　$\sqrt{(p \vee q) \supset (p \cdot q)}$
　　　　　$\therefore (p \supset q) \cdot (q \supset p)$
　　　$\sqrt{\sim[(p \supset q) \cdot (q \supset \mathrm{P})]}$

　　　┌─────────────┐
$\sqrt{\sim(p \supset q)}$　　　　$\sqrt{\sim(q \supset p)}$
　　p　　　　　　　　　　q
　　$\sim q$　　　　　　　　　$\sim p$
　／　＼　　　　　　　　／　＼
$\sqrt{\sim(p \vee q)}$ $\sqrt{p \cdot q}$　　$\sqrt{\sim(p \vee q)}$ $\sqrt{p \cdot q}$
　$\sim p$　　p　　　　　$\sim p$　　p
　$\sim q$　　q　　　　　$\sim q$　　q
　×　　　×　　　　　×　　　×

有效

5. $\sqrt{p \supset q}$
　$\sim q$
$\therefore \sim p$
　p
／　＼
$\sim p$　q
×　×
有效

6. $\sqrt{p \supset q}$
$\sqrt{q \supset \mathrm{r}}$
$\therefore q \vee \mathrm{r}$
$\sqrt{\sim(q \vee \mathrm{r})}$
　$\sim q$
　$\sim \mathrm{r}$
／　＼
$\sim p$　q
／＼　×
$\sim q$　r
　×
無效

7.　　√p ⊃ (q ⊃ r)
　　　√p ⊃ q
　　　∴p ⊃ r
　　　√~(p ⊃ r)
　　　　　p
　　　　　~r
　　　　／　＼
　　　~p　　q
　　　×　／　＼
　　　　　~p　√(q ⊃ r)
　　　　　×　／　＼
　　　　　　　~q　r
　　　　　　　×　×

　　有效

8.　　　　　　　　√p ⊃ (q ⊃ r)
　　　　　　　　　q ⊃ (p ⊃ r)
　　　　　　　　　∴(p ∨ q) ⊃ r
　　　　　　　　　√~[(p ∨ q) ⊃ r]
　　　　　　　　　　√p ∨ q
　　　　　　　　　　　~r

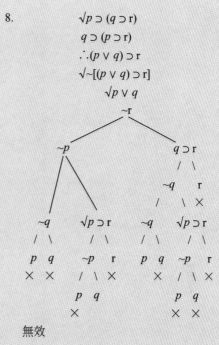

　　無效

9.　　√(p ⊃ q) · (r ⊃ s)
　　　√~q ∨ ~s
　　　∴~p ∨ ~s
　　　√~(~p ∨ ~s)
　　　　　p
　　　　　s
　　　√p ⊃ q
　　　r ⊃ s
　　　／　＼
　　　~p　q
　　　×　／　＼
　　　　~q　~s
　　　　×　　×

　　有效

10.　　√p ⊃ (q ⊃ r)
　　　√(q ⊃ r) ⊃ s
　　　∴p ⊃ s
　　　√~(p ⊃ s)
　　　　　p
　　　　　~s
　　　／　＼
　　　~p　√q ⊃ s
　　　×　／　＼
　　　　~q　s
　　　／　＼　×
　　√~(q ⊃ r)　s
　　　q　×
　　　~r
　　　×

　　有效

11. $(p \lor q) \supset (p \cdot q)$
　　$\sqrt{} \sim(p \lor q)$
　　$\therefore \sim(p \cdot q)$
　　$(p \cdot q)p$
　　　q
　　　$\sim p$
　　　$\sim q$
　　　$\times$

　　有效

12.　　　$\sqrt{}(p \cdot q) \supset (r \cdot s)$
　　　$\therefore (p \cdot q) \supset [(p \cdot q) \cdot (r \cdot s)]$
　　$\sqrt{} \sim \{(p \cdot q) \supset [(p \cdot q) \cdot (r \cdot s)]\}$
　　　　$\sqrt{} p \cdot q$
　　　$\sim[(p \cdot q) \cdot (r \cdot s)]$
　　　　　p
　　　　　q
　　　　／　＼
　$\sqrt{} \sim(p \cdot q)$　$\sqrt{}(r \cdot s)$
　　／　＼　　　r
　$\sim p$　$\sim q$　　s
　$\times$　$\times$
　$\sqrt{} \sim(p \cdot q)$　$\sqrt{} \sim(r \cdot s)$
　／　＼　　／　＼
$\sim p$　$\sim q$　$\sim r$　$\sim s$
$\times$　$\times$　$\times$　$\times$

　　有效

13.　　$\sqrt{} p \supset q$
　　　$\sqrt{} q \supset p$
　　　$\therefore p \lor q$
　　　$\sqrt{} \sim(p \lor q)$
　　　　$\sim p$
　　　　$\sim q$
　　　／　＼
　　　$\sim p$　q
　　／　＼　$\times$
　$\sim q$　p
　　　$\times$

　　無效

14.　$\sqrt{} p \supset (q \lor \sim r)$
　　　$\sqrt{} q \supset \sim r$
　　　$\therefore p \supset \sim r$
　　　$\sqrt{} \sim(p \supset \sim r)$
　　　　p
　　　　r
　　　／　＼
　　$\sim q$　$\sim r$
　　／　＼　$\times$
　$\sim p$　$\sqrt{} q \lor \sim r$
　$\times$　　／＼
　　　　　q　$\sim r$
　　　　　$\times$　$\times$

　　有效

15. $(C \lor D) \supset (C \cdot D)$
　　$\sqrt{} C \cdot D$
　　$\therefore C \lor D$
　　$\sqrt{} \sim (C \lor D)$
　　　$\sim C$
　　　$\sim D$
　　　C
　　　D
　　　$\times$

　　有效

16. $\sqrt{} (G \lor H) \supset (G \cdot H)$
　　$\sqrt{} \sim (G \cdot H)$
　　$\therefore \sim (G \lor H)$
　　$\sqrt{} G \lor H$
　　　　／　＼
　$\sqrt{} \sim (G \lor H)\ \sqrt{} (G \cdot H)$
　　$\sim G$　　　　G
　　$\sim H$　　　　H
　　／　＼　　　／　＼
　　G　H　　G　　H
　　$\times$　$\times$　／＼　／＼
　　　　　　$\sim G\ \sim H\ \sim G\ \sim H$
　　　　　　$\times$　$\times$　$\times$　$\times$

　　有效

17.　　　$\sqrt{} (O \lor P) \supset Q$
　　　　$Q \supset (O \cdot P)$
　$\therefore (O \lor P) \supset (O \cdot P)$
　$\sim [(O \lor P) \supset (O \cdot P)]$
　　　$\sqrt{} O \lor P$
　　　$\sqrt{} \sim (O \cdot P)$

　　有効

2. 量詞邏輯

3. √ᵃ (∃x)(Jx · Kx)
　√ᵃ (x)(Jx ⊃ Lx)
　∴(∃x)(Lx · Kx)
　√~(∃x)(Lx · Kx)
　√ᵃ (x)~(Lx · Kx)
　　√Ja · Ka
　　Ja
　　Ka
　　√Ja ⊃ La
　　　／ ＼
　～Ja　La
　　×　√~(La · Ka)
　　　　／ ＼
　　～La　～Ka
　　　×　×

4. √ᵃ (x)(Sx ⊃ ~Tx)
　√ᵃ (∃x)(Sx · Ux)
　∴(∃x)(Ux · ~Tx)
　√~(∃x)(Ux · ~Tx)
　　(x)~(Ux · ~Tx)
　　√Sa · Ua
　　Sa
　　Ua
　　√Sx ⊃ ~Ta
　　　／＼
　～Sa　～Ta
　　×　√~(Ua · ~Ta)
　　　　／＼
　　～Ua　Ta
　　　×　×

5. √ᵃ (∃x)(Yx · Zx)
　√ᵃ (x)(Zx ⊃ Ax)
　∴(∃x)(Ax · Yx)
　√~(∃x)(Ax · Yx)
　　(x)~(Ax · Yx)
　　√Ya · Za
　　Ya
　　Za
　　√Za ⊃ Aa
　　／ ＼
　～Za　Aa
　　×　√~(Aa · Ya)
　　　　／ ＼
　　～Aa　～Ya
　　　×　×

14. √ᵃ (x)[(Px ⊃ Qx) · (Rx ⊃ Sx)]
　　√~(x)(Tx ⊃ Qx)
　　(x)(~Rx ⊃ Ux)
　　∴(∃x)[Tx · (Px ⊃ Ux)]
　　√~(∃x)[Tx · (Px ⊃ Ux)]
　　√ᵃ (x)~[Tx · (Px ⊃ Ux)]
　　√ᵃ (∃x)~(Tx ⊃ Qx)
　　√~(Ta ⊃ Qa)
　　Ta
　　Qa
　　√~[Ta · (Pa ⊃ Qa)]
　　　／ ＼
　～Ta　√~(Pa ⊃ Qa)
　　×　　　Pa
　　　　　～Qa
　√(Pa ⊃ Qa) · (Ra ⊃ Sa)
　　√Pa ⊃ Qa
　　Ra ⊃ Sa
　　／ ＼
　～Pa　Qa
　　×　×

15.　$\overset{a}{\sqrt{}}$ $(x)(Gx \supset Qx)$

　　$\sqrt{}(\exists x)(Px \cdot Qx)\supset(x)(Rx \supset Sx)$

　　$\overset{a}{\sqrt{}}$ $(\exists x)[Px \cdot (\sim Sx \cdot Gx)]$

　　$\therefore(\exists x)(Rx \supset \sim Hx)$

　　$\sqrt{}\sim(\exists x)(Rx \supset \sim Hx)$

　　$\overset{a}{\sqrt{}}$ $(x)\sim(Rx \supset \sim Hx)$

　　$\sqrt{}Pa \cdot (\sim Sa \cdot Ga)$

　　　　Pa

　　　$\sqrt{}\sim Sx \cdot Gx$

　　　　$\sim Sa$

　　　　Ga

　　　$\sqrt{}Ga \supset Qa$

　　　　／　＼

　　　$\sim Ga$　Qa

　　　　×　／　＼

$\sqrt{}\sim(\exists x)(Px \cdot Qx)$ $\overset{a}{\sqrt{}}$ $(x)(Rx \supset Sx)$

$\overset{a}{\sqrt{}}$ $(x)\sim(Px \cdot Qx)$　$\sqrt{}Ra \supset Sa$

$\sqrt{}\sim(Pa \cdot Qa)$　　　／　＼

　　／　＼　　$\sim Ra$　Sa

$\sim Pa$　$\sim Qa$　　｜　×

　×　　×　　$\sqrt{}\sim(Ra \supset \sim Ha)$

　　　　　　　　Ra

　　　　　　　　Ha

　　　　　　　　×

16.　$\overset{b}{\sqrt{}}$ $\overset{a}{\sqrt{}}$ $(x)[Px \supset(Qx \supset Rx)]$

　　$\overset{a}{\sqrt{}}$ $(\exists x)(Px \cdot Sx)$

　　$\overset{b}{\sqrt{}}$ $(\exists x)(\sim Rx \cdot Tx)$

　　$\sqrt{}(\exists x)(Px \cdot \sim Qx)\supset(x)(Sx \supset \sim Rx)$

　　$\therefore(\exists x)(Px \cdot \sim Qx)$

　　$\sqrt{}\sim(\exists x)(Px \cdot \sim Qx)$

　　$\overset{a}{\sqrt{}}$ $(x)\sim(Px \cdot \sim Qx)$

　　$\sqrt{}Pa \cdot Sa$

　　　Pa

　　　Sa

　　$\sqrt{}Pa \supset (Qa \supset Ra)$

　　　／＼

　$\sim Pa$　$\sqrt{}(Qa \supset Ra)$

　×　　$\sqrt{}\sim(Pa \cdot \sim Qa)$

　　　　／　＼

　　　$\sim Pa$　Qa

　　　×　／　＼

　　　$\sim Qa$　Ra

　　　　×

$\sqrt{}\sim(\exists x)(Px \supset \sim Qx)$ $\overset{a}{\sqrt{}}$ $(x)(Sx \supset \sim Rx)$

$\overset{b}{\sqrt{}}$ $(x)\sim(Px \supset \sim Qx)$　$\sqrt{}Sa \supset \sim Ra$

$\sqrt{}\sim Rb \cdot Tb$　　　／　＼

　$\sim Rb$　　$\sim Sa$　$\sim Ra$

　Tb　　　×　　×

$\sqrt{}\sim(Pb \supset \sim Qb)$

　Pb

　Qb

$\sqrt{}Pb \supset (Qb \supset Rb)$

　／＼

$\sim Pb$　$\sqrt{}Qb \supset Rb$

×　　／　＼

　　$\sim Qb$　Rb

　　×　　×

17. $\overset{a}{\sqrt{}}$ $(\exists x)(Qx \cdot \sim Tx)$

   $\overset{b}{\sqrt{}}$ $\overset{a}{\sqrt{}}$ $(x)[Qx \supset (Tx \vee \sim Px)]$

   $\overset{b}{\sqrt{}}$ $(\exists x)(\sim Tx \cdot Sx)$

   $\sqrt{}(\exists x)(Qx \cdot \sim Px) \supset (x)(Sx \supset Px)$

   $\therefore (\exists x)(Sx \cdot \sim Qx)$

   $\sqrt{}\sim(\exists x)(Sx \cdot \sim Qx)$

   $\overset{b}{\sqrt{}}$ $(x)\sim(Sx \cdot \sim Qx)$

   $\sqrt{}Qa \cdot \sim Ta$

   Qa

   $\sim Ta$

   $Qa \supset (Ta \vee \sim Pa)$

   $\diagup$ $\diagdown$

   $\sim Qa$ $\sqrt{}Ta \vee \sim Pa$

   $\times$ $\diagup$ $\diagdown$

   Ta $\sim Pa$

   $\times$ $\diagup$

   $\sqrt{}\sim(\exists x)(Qx \cdot \sim Px)$ $\overset{b}{\sqrt{}}$ $(x)(Sx \supset Px)$

   $\overset{a}{\sqrt{}}$ $(x)\sim(Qx \cdot \sim Px)$ $\sqrt{}\sim Tb \cdot Sb$

   $\sqrt{}\sim(Qa \cdot \sim Pa)$ $\sim Tb$

   $\diagup$ $\diagdown$ Sb

   $\sim Qa$ Pa $\sqrt{}Qb \supset (Tb \vee \sim Pb)$

   $\times$ $\times$ $\sqrt{}Sb \supset Pb$

   $\diagup$ $\diagdown$

   $\sim Sb$ Pb

   $\times$ $\sqrt{}\sim(Sb \cdot \sim Qb)$

   $\diagup$ $\diagdown$

   $\sim Sb$ Qb

   $\times$ $\diagup$ $\diagdown$

   $\sim Qb$ $\sqrt{}(Tb \vee \sim Pb)$

   $\times$ $\diagup$ $\diagdown$

   Tb $\sim Pb$

   $\times$ $\times$

18.

$$\overset{b}{\surd}\overset{a}{\surd}\ (x)[Px \supset (Qx \cdot Rx)]$$

$$\overset{a}{\surd}\ (\exists x)(Sx \cdot {\sim}Rx)$$

$$\overset{b}{\surd}\ (\exists x)(Px \cdot Tx)$$

$$\surd[(\exists x)(Sx \cdot {\sim}Px) \cdot (\exists y)(Qy \cdot Ty)] \supset (\exists z)(Zz \cdot Fz)$$

$$\overset{c}{\surd}\ (x)[Fx \supset (Px \lor {\sim}Zx)]$$

$$\therefore (\exists x)(Zx \cdot Px)$$

$$\surd{\sim}(\exists x)(Zx \cdot Px)$$

$$\overset{c}{\surd}\ (x){\sim}(Zx \cdot Px)$$

$$\surd Sa \cdot {\sim}Ra$$

$$Sa$$

$${\sim}Ra$$

$$\surd Pa \supset (Qa \cdot Ra)$$

/ \\

$$\quad\quad {\sim}Pa \quad \surd Qa \cdot Ra$$

$$\surd Pb \cdot Tb \quad\quad Qa$$

$$Pb \quad\quad\quad Ra$$

$$Tb \quad\quad\quad \times$$

$$\surd Pb \supset (Qb \cdot Pb)$$

/ \\

$$\quad {\sim}Pb \quad \surd Qb \cdot Rb$$

$$\times \quad Qb$$

$$Rb$$

$$\surd{\sim}[(\exists x)(Sx \cdot {\sim}Px) \cdot (\exists y)(Qy \cdot Ty)] \quad \overset{c}{\surd}\ (\exists z)(Zz \cdot Fz)$$

/ \\ 　　$$\surd Zc \cdot Fc$$

$$\surd{\sim}(\exists x)(Sx \cdot {\sim}Px) \quad \surd{\sim}(\exists y)(Qy \cdot Ty) \quad Zc$$

$$\overset{a}{\surd}\ (x){\sim}(Sx \cdot {\sim}Px) \quad \overset{b}{\surd}\ (x){\sim}(Qy \cdot Ty) \quad Fc$$

$$\surd(Sa \cdot {\sim}Pa) \quad {\sim}(Qb \cdot Tb) \quad \surd Fc \supset (Pc \lor {\sim}Zc)$$

/ \\ 　 / \\ 　　 / \\

$${\sim}Sa \quad Pa \quad {\sim}Qb \quad {\sim}Tb \quad {\sim}Fc \quad \surd Pc \lor {\sim}Zc$$

$$\times \quad \times \quad \times \quad \times \quad \times \quad$$ / \\

$$Pc \quad {\sim}Zc$$

$$\surd{\sim}(Zc \cdot Pc) \quad \times$$

/ \\

$${\sim}Zc \quad {\sim}Pc$$

$$\times \quad \times$$

國家圖書館出版品預行編目資料

邏輯要義／歐文.M.柯匹，卡爾.科恩，丹尼
爾.E.佛萊格等著 ； 胡澤洪譯. ──初版.──
臺北市：五南，2016.11
　面； 公分
ISBN 978-957-11-8592-7（平裝）

1.邏輯

150　　　　　　　　　　　105005457

1BAS

邏輯要義
Essentials of Logic

作　　者 ― 歐文‧M‧柯匹（Irving M. Copi Late）、
　　　　　卡爾‧科恩（Carl Cohen）、
　　　　　丹尼爾‧E‧佛萊格（Daniel Flage Ph.D.）

譯　　者 ― 胡澤洪、趙藝

發 行 人 ― 楊榮川

總 編 輯 ― 王翠華

主　　編 ― 陳姿穎

責任編輯 ― 許馨尹、夏逸平

封面設計 ― 陳翰陞

出 版 者 ― 五南圖書出版股份有限公司

地　　址：106台北市大安區和平東路二段339號4樓

電　　話：(02)2705-5066　　傳　　真：(02)2706-6100

網　　址：http://www.wunan.com.tw

電子郵件：wunan@wunan.com.tw

劃撥帳號：01068953

戶　　名：五南圖書出版股份有限公司

法律顧問　林勝安律師事務所　林勝安律師

出版日期　2016年11月初版一刷

定　　價　新臺幣500元

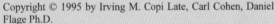